파이썬 네트워킹 마스터 2/e

파이썬 네트워킹 마스터 2/e

파이썬으로 하는 네트워크 자동화, 데브옵스, 테스트 주도 개발

에릭 추 지음 전성빈 옮김

i!i
에이콘

| 지은이 소개 |

에릭 추 Eric Chou

18년 넘게 일해온 전문가다. 아마존 AWS와 마이크로소프트 애저 등의 기업에 근무하면서, 업계의 가장 큰 네트워크 관리를 맡아 왔다. 네트워크 자동화와 파이썬에 열정적인 관심이 있고, 기업이 좀 더 안정된 보안을 구축할 수 있게 돕고 있다. 파이썬 및 네트워크 보안 관련 책을 여러 권 썼고, 온라인 강의를 제공하며, 현재 음성 인터넷 프로토콜 관련 특허를 두 개나 보유하고 있다. 책, 강의, 블로그에서 기술에 관한 이야기를 나누며, 유명 파이썬 오픈 소스 프로젝트에 기고한다.

지식과 코드를 아낌없이 공개해준 오픈 소스 및 파이썬 커뮤니티 멤버들에게 감사의 마음을 전합니다. 그들의 기여가 없었다면 이 책에서 언급한 프로젝트 중 상당수는 존재하지 못했을 것입니다.

또한 이 책을 펴낼 수 있게 노력해준 팩트출판사 팀과, 흔쾌히 기술 감수를 맡아준 리카르드 코르코Rickard Korkko에게도 감사를 전합니다.

저의 아내이자 친구인 조안나Joanna를 만난 것은 엄청난 행운이었습니다. 항상 자랑스럽고 사랑스러운 두 딸 미캘린Mikaelyn과 에스미Esmie에게도 고마움을 전합니다.

| 기술 감수자 소개 |

리카르드 코르코^{Rickard Korkko}

CCNP(라우팅 및 스위칭)과 시스코 네트워크^{Cisco Network}의 Programmability Design and Implementation Spcialist이며, SDNit의 넷옵스^{NetOps} 컨설턴트로서 새로운 네트워크 기술에 큰 관심을 갖고 있다. 주로 앤서블^{Ansible}과 같은 범용 도구를 사용해 네트워크 기기를 관리하는 업무를 수행한다. 파이썬을 독학으로 익혔으며, 마크 G. 소벨^{Mark G. Sobell}의 『리눅스 실전 가이드(개정판 3판)』(에이콘출판, 2014)의 기술 감수를 맡았다.

| 옮긴이 소개 |

전성빈(clockoon@gmail.com)

연세대학교 기계공학과를 졸업하고, 동 대학원에서 이미지 프로세싱을 주제로 박사 학위를 받았다. 이맥스를 사용하며, 웹 프로그래밍을 이용한 지식의 구조화에 꾸준한 관심을 갖고 있다.

파이썬의 장점으로 가장 많이 이야기되는 것은 범용성과 유연함이다. 파이썬은 가장 빠른 언어도 아니고, 가장 쉽게 배울 수 있는 언어도 아니며, 가장 정교하고 기능이 풍부한 언어도 아니다. 그러나 기존에 만들어진 수많은 라이브러리가 쌓여 있고, 이를 적절히 사용하면 해결하고자 하는 거의 모든 문제의 답을 간단하게 찾을 수 있다는 점은 파이썬이 가진 큰 무기다. 다시 말해, 파이썬은 결과물의 속도보다는 결과물을 만들어내는 속도가 빠르다는 장점이 있다(물론 파이썬이 그렇게 느린 언어도 아니다). 파이썬에 대한 많은 책 역시 이런 이점을 따라 언어 자체에 대한 내용보다는 특정한 응용분야를 중점으로 쓰여지곤 한다. 머신 러닝이나 통계, 수치 해석 같은 분야의 파이썬 책들이 그렇다.

그리고 네트워크 프로그래밍이 있다. 일반적으로 장고^{Django}나 플라스크^{Flask} 등의 웹 프레임워크가 파이썬을 네트워크 분야에 사용하는 방법으로 알려져 있지만, 파이썬의 유연함과 자동화 기능은 파이썬을 사용한 훨씬 다양한 분야에서 응용할 수 있게 만든다. 더욱이 벤더에 의해 폐쇄적으로 구축돼오던 네트워크 프로그래밍은 점점 개방되고 표준화되는 방향으로 급격하게 변화하고 있다. 그리고 이 과정에서 파이썬은 큰 역할을 하고 있다.

저자는 실무자들이 빠른 변화에 대응할 수 있는 방법을 제시한다. 파이썬이나 네트워크 프로그래밍의 기초를 설명하기보다는 실제로 어떻게 네트워크를 자동화할 수 있는지에 초점을 맞추고 있다. 저자의 오랜 경험이 반영된 많은 예제는 파이썬을 실무 단계에서 바로 적용할 수 있는 지름길 역할을 한다. 특히 2판은 가장 최신의 네트워킹 실무 트렌드를 반영하기 위해, 1판이 나온 뒤 불과 1년밖에 되지 않았지만 클라우드 네트워킹이나 깃^{GIT}, 데브옵스^{DevOps} 등 많은 내용을 고치고 덧붙였다. 이 책은 파이썬을 사용해서 지금보다 한 걸음 더 나아가고 싶은 네트워크 개발자에게 많은 도움이 될 것이다.

전성빈

| 차례 |

11장	깃 사용하기	445

에이콘출판의 기틀을 마련하신 故 정완재 선생님 (1935-2004)

| 들어가며 |

찰스 디킨스의『두 도시 이야기』의 첫 문장은 이렇게 시작한다. "최고의 시대이자 최악의 시대였고, 지혜의 시대이자 어리석음의 시대였다." 얼핏 모순돼 보이는 이 문장은 변혁이 진행되는 동안의 혼란스러운 분위기를 완벽하게 묘사하고 있다. 급격히 변화하고 있는 네트워크 엔지니어링 분야에도 마찬가지로 빗대어 볼 수 있을 것이다. 네트워크의 모든 분야에 소프트웨어 엔지니어링이 통합되고 있는 지금, 전통적인 커맨드라인 인터페이스나 수직적으로 통합된 네트워크 스택 메서드는 현재의 네트워크 환경을 다루기에는 적합하지 않다. 이런 변화를 빠르게 받아들이고 적응하는 것은 네트워크 엔지니어에게 흥미롭고 도전적인 일이 될 것이다. 이 책은 네트워크 전문가를 대상으로, 전통적인 플랫폼에서 소프트웨어 기반으로 변화하는 환경을 쉽게 따라잡을 수 있도록 가이드를 제시한다.

이 책은 파이썬으로 네트워크 엔지니어링 작업을 수행한다. 파이썬은 배우기 쉬운 고레벨 프로그래밍 언어로, 네트워크 엔지니어의 창의성과 문제 해결 능력을 실무에 유연하게 적용할 수 있게 한다. 파이썬은 대규모 네트워크를 구성하는 데 없어서는 안 되는 언어로 자리잡고 있으며, 이 책에서는 파이썬으로 네트워크를 구성하는 데 필요한 기법도 함께 소개한다.

1판이 출간된 이후 많은 독자와 흥미롭고 의미 깊은 대화를 나눌 수 있었다. 1판의 성공에 안주하지 않고 피드백을 적극 받아들여, 2판에서는 최신 경향의 예제와 기술을 소개하려 노력했다. 예를 들어 오픈플로우^{OpenFLow} SDN 관련 내용은 네트워크 데브옵스 도구로 대체했다. 이런 노력이 독자에게 더 많은 도움이 됐으면 하는 바람이다.

시대의 변화는 기술이 발전하는 중대한 기회가 찾아옴을 뜻한다. 이 책에서 소개하는 개념과 방법은 나의 커리어에 있어서 매우 중요한 비중을 차지한다. 독자에게도 도움이 되기를 바란다.

19

▌ 이 책의 대상 독자

여러 종류의 네트워크 기기를 관리하고 있으며, 파이썬이나 그 외 도구를 사용해 네트워크 관련 문제를 해결하는 방법을 알고 싶어하는 IT 전문가나 실무 엔지니어를 대상으로 한다. 네트워킹과 파이썬의 기본 지식은 미리 습득해 두기를 바란다.

▌ 이 책에서 다루는 내용

1장, TCP/IP 프로토콜과 파이썬 개괄 현대에 인터넷 커뮤니케이션을 구성하는 기본 기술, OSI와 클라이언트-서버 모델에서부터 TCP, UDP, IP 프로토콜 스위트까지를 다룬다. 또한 파이썬의 소개와 형식, 오퍼레이터, 반복문, 함수, 패키지 등을 간단히 다룬다.

2장, 저레벨 네트워크 기기 상호작용 예시를 통해 파이썬으로 네트워크 기기에 명령을 실행시키는 방법에 대해 알아본다. 이 결과를 통해 CLI 기반 인터페이스를 자동화할 때의 어려움을 확인하게 될 것이다. PExpect와 Paramiko 라이브러리를 사용한다.

3장, API와 목적 중심 네트워킹 애플리케이션 프로그램 인터페이스API와 고레벨 상호작용 메서드를 지원하는 최신 네트워크 기기에 대해 이야기한다. 또한 네트워크 엔지니어가 파이썬을 통해 목적에 집중하면서 저레벨 작업을 수행하는 방법도 알아본다. 많은 API 중 이 책에서는 시스코 NX-API, 주니퍼 PyEZ, 아리스타 Pyeapi를 예시로 살펴본다.

4장, 파이썬 자동화 프레임워크 – 앤서블 기초 파이썬 기반 오픈 소스 자동화 프레임워크인 앤서블Ansible에 대해 살펴본다. 앤서블은 API에서 한 단계 더 나아가, 네트워크 목적과 디바이스 상호작용을 구현하는 데 초점을 맞추고 있다. 이 장에서는 앤서블의 장점, 구조, 시스코Cisco, 주니퍼Juniper, 아리스타Arista 기기 등에 적용하는 실제 예제 등을 알아본다.

5장, 파이썬 자동화 프레임워크 – 앤서블 심화 4장에서 다룬 내용을 토대로 앤서블의 고급 개념, 예를 들어 조건문, 반복문, 템플릿, 변수, 앤서블 볼트, 역할 등을 살펴본다. 또한 사용 중인 네트워크 환경에 맞는 앤서블 모듈을 직접 작성하는 기본 방법도 알아본다.

6장, 파이썬 네트워크 보안 네트워크의 보안 강화에 사용되는 파이썬 도구를 알아본다. 스카피^{Scapy}를 이용한 보안 테스팅, 앤서블을 통한 접근 목록 구축, 파이썬을 사용한 포렌식 분석 등을 살펴본다.

7장, 파이썬 네트워크 모니터링 I 다양한 도구를 사용해 네트워크를 모니터링하는 방법을 알아본다. SNMP와 PySNMP를 사용해 기기 정보부터 알아낸다. 그런 다음 맷플롯립^{Matplotlib}과 파이갤^{Pygal}을 사용해 결과를 시각화한다. 마지막으로 칵티^{Cacti} 예제를 통해 파이썬 스크립트를 입력 소스로 활용하는 방법을 살펴본다.

8장, 파이썬 네트워크 모니터링 II 더 많은 네트워크 모니터링 도구를 살펴본다. 우선 그래프비즈^{Graphviz}를 통해 LLDP에서 자동으로 정보를 받아와 네트워크 그래프를 그리는 방법을 알아본다. 다음으로 넷플로우^{NetFlow} 또는 유사한 기술을 사용해 푸시 기반 네트워크 모니터링을 수행한다. 또한 파이썬을 사용해 패킷 정보를 디코딩해 플로우 정보를 시각화한다. 마지막으로 일래스틱서치^{Elasticsearch}를 설치해 네트워크 모니터링을 보안하는 방법을 살펴본다.

9장, 파이썬을 사용한 네트워크 웹 서비스 구축 파이썬 웹 프레임워크인 플라스크^{Flask}를 사용해 네트워크 레벨에서 API를 직접 만드는 방법을 알아본다. 네트워크 레벨 API는 네트워크 환경과 무관하게 리퀘스트를 처리하거나, 원하는 대로 동작을 변경하거나, 필요한 동작만을 노출해 보안을 강화하는 장점이 있다.

10장, AWS 클라우드 네트워킹 AWS를 사용해 기능적이고 유연한 가상 네트워크의 구축 방법을 살펴본다. 또한 CloudFormation, VPC 라우팅 테이블, 접근 목록, 일래스틱 IP, NAT 게이트웨이, 다이렉트 커넥트 등 관련 주제도 알아본다.

11장, 깃 사용하기 깃^{Git}을 사용해 협업과 코드 버전 제어를 구현하는 방법에 대해 알아본다. 깃을 네트워크 작업에 사용하는 실용적인 예시를 소개한다.

12장, 젠킨스를 통한 지속적 통합 젠킨스를 사용해 동작 파이프라인을 자동으로 생성함으로써, 시간과 신뢰성을 향상시키는 방법에 대해 알아본다.

13장, 네트워크를 위한 TDD 파이썬 유닛테스트^{unittest} 및 파이테스트^{PyTest}를 사용해 코드를 검증하는 간단한 테스트의 수행 방법을 알아본다. 또한 네트워크의 도달성, 지연, 보안, 트랜잭션 등을 검증하기 위해 테스트를 작성하는 예시를 살펴본다. 아울러 이런 테스트를 젠킨스와 같은 지속적 통합 도구와 함께 사용하는 방법을 제시한다.

▌ 준비 사항

네트워크 동작에 관한 지식 및 파이썬의 기초 지식을 알고 있으면 이 책을 좀 더 잘 이해할 수 있다. 대부분의 장은 순서에 상관없이 읽어도 무방하나, 4장과 5장은 순서대로 읽어야 한다. 책의 초반에 기본 소프트웨어와 하드웨어 도구를 소개하고, 각 장에서 그 장에 필요한 도구를 소개한다.

이 책의 예제는 각자 네트워크 랩을 만들어 따라 해보는 것이 이해하는 데 매우 중요하다.

▌ 예제 코드 다운로드

이 책에서 사용된 예제 코드는 http://www.packtpub.com/support를 방문해 이메일을 등록하면 파일을 직접 받을 수 있으며, 이 링크를 통해 원서의 Errata도 확인할 수 있다. 또한 https://github.com/PacktPublishing/Mastering-Python-Networking-Second-Edition에서 다운 받을 수 있으며, 에이콘출판사의 도서정보 페이지인 http://www.acornpub.co.kr/book/mastering-python-networking-2e에서도 예제 코드를 다운로드할 수 있다.

▌ 컬러 이미지 다운로드

이 책에서 화면이나 도면의 컬러 이미지를 PDF 형식의 파일로 제공한다. 컬러 이미지는 에이콘출판사의 도서정보 페이지 http://www.acornpub.co.kr/book/mastering-python-networking-2e에서 찾아볼 수 있다.

원서의 컬러 이미지 파일은 https://www.packtpub.com/sites/default/files/downloads/MasteringPythonNetworkingSecondEdition_ColorImages.pdf에 접속해 다운로드할 수 있다.

▌ 이 책의 편집 규약

이 책에서는 독자의 이해를 돕고자 다루는 정보에 따라 글꼴을 다르게 적용했다. 다음은 형식의 예시와 의미 설명이다.

문장 중에 사용된 코드, 데이터베이스 테이블 이름, 트위터 핸들 등은 다음과 같이 표기한다.

"아무것도 지정하지 않으면 None 객체를 반환한다."

코드 블록은 다음과 같이 표기한다.

```
# 이것은 주석이다.
print("hello world")
```

명령줄 입력 또는 출력 결과는 다음과 같이 표기한다.

```
$ python
Python 2.7.12 (default, Dec 4 2017, 14:50:18)
[GCC 5.4.0 20160609] on linux2
```

```
Type "help", "copyright", "credits" or "license" for more information.
>>> exit()
```

새로운 용어와 **중요한 단어**는 굵게 표기한다. 예를 들어 화면에 표시되는 메뉴나 대화상자는 다음과 같이 표기한다.

"Topology Design 옵션에서 Management Network 옵션을 Shared Flat Network으로 설정해 VMnet2을 가상 라우터의 관리 네트워크로 사용할 수 있도록 한다."

 주의 사항이나 중요한 내용은 이와 같이 표기한다.

 유용한 정보나 요령은 이와 같이 표기한다.

▌ 독자 의견

독자 의견은 언제나 환영한다. 책에 대한 좋은 점 또는 고쳐야 할 점에 대한 솔직한 의견을 말해주길 바란다. 독자 의견은 우리에게 매우 중요하다 앞으로 더 좋은 책을 발행하는 데 큰 도움이 되기 때문이다.

오탈자: 최대한 정확한 정보를 독자에게 제공하려 하지만, 언제나 실수는 발생하기 마련이다. 오류를 발견했다면 http://www.packtpub.com/submit-errata를 방문해 책을 선택하고, errata submission form 링크를 클릭해 자세히 입력할 수 있다.

한국어판 정오표는 http://www.acornpub.co.kr/book/mastering-python-networking-2e에서 찾아볼 수 있다.

저작권 침해: 인터넷에서 어떤 형식으로든 불법적으로 저작권을 침해한 사례를 발견한다면, 인터넷 주소나 웹 사이트 이름을 보내주기 바란다. 의심되는 불법 복제물 링크를 copyright@packtpub.com으로 보내주면 된다.

질문: 이 책과 관련해 질문이 있다면 questions@packtpub.com으로 문의하길 바란다. 한국어판에 관한 질문은 에이콘출판사 편집 팀(editor@acornpub.co.kr)이나 옮긴이 이메일로 문의하길 바란다.

01

TCP/IP 프로토콜과 파이썬 개괄

새로운 네트워크 엔지니어링의 시대를 맞이한 것을 환영한다. 18년 전 21세기 초엽, 나는 네트워크 엔지니어로 일하기 시작했다. 그 당시 네트워크 엔지니어의 역할은 다른 분야와는 확연히 달랐다. 대체로 로컬 및 광역 네트워크의 관리나 운영에 관한 지식 정도만 필요했고, 시스템 관리에 필요한 내용은 아주 가끔 필요했다. 코드를 작성하거나 프로그래밍 콘셉트를 이해해야 하는 경우는 거의 없었다. 하지만 지금은 네트워크 관련 지식만 아는 것으로는 부족하다. 많은 이유가 있겠지만, 무엇보다 데브옵스^DevOps와 **소프트웨어 정의 네트워킹**^SDN, Software-Defined Networking이 등장하면서 네트워크 엔지니어, 소프트웨어, 개발자 간의 경계가 많이 허물어졌다.

이 책은 독자가 네트워크 데브옵스를 접목시키고 있거나, 최소한 그럴 계획이 있다고 전제한다. 혹은 나처럼 오랫동안 네트워크 엔지니어로 일하다보니, 주변에서 자주 이야기하는 파이썬 프로그래밍 언어가 무엇인지 궁금해진 독자도 있을 것이다. 어쩌면 파이썬은 잘 알고 있으나, 이 언어를 네트워크 엔지니어링에 접목시키는 방법이 궁금한 것일 수도 있다. 실제로 업계에서 일하고 있든, 파이썬을 통한 네트워크 엔지니어링이 궁금했을 뿐이든 이 책이 도움이 될 것이다.

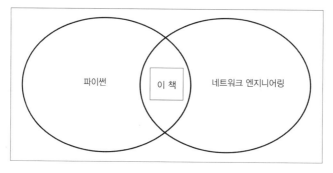

파이썬과 네트워크 엔지니어링의 교집합

네트워크 엔지니어링과 파이썬을 주제로 쓰여진 책은 많다. 그런 책의 내용을 반복하려는 것은 아니다. 이 책은 독자가 네트워크를 관리해본 경험이 있고, 네트워크 프로토콜 및 파이썬 언어를 어느 정도 알고 있다고 가정한다. 둘 중 어떤 것에도 전문가일 필요는 없으며, 1장에서 개념 정도는 간단히 살펴본다. 그런 다음 전체 내용을 이해하는 데 필요한 지식을 미리 다룬다. 좀 더 살펴보고 싶다면 무료 또는 저렴한 비용에 리소스를 제공하는 곳을 참고하기 바란다. 예를 들어 칸아카데미^{Khan Academy}(https://khanacademy.org/)나 파이썬 공식 튜토리얼(https://www.python.org) 등이 있다.

1장에서는 네트워크 관련 주제를 빠르게 훑고 지나간다. 많은 시스템 엔지니어나 네트워크 엔지니어, 개발자가 자신이 지금 어떤 TCP 상태 머신을 사용하고 있는지 정확히 인식하지는 못하지만 OSI 모델, TCP와 UDP의 작동 방식, IP 헤더 등 핵심 개념에는 익숙하다.

또한 파이썬을 주요 프로그래밍 언어로 사용하지 않는 독자도 이 책에서 이야기할 핵심 내용을 충분히 이해할 수 있을 정도로 자세히 설명할 것이다.

1장에서 살펴볼 내용은 다음과 같다.

- 인터넷의 개요
- OSI와 클라이언트-서버 모델
- TCP, UDP, IP 프로토콜 스위트
- 파이썬 기초: 문법, 타입, 연산자, 반복문
- 파이썬 고급: 함수, 클래스, 패키지

1장에서 설명하는 내용이 충분하지 않다고 느낄 수도 있다. 좀 더 자세한 내용은 다른 도서를 참고하기 바란다.

인터넷의 개요

인터넷이란 무엇인가? 얼핏 보면 간단한 질문인 것처럼 보이지만, 그 대답은 사람에 따라 다를 수 있다. 젊은 사람, 나이 든 사람, 학생, 선생님, 회사원, 시인 등 사람에 따라 인터넷을 각기 다르게 생각할 것이다.

네트워크 엔지니어에게 인터넷은 크고 작은 네트워크를 거미줄처럼 연결하는 글로벌 컴퓨터 네트워크로 정의될 수 있을 것이다. 다시 말해, 인터넷은 누군가 소유하거나 중앙화되지 않은 '네트워크의 네트워크'다. 사실 우리의 집에도 아주 작은 네트워크가 형성돼 있다. 스마트폰, 태블릿, 컴퓨터, TV 등의 사이에서 정보를 주고받을 수 있도록 이더넷 스위치나 와이파이 공유기가 설치돼 있다면 말이다. 이런 네트워크를 **근거리 통신망**LAN, Local Area Network라 한다. 집의 외부와 통신해야 할 경우 LAN을 거쳐 더 큰 네트워크, 즉 **인터넷 서비스 제공자**ISP, Internet Service Provider에 연결한다. ISP는 엣지 노드를 사용해 트래픽을 코어 네트워크로 모은다. 코어 네트워크는 고속 네트워크 환경 아래 모인 작은 네트워크들을 서로 연결해주는 역할을 맡는다. ISP는 특정 엣지 노드의 신호를 다른 ISP로 전달해 원하는 목적지까지 트래픽이 갈 수 있도록 한다. 목적했던 곳에서 신호가 반환될 때, 출발지와 목적지가 동일하다면 트래픽이 컴퓨터, 태블릿, 스마트폰 등으로 전달되는 경로가 반드시 같을 필요는 없다.

이제 네트워크의 구성 요소를 알아보자.

서버, 호스트, 네트워크 컴포넌트

호스트는 네트워크의 끝에 위치한 노드로, 다른 노드와 통신한다. 현재 시점에서 호스트는 전통적인 컴퓨터가 될 수도 있고, 스마트폰이나 태블릿, TV가 될 수도 있다. **사물 인터넷**[IoT, Internet of Things]이 등장한 이후에는 IP 카메라, 셋톱 박스, 농업이나 자동차 등에 활용하는 센서도 호스트에 속하게 됐다. 인터넷에 연결하는 호스트의 수가 증가하는 추세이므로 이 모든 것에 주소를 부여하고, 라우팅하고, 관리할 필요성은 그 어느 때보다 중요해지고 있다.

우리가 인터넷에서 보내는 대부분의 시간은 서비스를 요청하는 데 쓰인다. 여기서 '서비스'란 웹 페이지일 수도 있고, 이메일 수신일 수도 있고, 파일 전송일 수도 있다. 이런 서비스를 제공하는 주체를 **서버**라고 정의한다. 이름에서 짐작할 수 있듯이 서버는 여러 노드에 서비스를 제공하며, 이 작업을 수행하기 위해 비교적 높은 수준의 하드웨어 스펙을 갖고 있다. 다시 말해, 서버는 네트워크에서 다른 피어들에 추가 기능을 제공하는 특수한 종류의 노드라고 할 수 있다. 자세한 내용은 '클라이언트-서버 모델' 절에서 다룬다.

서버와 호스트의 관계를 도시와 마을 정도로 비유한다면 **네트워크 컴포넌트**는 그들을 연결하는 길과 고속도로에 비유할 수 있을 것이다. 이런 의미에서 정보 고속도로라는 말은 급격히 증가하고 있던 데이터의 비트와 바이트를 전 세계로 전달하는 네트워크 컴포넌트를 묘사한다는 면에서 적절한 용어였다. 조금 뒤에서 살펴볼 OSI 모델에서 네트워크 컴포넌트는 레이어 1에서 3으로 분류되는 장비다. 레이어 2~3에 속하는 라우터와 스위치는 트래픽을 송신하며, 레이어 1에 속하는 광케이블, 동축 케이블, 동선, DWDM 장비 등은 트래픽을 전달한다.

요컨대 오늘날 우리가 사용하는 인터넷을 구성하는 요소는 호스트, 서버, 네트워크 컴포넌트로 요약할 수 있다.

데이터 센터의 등장

앞 절에서 서버, 호스트, 네트워크 컴포넌트가 인터넷에서 담당하는 역할을 알아봤다. 서버는 점점 더 많은 하드웨어 능력을 필요로 하고 있어 여러 서버를 한데 묶어 운용하면 더욱 효율적으로 쓸 수 있다. 이렇게 서버를 모아 놓은 공간을 데이터 센터라고 한다.

엔터프라이즈 데이터 센터

전형적인 기업에서, 회사는 일반적으로 이메일을 주고받거나 문서를 저장하고, 판매를 추적하고, 주문을 관리하며, 인사나 지식 공유 인트라넷 같은 내부 망을 갖고 있다. 이를 기술적인 용어로 다시 풀어 쓰면 메일 서버, 데이터베이스 서버, 웹 서버가 될 것이다. 이런 서버는 사무실에서 사용하는 컴퓨터와 달리 더 많은 파워와 쿨링과 네트워크 연결이 필요하다. 이에 더해 컴퓨터를 실행하면 많은 소음이 발생한다. 따라서 충분한 파워, 쿨링, 네트워크 연결성을 확보할 수 있는 장소에 서버를 놓게 되는데, 이를 **주 배선반**^{MDF, Main} ^{Distribution Frame}이라고 한다.

MDF에 연결하기 전에 사용자의 트래픽을 사용자에 가까운 위치에서 한데 모아 전달해야 하는데, 이 역할을 하는 장소를 **중간 배선반**^{IDF, Intermediate Distribution Frame}이라고 한다. IDF-MDF 간의 연결 구조는 회사 빌딩이나 캠퍼스의 구성 방식에 따라 다르다. 예를 들어 빌딩의 각 층마다 IDF가 있고, 여기서 트래픽을 모아 다른 층의 MDF에 전달할 수도 있다. 빌딩이 여러 채 있다면, 각 빌딩에서 나오는 트래픽을 IDF에서 모아 엔터프라이즈 데이터 센터에 전달하는 구조도 가능하다.

엔터프라이즈 데이터 센터는 일반적으로 액세스, 분배, 코어 세 가지 레이어로 구성된 네트워크 디자인을 따른다. 액세스 레이어는 일반적인 컴퓨터의 포트와 같은 개념이다. 분배 레이어는 보통 IDF를 말하며, 코어 레이어는 여기서 MDF와 엔터프라이즈 데이터 센터를 연결하는 부분을 뜻한다. 물론 이는 일반적인 구성이며, 모든 엔터프라이즈 네트워크가 같은 모델을 따르는 것은 아니다.

클라우드 데이터 센터

클라우드 컴퓨팅과 소프트웨어나 SaaS, IaaS 등이 많은 관심을 끌면서 클라우드 서비스를 위한 거대한 규모의 데이터 센터를 따로 만드는 일이 많아졌다. 이 경우 일반적으로 데이터 센터보다 훨씬 많은 숫자의 서버가 필요하므로 파워나 쿨링, 네트워크 속도 면에서 엔터프라이즈 데이터 센터보다 더 많은 자원을 공급할 수 있어야 한다. 클라우드 공급자 데이터 센터에서 여러 해 동안 일한 지금도 방문할 때마다 그 스케일에 압도당하는 기분을 느끼곤 한다. 실제로 클라우드 데이터 센터는 발전소 근처에 짓는 일이 많은데, 어마어마한 전력량을 감당하려는 이유도 있고, 발전소에 가까울수록 전력의 효율과 가격이 더 좋기 때문이다. 또한 엄청난 규모의 쿨링이 필요하므로 데이터 센터를 기후가 서늘한 곳에 지어서, 문이나 창문만 열어도 열기가 바깥으로 쉽게 빠져나갈 수 있도록 하는 지혜를 발휘하기도 한다. 특히 검색 엔진의 경우 상상하기 힘들 정도로 많은 숫자의 서버가 필요하므로 데이터 센터를 짓고 관리하는 데 많은 기술력이 필요하다. 대표적인 예로는 아마존, 마이크로소프트, 구글, 페이스북 등이 있다.

유타 데이터 센터(출처: https://en.wikipedia.org/wiki/Utah_Data_Center)

클라우드 공급자 정도의 규모에서 제공하는 서비스를 단일 서버에서 처리하려면 비용 면에서 효율적이지 않거나 불가능할 때도 있다. 수많은 서버 간의, 어떤 때는 멀리 떨어진 렉을 한데 묶어 서비스를 처리하고, 서비스 사용자가 원하는 대로 처리 능력을 유연하게 조정하기 때문이다. 이런 레이턴시와 중복성을 확보하려면 엄청난 네트워크 부하가 발생한다. 또한 네트워크 기기 간의 상호작용이 폭발적으로 늘어나므로 이를 연결하고, 설치하고, 관리하는 작업이 중요하다. 네트워크 디자인은 일반적으로 다단계 CLOS 네트워크 형태를 띠고 있다.

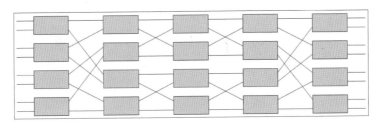

CLOS 네트워크

클라우드 데이터 센터를 빠르고 안정적으로 가동하려면 네트워크를 자동화해야 한다. 전통적인 방법으로, 다시 말해 터미널이나 커맨드라인 인터페이스로 클라우드 데이터 센터의 네트워크 기기를 관리하면, 서비스를 제공하는 데 필요한 작업 시간이 기하급수적으로 증가할 수밖에 없다. 또한 인간이 같은 작업을 반복하는 것은 비효율적이고, 실수가 발생할 수 있으며, 재능 낭비다.

나는 오래전 클라우드 데이터 센터에서 파이썬을 사용해 네트워크 자동화를 처음 시작한 후로 한 번도 기존 방식으로 돌아가본 적이 없다.

엣지 데이터 센터

데이터 센터 수준으로도 충분한 컴퓨팅 파워를 확보할 수 있다면, 그냥 데이터 센터에서 모든 작업을 수행하면 되지 않을까? 전 세계에 걸친 클라이언트 연결을 서비스를 제공하고 있는 서버에 전부 라우팅하면 문제가 간단하게 해결되지 않을까? 물론 가능하지만 한

계는 있다. 모든 요청과 세션을 데이터 센터에 라우팅한다고 했을 때 가장 큰 장애물은 전달 과정에서 발생하는 레이턴시다. 이런 레이턴시가 커지면 네트워크가 병목 구간이 된다. 이론적으로 정보의 전달 속도가 빛의 속도와 같다고는 하지만, 그래도 레이턴시는 0이 아니다. 더구나 현실에서는 패킷이 바로 전달되는 것이 아니라 여러 네트워크를 거쳐 들어가야 하므로(예: 해저 케이블, 느린 위성망, 3G 또는 4G 셀룰러 네트워크, 와이파이 연결 등), 빛의 속도보다도 더 높은 레이턴시를 기록할 수밖에 없다.

그럼 어떻게 해야 할까? 첫째, 사용자로부터 데이터 센터까지 거쳐 가는 네트워크 숫자를 하나라도 더 줄인다. 둘째, 엣지 네트워크와 사용자 간의 거리를 최대한 가깝게 배치하고, 엣지 로케이션이 요청을 처리할 수 있도록 충분한 리소스를 놓는다. 예를 들어 비디오 스트리밍 서비스를 구축하고 싶다고 가정해보자. 사용자가 원활하게 스트리밍을 할 수 있게 하려면 사용자와 가까운 곳에 비디오 서버를 설치하는 것이 가장 효율적이다. 예를 들어 해당 도시의 ISP 내부나 바로 옆에 서버를 놓으면 좋다. 또한 비디오 서버의 업스트림을 ISP 한두 개가 아닌 거의 모든 곳에 연결함으로써 홉 카운트를 줄이는 방법도 있다. 혹은 피크 시간 대에 필요한 대역폭을 확보해서 레이턴시를 줄일 수도 있다. 이런 식으로 대형 ISP와 콘텐츠 제공자를 연결해주는 데이터 센터가 엣지 데이터 센터다. 클라우드 데이터 센터만큼 많은 숫자의 네트워크 기기는 아니지만, 엣지 데이터 센터에 네트워크 자동화를 적용하면 보안, 안정성, 가시성 면에서 이점이 크다. 이 책의 뒷부분에서 보안과 가시성을 자세히 설명한다.

OSI 모델

네트워크를 다루는 책은 예외 없이 **개방형 시스템 상호 접속**^{OSI, Open System Interconnection} 모델을 언급하면서 시작한다. 이 모델은 전자적인 통신을 여러 레이어로 나눠 설명하는 개념으로 이해하면 된다. 구체적으로 OSI는 7개의 레이어로 이뤄져 있으며, 각 레이어는 각기 다른 구조와 특성으로 정의돼 있다. 예를 들어 네트워크 레이어는 IP 등을 뜻하며, 이더넷이나 프레임 릴레이 같은 데이터 링크 레이어보다 상위에 있다. OSI 레퍼런스 모델은 다양한 기술을 분류해 보편적으로 사람들이 이해할 수 있도록 설명하는 좋은 방법 중 하나다. 이를 통해 각 레이어를 다루는 사람들이 협업할 때, 각 레이어가 충돌할 가능성을 걱정하지 않고 각자의 작업에 집중할 수 있다는 장점을 갖는다.

OSI 모델			
레이어		프로토콜 데이터 유닛 (PDU)	기능
호스트 레이어	7. 애플리케이션	데이터	리소스 공유, 원격 파일 접근 등 고레벨 API
	6. 프레젠테이션		네트워크 서비스와 애플리케이션 간의 데이터 전송(문자 인코딩, 데이터 압축, 암호화/복호화)
	5. 세션		커뮤니케이션 세션 관리(두 노드 사이의 다중 전송 형태로 연속적 정보 교환)
	4. 전송	분할 (TCP) / 데이터그램 (UDP)	네트워크 포인트 간의 신뢰성 있는 데이터 세그먼트 전송(순차적 조립, 응답, 다중 작업)
미디어 레이어	3. 네트워크	패킷	멀티노드 네트워크 구조화 및 관리(어드레싱, 라우팅, 트래픽 컨트롤)
	2. 데이터 링크	프레임	물리 레이어로 연결된 두 노드 간의 신뢰성 있는 데이터 프레임 전송
	1. 물리	비트	물리적 기기 간의 로우 비트 스트림 전송 및 수신

OSI 모델

OSI 모델은 1970년대 후반부터 개발되기 시작했다. 처음에는 **국제 표준화 기구**ISO, International Organization for Standardization의 협력하에 발표됐고, 이후 **국제전기통신연합 전기통신표준화 부문**ITU-T, International Telecommunication Union Telecommunication Standardization Sector으로 따로 독립됐다. 이 모델은 보편적으로 쓰이며, 통신산업 관련 주제를 이야기할 때 자주 인용된다.

OSI 모델이 제안되던 시점과 인터넷이 태동하던 시기는 비슷하다. 인터넷이 참조한 모델은 TCP/IP 모델이었는데, 이 모델 디자인에는 **전송 제어 프로토콜**TCP, Transmission Control Protocol과 **인터넷 프로토콜**IP, Internet Protocol이 포함된다. TCP/IP 모델은 데이터 커뮤니케이션 과정을 여러 추상 모델로 나눠 설명한다는 면에서 OSI 모델과 비슷하다. 차이점이라면 OSI가

7개의 레이어로 모델을 설명하는 것과 달리, TCP/IP 모델은 OSI의 5~7번 레이어를 **애플리케이션**Application 레이어로, **물리**Physical 및 **데이터 링크**Data link 레이어를 **링크**Link 레이어로 합쳐 정의한다.

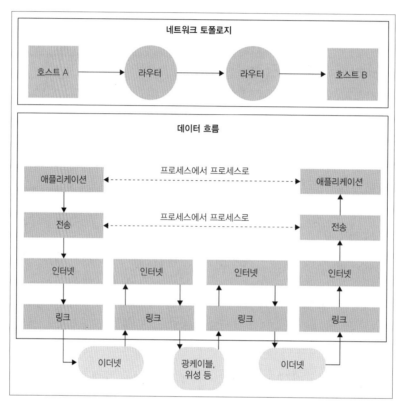

인터넷 프로토콜 스위트

OSI와 TCP/IP 두 모델 모두 표준화된 엔드투엔드 커뮤니케이션을 제공할 때 유용하다. 하지만 대부분의 경우 인터넷은 TCP/IP 모델을 기반으로 하고 있으므로, 이 책에서는 TCP/IP 모델을 더 많이 언급할 것이다. 다만, 웹 프레임워크를 설명하는 장처럼 OSI 모델을 명시해야 할 때마다 설명하겠다.

클라이언트-서버 모델

앞에서 설명한 레퍼런스 모델들은 두 노드 사이의 표준화된 데이터 커뮤니케이션 방법을 제시한다. 물론 지금은 모든 노드가 동등하지 않다는 사실을 안다. 인터넷 이전인 DARPA 넷 시대에도 다른 노드에게 콘텐츠를 제공하는 워크스테이션 노드가 따로 있었다. 이 워크스테이션은 하드웨어 사양이 높아서 엔지니어가 신경 써서 관리해야 했다. 이렇게 다른 곳으로 리소스와 서비스를 제공해주는 노드를 일반적으로 서버라 부른다. 서버는 유휴 상태에 있으면서 클라이언트가 리소스를 위해 요청을 보내오기를 기다린다. 이렇게 클라이언트가 외부에 분산된 리소스를 요청해 받아오는 모델을 클라이언트-서버 모델이라 한다.

조금만 생각해보면 네트워킹에서 클라이언트-서버 모델이 얼마나 중요한지를 짐작할 수 있다. 서버가 없다면 기기 간 네트워크 연결을 설정하는 데 필요한 많은 작업을 일일이 해야 한다. 다시 말해, 클라이언트와 서버 간에 데이터를 전송하는 과정은 네트워크 엔지니어링에 있어서 중요한 요소다. 물론 인터넷, 즉 가장 커다란 네트워크가 우리 삶에 어떤 변화를 가져왔는지 잘 알고 있다.

그런데 어떤 노드가 다른 노드에 요청을 보낼 때 시간, 속도, 출발지, 목적지를 어떻게 파악할 수 있을까? 이제 네트워크 프로토콜을 살펴볼 차례다.

네트워크 프로토콜 스위트

초창기 컴퓨터 네트워킹에서, 기업은 독자적으로 연결 방식을 디자인하고, 그에 따른 프로토콜을 만들어냈다. Novell's IPX/SPX 프로토콜을 사용하는 호스트는 애플의 **애플토크**AppleTalk 호스트와 통신할 수 없다. 이런 독점 프로토콜 스위트는 OSI 레퍼런스 모델과 비슷한 레이어로 구성되며 클라이언트-서버 방식을 따른다. 외부와 통신할 필요 없는 **근거리 통신망**LAN, Local Area Networks에서는 이런 방식이 원활히 작동한다. 트래픽이 로컬 LAN 바깥으로 나가야 할 일이 있으면 라우터 등의 인터넷 장비를 통해 한 프로토콜에서 다른 프로토콜, 예를 들어 애플토크와 IP 사이를 번역하는 작업이 필요하다. 불완전한 방식이긴 하지만 초창기에는 대부분 LAN 안에서 통신이 발생했다. 큰 문제는 없었다.

그러나 LAN을 넘어 네트워크 간의 통신이 점점 많아지면서 네트워크 프로토콜의 표준 모델을 만들어야 할 필요성이 커졌다. 기존의 독점 프로토콜은 결국 TCP, UDP, IP 등 네트워크 간의 통신이 훨씬 편리한 표준 프로토콜 스위트에 밀릴 수밖에 없었다. 가장 거대한 네트워크라고 할 수 있는 인터넷은 이런 프로토콜 위에서 작동한다. 지금부터 몇 개의 절에 걸쳐 프로토콜 스위트를 하나씩 간략하게 살펴본다.

TCP

전송 제어 프로토콜^{TCP, Transmission Control Protocol}은 인터넷에서 사용하는 주된 프로토콜 중 하나다. 웹 페이지를 열거나 이메일을 보내려면 TCP 프로토콜을 거쳐야 한다. 이 프로토콜은 OSI 모델 기준에서 4번 레이어에 속하며, 두 노드 사이에 데이터 세그먼트를 온전하게 전달하는 역할을 한다. TCP는 160비트 헤더를 데이터 앞에 붙이며, 여기에는 출발지와 목적지 포트, 시퀀스 숫자, 확인 숫자, 제어 플래그, 체크섬 등이 포함된다.

			TCP 헤더			
오프셋	옥텟	0	1	2	3	
옥텟	비트	0 1 2 3 4 5 6 7	8 9 10 11 12 13 14 15	16 17 18 19 20 21 22 23	24 25 26 27 28 29 30 31	
0	0	출발지 포트		목적지 포트		
4	32	시퀀스 숫자				
8	64	확인 숫자(ACK 설정 시)				
12	96	데이터 오프셋 / 예약됨 000 / N S	C W R E C E U R G A C K P S H R S T S Y N F I N	윈도우 크기		
16	128	체크섬		긴급 포인터(URG 설정 시)		
20 ...	160 ...	옵션(데이터 오프셋 5 이상. 필요 시 끝에 '0' 바이트로 채움) ...				

TCP 헤더

TCP의 기능과 특성

TCP는 데이터그램 소켓 또는 포트를 사용해 호스트 간의 커뮤니케이션을 수행한다. **인터넷 할당 번호 관리 기관**IANA, Internet Assigned Numbers Authority은 이들 중 주요 서비스에 쓰는 포트, 예를 들어 80 포트(HTTP, 웹)나 25 포트(SMTP, 메일) 등을 지정하는 표준 기관이다. 클라이언트-서버 모델의 서버는 이 포트에서 클라이언트의 커뮤니케이션 요청을 받는다. TCP 연결은 운영 체제에 의해 제어되는데, 이때 운영 체제는 로컬 엔드포인트를 나타내는 소켓을 생성한다.

연결을 받아들이고, 커뮤니케이션 세션이 이뤄지고, 연결이 끝나고 리소스를 보내는 등의 프로토콜 동작은 상태 머신에서 이뤄진다. 각 TCP 연결은 Listen, SYN-SENT, SYN-RECEIVED, ESTABLISHED, FIN-WAIT, CLOSE-WAIT, CLOSING, LAST- ACK, TIME-WAIT, CLOSED 등의 상태를 거친다.

TCP 메시지와 데이터 전달

TCP와 **사용자 데이터그램 프로토콜**UDP, User Datagram Protocol은 같은 레이어로 분류될 수 있지만, 가장 큰 차이점은 TCP가 데이터를 순차적이고 신뢰성 있게 전달한다는 것이다. 제대로 전달됨을 보장한다는 점에서 TCP는 연결 기반 프로토콜이라고 볼 수 있다. TCP는 데이터를 보내는 쪽과 받는 쪽의 시퀀스 숫자를 맞추기 위해 SYN, SYN-ACK, ACK의 3방향 핸드셰이크를 구성한다.

확인ACK은 통신 과정에서 부속 세그먼트를 추적하는 역할을 한다. 통신이 끝나면 한쪽에서 FIN 메시지를 보내고, 다른 쪽에서 ACK를 붙인 후 반대쪽으로 FIN을 보낸다. 그러면 그 FIN 메시지에 ACK를 붙인다.

TCP 문제를 해결해본 사람이라면 알겠지만, 실제 이뤄지는 연결 과정은 복잡하다. 다만, 대부분의 경우 백그라운드에서 조용히 진행될 뿐이다.

TCP 프로토콜에 대해서는 책 한 권을 쓸 수 있을 정도로 분량이 많다. 실제로 프로토콜에 관한 훌륭한 책이 많이 있다.

이 절에서 TCP를 매우 간략히 다뤘다. 관심이 있다면 TCP/TP 가이드(http://www. tcpipguide.com/)에서 심화된 내용을 무료로 접할 수 있을 것이다.

UDP

사용자 데이터그램 프로토콜UDP, User Datagram Protocol도 주요 인터넷 프로토콜 스위트 중 하나다. UDP는 TCP와 마찬가지로 OSI 모델의 4번 레이어상에서 작동하며, 애플리케이션과 IP 레이어 사이에서 데이터 세그먼트를 전달한다. TCP와의 차이점은 UDP의 헤더는 64비트에 불과하며, 출발지와 목적지 포트, 길이, 체크섬만이 포함된다는 것이다. 헤더의 크기가 작기 때문에, 두 호스트 간 세션을 설정하거나 데이터의 신뢰성을 확보할 필요 없이 빠른 통신을 해야 하는 등의 응용 분야에는 UDP가 유용하다. 요즘처럼 빠른 인터넷 환경에서는 잘 상상이 되지 않겠지만 X.21과 프레임 릴레이 링크로 전달하던 초창기에는 단지 헤더 크기만으로도 인터넷 속도가 큰 차이를 보였다. 또한 TCP와 달리 다양한 상태값을 저장할 필요가 없으므로, 각 컴퓨터의 리소스를 절약하는 역할도 했다.

UDP 헤더																															
오프셋 옥텟	옥텟 비트	0														1									2						3	
		0	1	2	3	4	5	6	7	8	9	10	11	12	13	14	15	16	17	18	19	20	21	22	23	24	25	26	27	28	29	30	31
0	0	출발지 포트																목적지 포트														
4	32	길이																체크섬														

UDP 헤더

그렇다면 요즘에도 UDP를 쓰는 이유가 있을까? 전송에 있어서 신뢰도가 담보되지 않는다면, 굳이 에러가 발생할 가능성을 무릅쓰고 UDP로 연결할 필요가 있을까? 멀티미디어 비디오 스트리밍이나 스카이프 통화처럼 데이터그램을 가능한 빠르게 전달해야 할 경우 헤더의 용량이 적을수록 유리하다. 또한 UDP 프로토콜에 기반한 DNS 룩업 프로세스도 있다. 웹 브라우저에 주소를 입력하면 컴퓨터가 이해할 수 있는 주소로 변환되는데, 이 과정이 완전히 끝나야 웹 사이트 등에서 정보가 전송되기 시작한다. 이 과정이 빠를수록 좋은 것은 당연하다.

TCP와 마찬가지로 이 절에서는 UDP를 깊게 다루지 않는다. 자세한 내용을 알고 싶을 경우 다양한 리소스를 찾아보면 많은 도움이 될 것이다.

IP

네트워크 엔지니어라면 실질적으로 **인터넷 프로토콜**IP, Internet Protocol 레이어상에서 상주하고 있다고 해도 무방하다. IP 레이어는 OSI 모델의 3번 레이어에 해당하며, 엔드 노드 사이에 주소를 붙이고 라우팅한다. IP에 주소를 할당하는 것은 가장 중요한 역할 중 하나다. 주소 공간은 네트워크와 호스트를 표현하는 두 파트로 나뉘는데, 서브넷 마스크는 IP 주소에서 네트워크 비트를 1로, 호스트 비트를 0으로 표시해 구분하는 역할을 한다. IPv4와 이후 등장한 IPv6은 마침표를 이용해 주소를 표시한다(예: 192.168.0.1). 서브넷 마스크를 표현하는 방법은 크게 두 가지가 있는데, 마침표를 찍어서 구분하는 방법(255.255.255.0)과 슬래시 뒤에 네트워크 비트수를 표시하는 방법(/24)이 있다.

IPv4 헤더 형식																																	
오프셋 옥텟	옥텟	0								1								2								3							
옥텟	비트	0	1	2	3	4	5	6	7	8	9	10	11	12	13	14	15	16	17	18	19	20	21	22	23	24	25	26	27	28	29	30	31
0	0	버전				IHL				DSCP						ECN		총 길이															
4	32	식별																플래그			단편 오프셋												
8	64	TTL(Time To Live)								프로토콜								헤더 체크섬															
12	90	출발지 IP 주소																															
16	128	목적지 IP 주소																															
20	160																																
24	192	옵션(IHL > 5일 경우)																															
28	224																																
32	256																																

IPv4 헤더

미래에 IPv4를 대체할 IPv6의 헤더는 고정된 형식 외에 여러 가지 확장 헤더를 쓸 수 있다.

고정 헤더 형식																																	
오프셋 옥텟	옥텟	0								1								2								3							
옥텟	비트	0	1	2	3	4	5	6	7	8	9	10	11	12	13	14	15	16	17	18	19	20	21	22	23	24	25	26	27	28	29	30	31
0	0	버전				트래픽 클래스								흐름 레이블																			
4	32	페이로드 길이																다음 헤더								홉 제한							
8	64																																
12	90	출발지 주소																															
16	128																																
20	160																																
24	192																																
28	224	목적지 주소																															
32	256																																
36	288																																

IPv6 고정 헤더

고정 헤더의 **Next Header** 필드는 확장 헤더가 있다는 것을 나타내며, 이 부분 뒤에 추가 정보를 기록한다. 확장 헤더에는 라우팅 또는 조각 정보가 들어있다. IPv6 사용을 권장하고 있음에도 아직 인터넷에서는 IPv4를 더 많이 사용하며, 몇몇 서비스 제공자가 내부적으로 IPv6 주소를 부여하는 정도다.

IP NAT과 보안

네트워크 주소 변환NAT, Network Address Translation은 내부적인 IPv4 주소 범위를 공개적으로 라우팅할 수 있는 IPv4 주소로 변환해야 할 때 쓰인다. 물론 IPv4와 IPv6 간에 변환해야 할 때도 있다. 예를 들어 내부 네트워크가 IPv6을 쓰고 있고, 패킷이 네트워크 밖으로 나갈 때는 IPv4로 변환해야 하는 경우를 들 수 있다. IPv6에서 IPv6으로 변환하는 경우도 있는데, 이 경우는 보안상의 이유로 쓰인다.

보안은 네트워킹의 모든 관점에서 고려해야 할 요소로, 자동화나 파이썬에서도 예외는 아니다. 이 책의 목표는 파이썬을 사용해 네트워크를 관리할 수 있도록 하는 것이다. 이후 뒷장에서는 텔넷에서 SSHv2를 사용하는 방법 등 많은 부분에서 보안에 관한 내용을 다룬다. 또한 파이썬이나 그 밖의 도구를 사용해 네트워크의 가시성을 확보하는 방법도 살펴본다.

IP 라우팅

IP 라우팅은 두 끝점에서 패킷을 주고받을 때, IP 헤더에 기반을 둔 중간 기기를 거쳐가도록 하는 과정이라고 설명할 수 있다. 인터넷상의 모든 통신에서 패킷은 다양한 중간 기기를 통과한다. 라우터, 스위치, 광케이블을 포함해 네트워크나 전송 레이어보다 상위에 있지 않은 모든 장치가 중간 기기에 속한다. 서울에서 목포까지 고속도로를 타고 가야 한다고 가정해보자. 소스 IP 주소는 서울, 목적지 IP 주소는 목포가 될 것이다. 고속도로를 타고 내려가는 길에 여러 분기점과 톨게이트를 거칠 것이다. 예를 들어 서울 톨게이트, 천안 분기점, 공주 분기점, 목포 톨게이트 등이 있다. 라우터와 스위치는 이런 분기점과 톨게이트에 빗댈 수 있다.

어떻게 보면 이 책은 주로 중간 기기의 관리나 최적화 방법을 다루고 있다고 할 수 있다. 축구장보다 훨씬 큰 규모의 거대한 데이터 센터가 여럿 등장하는 시대에 이르러 효율적이고 빠르며, 신뢰도 있고 저렴한 방식으로 네트워크를 관리하는 것은 많은 회사의 주된 관심사가 됐다. 이 책의 나머지 부분에서는 파이썬 프로그래밍을 통해 네트워크를 효율적으로 관리하는 방법을 알아본다.

파이썬 개요

이 책의 목표를 한 문장으로 요약하면 "파이썬을 사용해 네트워크 엔지니어링을 좀 더 편리하게 만들자"는 것이다. 그런데 파이썬이 뭐길래 그 많은 엔지니어가 사용하는 것일까? 파이썬 재단의 "파이썬은 무엇인가?"(https://www.python.org/doc/essays/blurb/)의 말을 빌려보자.

> "파이썬은 해석형 언어이자, 객체지향 언어이자, 동적 의미를 갖는 고급 프로그래밍 언어다. 동적 타이핑과 바인딩을 지원하는 파이썬의 데이터 구조 덕분에 매우 빠르게 애플리케이션을 개발할 수 있고, 스크립트를 짜거나 다른 컴포넌트를 결합하는 일도 쉽게 할 수 있다. 파이썬의 단순하고 간단한 구문은 가독성이 뛰어나며, 프로그램 유지보수에 드는 노력을 줄여준다."

처음 프로그래밍을 시작하는 사람에게 앞에서 언급한 객체지향이나, 동적 의미 등의 개념은 그리 와닿지 않을 것이다. 그러나 애플리케이션을 빠르게 개발하고, 단순하고, 구문을 배우기 쉽다는 이야기에 구미가 당기지 않는가? 해석형 언어라는 말은 컴파일 과정이 필요 없다는 뜻이므로 프로그램을 작성하고, 테스트하고, 고치는 시간이 매우 짧아진다는 것을 의미한다. 간단한 스크립트의 경우 문제가 발생한 부분을 파악하는 방법이 매우 간단하다. 코드 중간중간에 print 문을 넣어보기만 하면 된다. 파이썬이 인터프리터를 사용한다는 말은 윈도우나 리눅스 같은 다양한 운영 체제에 포팅이 가능하다는 뜻도 된다. 한 운영 체제에서 작성한 파이썬 프로그램은 다른 운영 체제에서도 실행 가능하다.

객체지향은 거대한 프로그램의 복잡한 코드를 재사용 가능한 객체, 예를 들어 패키지나 모듈 형식으로 쪼개 작성하는 방식이라고 설명할 수 있다. 사실 모든 파이썬 파일은 그 자체가 모듈로 인식되며, 다른 프로그램에 재사용하거나 임포트할 수 있다. 이 특징은 협업할 때 코드를 공유하고 재사용하는 데 유리하다. 또한 파이썬은 기본 작업을 할 수 있도록 라이브러리를 내장하고 있으므로 매번 추가 코드를 다운로드하지 않아도 된다. 파이썬 인터프리터를 설치하면 다양한 기능을 위한 표준 라이브러리가 함께 설치된다. 예를 들어 정규식, 수학 함수, JSON 디코딩 등이 있다. 이 라이브러리를 불러오고 싶으면 import 명령어를 입력하기만 하면 된다. 그러면 인터프리터는 해당하는 함수들을 프로그램에 불러온다. 이는 파이썬의 핵심 기능 중 하나다.

거대한 시스템을 이루는 파이썬 프로그램을 겨우 코드 몇 줄만을 써서 만들기 시작할 수 있는 특징은 네트워크 엔지니어에게도 매우 편리하다. 네트워크의 규모는 유기적으로 성장하기 때문에 정해진 마스터 플랜이 없다. 프로그래밍 언어가 네트워크 규모에 맞춰 바뀔 수 있다는 점은 매우 매력적이다. 스크립트 언어에 불과한 파이썬이 얼마나 많은 대규모 시스템과 첨단 기술 회사에서 사용되고 있는지 확인해보라(https://wiki.python.org/moin/OrganizationsUsingPython).

시스코^{Cisco} IOS와 주니퍼 주노스^{Juniper Junos}같은 벤더 플랫폼을 오가면서 작업해야 하는 경우 각 플랫폼마다 동일한 작업을 수행하기 위해 구문과 코드를 다르게 작성하는 것이 얼마나 고된 일인지 알고 있을 것이다. 파이썬은 시스템이 크든 작든 상관없이 유연하게 적용할 수 있고, 특별한 변환 과정이 필요한 것도 아니다. 그냥 파이썬은 파이썬이다.

1장의 나머지 부분에서는 개요 또는 리뷰 차원에서 파이썬을 살펴본다. 파이썬을 사용해본 경험이 있다면 건너뛰어도 무방하다.

버전

최근 몇 년 파이썬은 버전 2에서 3으로 전환되고 있다. 파이썬 3은 2008년에 처음 발표됐고, 10년 가까이 활발히 개발이 진행되고 있다. 현재 최신 버전은 3.7이다. 안타깝게도 파이썬 3은 파이썬 2와 하위 호환되지 않는다. 이 책을 쓰고 있는 2018년 중반 기준으로, 파이썬 커뮤니티는 대부분 파이썬 3으로 전환하는 추세다. 파이썬 2.x는 2010년 중반에 2.7이 나온 이래, 6년 이상 버전이 올라가지 않았다. 다행히 한 컴퓨터에서 파이썬 2와 3을 동시에 설치하고 실행하는 것은 가능하다. 나는 명령창에 명령을 입력할 때는 기본적으로 파이썬 2를 쓰고, 꼭 필요할 때만 3을 쓴다. 다음 절에서 파이썬 인터프리터를 불러오는 방법에 대해 좀 더 자세히 다루겠지만, 우선 우분투에서 파이썬 2와 3을 각각 불러오면 어떤 식으로 표시되는지 확인해보자.

```
$ python
Python 2.7.12 (default, Dec 4 2017, 14:50:18)
[GCC 5.4.0 20160609] on linux2
Type "help", "copyright", "credits" or "license" for more information.
>>> exit()

$ python3
Python 3.5.2 (default, Nov 23 2017, 16:37:01)
[GCC 5.4.0 20160609] on linux
Type "help", "copyright", "credits" or "license" for more information.
>>> exit()
```

파이썬 2는 2.7 이후 보안 업데이트 정도로만 지원되고 있다. 대부분의 파이썬 프레임워크는 파이썬 3으로 옮겨가고 있다. 또한 파이썬 3은 비동기 I/O 등의 유용한 기능을 제공하며, 코드를 최적화해야 할 때 한층 더 유리하다. 이 책에서 제시하는 코드는 별다른 언급이 없을 경우 파이썬 3을 기준으로 썼다. 또한 책 전반에 걸쳐 파이썬 2와 파이썬 3의 차이점을 설명하겠다.

특정 라이브러리나 프레임워크는 아직 파이썬 3보다 파이썬 2의 성능이 더 뛰어난 경우가 있다. 앤서블Ansible이 대표적인 예다(다음 노트를 참고하라). 그럴 경우에는 파이썬 2를 사용할 것임을 미리 명시할 것이다.

 이 책을 작성하는 시점에서 앤서블 2.5 이상 버전은 파이썬 3을 정식으로 지원한다. 2.5 이전 버전은 테크 프리뷰 수준이다. 비교적 최근에 지원을 시작했기 때문에, 많은 커뮤니티 모듈은 아직 파이썬 3과의 호환이 불완전하다. 앤서블과 파이썬 3에 대한 더 자세한 정보는 다음 문서를 참고하라.

https://docs.ansible.com/ansible/2.5/dev_guide/ developing_python_3.html

운영 체제

이미 언급했듯이 파이썬은 크로스 플랫폼 언어다. 이론적으로는 윈도우에서 작성한 프로그램을 맥과 리눅스 등에서도 실행할 수 있다. 하지만 실제로는 호환성을 유지하려면 약간 수정을 해야 한다. 예를 들어 파일명에 포함된 백슬래시를 처리하는 방법이 대표적이다. 이 책에서 작성된 코드는 우분투 16.06 LTS 버전을 기준으로 하지만, 윈도우나 맥OS에서도 최대한 문제 없이 실행될 수 있게 작성했다.

코드를 작성한 구체적인 OS 환경은 다음과 같다.

```
$ uname -a
Linux packt-network-python 4.13.0-45-generic #50~16.04.1-Ubuntu SMP Wed May
30 11:18:27 UTC 2018 x86_64 x86_64 x86_64 GNU/Linux
```

파이썬 프로그램 실행하기

파이썬 프로그램은 인터프리터를 통해 실행된다. 다시 말해, 코드를 입력하면 인터프리터는 이를 해석해 운영 체제에 보내고, 그 결과를 표시한다. 파이썬 커뮤니티에서 개발 중인 인터프리터는 여러 종류가 있는데, IronPython이나 JPython 등이 이에 속한다. 이 책에서는 가장 많이 쓰이는 파이썬 인터프리터인 CPython을 기준으로 설명한다. 이 책에서 '파이썬'이라고 말할 때는 특별한 경우를 제외하고 CPython을 가리킨다.

파이썬을 쉽게 사용하는 방법 중 하나는 대화형 명령창이다. 이 기능은 굳이 전체 프로그램을 짜지 않고도 코드나 개념을 간단하게 테스트해보고 싶을 때 유용하다. 터미널에서 파이썬을 실행한 후 다음과 같이 입력해보라.

```
Python 3.5.2 (default, Nov 17 2016, 17:05:23)
[GCC 5.4.0 20160609] on linux
Type "help", "copyright", "credits" or "license" for more information.
>>> print("hello world")
hello world
>>>
```

 파이썬 3에서는 print 문을 함수로 인식하므로 괄호를 써야 한다. 반면 파이썬 2에서는 괄호가 필요 없다.

대화형 모드는 파이썬을 쓸 때 가장 유용한 기능 중 하나다. 정확하게만 입력하면 대화형 셸은 하나 혹은 여러 명령어의 결과를 곧바로 표시한다. 예를 들어 대화형 모드는 처음 써보는 기능이나 라이브러리를 테스트할 때 매우 유용하다.

 윈도우에서 파이썬을 사용할 때는 path 설정을 따로 해야 파이썬 셸 명령창을 이용할 수 있다. 윈도우용 최신 파이썬 설치 프로그램은 파이썬을 시스템 path에 추가할 수 있는 옵션을 제공한다. 이 옵션을 체크하거나 환경 변수에서 수동으로 path를 추가할 수도 있다.

물론 가장 일반적인 방법은 파이썬 코드를 작성하고, 파일로 저장하고, 인터프리터를 통해 실행하는 것이다. 이렇게 하면 동일한 명령을 셸에 반복해 입력할 필요가 없다. 파이썬 파일은 일반적인 텍스트 파일과 다르지 않으며, 확장자가 .py로 끝날 뿐이다. 유닉스나 리눅스의 경우 **셔뱅**shebang, #!을 파일 맨 위에 적어 실행할 인터프리터의 종류를 지정할 수 있다. 예를 들어 다음과 같은 내용으로 helloworld.py를 작성하자.

```
# 이것은 주석이다.
print("hello world")
```

그런 다음 실행시켜 보면 다음과 같은 결과가 나타난다.

```
$ python helloworld.py
hello world
$
```

내장 자료형

파이썬에는 몇 가지 표준 자료형이 인터프리터에 내장돼 있다.

- **None형**: Null 오브젝트
- **숫자형**: int, long, float, complex, bool(int의 하위 클래스며, True와 False 값만을 가진다)
- **나열형**: str, 리스트, 튜플, 범위range
- **매핑형**: dict
- **세트형**: set, frozenset

None형

None형은 값이 없는 오브젝트를 뜻한다. 아무것도 반환하지 않도록 설정한 함수를 호출하면 None형을 반환한다. 또한 어떤 함수에 실제 값을 넣지 않았을 때 에러가 반환되는지를 확인할 때도 쓰인다.

숫자형

파이썬의 숫자형Numerics 오브젝트는 말 그대로 숫자다. 부울Boolean을 제외하면 int, long, float, complex에는 부호를 사용할 수 있는데, 이는 음수 값도 될 수 있고 양수 값도 될 수 있다는 의미다. 부울은 정수형의 하위 클래스에 속하며, 1(True)과 0(False) 값 중 하나를 가질 수 있다. 나머지 숫자형은 숫자를 얼마나 정밀하게 표현할 수 있는지에 따라 분류된다. 예를 들어 int는 특정 범위 내에서의 정수를 표시할 수 있지만, long은 숫자를 범위와 무관하게 표현할 수 있다. float는 배정밀도 범위(64비트) 내에서 표현할 수 있는 모든 숫자다.

나열형

나열형Sequences은 0 이상의 정수로 번호를 붙인 오브젝트 목록이다. 1장부터는 대화형 인터프리터를 통해 자료형을 설명하므로 이해를 돕기 위해 직접 실행해볼 것을 추천한다.

String이 나열형에 속한다는 개념이 직관적으로 잘 와닿지 않을 수도 있을 것이다. 사실 문자열도 결국 여러 문자를 하나로 묶어 나열한 것에 불과하다. 문자열은 작은따옴표, 큰따옴표, 삼중따옴표로 감싸 구분한다. 다음 예제에서 볼 수 있듯이 삼중따옴표는 한 문자열이 여러 줄에 걸쳐 있을 때 유용하다.

```
>>> a = "networking is fun"
>>> b = 'DevOps is fun too'
>>> c = """what about coding?
... super fun!"""
>>>
```

문자열 외에 나열형에서 주로 쓰이는 것은 리스트와 튜플이다. 리스트는 간단히 오브젝트를 나열한 것으로 이해하면 편리하다. 리스트를 선언할 때는 오브젝트를 대괄호로 감싸면 된다. 문자열과 마찬가지로 리스트의 첨자는 0부터 시작해 양의 정수로 표시된다. 반대로 첨자값으로 각 오브젝트들을 읽어 들이는 것도 가능하다.

```
>>> vendors = ["Cisco", "Arista", "Juniper"]
>>> vendors[0]
'Cisco'
>>> vendors[1]
'Arista'
>>> vendors[2]
'Juniper'
```

튜플은 리스트와 비슷하게 값을 괄호로 감싸는 식으로 정의한다. 튜플 안의 오브젝트를 읽어 들일 때는 리스트와 비슷하게 첨자값을 통해 호출한다. 리스트와의 차이점은 튜플은 한 번 정의하면 값을 바꾸지 못한다는 것이다.

```
>>> datacenters = ("SJC1", "LAX1", "SFO1")
>>> datacenters[0]
'SJC1'
>>> datacenters[1]
'LAX1'
>>> datacenters[2]
'SFO1'
```

모든 나열형 변수는 특정 인덱스를 지정하거나 범위를 설정해 엘리먼트를 반환하도록 할 수 있다.

```
>>> a
'networking is fun'
>>> a[1]
'e'
>>> vendors
['Cisco', 'Arista', 'Juniper']
>>> vendors[1]
'Arista'
>>> datacenters
('SJC1', 'LAX1', 'SFO1')
>>> datacenters[1]
'LAX1'
>>>
>>> a[0:2]
'ne'
>>> vendors[0:2]
['Cisco', 'Arista']
>>> datacenters[0:2]
('SJC1', 'LAX1')
>>>
```

 인덱스 첨자가 0부터 시작한다는 사실을 잊으면 안 된다. 다시 말해, 1번 인덱스는 실제로 두 번째 엘리먼트를 가리킨다.

파이썬에서는 나열형 변수에 포함된 엘리먼트의 개수, 최솟값 및 최댓값을 구하는 함수를 기본으로 제공한다.

```
>>> len(a)
17
>>> len(vendors)
3
>>> len(datacenters)
3
```

```
>>>
>>> b = [1, 2, 3, 4, 5]
>>> min(b)
1
>>> max(b)
5
```

예상했겠지만, 문자열만을 위한 함수도 있다. 이런 함수는 원래 저장된 값 자체는 바꾸지 않고 언제나 새로운 문자열을 반환한다. 따라서 이 값을 사용하고 싶다면, 반환되는 값을 새로운 변수에 할당하는 식으로 써야 한다.

```
>>> a
'networking is fun'
>>> a.capitalize()
'Networking is fun'
>>> a.upper()
'NETWORKING IS FUN'
>>> a
'networking is fun'
>>> b = a.upper()
>>> b
'NETWORKING IS FUN'
>>> a.split()
['networking', 'is', 'fun']
>>> a
'networking is fun'
>>> b = a.split()
>>> b
['networking', 'is', 'fun']
>>>
```

다음 예제에서는 리스트에서 많이 쓰이는 함수를 소개한다. 리스트는 여러 아이템을 한 번에 넣고 작업을 각 아이템에 반복해서 수행할 때 유용하다. 예를 들어 데이터 센터의 스파인 스위치 리스트를 만든 후, 각 스위치에 같은 액세스 목록을 적용할 수 있다. 리스트의 값은 튜플과 달리 생성한 이후에도 변경할 수 있다. 이를 이용하면 목록에 아이템을 끼워 넣거나 빼내는 등의 작업을 자유롭게 할 수 있다.

```
>>> routers = ['r1', 'r2', 'r3', 'r4', 'r5']
>>> routers.append('r6')
>>> routers
['r1', 'r2', 'r3', 'r4', 'r5', 'r6']
>>> routers.insert(2, 'r100')
>>> routers
['r1', 'r2', 'r100', 'r3', 'r4', 'r5', 'r6']
>>> routers.pop(1)
'r2'
>>> routers
['r1', 'r100', 'r3', 'r4', 'r5', 'r6']
```

매핑형

파이썬은 **딕셔너리**dictionary라는 이름의 매핑형을 제공한다. 딕셔너리는 오브젝트와 오브젝트의 인덱스 역할을 하는 키로 구성되는 원시 형태의 데이터베이스라고 할 수 있다. 다른 언어로 보면 연관 배열이나 해시 테이블에 해당한다. 이전에 이런 종류의 형식을 다뤄본 경험이 있다면 오브젝트를 사람이 읽을 수 있는 형태의 키로 접근할 수 있는 특징이 얼마나 강력한지 굳이 설명할 필요가 없을 것이다. 특히 코드를 유지보수해야 하는 가련한 엔지니어에게 큰 도움이 된다. 기껏 코드를 작성했는데 몇 달 뒤에 새벽 2시에 일어나 코드를 고쳐야 하는 상황이 오지 말라는 보장이 없다. 딕셔너리 값에 포함된 오브젝트는 리스트 같은 다른 자료형으로 정의될 수 있다. 딕셔너리는 중괄호로 묶는 형식으로 생성한다.

```
>>> datacenter1 = {'spines': ['r1', 'r2', 'r3', 'r4']}
>>> datacenter1['leafs'] = ['l1', 'l2', 'l3', 'l4']
>>> datacenter1
{'leafs': ['l1', 'l2', 'l3', 'l4'], 'spines': ['r1',
```

```
'r2', 'r3', 'r4']}
>>> datacenter1['spines']
['r1', 'r2', 'r3', 'r4']
>>> datacenter1['leafs']
['l1', 'l2', 'l3', 'l4']
```

세트형

세트^{set}는 오브젝트를 순서 없이 묶어 저장해야 할 때 쓰인다. 리스트나 튜플과 달리 세트는 딱히 순서가 없으며, 첨자를 통해 정렬할 수도 없다. 그러나 단 한 가지 특징, 즉 세트의 엘리먼트는 절대 중복될 수 없다는 점이 세트를 매우 특별하고 유용하게 만든다. 예를 들어 접속한 IP 기록으로 접속 목록을 만들어야 한다고 가정해보자. IP 목록에는 중복된 IP가 매우 많을 것이다. 다른 프로그래밍 언어는 목록을 정렬한 후 중복 항목을 일일이 제거해야 하지만, 파이썬에서 세트형을 사용하면 이를 코드 한 줄로 해결할 수 있다. 사실 세트형을 써야 할 경우가 그렇게 많은 것은 아니지만, 필요한 순간이 오면 매우 유용하다. 생성된 세트형 변수는 union, intersection, difference 등을 사용해 값을 비교할 수 있다.

```
>>> a = "hello"
>>> set(a)
{'h', 'l', 'o', 'e'}
>>> b = set([1, 1, 2, 2, 3, 3, 4, 4])
>>> b
{1, 2, 3, 4}
>>> b.add(5)
>>> b
{1, 2, 3, 4, 5}
>>> b.update(['a', 'a', 'b', 'b'])
>>> b
{1, 2, 3, 4, 5, 'b', 'a'}
>>> a = set([1, 2, 3, 4, 5])
>>> b = set([4, 5, 6, 7, 8])
>>> a.intersection(b)
{4, 5}
```

```
>>> a.union(b)
{1, 2, 3, 4, 5, 6, 7, 8}
>>> 1 *
{1, 2, 3}
>>>
```

연산자

파이썬에서 사용하는 연산자는 다른 언어와 크게 다르지 않다. 다만 // 연산자(몫, floor division)는 나눗셈을 수행하고, 그 몫을 정수 형태로 반환하며, 나머지(%) 연산자는 나눗셈을 수행한 나머지를 반환한다는 점이 다르다.

```
>> 1 + 2
3
>>> 2 - 1
1
>>> 1 * 5
5
>>> 5 / 1
5.0
>>> 5 // 2
2
>>> 5 % 2
1
```

다음 코드는 비교 연산자를 수행하는 예시다. == 연산자는 두 값을 비교하고, = 연산자는 변수에 값을 대입하는 역할을 한다는 점에 유의하라.

```
>>> a = 1
>>> b = 2
>>> a == b
False
>>> a > b
```

```
False
>>> a < b
True
>>> a <= b
True
```

구성원 연산자는 나열형에 한해 오브젝트가 변수 안에 포함돼 있는지 확인하는 역할을 한다.

```
>>> a = 'hello world'
>>> 'h' in a
True
>>> 'z' in a
False
>>> 'h' not in a
False
>>> 'z' not in a
True
```

제어 흐름

파이썬에서는 if, else, elif를 사용해 조건문을 정의한다. 구체적으로 사용하는 형식은 다음과 같다.

```
if 조건:
    명령문
elif 조건:
    명령문
elif 조건:
    명령문
...
else:
    명령문
```

실제 코드로 간단한 예시를 들어보면 다음과 같다.

```
>>> a = 10
>>> if a > 1:
...     print("a는 1보다 크다")
... elif a < 1:
...     print("a는 1보다 작다")
... else:
...     print("a는 1과 같다")
...
A는 1보다 크다
>>>
```

while 반복문은 조건이 성립하지 않을 때까지 블록을 계속 반복한다. 조건을 잘못 설정하면 무한히 실행될 수 있으므로(그리고 프로세스가 충돌하게 되므로) 조심해야 한다.

```
while 조건:
    명령문

>>> a = 10
>>> b = 1
>>> while b < a:
... print(b)
...     b += 1
...
1
2
3
4
5
6
7
8
9
```

for 반복문은 재귀적 접근이 필요한 모든 오브젝트에 적용할 수 있다. 다시 말해, 리스트, 튜플, 문자열 같은 나열형 변수는 for 루프에 사용할 수 있다. 다음 예시에서 for 다음의 i 문자는 재귀 변수를 뜻하며, 코드의 맥락에 따라 다른 것을 사용해도 무방하다.

```
for i in 나열형 변수:
    반복하는 동안 실행

>>> a = [100, 200, 300, 400]
>>> for number in a:
... print(number)
...
100
200
300
400
```

이를 응용하면 반복문을 지원하는 오브젝트를 생성한 후 for 반복문을 사용해 오브젝트를 탐색하는 것도 가능하다.

 오브젝트를 생성하는 방법은 1장에서 다루지 않지만 배워두면 유용하다. 자세한 내용은 다음을 참고하라.

https://docs.python.org/3/c-api/iter.html

함수

코드 중 일부를 복사한 후 붙여넣기해 재사용해야 하는 경우가 생기면, 거의 대부분은 한 덩어리의 코드를 함수 단위로 묶어서 만든다. 이렇게 하면 코드를 모듈화하는 데 있어서 유리하고, 코드를 재사용하거나 관리하기가 쉽다. 파이썬에서 함수를 정의할 때는 함수명 앞에 def 키워드를 쓰고, 함수명 뒤에는 매개변수를 규정하는 식으로 한다. 함수 안에는 함수를 호출했을 때 실행할 명령문을 작성한다. 함수의 실행이 끝나면, 함수가 어떤 변수나 값을 반환할 지 지정할 수 있다. 아무것도 지정하지 않으면 기본값으로 None 객체를 반환한다.

```
def 함수명(매개변수1, 매개변수2):
    명령문
    반환값
```

이 책의 나머지 부분에는 수많은 함수가 등장할 것이다. 우선 간단한 예시를 살펴보자.

```
>>> def subtract(a, b):
...    c = a - b
...    return c
...
>>> result = subtract(10, 5)
>>> result
5
>>>
```

클래스

파이썬은 **객체지향 프로그래밍**OOP, Object-Oriented Programming 언어다. 파이썬에서 객체를 생성할 때는 class 키워드를 사용한다. 간단히 말해서 객체는 함수(메서드), 변수, 속성(프로퍼티)들의 모음이다. 클래스를 정의한 후에는 클래스에 해당하는 인스턴스를 생성할 수 있다. 요컨대 클래스는 인스턴스를 정의하는 일종의 설계도로 이해하면 쉽다.

'OOP가 무엇인가?'라는 주제는 이 책의 범위를 벗어나므로 여기서는 라우터 객체를 정의하는 예시부터 시작해보자.

```
>>> class router(object):
...     def __init__(self, name, interface_number, vendor):
...         self.name = name
...         self.interface_number = interface_number
...         self.vendor = vendor
...
>>>
```

이렇게 정의된 객체를 사용해 인스턴스를 원하는 대로 생성할 수 있다.

```
>>> r1 = router("SFO1-R1", 64, "Cisco")
>>> r1.name
'SFO1-R1'
>>> r1.interface_number
64
>>> r1.vendor
'Cisco'
>>>
>>> r2 = router("LAX-R2", 32, "Juniper")
>>> r2.name
'LAX-R2'
>>> r2.interface_number
32
>>> r2.vendor
'Juniper'
>>>
```

물론 파이썬 객체와 OOP를 파고들면 더 복잡하다. 이 내용은 책의 뒷부분에서 조금씩 살펴볼 것이다.

모듈과 패키지

모든 파이썬 소스 파일은 모듈로 사용할 수 있다. 다시 말해, 어떤 파일에서 정의한 함수나 클래스를 모듈로 불러오면 재사용할 수 있다. 코드를 불러올 때는 파일명 앞에 import 키워드를 붙인다. 이 과정에서 세 가지 동작이 이뤄진다.

1. 불러온 파일에 정의된 객체를 위해 새로운 네임스페이스를 생성한다.
2. 모듈 안에 포함된 모든 코드를 실행한다.
3. 불러온 파일과 같은 이름으로 해당 모듈에 접근할 수 있도록 한다.

앞에서 대화형 셸을 사용해 subtract() 함수를 작성한 것을 기억하는가? 이 함수를 재사용하기 위해 subtract.py 파일을 만들고 똑같이 코드를 옮겨보자.

```
def subtract(a, b):
  c = a -b
  return c
```

다음으로 subtract.py 파일이 저장된 디렉터리에서 파이썬 인터프리터를 실행한 후, 함수를 불러오자.

```
Python 2.7.12 (default, Nov 19 2016, 06:48:10)
[GCC 5.4.0 20160609] on linux2
Type "help", "copyright", "credits" or "license" for
more information.
>>> import subtract
>>> result = subtract.subtract(10, 5)
>>> result
5
```

위 코드를 실행하면 파이썬은 우선 현재 디렉터리에 해당 이름의 모듈이 존재하는지 찾는다. 다른 디렉터리에 있는 모듈을 불러오려면 sys 모듈 안에 포함된 sys.path를 사용해 해당 디렉터리를 검색 경로에 추가하면 된다. 앞에서 표준 라이브러리를 잠깐 언급한 것을 기억하는가? 이제는 알 수 있을 것이다. 라이브러리라는 것도 결국 파일로 된 모듈에 불과하다.

패키지는 모듈을 한데 묶은 것이다. 이렇게 하면 파이썬 모듈들을 하나의 네임스페이스로 묶어 더 쉽게 재사용할 수 있다. 패키지를 만들 때는 네임스페이스명으로 디렉터리를 만들어 그 안에 모듈 파일을 전부 집어넣으면 된다. 그다음 파이썬이 디렉터리를 패키지로 인식할 수 있도록 __init__.py 파일을 생성한다. 위의 예를 이어 subtract.py 파일을 패키지로 만든다고 생각해보자. math_stuff라는 디렉터리를 만들고 파일을 그 안에 넣는다. 그런 다음 __init__.py 파일을 생성한다.

```
echou@pythonicNeteng:~/Master_Python_Networking/
Chapter1$ mkdir math_stuff
echou@pythonicNeteng:~/Master_Python_Networking/
Chapter1$ touch math_stuff/__init__.py
echou@pythonicNeteng:~/Master_Python_Networking/
Chapter1$ tree .
.
├── helloworld.py
└── math_stuff
  ├── __init__.py
  └── subtract.py

1 directory, 3 files
echou@pythonicNeteng:~/Master_Python_Networking/
Chapter1$
```

패키지에 포함된 모듈을 사용하고자 할 때는 패키지명을 앞에 명시해야 한다.

```
>>> from math_stuff.subtract import subtract
>>> result = subtract(10, 5)
>>> result
5
>>>
```

앞에서 살펴봤듯이, 모듈과 패키지는 거대한 코드 파일을 알기 쉽게 정리하고, 협업하기 편리하게 만드는 파이썬의 중요한 요소 중 하나다.

▌ 요약

1장에서는 OSI 모델과 TCP, UDP, IP 등 네트워크 프로토콜 스위트들을 살펴봤다. 이런 프로토콜은 두 호스트 간에 주소 및 통신을 담당하는 레이어 같은 역할을 한다. 프로토콜은 확장성을 염두에 두고 디자인됐고, 지금도 초기 디자인에서 하나도 변하지 않았다. 인터넷의 폭발적인 성장을 생각해보면 대단한 업적이라고 해도 무방하다.

그다음 파이썬의 내장 자료형, 연산자, 제어 흐름, 함수, 클래스, 모듈, 패키지의 간략한 개요를 훑어봤다. 파이썬은 강력하고 업무에 사용하기 좋으며 읽기에도 편하다. 이런 특징으로 인해 파이썬은 네트워크 자동화에서 사용할 수 있는 가장 좋은 프로그래밍 언어 중 하나다. 간단한 스크립트에서 시작해 고급 기능을 알아보는 방식으로 확장해 나가면서 공부한다면, 네트워크 엔지니어에게 많은 도움이 될 것이다.

2장에서는 실제로 파이썬을 사용해 네트워크 장비 간 통신 방법을 알아본다.

02

저레벨 네트워크 기기 상호작용

1장에서는 네트워크 커뮤니케이션 프로토콜의 이론과 사양을 살펴보고, 파이썬 언어를 간략하게 소개했다. 2장에서는 파이썬을 사용해 네트워크 기기를 관리하는 방법을 좀 더 깊게 알아본다. 특히 파이썬을 사용해 레거시 네트워크 라우터나 스위치 간의 커뮤니케이션을 프로그램으로 구현하는 방법을 알아본다.

그렇다면 '레거시 네트워크 라우터나 스위치'가 정확히 무엇을 말하는 것일까? 최근 나오는 네트워킹 기기는 거의 대부분 **애플리케이션 프로그래밍 인터페이스**^API, Application Program Interface를 사용해 작업을 자동화할 수 있다. 그러나 현재 작동하는 모든 기기가 최신 제품은 아니며, 이런 기기에는 API 인터페이스가 들어 있지 않다. 이런 기기는 터미널 등 **커맨드라인 인터페이스**^CLI, Command Line Interface를 사용해 관리해야 한다. 이는 엔지니어들이 설계 단계에서 사람이 수동으로 관리할 것이라고 가정했기 때문이다. 즉 기기가 데이터를 반환하면, 엔지니어가 데이터를 해석해 적절한 판단을 내리는 식으로 관리가 이뤄진다. 네트워크 기기의 숫자가 증가하고 네트워크가 복잡해질수록 하나하나 수동으로 관리하기란 매우 어려운 일이다.

파이썬은 Pexpect(피익스펙트)와 Paramiko(파라미코)라는 두 종류의 훌륭한 라이브러리와 파생 라이브러리를 통해 작업을 수행한다. 2장에서는 Pexpect부터 소개하고 Paramiko 예제를 살펴본다. Paramiko의 기본 개념을 이해한다면 Netmiko(넷미코) 등의 확장 라이브러리도 쉽게 사용할 수 있다. 4장, '파이썬 자동화 프레임워크 – 앤서블 기초'와 5장, '파이썬 자동화 프레임워크 – 앤서블 심화'에서 자세히 살펴보겠지만 앤서블도 Paramiko를 주요 네트워크 모듈로 사용한다. 2장에서 알아볼 내용은 다음과 같다.

- CLI의 어려움
- 가상 네트워크 랩 만들기
- 파이썬 Pexpect 라이브러리
- 파이썬 Paramiko 라이브러리
- Pexpect와 Paramiko의 한계

이제 시작해보자!

▌ CLI의 어려움

다음 슬라이드는 2014년 라스베이거스에서 열린 인터롭 엑스포Interop expo에서 빅스위치 네트웍스BigSwitch Networks의 CEO 더글라스 머레이Douglas Murray가 발표한 자료다. 이 슬라이드는 1993년에서 2013년까지 20년이라는 시간이 흐르는 동안 **데이터 센터 네트워킹**DCN, Data Center Networking이 어떻게 바뀌었는지를 보여준다.

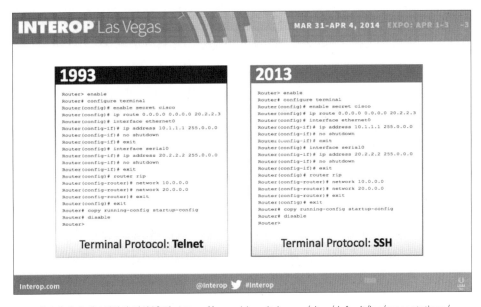

데이터 센터 네트워킹의 변화(출처: https://www.bigswitch.com/sites/default/les/presentations/ murraydo uglasstartuphotseatpanel.pdf)

그가 말하고자 하는 요점은 명확하다. 20년 동안 네트워크 기기를 관리하는 방식이 크게 변하지는 않았다는 것이다. 물론 약간 부정적으로 치우친 묘사이긴 하지만, 요점을 파악하는 데에 어려움은 없을 것이다. 20년이 지나는 동안 라우터나 스위치를 관리하는 방법에서 달라진 점이라고는 프로토콜이 텔넷에서(더 보안이 괜찮은) SSH로 바뀐 것밖에 없다.

이러다 보니 2014년 시점에서 사람이 수동으로 관리해야 하는 CLI에서 컴퓨터가 자동으로 관리하는 API로 옮겨가야 한다는 여론이 점점 커지고 있다. 중요한 점은 어떤 방식을 쓰더라도 네트워크를 디자인하고, 테스트하고, 최초로 구동할 때는 기기와 직접 통신해야 한다는 것이다. 그러나 초기 구동을 통해 신뢰도를 확보하고 에러가 없는 환경을 구축했다면, 엔지니어가 지칠 때까지 똑같은 작업을 끊임없이 반복해야 한다. 컴퓨터와 친숙한 언어인 파이썬을 사용하기에 안성맞춤인 작업들이다.

다시 슬라이드로 돌아가서, 요점은 관리자와 라우터 간의 상호작용이다. 라우터가 일련의 정보를 출력하면 관리자는 이를 해석해 어떤 명령을 입력해야 하는지 판단한다. 예를 들어 enable을 입력하면 특권 모드를 활성화한다. 명령창에 # 기호가 나타난 것을 확인한 후 configure terminal을 입력해 설정 모드로 들어간다. 이와 비슷한 방식으로 인터페이스나 라우팅 프로토콜의 설정 모드에 들어갈 수도 있다. 이런 작업을 컴퓨터나 프로그램에 맡기면 어떻게 될까? 인터페이스에 IP를 입력한다. 인터페이스는 라우터에 모든 정보를 구조화해 한 번에 전달한다. 라우터는 yes 또는 no 신호를 반환해 작업이 성공했는지를 알려준다.

Pexpect와 Paramiko는 목적지 기기와의 상호작용을 위한 프로세스를 하위 프로세스로 놓는 식으로 구현한다. 상위 프로세스는 여기서 반환된 값을 기준으로 다음에 진행할 작업을 결정한다.

▮ 가상 네트워크 랩 만들기

파이썬 패키지를 살펴보기 전에 네트워크 랩을 만들어 연습할 수 있는 환경을 만들어보자. 시행착오를 통해 배울 수 있는 것은 많지만, 실제 네트워크상에서 실수를 하는 것보다 외부와 격리된 일종의 모래상자를 만드는 것이 더 안전하고, 이것저것 해볼 수 있다. 관리 호스트에 파이썬이나 필요한 패키지를 설치하는 것은 그리 어려운 일이 아니다. 그러나 라우터나 스위치를 시뮬레이션하려면 어떻게 해야 할까?

일반적으로 네트워크 랩을 만드는 방법은 크게 두 종류로 나눌 수 있는데, 각기 장단점이 있다.

- **물리적 방식**: 실제로 보고 만질 수 있는 기기를 사용하는 방식이다. 기기를 잘 고르기만 하면 실제 적용할 환경과 똑같은 네트워크를 구축할 수 있다.
  - **장점**: 실무에 빠르게 적용할 수 있고 관리자나 엔지니어가 작동하는 방식을 직

접 눈으로 확인하거나 터치할 수 있다. 물리적 기기를 사용하기 때문에 다른 방식에 비해 가장 친숙하다.

- 단점: 랩에서만 사용하는 장비 치고는 가격이 비싸다. 또한 장비를 랙과 스택으로 구축하거나 보관하려면 시간이 필요하고, 한 번 구축해 놓으면 사양을 변경하기가 어렵다.

- **가상적 방식**: 실제 네트워크 기기를 에뮬레이션 또는 시뮬레이션하는 방식이다. 기기 벤더나 오픈 소스 커뮤니티에서 에뮬레이터를 제공하고 있다.

  - 장점: 가상 기기는 구축하기 쉽고, 상대적으로 저렴하며, 구성을 빠르게 변경할 수 있다.

  - 단점: 결국 물리 기기를 축소한 것과 같으므로 실제 기기에 비해 기능 면에서 한계가 있을 수밖에 없다.

물론 물리적 또는 가상적 방식 중 어떤 것을 택하느냐는 개인의 취향에 따라 다를 것이다. 저렴한 가격, 쉬운 구현, 실무와의 유사성 등 다양한 요소를 고려하면 된다. 내가 참여했던 몇몇 곳에서는 초기 콘셉트를 구현하는 데 가상 랩을 사용한 다음, 최종 디자인 단계에서는 물리적 랩으로 옮겨가는 식으로 작업했다.

다만 나는 현재 많은 벤더가 가상 환경 지원을 강화하고 있다는 점에서 가상 네트워크 랩을 통해 테스트 환경을 구축하는 것이 더 낫다고 생각한다. 가상 기기는 기능 면에서 실제 기기와 그리 많이 차이나는 것은 아니며, 벤더가 제공하는 가상 인스턴스는 문서화도 잘돼 있다. 가격 이점은 더 말할 필요가 없을 것이고 소프트웨어를 설치하는 방식이므로 구축에 드는 시간도 매우 절약된다.

이 책에서는 물리적인 방식과 가상적인 방식을 섞어 설명하되, 가상 기기에 무게를 둘 것이다. 이 두 방식의 차이점을 명확하게 파악해두면 뒤에 나오는 예제를 이해하는 데 도움이 된다. 필요한 경우 가상 기기와 물리 기기를 혼동하지 않도록 차이점을 명시하겠다.

이 책에서는 가상 랩의 프론트엔드로 시스코에서 만든 **가상 인터넷 라우팅 랩** VIRL, Virtual Internet Routing Lab을 사용해 벤더 이미지를 구동한다(https://learningnetworkstore.cisco.com/virtual-internet-routing-lab-virl/cisco-personal-edition-pe-20-nodes-virl-20).

 꼭 가상 인터넷 라우팅 랩을 사용할 필요는 없지만, 최소한 이 책에 나온 예제를 따라 해볼 수 있는 환경을 구축한 후 계속 읽기를 추천한다.

시스코 VIRL

처음 CCIE Cisco Certified Internetwork Expert 시험을 준비할 때 이베이에서 시스코 기기를 구입했다. 할인을 받아도 라우터와 스위치를 구입하려면 당시 돈으로 수백 달러가 들었다. 그래서 1980년대에 판매됐던 매우 낡은 시스코 라우터(검색창에 'Cisco AGS' 라우터를 검색해보고 어떤지 직접 확인해보라)를 구했다. 이 제품은 기능이나 퍼포먼스 면에서 당시 기준에 한참 미치지 못했다. 게다가 구동하면 소음이 너무 커서 가족과 다투기도 했기 때문에 그리 유쾌한 경험은 아니었다. 크고 무겁고, 케이블을 일일이 연결해야 했고, 링크 실패를 구현하기 위해 말 그대로 케이블을 뽑아야 했다.

몇 년 뒤 다이나밉스 Dynamips라는 것이 등장했다. 나는 처음 다이나밉스를 접하고 '네트워크를 가상으로 구현하는 게 이렇게 쉽다니!' 하고 감탄했다. 새로운 콘셉트를 배우고자 할 때 매우 유용한 기능이었다. 시스코에서 IOS 이미지를 받은 후 토폴로지 파일을 적용하면, 가상 네트워크를 원하는 대로 테스트해볼 수 있었다. 내 컴퓨터에는 네트워크 토폴로지, 프리셋 설정, 시나리오에 따라 다르게 불러들여야 하는 버전별 이미지 파일 등을 모아놓은 폴더가 있었다. 여기에 GNS3이라는 프론트엔드를 더하면 네트워크 설정을 GUI로 수행할 수 있다. GNS3을 사용할 경우 링크와 기기들을 드래그앤드롭하기만 하면 모든 작업이 끝난다. 혹은 관리자가 참조할 수 있도록 GNS3 디자인 패널에서 네트워크 토폴로지를 출력하는 기능도 있다. 유일한 단점이라면 벤더가 공식적으로 지원하는 것이 아니었으므로 신뢰도를 담보하기 어렵다는 것이었다.

2015년에 시스코는 자체적으로 위의 기능을 제공하는 시스코 VIRL을 발표했다. 갖고 있는 서버가 최소 사양을 만족하고 라이선스를 위해 연간 얼마간의 비용을 지출할 용의가 있다면, 이 프로그램은 파이썬을 이용한 구축과 테스트를 위해 좋은 솔루션이라 할 수 있다.

> ℹ️ 2017년 1월 기준으로 개인 라이선스는 20개의 노드를 제공하며, 연 $199.99의 비용을 내도록 하고 있다.

비록 비용이 들지만 다른 방식에 비해 VIRL 플랫폼에는 다음과 같은 이점이 있다.

- **사용의 용이성**: IOSv, IOS-XRv, CSR100v, NX-OSv, ASAv의 모든 이미지를 다운로드 한 번에 구할 수 있다.

- **(준)공식 지원**: 엄밀하게 말해서 VIRL 지원은 커뮤니티 기반으로 이뤄진다. 그러나 이 소프트웨어는 시스코 내부에서도 널리 쓰이고 있다. 그리고 그 유명세로 인해 버그 픽스나 문서화, 팁 공유 등이 사용자 간에 활발히 이뤄지고 있다.

- **클라우드 전환**: VIRL은 에뮬레이션이 소유하고 있는 하드웨어보다 더 높은 성능을 필요로 할 경우 시스코 디클라우드dCloud(https://dcloud.cisco.com/), VIRL 패킷Packet(http://virl.cisco.com/cloud/), 시스코 데브넷DevNet(https://developer.cisco.com/) 등으로 옮길 수 있는 기능을 제공한다. 흔히 간과되지만 중요한 기능 중 하나다.

- **링크 및 컨트롤 영역 시뮬레이션**: 현실에서 링크별 특성으로 인해 발생하는 레이턴시나 지터, 패킷 손실 등을 시뮬레이트할 수 있다.

- **기타**: VIRL에서는 VM 마에스트로VM Maestro 토폴로지 디자인과 시뮬레이션 컨트롤, 자동 설정 생성을 위한 오토넷킷AutoNetkit(공유 서버의 경우), 사용자 워크스페이스 관리 기능 등을 제공한다. 또한 벌루틸스virlutils(https://github.com/Cisco DevNet/virlutils) 등 사용성을 향상시키는 오픈 소스 프로젝트가 커뮤니티에 의해 개발되고 있다.

이 책에서는 위에 언급한 VIRL의 기능을 모두 소개하지는 않는다. 그러나 상대적으로 오랫동안 쓰인 툴은 아니기 때문에 혹시 사용해보고 싶은 독자를 위해 내가 사용하는 방식을 간단하게 소개하겠다.

 네트워크 랩이 갖는 이점을 다시 반복할 필요는 없지만, 앞의 내용이 무조건 시스코 VIRL이 좋다는 뜻은 아니다. 뒤에서 소개하는 예제는 모든 랩 기기에서 작동하며, 소프트웨어의 타입이나 버전에 국한되지 않는다.

VIRL 팁

VIRL 웹 사이트(http://virl.cisco.com/)에는 도움말, 튜토리얼 등 문서화가 잘돼 있다. 또한 문제가 발생했을 때 사용자 커뮤니티에 문의하면 빠르고 유용한 답변을 받을 수 있다. 이 책에서는 이 두 곳에서 얻을 수 있을 만한 정보는 언급하지 않을 것이다. 다만 이 책에서 사용하는 랩을 위해 설정 방법 정도는 소개한다.

1. VIRL은 두 종류의 가상 이더넷 인터페이스를 사용해 연결한다. 첫 번째 인터페이스는 NAT를 통해 호스트 머신의 인터넷 연결을 수행한다. 두 번째 인터페이스는 로컬 관리 인터페이스에 연결하는 역할을 맡는다(다음 예의 경우 VMnet2). 나는 이런 방식으로 가상 머신을 사용해 파이썬 코드를 실행한다. 코드에서 첫 번째 이더넷은 인터넷에 연결하는 데 쓰이고, 두 번째 이더넷은 VMnet2에 연결해 랩 기기 관리 네트워크의 역할을 한다.

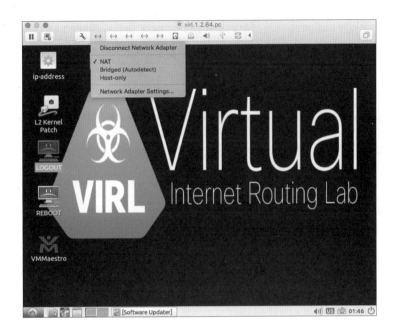

2. VMnet2는 우분투 호스트를 VIRL 가상 머신에 연결하기 위해 만들어진 사용자 네트워크 중 하나다.

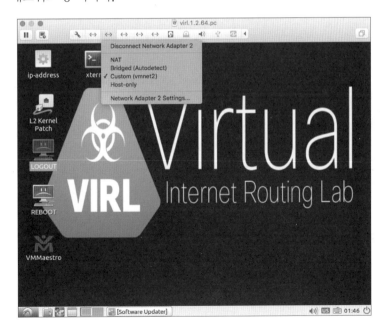

3. Topology Design 옵션에서 Management Network 옵션을 Shared flat netswork에 설
   정하면 VMnet2를 가상 라우터의 관리 네트워크로 사용할 수 있다.

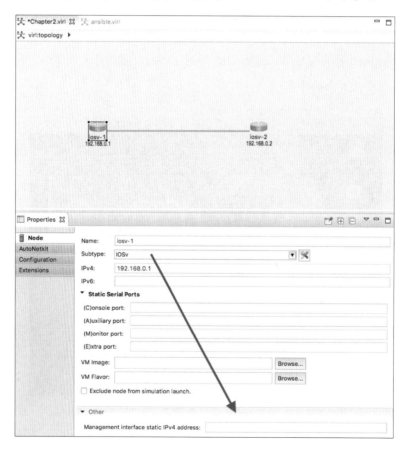

4. 노드 설정에서 관리 IP를 설정할 수 있다. 이때 정적 IP로 설정하면 소프트웨어로
   동적 할당하는 방식보다 결정적 접근성deterministic accessibility이 더 좋다.

시스코 데브넷과 디클라우드

VIRL 외에도 시스코는 자사 제품의 네트워크 자동화를 연습할 수 있는 훌륭한 도구를 두 종류나 (현재까지는) 무료로 제공한다. 두 방법 모두 시스코 온라인[CCO, Cisco Connection Online]에 로그인해야 사용할 수 있다. 가장 좋은 점은 별다른 비용 없이 이용할 수 있다는 점이다. 이 정도의 훌륭한 도구가 계속 무료라면 좋겠지만 개인적으로 계속해서 좋은 품질을 유지하려면 사용자가 어느 정도의 비용을 지불하는 편이 낫다고 생각한다. 어찌됐든 지금은 무료로 사용할 수 있다.

첫 번째로 소개할 도구는 시스코 데브넷[DevNet](https://developer.cisco.com/) 샌드박스로 문서화나 교육 콘텐츠, 테스트용 원격 랩 등이 잘 정리돼 있다는 것이 이점이다. 원격 랩 중몇몇은 항상 동작하지만 나머지는 미리 랩을 예약하고 사용해야 한다. 본인 소유의 랩이 없다면 이런 랩을 사용하는 것도 좋은 대안일 것이다. 문서 중 일부는 작성된 지 오래됐지만 간단한 방법으로 최신 버전도 쉽게 참고할 수 있다. 소프트웨어 개발처럼 빠르게 변화하는 분야에서는 흔히 발생하는 일이다. 데브넷은 로컬에서 작동하는 VIRL 호스트가 있는지에 관계없이 사용할 수 있는 좋은 도구다.

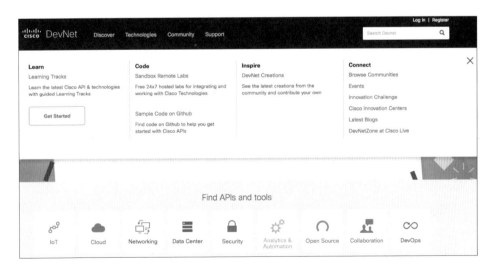

또 다른 온라인 시스코 랩은 디클라우드dCloud(https://dcloud.cisco.com/)다. 디클라우드란 다른 사람의 서버에서 관리에 대한 걱정 없이 VIRL을 돌린다는 개념으로 이해하면 쉽다. 시스코는 디클라우드를 VIRL의 확장 기능과 스탠드얼론 제품 양쪽 모두로 취급하는 듯하다. 예를 들어 로컬에서 IOX-XR이나 NX-OS 인스턴스를 몇 개 돌리지 못한다면, 디클라우드를 사용해 로컬 랩을 추가 생성한 듯한 효과를 누릴 수 있다. 아직 등장한 지 얼마 안 된 도구지만 관심 있게 지켜볼 필요는 있다.

GNS3

이 책에서는 GNS3와 같은 VIRL 외의 가상 랩을 사용한다.

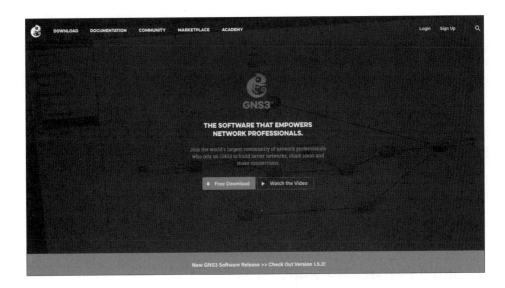

앞에서 언급했듯, **GNS3**는 네트워크 랩 인증 시험을 보기 전에 많은 사람이 연습을 위해 사용하는 도구 중 하나다. GNS3는 초창기 다이나밉스^{Dynamips}의 간단한 프론트엔드에서 시작해 상용 제품으로 확장됐다. 예를 들어 VIRL, 데브넷, 디클라우드 등 시스코가 만든 도구는 시스코의 제품만을 다룬다. 가상 랩 외부와 통신할 수 있는 방법을 제공하긴 하지만 시뮬레이션상에서 여러 벤더의 기기를 가상화하는 것만큼이나 불편하다. GNS3는 특정 벤더에 종속되지 않으며 랩상에서 여러 벤더의 가상화를 구현할 수 있는 플랫폼이 포함돼 있다. 이는 다른 벤더의 가상 플랫폼을 복제하거나(예: 아리스타^{Arista} vEOS) 다른 하이퍼바이저(예: 주니퍼 올리브 에뮬레이션^{Juniper Olive emulation})를 사용해 이미지를 바로 실행하는 식으로 동작한다. 시스코 VIRL 프로젝트만큼의 깊이는 없다는 지적도 있지만 여러 종류의 시스코 기술에서 모두 동작하므로 한 랩에서(시스코 이미지 포함) 여러 벤더의 제품을 이용해야 하는 경우에 유용하다.

EVE-NG^{Emulated Virtual Environment Next Generation}(http://www.eve-ng.net)도 여러 벤더의 네트워크를 에뮬레이트할 수 있는 환경을 제공한다. EVE-NG 도구를 많이 사용해보지는 않았지만, 업계에서는 꽤 많은 사람이 네트워크 랩을 구현할 때 사용한다.

이외에도 아리스타 vEOS(https://eos.arista.com/tag/veos/), 주니퍼 vMX(http://www.juniper.net/us/en/products-services/routing/mx-series/vmx/), vSRX(http://www.juniper.net/us/en/products-services/security/srx-series/vsrx/) 등의 가상화 플랫폼을 테스트 단계에서 스탠드얼론 가상 기기로 사용할 수 있다. 예를 들어 플랫폼에서 API 버전 간의 차이점을 테스트할 때처럼 특정 플랫폼의 기능을 확인할 때, 이런 도구를 상호 보완적으로 사용할 수 있다. 이들 제품은 대부분 클라우드 제공자의 마켓에서 유료로 쉽게 구할 수 있고, 많은 경우 테스트하려는 물리적 기기와 동일한 기능을 제공한다.

▌ 파이썬 Pexpect 라이브러리

> Pexpect는 하위 애플리케이션을 생성하고, 제어하고, 출력값의 패턴을 예측해 대응하기 위한 용도로 개발된 순수한 파이썬 모듈이다. Pexpect는 돈 립스(Don Libes)의 Expect와 동일한 방식으로 작동한다. Pexpect는 스크립트를 통해, 마치 사람이 명령어를 입력하듯이 하위 애플리케이션을 생성하고 제어할 수 있다.
>
> —Pexpect, 리드 더 독스^{Read the Docs}
>
> (https://pexpect.readthedocs.io/en/stable/index.html)

이제 파이썬 Pexpect 라이브러리를 살펴보자. Pexpect는 돈 립스에서 개발한 Expect 모듈과 비슷하게 별도의 프로세스를 생성하거나 실행한 후 이를 통해 상호작용을 제어한다. 원래 Expect는 FTP, 텔넷, 알로긴^{rlogin} 같은 자동화된 상호작용 프로세스를 처리하기 위해 개발됐지만, 나중에 네트워크 자동화로 용도가 확장됐다. 차이점이라면 Pexpect는 오로지 파이썬으로 쓰였기 때문에 TCL이나 C 확장 기능을 컴파일할 필요가 없다. 다시 말해, 익숙한 파이썬 문법과 표준 라이브러리만 있으면 코드를 작성할 수 있다.

설치

처음 패키지를 설치하는 것이므로 pip을 설치하는 방법도 함께 소개한다. 매우 간단하다.

```
sudo apt-get install python-pip #Python2
sudo apt-get install python3-pip
sudo pip3 install pexpect
sudo pip install pexpect #Python2
```

 파이썬 3에서는 pip3을, 파이썬 2 환경에서는 pip을 사용해 패키지를 설치한다.

패키지가 설치됐으면 간단한 코드를 입력해 제대로 작동하는지 확인해보자.

```
>>> import pexpect
>>> dir(pexpect)
['EOF', 'ExceptionPexpect', 'Expecter', 'PY3',
   'TIMEOUT', '__all__', '__builtins__', '__cached__',
   '__doc__', '__file__', '__loader__', '__name__',
   '__package__', '__path__', '__revision__',
   '__spec__', '__version__', 'exceptions', 'expect',
   'is_executable_file', 'pty_spawn', 'run', 'runu',
   'searcher_re', 'searcher_string', 'spawn',
   'spawnbase', 'spawnu', 'split_command_line', 'sys',
   'utils', 'which']
>>>
```

Pexpect 개요

우선 두 IOSv 기기를 일대일로 연결하는 간단한 네트워크를 랩으로 만들어보자.

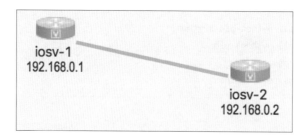

랩 토폴로지

두 기기는 192.16.0.x 범위에 루프백 주소를 갖고 있으며, 관리 IP는 172.16.1.x/24 범위에 있다. 리소스에서 VIRL 토폴로지 파일을 찾아서 VIRL 소프트웨어에 불러온다. 또는 VIRL 이 없더라도 토폴로지 파일을 텍스트 에디터로 열면 필요한 정보를 얻을 수 있다. 파일은 XML 형식이며, node 엘리먼트 아래에 각 노드의 정보가 있다.

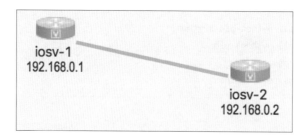

랩 노드 정보

랩을 준비했으면 텔넷을 통해 라우터에 접근해보자.

```
echou@ubuntu:~$ telnet 172.16.1.20
Trying 172.16.1.20...
Connected to 172.16.1.20.
Escape character is '^]'.
<skip>
User Access Verification

Username: cisco
Password:
```

여기서는 VIRL 오토넷킷을 통해 라우터 초기 설정을 자동으로 생성했다. 이때 기본 사용
자명과 암호는 cisco로 설정했다. 설정 파일에 명시돼 있으므로 기본 사용자는 특권 모드
로 설정됨을 유의하라.

```
iosv-1#sh run | i cisco
enable password cisco
username cisco privilege 15 secret 5 $1$Wiwq$7xt2oE0P9ThdxFS02trFw.
  password cisco
  password cisco
iosv-1#
```

또한 자동 설정 과정에서 텔넷과 SSH에 vty 접근이 생성된다.

```
line vty 0 4
  exec-timeout 720 0
  password cisco
  login local
  transport input telnet ssh
```

이제 파이썬 대화형 셸에서 Pexpect를 실행해보자.

```
Python 3.5.2 (default, Nov 17 2016, 17:05:23)
[GCC 5.4.0 20160609] on linux
Type "help", "copyright", "credits" or "license" for more information.
>>> import pexpect
>>> child = pexpect.spawn('telnet 172.16.1.20')
>>> child.expect('Username')
0
>>> child.sendline('cisco')
6
>>> child.expect('Password')
0
>>> child.sendline('cisco')
6
>>> child.expect('iosv-1#')
0
>>> child.sendline('show version | i V')
19
>>> child.expect('iosv-1#')
0
>>> child.before
b'show version | i VrnCisco IOS Software, IOSv Software (VIOS-
ADVENTERPRISEK9-M), Version 15.6(2)T, RELEASE SOFTWARE (fc2)rnProcessor
board ID 9MM4BI7B0DSWK40KV1IIRrn'
>>> child.sendline('exit')
5
>>> exit()
```

Pexpect 버전 4부터는 윈도우 플랫폼에서도 Pexpect를 실행할 수 있게 됐다. 그러나 공식 문서에도 나와 있듯이 아직은 실험 단계이므로 불안정하다.

앞의 예제에서 확인할 수 있듯이 Pexpect는 하위 프로세스를 생성한 후 대화형 방식으로 제어한다. 특히 expect()와 sendline() 메서드에 주목하라. expect()는 문자열이 반환됐을 때 그 문자열이 Pexpect 프로세스가 찾는 것인지 판단하는 역할을 한다. 앞의 예제에서 라우터가 정보를 출력하는 경우 호스트명 프롬프트(iosv-1#)가 반환되는 것을 찾으면 정보 출력이 끝났음을 의미한다. sendline() 메서드는 원격 기기에 보낼 명령어를 지정한다. sendline()은 send()의 확장된 메서드로서 라인피드, 즉 텔넷 세션에서 마지막으로 엔터 키를 누르는 것과 같은 신호를 보낸다. 라우터의 관점에서 이는 터미널에서 텍스트를 입력해 보내는 것과 동일한 신호로 인식된다. 다시 말해, 이 코드는 라우터를 속여 자신이 컴퓨터가 아닌 사람과 통신하고 있다고 느끼게 만드는 효과가 있다.

before와 after 프로퍼티는 하위 애플리케이션이 출력할 텍스트에 대한 것이다. before 프로퍼티는 expect로 설정한 패턴에 매칭되기 전의 텍스트를 저장한다. after 프로퍼티는 패턴 매칭된 텍스트를 저장한다. 위 예제에서 before 값은 show version이 포함된 두 패턴 (iosv-1#) 사이의 텍스트가 된다. after 값은 라우터 호스트명 명령창이 될 것이다.

```
>>> child.sendline('show version | i V')
19
>>> child.expect('iosv-1#')
0
>>> child.before
b'show version | i VrnCisco IOS Software, IOSv Software (VIOS-
ADVENTERPRISEK9-M), Version 15.6(2)T, RELEASE SOFTWARE (fc2)rnProcessor
board ID 9MM4BI7B0DSWK40KV1IIRrn'
>>> child.after
b'iosv-1#'
```

잘못된 패턴을 설정한다면 어떻게 될까? 예를 들어 Username 대신 username 값을 써서 하위 애플리케이션을 생성하면 Pexpect 프로세스는 문자열을 내내 찾아 헤맬 것이다. 그러나 username이라는 단어가 라우터에서 반환될 이유가 없으므로 프로세스는 끝나지 않

고 계속 돌아가기만 할 것이다. 세션은 타임아웃되겠지만 Ctrl + C를 눌러 수동으로 중지해도 된다.

expect() 메서드는 하위 애플리케이션이 설정한 문자열을 반환할 때까지 대기한다. 위 예제에서 대문자와 소문자 모두 검사하고 싶다면 다음과 같이 입력한다.

```
>>> child.expect('[Uu]sername')
```

대괄호는 or 명령어와 같은 역할을 하며, 'sername' 앞에 대문자 혹은 소문자 u가 오는 모든 문자열을 찾게 한다. 다시 말해, 'Username'과 'username'이 모두 포함된다.

 위 코드는 정규 표현식을 이용해 구현한 것이다. 파이썬 정규 표현식에 대한 자세한 내용은 https://docs.python.org/3.5/library/re.html을 참고하라.

expect() 메서드는 단순한 문자열 외에 목록을 지정해 검사할 수도 있다. 위 예제에서처럼 정규식으로 표현한 것을 이런 방식으로 나타내면 다음과 같다.

```
>>> child.expect(['Username', 'username'])
```

일반적으로 하나의 문자열을 통해 여러 조건을 지정할 수 있는 경우라면 정규식을, 전혀 다른 여러 문자열을 검사해야 한다면 목록을 사용하는 게 편하다. 예를 들어 로그인 암호가 여러 가지라면 일반적인 기기 명령창 외에 % Login invalid 텍스트도 확인해야 한다.

Pexpect와 파이썬에서 사용하는 정규 표현식 간의 중요한 차이점은 Pexpect가 최소 일치를 지향한다는 것이다. 즉 정규식의 특수 문자에 대해서는 가능한 적은 숫자로 패턴에 매칭되는 결과를 유도한다. Pexpect는 스트림되는 문자열에 정규식을 적용하므로 하위 프로세스의 스트림이 끝나지 않은 상황에서 결과를 예측하는 것은 불가능하다. 따라서 정규식의 $, 즉 문자열의 끝을 검사하는 특수 문자의 매칭 결과는 무의미하다. +는 언제나 결과가 없다는 것을 반환하고, .*는 최소한의 일치 결과를 출력하기 때문이다. 따라서 정규식을 사용할 때는 이 사실에 유의하고 가능한 한 정확하게 매칭될 수 있는 표현식을 넣어야 한다.

좀 더 구체적으로 다음과 같은 예를 생각해보자.

```
>>> child.sendline('show run | i hostname')
22
>>> child.expect('iosv-1')
0
>>> child.before
b'show run | i hostnamernhostname '
>>>
```

뭔가 이상하다. 터미널 출력값과 비교해보자. before 문을 사용했을 때 출력되리라 예상한 값은 hostname iosv-1이었다.

```
iosv-1#show run | i hostname
hostname iosv-1
iosv-1#
```

이제 문제가 무엇인지 알 수 있을 것이다. 호스트명 iosv-1 뒤에 해시(#) 기호를 붙이지 않았다. 이렇게 하면 하위 애플리케이션은 두 번째 반환된 문자열의 두 번째 부분을 우리가 찾는 문자열로 인식한다.

```
>>> child.sendline('show run | i hostname')
22
>>> child.expect('iosv-1#')
0
>>> child.before
b'show run | i hostnamernhostname iosv-1rn'
>>>
```

Pexpect에서 패턴을 매칭하는 예제는 뒤에서 몇 번 더 살펴보겠다. 사용자는 Pexpect 프로세스와 하위 애플리케이션 사이에서 상호작용할 수 있도록 명령을 지정한다. 파이썬 변수와 루프를 활용하면 네트워크 기기가 자동으로 정보를 수집하고 변경할 수 있도록 하는 프로그램을 손쉽게 작성할 수 있다.

첫 번째 Pexpect 예제

첫 번째 예제 chapter2_1.py는 앞 절에서 살펴본 예제에 코드를 추가해 스크립트를 작성한다.

```python
#!/usr/bin/python3

import pexpect

devices = {'iosv-1': {'prompt': 'iosv-1#', 'ip': '172.16.1.20'},
'iosv-2': {'prompt': 'iosv-2#', 'ip': '172.16.1.21'}}
username = 'cisco'
password = 'cisco'

for device in devices.keys():
    device_prompt = devices[device]['prompt']
    child = pexpect.spawn('telnet ' + devices[device]['ip'])
    child.expect('Username:')
    child.sendline(username)
    child.expect('Password:')
    child.sendline(password)
    child.expect(device_prompt)
    child.sendline('show version | i V')
    child.expect(device_prompt)
    print(child.before)
    child.sendline('exit')
```

5번째 줄에서 중첩 딕셔너리를 사용했다.

```
devices = {'iosv-1': {'prompt': 'iosv-1#', 'ip':
'172.16.1.20'}, 'iosv-2': {'prompt': 'iosv-2#',
'ip': '172.16.1.21'}}
```

중첩 딕셔너리는 각 기기(예를 들어 iosv-1)에 IP 주소와 명령창 기호로 구분해 접근할 수 있도록 한다. 이 값은 반복문 뒤쪽에서 expect() 메서드를 실행할 때 사용된다.

코드를 실행하면 각 기기에 show version | i V 명령을 실행한 결과가 출력된다.

```
$ python3 chapter2_1.py
  b'show version | i VrnCisco IOS Software, IOSv
  Software (VIOS-ADVENTERPRISEK9-M), Version 15.6(2)T,
RELEASE SOFTWARE (fc2)rnProcessor board ID
9MM4BI7B0DSWK40KV1IIRrn'
b'show version | i VrnCisco IOS Software, IOSv
Software (VIOS-ADVENTERPRISEK9-M), Version 15.6(2)T,
  RELEASE SOFTWARE (fc2)rn'
```

Pexpect 좀 더 살펴보기

이 절에서는 여러 상황에서 유용하게 쓰일 수 있는 Pexpect의 기능을 살펴본다.

원격 기기와의 연결 속도가 느릴 경우 기본적으로 expect() 메서드는 타임아웃 시간을 30초로 설정한다. 이 값은 timeout 인수로 변경할 수 있다.

```
>>> child.expect('Username', timeout=5)
```

interact() 메서드를 사용하면 커맨드를 다시 사용자가 컨트롤할 수 있도록 가져올 수 있다. 초기 작업만 자동화하고자 할 때 특히 유용한 방법이다.

```
>>> child.sendline('show version | i V')
19
>>> child.expect('iosv-1#')
0
>>> child.before
b'show version | i VrnCisco IOS Software, IOSv Software (VIOS-
ADVENTERPRISEK9-M), Version 15.6(2)T, RELEASE SOFTWARE (fc2)rnProcessor
board ID 9MM4BI7B0DSWK40KV1IIRrn'
>>> child.interact()
iosv-1#show run | i hostname
hostname iosv-1
iosv-1#exit
Connection closed by foreign host.
>>>
```

child.spawn 오브젝트를 문자열 형태로 출력하면 관련된 많은 정보를 살펴볼 수 있다.

```
>>> str(child)
"<pexpect.pty_spawn.spawn object at 0x7fb01e29dba8>ncommand:
/usr/bin/telnetnargs: ['/usr/bin/telnet', '172.16.1.20']nsearcher:
Nonenbuffer (last 100 chars): b''nbefore (last 100 chars): b'NTERPRISEK9-
M), Version 15.6(2)T, RELEASE SOFTWARE (fc2)rnProcessor board ID
9MM4BI7B0DSWK40KV1IIRrn'nafter: b'iosv-1#'nmatch: <_sre.SRE_Match object;
span=(164, 171), match=b'iosv-1#'>nmatch_index: 0nexitstatus: 1nflag_eof:
Falsenpid: 2807nchild_fd: 5nclosed: Falsentimeout: 30ndelimiter: <class
'pexpect.exceptions.EOF'>nlogfile: Nonenlogfile_read: Nonenlogfile_send:
Nonenmaxread: 2000nignorecase: Falsensearchwindowsize:
Nonendelaybeforesend: 0.05ndelayafterclose: 0.1ndelayafterterminate: 0.1"
>>>
```

Pexpect에서 가장 유용한 디버깅 방법은 출력값을 로그 파일로 저장하는 것이다.

```
>>> child = pexpect.spawn('telnet 172.16.1.20')
>>> child.logfile = open('debug', 'wb')
```

파이썬 2에서는 위 코드에서 child.logfile = open('debug', 'w')를 사용해야 한다. 파이썬 3
은 바이트 문자열을 기본으로 지정한다. Pexpect의 더 많은 기능을 알아보고 싶다면 다음을
사이트를 참고하라.

https://pexpect.readthedocs.io/en/stable/api/index.html

Pexpect와 SSH

앞의 텔넷 예제를 SSH에 적용시켜 보면 약간 혼란을 느낄 것이다. 세션에 사용자명을 포
함시키고 ssh 키를 만드는 등 이런저런 작업이 필요하기 때문이다. 여러 가지 해결 방법이
있지만, 기본적으로 Pexpect에 내장된 pxssh 서브 클래스를 이용해 SSH 연결을 설정할
수 있다. pxssh 서브 클래스에는 로그인과 로그아웃 등 ssh 로그인 프로세스 과정에서 마
주치는 여러 상황을 해결할 수 있는 메서드가 포함돼 있다. 다시 말해, login()과 logout()
를 제외하면 대부분은 앞의 코드와 유사하다.

```
>>> from pexpect import pxssh
>>> child = pxssh.pxssh()
>>> child.login('172.16.1.20', 'cisco', 'cisco', auto_prompt_reset=False)
True
>>> child.sendline('show version | i V')
19
>>> child.expect('iosv-1#')
0
>>> child.before
b'show version | i VrnCisco IOS Software, IOSv Software (VIOS-
ADVENTERPRISEK9-M), Version 15.6(2)T, RELEASE SOFTWARE (fc2)rnProcessor
board ID 9MM4BI7B0DSWK40KV1IIRrn'
>>> child.logout()
>>>
```

login() 메서드의 'auto_prompt_reset=False' 인수에 주목하라. 기본적으로 pxssh는 출력값을 동기화하기 위해 셸 명령창을 사용한다. 하지만 이때 대부분의 배시[bash]나 CSH에서는 PS1 옵션을 사용하므로 시스코 혹은 다른 네트워크 기기에서 에러를 출력한다.

정리

마지막으로 앞에서 Pexpect에 대해 배운 내용을 합쳐 스크립트를 만들어보자. 스크립트 형식으로 코드를 만들면 코드를 재사용할 수 있으며 다른 환경이나 사람들과 공유하기도 한결 수월하다. 최종 완성된 스크립트는 chapter2_2.py와 같을 것이다.

 이 책에서 사용된 스크립트 파일은 다음 깃허브 저장소에 올려놓았다. 이 저장소에는 소스 파일 외에 실행 결과도 함께 올라가 있으므로 참고하면 도움이 될 것이다.

https://github.com/PacktPublishing/Mastering-Python-Networking-second-edition

다음 코드를 참고하라.

```python
#!/usr/bin/python3

import getpass
from pexpect import pxssh

devices = {'iosv-1': {'prompt': 'iosv-1#', 'ip': '172.16.1.20'},
'iosv-2': {'prompt': 'iosv-2#', 'ip': '172.16.1.21'}}
commands = ['term length 0', 'show version', 'show run']

username = input('Username: ')
password = getpass.getpass('Password: ')

# 기기 간 반복문 시작
for device in devices.keys():
```

```
    outputFileName = device + '_output.txt'
    device_prompt = devices[device]['prompt']
    child = pxssh.pxssh()
    child.login(devices[device]['ip'], username.strip(),
password.strip(), auto_promp t_reset=False)
    # 명령문 및 출력 관련 반복문
    with open(outputFileName, 'wb') as f:
        for command in commands:
            child.sendline(command)
            child.expect(device_prompt)
            f.write(child.before)
    child.logout()
```

이 스크립트는 앞에서 짠 첫 번째 Pexpect 프로그램에 다음과 같은 기능을 추가한 것이다.

- 텔넷 대신 SSH 지원으로 대체
- 명령 목록을 만들어 여러 줄의 명령을 실행하도록 변경(줄 8), 반복문을 통해 명령을 순차적으로 실행(줄 20)
- 사용자명이나 암호를 하드코딩하는 대신 사용자가 직접 입력하도록 변경
- 편의성을 위해 출력값을 두 파일(iosv-1_output.txt, iosv-2_output.txt)로 저장

파이썬 2의 경우에는 input() 대신 raw_input()을 써서 명령창을 띄워야 한다. 또한 wb 대신 w를 써서 파일 모드를 지정해야 한다.

파이썬 Paramiko 라이브러리

Paramiko는 SSHv2 프로토콜을 파이썬에 구현하기 위한 도구다. Pexpect pxssh 서브클래스와 마찬가지로 Paramiko는 원격 기기와 SSHv2 상호작용에 집중한다. 차이점은 Paramiko에서는 다른 프로토콜을 지원하지 않으며, 클라이언트와 서버 동작을 모두 제공한다.

Paramiko는 저레벨 SSH 클라이언트로 고레벨 자동화 프레임워크인 앤서블의 네트워크 모듈로 작동한다. 앤서블은 3장에서 다루므로 여기서는 Paramiko 라이브러리에만 집중하자.

설치

Paramiko는 pip을 통해 쉽게 설치할 수 있다. 다만, cryptography 라이브러리에 대한 의존성이 있다. 이 라이브러리는 SSH 프로토콜을 위한 저레벨 C 기반 암호화 알고리즘을 제공한다.

 윈도우, 맥, 리눅스 등 다양한 OS의 설치 방법은 다음 사이트를 참고하라.
https://cryptography.io/en/latest/installation/

이 책에서는 우분투 16.04 가상 머신을 기준으로 Paramiko 설치법을 살펴본다. 다음 출력은 파이썬 대화형 명령창에서 Paramiko를 설치하는 과정이다.

파이썬 2를 사용한다면 다음과 같이 따라 하라. 대화형 명령창에서 라이브러리를 불러오면 사용 가능 여부를 알 수 있다.

```
sudo apt-get install build-essential libssl-dev libffi-dev python-dev
sudo pip install cryptography
sudo pip install paramiko
$ python
Python 2.7.12 (default, Nov 19 2016, 06:48:10)
[GCC 5.4.0 20160609] on linux2
Type "help", "copyright", "credits" or "license" for more information.
>>> import paramiko
>>> exit()
```

파이썬 3을 사용한다면 다음 명령어를 통해 의존 패키지를 설치해야 한다. 설치가 끝난 후에는 라이브러리를 불러와서 제대로 설치됐는지 확인한다.

```
sudo apt-get install build-essential libssl-dev libffi-dev python3-dev
sudo pip3 install cryptography
sudo pip3 install paramiko
$ python3
Python 3.5.2 (default, Nov 17 2016, 17:05:23)
[GCC 5.4.0 20160609] on linux
Type "help", "copyright", "credits" or "license" for more information.
>>> import paramiko
>>>
```

Paramiko 개요

파이썬 3 대화형 셸을 통해 간단한 Paramiko 예제를 실행해보자.

```
>>> import paramiko, time
>>> connection = paramiko.SSHClient()
>>> connection.set_missing_host_key_policy(paramiko.AutoAddPolicy())
>>> connection.connect('172.16.1.20', username='cisco', password='cisco',
look_for_keys=False, allow_agent=False)
>>> new_connection = connection.invoke_shell()
>>> output = new_connection.recv(5000)
>>> print(output)
b"rn************************************************************
***rn* IOSv is strictly limited to use for evaluation, demonstration and
IOS *rn* education. IOSv is provided as-is and is not supported by Cisco's
*rn* Technical Advisory Center. Any use or disclosure, in whole or in part,
*rn* of the IOSv Software or Documentation to any third party for any *rn*
purposes is expressly prohibited except as otherwise authorized by *rn*
Cisco in writing.
*rn************************************************************
**rniosv-1#"
```

```
>>> new_connection.send("show version | i Vn")
19
>>> time.sleep(3)
>>> output = new_connection.recv(5000)
>>> print(output)
b'show version | i VrnCisco IOS Software, IOSv Software (VIOS-
ADVENTERPRISEK9-M), Version 15.6(2)T, RELEASE SOFTWARE (fc2)rnProcessor
board ID 9MM4BI7B0DSWK40KV1IIRrniosv-1#'
>>> new_connection.close()
>>>
```

time.sleep() 함수는 시간 지연을 추가해 모든 출력을 저장할 수 있도록 기다린다. 느리거나 부하가 많이 걸리는 기기일 때 특히 유용한 기능이다. 반드시 적용해야 하는 것은 아니므로 상황에 따라 적절히 사용한다.

처음 Paramiko를 실행하더라도 프로그램의 동작 방식을 이해할 수 있을 것이다. 이것이 파이썬의 아름다움이다.

```
>>> import paramiko
>>> connection = paramiko.SSHClient()
>>> connection.set_missing_host_key_policy(paramiko.AutoAddPolicy())
>>> connection.connect('172.16.1.20', username='cisco', password='cisco',
look_for_keys=False, allow_agent=False)
```

처음 네 줄은 Paramiko의 SSHClient 클래스를 사용해 인스턴스를 생성한다. 그다음 줄은 클라이언트가 SSH 서버의 호스트명(예제의 경우 iosv-1)이 시스템 호스트 키나 애플리케이션 키에 존재하지 않을 때 사용할 정책을 정의한다. 예제에서는 애플리케이션의 Hostkeys 객체에 자동으로 키를 추가한다. 이 시점에서 로그인에 성공했다면 다음과 같은 추가 로그인 세션이 생성된다.

```
iosv-1#who
 Line User Host(s) Idle Location
*578 vty 0 cisco idle 00:00:00 172.16.1.1
 579 vty 1 cisco idle 00:01:30 172.16.1.173
Interface User Mode Idle Peer Address
iosv-1#
```

다음 부분은 새로운 대화형 셸을 불러온 후 패턴을 조합해 명령을 생성해서 보내고, 출력을 받는 내용이다. 마지막으로 작업이 완료되면 연결을 닫는다.

Paramiko를 이미 사용해본 독자라면 이렇게 셸을 쓰는 대신 exec_command()를 쓰는 것이 더 익숙할 것이다. 왜 exec_command() 메서드를 직접 쓰는 것이 아니라 대화형 셸을 사용할까? 안타깝지만 시스코 IOS에서는 exec_command()로 단 한 번의 명령만을 허용한다. 다음 예제를 사용해 연결한다고 가정해보자.

```
>>> connection.connect('172.16.1.20', username='cisco', password='cisco',
look_for_keys=False, allow_agent=False)
>>> stdin, stdout, stderr = connection.exec_command('show version | i V')
>>> stdout.read()
b'Cisco IOS Software, IOSv Software (VIOS-ADVENTERPRISEK9-M), Version
15.6(2)T, RELEASE SOFTWARE (fc2)rnProcessor board ID
9MM4BI7B0DSWK40KV1IIRrn'
>>>
```

별 문제 없이 작동될 것이다. 그러나 시스코 기기의 세션 숫자를 확인해보면 시스코가 멋대로 연결을 끊어버린 것을 알 수 있다.

```
iosv-1#who
 Line User Host(s) Idle Location
*578 vty 0 cisco idle 00:00:00 172.16.1.1
Interface User Mode Idle Peer Address
iosv-1#
```

SSH 섹션이 활성화된 상태가 아니므로 원격 기기에 더 많은 명령을 보내면 exec_command()는 다음과 같이 에러를 반환한다.

```
>>> stdin, stdout, stderr = connection.exec_command('show version | i V')
Traceback. (most recent call last):
File "<stdin>", line 1, in <module>
 File "/usr/local/lib/python3.5/dist-packages/paramiko/client.py", line
435, in exec_command
 chan = self._transport.open_session(timeout=timeout)
 File "/usr/local/lib/python3.5/dist-packages/paramiko/transport.py", line
711, in open_session
 timeout=timeout)
 File "/usr/local/lib/python3.5/dist-packages/paramiko/transport.py", line
795, in open_channel
 raise SSHException('SSH session not active')
paramiko.ssh_exception.SSHException: SSH session not active
>>>
```

커크 바이어스(Kirk Byers)가 개발한 넷미코(Netmiko) 오픈 소스 라이브러리는 네트워크 기기의 SSH 관리를 단순화시킨다. 자세한 사항은 https://pynet.twb-tech.com/blog/automation/netmiko.html, 소스 코드는 https://github.com/ktbyers/netmiko를 참고하라.

수신된 버퍼를 비우지 않으면 다음과 같이 계속해서 들어온 값을 덮어씌우면서 출력된다.

```
>>> new_connection.send("show version | i Vn")
19
>>> new_connection.send("show version | i Vn")
19
>>> new_connection.send("show version | i Vn")
19
>>> new_connection.recv(5000)
b'show version | i VrnCisco IOS Software, IOSv Software (VIOS-
```

```
ADVENTERPRISEK9-M), Version 15.6(2)T, RELEASE SOFTWARE (fc2)rnProcessor
board ID 9MM4BI7B0DSWK40KV1IIRrniosv-1#show version | i VrnCisco IOS
Software, IOSv Software (VIOS-ADVENTERPRISEK9-M), Version 15.6(2)T, RELEASE
SOFTWARE (fc2)rnProcessor board ID 9MM4BI7B0DSWK40KV1IIRrniosv-1#show
version | i VrnCisco IOS Software, IOSv Software (VIOS-ADVENTERPRISEK9-M),
Version 15.6(2)T, RELEASE SOFTWARE (fc2)rnProcessor board ID
9MM4BI7B0DSWK40KV1IIRrniosv-1#'
>>>
```

앞으로의 예제에서는 출력값의 일관성을 유지하기 위해 명령을 실행할 때마다 버퍼에 저
장된 출력값을 받을 것이다.

첫 번째 Paramico 예제

Pexpect 프로그램과 마찬가지로 기기와 명령어를 목록으로 만들어 반복하는 프로그램을
Paramiko로 구현해보자. 두 스크립트를 비교해보면 두 프로그램의 차이점을 파악할 수
있을 것이다.

코드는 깃허브 저장소(https://github.com/PacktPublishing/Mastering-Python-Networking-
second-edition)에서 다운로드할 수 있다. Pexpect와 비교했을 때 가장 많이 차이나는 부
분은 아래와 같다.

```
devices = {'iosv-1': {'ip': '172.16.1.20'}, 'iosv-2': {'ip':
'172.16.1.21'}}
```

Paramiko에서는 이런 중첩 딕셔너리가 필요하지 않으므로 좀 더 단순하게 표현할 수
있다.

```
commands = ['show version', 'show run']
```

또한 Paramiko에는 sendline() 역할을 하는 메서드가 따로 없다. 대신 명령마다 줄바꿈 문자를 포함하는 식으로 구현해야 한다.

```python
def clear_buffer(connection):
    if connection.recv_ready():
        return connection.recv(max_buffer)
```

terminal length 0이나 enable과 같은 명령어의 경우 딱히 출력을 받을 필요가 없으므로, 예제에서는 명령어를 보내기 위해 버퍼를 비우는 메서드를 새로 추가했다. 즉 버퍼를 비우고 다음 명령을 실행할 준비를 하는 역할이다. 구체적으로 줄 25의 반복문에서 함수가 사용된다.

```python
output = clear_buffer(new_connection)
```

앞의 내용을 잘 따라왔다면 프로그램의 나머지 부분은 직관적으로 이해할 수 있을 것이다. 마지막으로 지적하고 싶은 부분은, 이 프로그램이 대화형 형식으로 되어 있으므로 명령어를 원격 기기에 전달한 후에 출력값을 받을 때까지 얼마 동안 대기하고 있어야 한다는 것이다. 다음 코드는 이를 위한 역할을 한다.

```python
time.sleep(2)
```

버퍼를 비운 후 명령어를 실행하고 프로그램은 2초를 대기한다. 기기에 부하가 걸려 처리가 늦을 때를 대비한 코드다.

심화 기능

Paramiko는 뒤에서 앤서블을 다룰 때 조금 더 이야기할 것이다. Paramiko가 많은 네트워크 모듈 사이에서 정보를 전달하는 역할을 하기 때문이다. 이 절에서는 Paramiko의 기능 중 몇 가지만 간략히 소개한다.

서버 관리

Paramiko는 SSHv2를 통해 서버를 관리하는 데도 쓰인다. 다음 예제는 이에 관한 내용을 살펴본다. 여기서는 SSHv2 세션에 키 기반 인증을 사용할 것이다.

 목적지 서버를 구현하기 위해 같은 하이퍼바이저상에서 우분투 가상 머신을 하나 더 사용했다. 서버상에서 VIRL 시뮬레이터를 구동하거나, 아마존 AWS EC2 등 공용 클라우드 제공자 상에서 인스턴스를 생성해도 된다.

우선 Paramiko 호스트를 위해 공개-비공개 키 쌍을 생성하자.

```
ssh-keygen -t rsa
```

이 명령문은 기본적으로 사용자 홈 디렉터리 ~/.ssh 아래에 공개 키 id_rsa.pub, 비공개 키 id_rsa를 생성한다. 비공개 키는 암호와 마찬가지로 다른 사람들과 공유하지 않도록 주의를 기울여야 한다. 공개 키는 마치 명함처럼 자신을 식별하는 데 사용하면 된다. 구체적으로 로컬에서 보내는 메시지는 비공개 키로 암호화된 후 원격에 전달되고 공개 키를 통해 복호화된다. 다시 말해, 공개 키는 원격 호스트에 복사해 놓아야 한다. 일반적으로는 네트워크를 통하지 않고 USB 드라이브로 키를 옮기면 간단하게 할 수 있다. 이 예제에서는 더 간단하게 원격 호스트의 ~/.ssh/authorized_keys 경로에 키를 저장할 것이다. 터미널창을 열고 공개 키를 옮겨보자.

다음과 같이 Paramiko를 설치한 관리 호스트에서 ~/.ssh/id_rsa 디렉터리의 내용을 복사하라.

```
<Management Host with Pramiko>$ cat ~/.ssh/id_rsa.pub
ssh-rsa <your public key> echou@pythonicNeteng
```

그런 다음 원격 호스트 user 디렉터리 아래에 이 파일을 붙여넣는다. 이 예제에서는 echou라는 사용자명을 사용하고 있다는 점에 주의하라.

```
<Remote Host>$ vim ~/.ssh/authorized_keys
ssh-rsa <your public key> echou@pythonicNeteng
```

이제 Paramiko로 원격 호스트를 관리할 수 있게 됐다. 이 예제에서는 비공개 키를 사용해 인증하고, exec_command() 메서드를 통해 명령어를 보냈음을 다시 한 번 기억하라.

```
Python 3.5.2 (default, Nov 17 2016, 17:05:23)
[GCC 5.4.0 20160609] on linux
Type "help", "copyright", "credits" or "license" for more information.
>>> import paramiko
>>> key = paramiko.RSAKey.from_private_key_file('/home/echou/.ssh/id_rsa')
>>> client = paramiko.SSHClient()
>>> client.set_missing_host_key_policy(paramiko.AutoAddPolicy())
>>> client.connect('192.168.199.182', username='echou', pkey=key)
>>> stdin, stdout, stderr = client.exec_command('ls -l')
>>> stdout.read()
b'total 44ndrwxr-xr-x 2 echou echou 4096 Jan 7 10:14 Desktopndrwxr-xr-x 2
echou echou 4096 Jan 7 10:14 Documentsndrwxr-xr-x 2 echou echou 4096 Jan 7
10:14 Downloadsn-rw-r--r-- 1 echou echou 8980 Jan 7 10:03
examples.desktopndrwxr-xr-x 2 echou echou 4096 Jan 7 10:14 Musicndrwxr-xr-x
2 echou echou 4096 Jan 7 10:14 Picturesndrwxr-xr-x 2 echou echou 4096 Jan 7
10:14 Publicndrwxr-xr-x 2 echou echou 4096 Jan 7 10:14 Templatesndrwxr-xr-x
2 echou echou 4096 Jan 7 10:14 Videosn'
>>> stdin, stdout, stderr = client.exec_command('pwd')
```

```
>>> stdout.read()
b'/home/echoun'
>>> client.close()
>>>
```

위의 서버 예제에서는 여러 명령을 실행하기 위해 대화형 세션을 생성할 필요가 없었다는 것에 유의하라. 위 예제와 같이 하면 원격 호스트의 SSHv2 설정에서 암호 기반 인증을 끄고 더 안전한 키 기반 인증을 자동으로 구현할 수 있다. 큐뮬러스^{Cumulus}나 비아타^{Vyatta} 스위치 같은 네트워크 기기의 경우에도 키 기반 인증을 지원한다.

정리

이제 2장을 끝마칠 때가 됐다. 마지막 절에서는 Paramiko 프로그램을 재사용할 수 있도록 작성해본다. 앞 절의 예제는 잘 작동하긴 하지만 호스트를 추가하거나 제거할 때마다 일일이 스크립트를 열어야 하고, 명령을 바꿀 때마다 원격 호스트에서 하나하나 실행해야 한다. 이는 호스트와 명령어 정보가 모두 스크립트 안에 정적으로 포함돼 입력돼 있기 때문이다. 하드코딩으로 호스트와 명령어를 작성하면 실수할 확률이 높아진다. 더욱이 동료가 스크립트를 사용해야 할 때 파이썬, Paramiko 혹은 리눅스 자체에도 익숙하지 않을 가능성을 늘 염두에 둬야 한다.

이를 해결하는 방법은 스크립트가 매개변수를 읽어들일 수 있도록 호스트 및 명령어 파일을 만드는 것이다. 사용자는 텍스트 파일을 열고 호스트나 명령을 바꿔주기만 하면 된다.

이런 방식으로 작성된 스크립트의 예시는 chapter2_4.py에서 찾아볼 수 있다.

명령어를 일일이 하드코딩하는 대신 명령어를 단계별로 쪼개 commands.txt에 입력하라. 지금까지의 예제에서는 show 명령어를 사용했지만 여기서는 설정을 조금 바꿔서 로깅 버퍼 사이즈를 30000바이트로 수정해보자.

```
$ cat commands.txt
config t
logging buffered 30000
end
copy run start
```

기기 정보는 devices.json 파일에 저장돼 있다. JSON 파일은 파이썬 딕셔너리 자료형을 저장하고 변환하는 데 유리한 형식이다.

```
$ cat devices.json
{
    "iosv-1": {"ip": "172.16.1.20"},
    "iosv-2": {"ip": "172.16.1.21"}
}
```

이 스크립트에서는 다음 부분을 수정했다.

```
with open('devices.json', 'r') as f:
    devices = json.load(f)

with open('commands.txt', 'r') as f:
    commands = [line for line in f.readlines()]
```

스크립트를 실행한 결과를 요약하면 다음과 같다.

```
$ python3 chapter2_4.py
Username: cisco
Password:
b'terminal length 0rniosv-2#config trnEnter configuration commands, one per
line. End with CNTL/Z.rniosv-2(config)#'
b'logging buffered 30000rniosv-2(config)#'
...
```

마지막으로 수정된 사항이 running-config와 startup-config에 모두 반영됐는지 확인하라.

```
iosv-1#sh run | i logging
logging buffered 30000
iosv-1#sh start | i logging
logging buffered 30000

iosv-2#sh run | i logging
logging buffered 30000
iosv-2#sh start | i logging
logging buffered 30000
```

▌ 논의

2장에서는 파이썬을 이용해 자동화를 수행할 때 매우 중요한 부분을 다뤘다. 그러나 이 메서드만으로 모든 것이 해결되지는 않는다. 원격 기기가 자신과 상호작용하고 있는 대상이 사람이라고 인식하게 만들어야 한다.

Pexpect와 Paramiko 사용 시 주의할 점

가장 큰 문제는 이 방법으로 구조화된 데이터를 받을 방법이 없다는 것이다. 기본적으로 반환되는 데이터는 터미널에 출력되는, 즉 사람이 읽을 수 있는 형식으로 표현돼 있다. 사람은 데이터의 배치에 따라 나름대로 구조를 해석할 수 있지만, 컴퓨터는 해석하는 것이 불가능하다. 물론 자동화에 특화된 장비는 이런 문제를 어느 정도 고려하고 있다.

3장에서 이 문제를 좀 더 깊게 논의한다. 3장으로 넘어가기 전에 멱등성에 대해 간단히 이야기해보자.

멱등 네트워크 기기 상호작용

멱등idempotency은 클라이언트가 기기에 똑같은 호출을 했을 때 결과도 똑같아야 한다는 뜻이다. 아마도 '이게 당연한 것 아닌가?' 하고 생각할 것이다. 같은 스크립트를 실행할 때마다 각기 다른 결과가 돌아온다고 상상해보라. 어떻게 그런 스크립트를 믿을 수 있겠는가? 매번 다른 종류의 결과를 다뤄야 한다면 공들여 자동화를 구현해봤자 쓸모없는 노력이 돼버린다.

Pexpect와 Paramiko가 명령을 대화형으로 주고받으므로 멱등으로 상호작용이 이뤄지지 않을 확률이 상당히 높다. 반환된 결과를 확인하려면 화면에 표시된 값을 스크랩해서 가져와야 하므로 처음 스크립트를 작성했을 때와 스크립트를 100번 정도 실행했을 때 같은 결과가 나오리란 보장은 없다. 예를 들어 벤더가 펌웨어를 올리면서 화면에 출력하는 메시지 형식을 바꿔버리면, 사람은 문제 없이 읽을 수 있지만 스크립트는 업데이트하지 않으면 엉망이 된다.

따라서 스크립트를 통해 자동화를 수행할 때는 멱등 문제를 항상 고려해야 한다.

빠른 자동화와 오작동

자동화가 잘못되면 말 그대로 대참사가 벌어질 수도 있다. 컴퓨터는 사람보다 같은 작업을 더 빨리할 수 있다. 만약, 똑같은 작업을 사람과 스크립트로 수행한다면 스크립트가 사람보다 월등히 먼저 작업을 끝내겠지만, 사람이 하듯이 과정마다 피드백을 받아 문제점을 교정할 수는 없다. 인터넷에서 엔터를 잘못 눌렀다가 모든 것을 망쳐버린 비극적인 이야기를 한 번쯤은 읽어봤을 것이다.

따라서 자동화를 적용하기 전에 스크립트가 잘못 동작하지 않을지 확인하고 적용해야 한다.

▎ 요약

2장에서는 저레벨 방식으로 네트워크 기기와 커뮤니케이션하는 방법을 알아봤다. 자동화하려면 네트워크 기기에 프로그램의 방식을 빌려 데이터를 주고받을 수 있어야 한다. 이를 위해 파이썬에서 제공하는 두 라이브러리를 통해 CLI 방식으로 기기를 관리하는 방법을 살펴봤다. 이런 방식은 사용하기는 편리하지만 실행 과정에 여러 취약점이 있는 것도 사실이다. 대부분 컴퓨터가 사람이 다루는 방식을 흉내 내도록 구현됐기 때문이다.

3장에서는 API를 지원하는 기기를 대상으로 목적 중심 네트워킹 방법을 알아본다.

03

API와 목적 중심 네트워킹

2장에서는 Pexpect와 Paramiko를 사용해 네트워크 기기와 상호작용하는 방법을 알아봤다. 이 두 방식은 공통으로 사용자가 터미널 앞에 앉아서 명령을 입력하는 방식을 흉내 내는 세션을 사용한다. 대부분의 경우 별다른 문제가 생기지는 않는다. 기기에서 명령을 실행하고 출력값을 받아오는 작업은 그리 어려운 일이 아니기 때문이다. 그러나 출력되는 값이 몇 줄로 끝나지 않는다면 컴퓨터 프로그램이 이를 해석하기가 상당히 곤란해진다. Pexpect와 Paramiko는 사람이 해석할 수 있도록 출력값을 문자열로 반환한다. 다시 말해, 이렇게 출력된 값은 줄바꿈과 공백 덕분에 사람이 읽기에는 수월하나 컴퓨터 프로그램이 이해하기는 어렵다.

컴퓨터 프로그램으로 많은 작업을 자동화하려면 반환된 출력값을 분석한 다음 어떤 명령을 수행해야 하는지를 결정해야 한다. 이 작업이 원활하게 이뤄지지 않는다면 명령을 안

정적으로 주고 받는 것이 불가능하다.

다행히 인터넷 커뮤니티에서 해결 방법을 찾을 수 있다. 웹 페이지를 읽을 때 사람과 컴퓨터의 차이가 무엇일까? 사람은 글자와 그림과 어떻게 배치됐는지를 눈으로 살피는 반면 컴퓨터는 HTML 코드, 유니코드 문자, 바이너리 파일을 인식한다. 만약, 웹 사이트를 통해 다른 컴퓨터에 웹 서비스를 제공하려고 한다면 어느 쪽을 택해야 할까? 같은 리소스를 사람과 컴퓨터 프로그램이 동시에 이해할 수 있도록 해야 하려면 말이다. 해결책은 **애플리케이션 프로그램 인터페이스**API, application program interface다. 위키백과에 따르면 API는 특정한 기술이나 프레임워크나 아니라 일종의 개념이다.

> 컴퓨터 프로그래밍에서 애플리케이션 프로그래밍 인터페이스는 애플리케이션 소프트웨어를 구축하는 데 필요한 서브 루틴 정의, 프로토콜, 도구 등의 모음이다. 일반적으로 이는 다양한 소프트웨어 컴포넌트 간의 커뮤니케이션을 위해 정의된 메서드의 형태로 존재한다. 좋은 API는 컴퓨터 프로그래밍을 개발하는 데 필요한 일종의 재료를 제공하며, 프로그래머가 쉽게 조합할 수 있게 돼 있다.

이 책에서 '커뮤니케이션을 위해 정의된 메서드'는 파이썬 프로그램과 대상 기기에 대한 것이다. 네트워크 기기의 API는 컴퓨터 프로그램을 위해 따로 인터페이스를 제공한다. 엄밀히 이런 API 구현은 벤더에 따라 다르다. 어떤 벤더는 JSON보다 XML을 더 선호할 수도 있고, 어떤 곳은 전송 프로토콜로 HTTPS를 택할 것이며, 어딘가는 래퍼로서 파이썬을 제공할 것이다. 이런 차이에도 불구하고, API는 다른 프로그램과 따로 통신하는 데에 최적화된 방식이다.

3장에서 살펴볼 내용은 다음과 같다.

- 코드와 데이터 모델링 기반 인프라스트럭처
- 시스코 NX-API와 애플리케이션 중심 인프라스트럭처
- 주니퍼 NETCONF와 PyEZ
- 아리스타 eAPI와 Pyeapi

▌ 코드로서의 인프라스트럭처

일반적으로 네트워크 엔지니어와 디자이너, 관리자는 기기 레벨 상호작용보다는 네트워크 전체가 이뤄진 구조에 주의를 기울일 것이다. 내가 처음 일한 곳은 지역 ISP의 인턴직이었는데, 그곳에서 처음 맡은 업무는 고객의 사이트에 라우터를 설치해 프랙셔널 프레임 릴레이 링크(기억하는 사람이 있는가?)를 실행하는 것이었다. 나는 프레임 릴레이 링크를 구동하는 과정을 수행해야 했다. 고객 지원 사이트를 참고하면서 명령을 입력한 다음 초록색 불이 깜빡이는 것을 확인하고, 만족스러운 마음으로 짐을 싸서 퇴근했다. 여기서 주목할 것은 내가 정확히 무슨 일을 했는지 알지 못했다는 것이다. 그저 별다른 생각을 하지 않은 채 안내받은 대로 입력했을 뿐이다. 만약, 초록 불 대신 붉은 불이 깜빡였다면 어떻게 대처했을까? 방법을 찾지 못하고 윗사람에게 (어쩌면 울상을 지으며) 도움을 청했을 것이다.

물론 네트워크 엔지니어링은 단지 명령어를 기기에 입력하는 작업이 아니다. 가능한 한 문제 없이 한 지점에서 다른 지점으로 데이터를 전달하는 과정이다. 명령어를 입력하고 출력값을 해석하는 작업은 결과에 이르는 과정에 불과하다. 따라서 네트워크를 구현하는 목적이 무엇인지에 초점을 맞춰야 한다. 어떤 기기에서 사용할 수 있는 명령어 구문을 숙지하기 전에 네트워크로 해야 할 일을 먼저 고민하는 것이 더 중요하다. 우리가 하고자 하는 바를 코드로 묘사할 수 있다면, 전체 인프라스트럭처도 코드로 묘사할 수 있다. 인프라스트럭처에 필요한 소프트웨어나 프레임워크를 사용해, 코드로 원하는 상태를 묘사할 수 있다.

목적 중심 네트워킹

이 책의 1판이 나온 이후 주요 네트워크 벤더들은 **목적 기반 네트워킹**Intent-Based Networking이라는 용어를 사용해 차세대 기기를 홍보하곤 했다. 그러나 나는 소프트웨어 코드를 사용해 네트워크를 어떠한 상태로 전환하거나 유지하는 개념을 **목적 중심 네트워킹**Intent-Driven Networking으로 부르는 것이 더 합당하다고 생각한다. 예를 들어 80 포트를 외부에서 접속하지 못하도록 막고 싶다고 생각해보자. 이것이 현재 네트워크의 '목적'이다. 여기에 도입할 소프트웨어는 네트워크를 설정하는 구문을 이해하고 있어야 하며, 필요한 접근 목록을 경계 라우터에 적용해 목적을 달성해야 한다. 물론 목적 중심 네트워킹은 단지 개념에 불과하며, 실제로 적용 방법을 구체적으로 알려 주지는 못한다. 그러나 개념 자체는 매우 단순하며 간결하다. 우리는 기기 간 상호작용에 가능한 주의를 기울여 네트워크의 목적이 무엇인지 파악해야 한다.

API를 사용하면 목적 중심 네트워킹을 더 잘 고려할 수 있다. 목적 기기에서 실행된 명령어가 어떤 레이어에 속하는지 알아내면 명령 자체 대신 목적이 무엇인지에 집중할 수 있다. 예를 들어 앞의 'block port 80' 접근 목록 예제의 경우 시스코에서 제공하는 access-list와 access-group, 주니퍼의 filter-list를 사용하면 된다. 그러나 API를 사용하면 프로그램은 통신하고 있는 물리적 기기의 종류를 마스킹하는 동안 자신이 실행되는 목적을 파악할 수 있다. 4장, '파이썬 자동화 프레임워크 – 앤서블 기초'에서 살펴보겠지만 고레벨의 선언형 프레임워크를 사용해도 무방하다. 그러나 지금은 네트워크 API에 집중하자.

스크린 스크래핑과 API 구조 출력

어떤 기기의 로그를 받아 그 안의 모든 인터페이스가 up/up 상태(즉 status와 protocol이 전부 up 상태인)에 있는지를 판단한다고 가정해보자. 사람이 이 일을 수행할 때는 단순히 시스코 NX-OS 기기에 접속해 show IP interface brief 명령어를 입력한 후 터미널에 출력되는 내용을 읽으면 된다.

```
nx-osv-2# show ip int brief
IP Interface Status for VRF "default"(1)
Interface IP Address Interface Status
Lo0 192.168.0.2 protocol-up/link-up/admin-up
Eth2/1 10.0.0.6 protocol-up/link-up/admin-up
nx-osv-2#
```

기기는 줄바꿈, 띄어쓰기, 헤더 등을 함께 출력해 사람이 읽기 편하게 해준다. 위 화면에서 1~3번째 줄은 데이터를 담고 있지 않고, 지금부터 각 기기의 IP 정보를 표시하겠다고 알리는 내용밖에 없다. 컴퓨터의 입장에서는 없어도 무방한 부분이다. 즉 "어떤 인터페이스가 up/up 상태에 있는가?"라는 질문에 답하는 데 필요한 정보가 아니다. 이해를 돕기 위해 Paramiko에서 출력되는 값을 다시 살펴보자.

```
>>> new_connection.send('sh ip int briefn')
16
>>> output = new_connection.recv(5000)
>>> print(output)
b'sh ip int briefrrnIP Interface Status for VRF
"default"(1)rnInterface IP Address Interface
StatusrnLo0 192.168.0.2 protocol-up/link-up/admin-up
rnEth2/1 10.0.0.6 protocol-up/link-up/admin-up rnrnx-
osv-2# '
>>>
```

이 데이터를 파싱하는 데에는 여러 가지 방법이 있을 것이다. 그 중 한 가지를 의사코드 형식(코드를 간단하게 요약해 표현하는 방법)으로 쓰면 다음과 같다.

1. 줄바꿈 문자를 기준으로 텍스트를 행 단위로 쪼갠다.
2. 입력한 명령어 show ip interface brief가 포함된 첫 줄은 필요할 수도 있고, 필요하지 않을 수도 있다. 여기서는 필요하지 않다고 가정한다.
3. 둘째 줄은 VRF 부분까지 전부 불필요한 정보다. 변수를 만들어 이 출력값이 VRF에 대한 것이라는 내용만 저장한다.
4. 나머지 부분은 인터페이스가 전부 몇 개인지 특정할 수 없으므로 정규 표현식을 써서 존재하는 인터페이스를 찾는다. 예를 들어 접두사로 lo(루프백)나 Eth(이더넷) 등이 있을 것이다.
5. 각 줄은 띄어쓰기를 기준으로 해서 3개의 절로 나눈다. 각 절은 인터페이스 이름, IP 주소, 인터페이스의 상태 정보를 담는다.

6. 인터페이스 상태 항목은 추가로 슬래시(/)를 기준으로 프로토콜, 링크, 어드민 상태 등을 나눈다.

생각보다 번거로운 작업이지 않은가? 코드를 최적화하고 텍스트의 양을 줄이면 조금 나을 수도 있겠지만, 구조화되지 않은 텍스트가 떠 있는 화면을 스크랩할 때는 피할 수 없는 과정이다. 이런 방식의 단점을 몇 개만 정리해보면 다음과 같다.

- **확장성**: 일반적으로 실행하는 수백 가지 명령의 출력값을 일일이 신경 써서 파싱하고 분석하려면 많은 시간이 필요하다.
- **예측성**: 여러 소프트웨어 버전 간에 출력값이 항상 똑같을 것이라는 보장도 없다. 변화가 아주 천천히 일어나는 것이라면, 위에서 수행했던 번거로운 파싱 과정이 쓸모없어지고 만다.
- **벤더 및 소프트웨어 제약**: 가장 큰 문제는 모든 파싱 과정이 특정 벤더와 특정 소프트웨어 버전에 고정돼야 한다는 것이다. 예를 들어 시스코 NX-OS를 기준으로 작업했다면, 다른 벤더는 다른 방법으로 파싱하도록 구성해야 한다. 다시 말해, 새로운 벤더를 평가하려면 화면 스크랩 코드를 아예 처음부터 다시 짜야 한다는 뜻이다.

이제 NX-API를 호출해 동일한 IP 인터페이스 목록을 뽑아보자. 각 기기에서 출력값을 받는 방법은 뒤에서 자세히 다루지만, 일단 위에서 화면을 스크래핑한 과정과 동일한 데이터가 어떻게 표현되는지 비교해보자.

```
{
 "ins_api":{
 "outputs":{
 "output":{
 "body":{
 "TABLE_intf":[
  {
    "ROW_intf":{
```

```
      "admin-state":"up",
      "intf-name":"Lo0",
      "iod":84,
      "ip-disabled":"FALSE",
      "link-state":"up",
      "prefix":"192.168.0.2",
      "proto-state":"up"
      }
    },
  {
  "ROW_intf":{
  "admin-state":"up",
  "intf-name":"Eth2/1",
  "iod":36,
  "ip-disabled":"FALSE",
  "link-state":"up",
  "prefix":"10.0.0.6",
  "proto-state":"up"
  }
  }
  ],
  "TABLE_vrf":[
  {
  "ROW_vrf":{
  "vrf-name-out":"default"
  }
  },
  {
  "ROW_vrf":{
  "vrf-name-out":"default"
  }
  }
  ]
  },
  "code":"200",
  "input":"show ip int brief",
  "msg":"Success"
  }
  },
```

```
 "sid":"eoc",
 "type":"cli_show",
 "version":"1.2"
 }
}
```

NX-API는 XML 또는 JSON 형식으로 결과를 출력하며, 이 중에서 JSON이 우리가 원하는 방식이다. 위 코드를 보면 구조화된 데이터가 파이썬 딕셔너리 데이터 구조와 거의 부합한다는 것을 확인할 수 있다. 다시 말해, 파싱 작업은 필요하지 않고, 원하는 키를 찾아 값을 읽기만 하면 된다는 뜻이다. 또한 출력값에 포함된 메타데이터를 통해 입력한 명령문의 실행이 성공했는지, 실패했는지도 판단할 수 있으며, 실패한 경우에는 원인도 들어 있다. 즉 명령어를 입력한 후 일일이 트랙킹할 필요가 없는데, 그 이유는 input 필드에 이미 그에 대한 내용이 반환됐기 때문이다. 이와 더불어 NX-API 버전과 같은 메타데이터도 함께 들어 있다.

이런 종류의 주고받음은 벤더와 관리자에게 모두 이점이 있다. 벤더 측면에서는 설정과 상태 정보를 쉽게 알려줄 수 있으며, 동일한 데이터 구조 하에서 추가 필드를 더하거나 바꿀 필요가 있더라도 별다른 고민을 하지 않아도 된다. 관리자 측면에서는 정보를 쉽게 받아들이고 인프라스트럭처를 구성할 수 있다. 다시 말해, 더 편리하게 자동화가 가능하다는 뜻이다. 남은 질문은 어떤 형식과 구조를 사용해 자동화를 수행하느냐일 것이다. 뒤에서 살펴보겠지만 API에서 제공할 수 있는 데이터 전송 관련 기술은 다양하며, 대표적인 예로는 REST API, NETCONF, RESTCONF 등이 있다. 언젠가는 시장에서 마지막으로 살아남을 데이터 형식의 승자가 결정되겠지만, 현재로선 우리의 필요성에 맞는 기술이 무엇인지 검토하며 발전시키는 수밖에는 없다.

데이터 모델링 인프라스트럭처 코드

위키백과의 설명(https://en.wikipedia.org/wiki/Data_model)에 따른 데이터 모델의 정의는
다음과 같다.

> "데이터 모델은 데이터 엘리먼트를 정리하고 서로 또는 현실과의 관계를 규정하기
> 위해 추상화된 모델을 뜻한다. 예를 들면 자동차는 색상, 크기, 소유자 등으로 구성
> 된 데이터 모델로 정의할 수 있다."

데이터 모델링 프로세스를 그림으로 나타내면 다음과 같다.

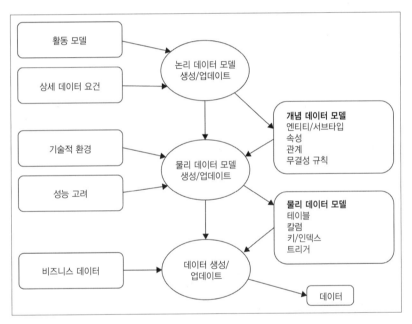

데이터 모델링 프로세스

이를 네트워킹에 적용해보면 데이터 센터, 캠퍼스, 글로벌 광역 네트워크 등 추상화 모델
을 묘사할 수 있다. 데이터 센터의 경우 레이어 2 이더넷 스위치는 각 포트마다 맥 주소
가 매핑된 테이블로 이뤄진 기기로 정의될 것이다. 스위치 데이터 모델에는 맥 주소의 매
핑 방식인 키나 추가 속성(VLAN과 개인 VLAN 등) 같은 내용이 포함될 것이다. 마찬가지로

데이터 센터를 기기와 기기 간의 관계를 정의하는 식으로 모델링할 수 있다. 각 기기에는 접근 상태, 분배, 코어 레이어, 연결 상태, 동작 등의 데이터가 들어 있다. 예를 들어 패트 트리Fat-Tree 네트워크의 경우 각 spine 라우터마다 얼마만큼의 링크가 이뤄지는지, 얼마만 큼의 라우팅이 이뤄지는지, 각 prefix에서 얼마만큼의 next-hop이 진행되는지 등과 같은 정보가 기록된다. 이런 특성은 항상 상태의 변화를 확인할 수 있도록 참조하기 쉬운 포 맷으로 매핑돼야 한다.

이런 역할을 할 수 있도록 최근에 등장한 네트워크 데이터 모델링 언어는 YANG^{Yet Another Next Generation}다(통념과 달리, IETF 그룹은 유머 감각이 아예 없지는 않다). YANG는 2010년 RFC 6020에서 처음 발표됐으며, 여러 벤더와 관리자의 지지를 받고 있다. 이 책을 쓰는 시점 에서 YANG을 지원하는 벤더와 플랫폼은 다소 편차가 심하므로 실제 업계에서 사용되는 비율은 그리 높지 않다. 그러나 주목할 만한 기술이라는 점은 확실하다.

▎ 시스코 API와 ACI

시스코는 네트워크 분야의 거물임에도 자동화 트렌드를 놓치지 않고 있다. 시스코는 내 부적으로 네트워크 자동화에 관한 다양한 기술 개발과 제품 개선, 기술 제휴를 시도했으 며, 외부에서 많은 기술을 가져오기도 했다. 문제는 시스코의 제품 라인업이 매우 방대하 고 범위가 넓어서 발생하는 혼란이다(예: 라우터, 스위치, 방화벽, 서버(통합 컴퓨팅), 무선 통신, 소프트웨어-하드웨어 결합, 분석 소프트웨어 등). 제품이 너무 방대하다보니 어디에서부터 시작 해야 할지 헷갈리는 것이다.

이 책은 파이썬과 네트워킹에 초점을 맞추고 있으므로 파이썬과 네트워킹 관련 제품만 살 펴본다. 구체적으로 다음과 같다.

- NX-API를 지원하는 넥서스^{Nexus} 제품군
- 시스코 NETCONF와 YANG 예제

- 데이터 센터를 위한 시스코 애플리케이션 기반 인프라스트럭처
- 기업을 위한 시스코 애플리케이션 기반 인프라스트럭처

NX-API와 NETCONF 예제는 인터넷에 상시 접속돼 있는 시스코 데브넷 랩 또는 시스코 VIRL에서 모두 구동할 수 있다는 것을 전제로 한다. ACI의 경우 스위치 장비에 라이선스를 추가로 구매하는 형식이므로 데브넷 랩 사용을 추천한다. 물론 개인적으로 ACI 랩을 돌릴 수 있는 행운아라면 원하는 대로 해도 무방하다.

여기서 사용할 랩 토폴로지는 2장, '저레벨 네트워크 기기 상호작용'에서 사용한 것과 유사하지만 기기 하나가 nx-osv를 사용하고 있다는 것이 다르다.

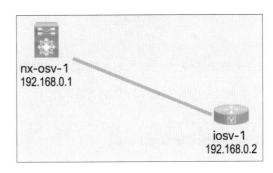

랩 토폴로지

이제 NX-API에 대해 알아보자.

시스코 NX-API

넥서스는 데이터 센터 영역의 제품 라인업이다. NX-API(http://www.cisco.com/c/en/us/td/docs/switches/datacenter/nexus9000/sw/6-x/programmability/guide/b_Cisco_Nexus_9000_Series_NX-OS_Programmability_Guide/b_Cisco_Nexus_9000_Series_NX-OS_Programmability_Guide_chapter_011.html)는 SSH, HTTP, HTTPS 등을 사용해 기기와 소통시킬 수 있다.

설치와 기기 준비

다음은 필요한 우분투 패키지들을 설치하는 명령어다. pip이나 git 등은 이미 설치된 경우도 있다.

```
$ sudo apt-get install -y python3-dev libxml2-dev libxslt1-dev libffi-dev libssl-dev zlib1g-dev python3-pip git python3-requests
```

 TIP 파이썬 2에서는 다음 코드를 실행해야 한다.
```
sudo apt-get install -y python-dev libxml2-dev libxslt1-dev libffi-dev libssl-dev zlib1g-dev python-pip git python-request
```

ncclient(https://github.com/ncclient/ncclient) 라이브러리는 NETCONF 클라이언트를 위해 개발됐다. 깃허브에서 최신 버전을 다운로드해 설치해보자.

```
$ git clone https://github.com/ncclient/ncclient
$ cd ncclient/
$ sudo python3 setup.py install
$ sudo python setup.py install #for Python 2
```

넥서스 기기에서 NX-API는 기본으로 꺼져 있으므로 켜줘야 한다. VIRL 자동 설정을 사용 중이라면 기존 계정을 사용하면 되는데, 그렇지 않다면 NETCONF를 위한 것으로 새로 만들면 된다.

```
feature nxapi
username cisco password 5 $1$Nk7ZkwH0$fyiRmMMfIheqE3BqvcL0C1 role network-operator
username cisco role network-admin
username cisco passphrase lifetime 99999 warntime 14 gracetime 3
```

그런 다음 HTTP와 모래상자 설정을 켜준다. 실제 구동 환경에서는 불필요한 설정이다.

```
nx-osv-2(config)# nxapi http port 80
nx-osv-2(config)# nxapi sandbox
```

이제 NX-API 예제를 작성해보자.

NX-API 예제

NX-API 모래상자는 여러 명령어, 데이터 형식을 시험해볼 수 있으며, 파이썬 스크립트 자체를 웹 페이지에서 긁어와도 잘 작동한다. 이전 절에서는 교육 목적으로 설정을 켜놓은 것이고 실제 구동 환경에서는 꺼놓아야 한다. 이제 웹 브라우저를 실행하면 다음과 같이 다양한 메시지 형식, 요청, 잘 알려진 CLI 명령어의 반환 메시지 등이 다양한 형식으로 출력될 것이다.

다음 예제는 show version을 각각 JSON-RPC 및 CLI 명령 형식으로 실행하는 코드를 나타낸 것이다.

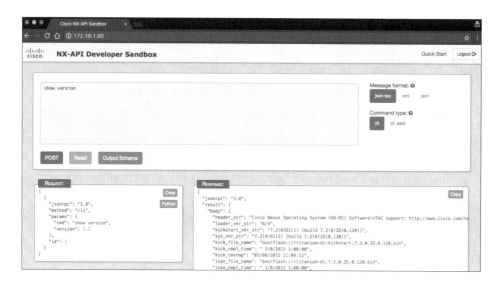

모래상자는 어떤 메시지 형식이 지원되는지 불확실할 때나 원하는 값을 얻기 위해 코드에서 호출해야 하는 키를 알고 싶을 때 유용하다.

첫 번째 예제는 넥서스 기기를 연결해 capability 값을 출력하기 위한 것이다.

```
#!/usr/bin/env python3
from ncclient import manager
conn = manager.connect(
        host='172.16.1.90',
        port=22,
        username='cisco',
        password='cisco',
        hostkey_verify=False,
        device_params={'name': 'nexus'},
        look_for_keys=False)
for value in conn.server_capabilities:
    print(value)
conn.close_session()
```

코드상에 호스트, 포트, 사용자명, 암호가 명시돼 있다는 것을 확인할 수 있다. 이 매개변수는 클라이언트가 어떤 기기에 연결할 것인지를 명시한다. '주니퍼 NETCONF'에 관한 절에서 ncclient 라이브러리를 사용했을 때에는 어떤 차이를 보이는지 살펴본다. hostkey_verify는 SSH 연결에 필요한 known_host 값을 생략할 것인지, ~/.ssh/known_hosts 파일에 쓰인 호스트 값을 찾을 것인지 결정한다. look_for_keys 옵션은 공개-비공개 키 인증을 비활성화하고 사용자명과 암호 방식을 사용한다.

 파이썬 3으로 Paramiko를 실행할 때 https://github.com/paramiko/paramiko/issues/748의 이슈가 발생한다면 파이썬 2로 실행해보라. 아마도 이 책이 출간될 시점에서는 이슈가 해결됐을 지도 모른다.

코드를 실행하면 해당 NX-OS 버전이 XML과 NETCONF를 지원한다는 사실을 확인할 수 있다.

```
$ python cisco_nxapi_1.py
urn:ietf:params:netconf:capability:writable-running:1.0
urn:ietf:params:netconf:capability:rollback-on-error:1.0
urn:ietf:params:netconf:capability:validate:1.0
urn:ietf:params:netconf:capability:url:1.0?scheme=file
urn:ietf:params:netconf:base:1.0
urn:ietf:params:netconf:capability:candidate:1.0
urn:ietf:params:netconf:capability:confirmed-commit:1.0
urn:ietf:params:xml:ns:netconf:base:1.0
```

ncclient와 NETCONF를 SSH에 사용하면 문법이나 네이티브 구현 면에서 이점이 있다. 이런 라이브러리는 뒤에서 자세히 다룬다. NX-API의 경우 HTTPS와 JSON-RPC를 사용하는 것이 더 편할 것이다. 앞의 **NX-API Developer Sandbox** 화면에서 Request 박스 부분을 보면 Python이라는 라벨을 확인할 수 있다. 이 라벨을 클릭하면 요청 라이브러리에 기반을 둔 파이썬 스크립트를 자동으로 변환해준다.

다음 스크립트는 파이썬 외부 라이브러리인 requests를 사용한다. requests는 자칭 '인간을 위한 HTTP 라이브러리'로 아마존, 구글, NSA 등 매우 많은 곳에서 쓰인다. 공식 사이트 (http://docs.python-requests.org/en/master/)에서 자세한 내용을 확인할 수 있다.

show version을 입력하는 경우 다음과 같은 파이썬 스크립트가 자동으로 생성된다. 다음 예제는 출력값을 수정하지 않고 그대로 옮겨온 것이다.

```
"""
 NX-API-BOT
"""
import requests
import json

"""
Modify these please
"""
url='http://YOURIP/ins'
switchuser='USERID'
switchpassword='PASSWORD'

myheaders={'content-type':'application/json-rpc'}
payload=[
  {
    "jsonrpc": "2.0",
    "method": "cli",
    "params": {
      "cmd": "show version",
      "version": 1.2
    },
"id": 1 }
]
response = requests.post(url,data=json.dumps(payload),
headers=myheaders,auth=(switchuser,switchpassword)).json()
```

cisco_nxapi_2.py 파일은 위 코드에서 URL, 사용자명, 암호만 바꾸고, 출력값 중 소프트웨어 버전만 파싱하도록 수정한 것이다. 실행하면 다음과 같은 결과가 나타난다.

```
$ python3 cisco_nxapi_2.py
7.2(0)D1(1) [build 7.2(0)ZD(0.120)]
```

이 방법을 쓸 때의 가장 좋은 점은 기기 설정과 show 명령어에 쓰이는 문법이 똑같다는 것이다. cisco_nxapi_3.py 파일을 참고하라. 여러 줄에 걸쳐 설정을 진행해야 할 경우 id 필드를 통해 명령어의 순서를 정해줘야 한다. cisco_nxapi_4.py에서 다음 페이로드는 인터페이스 설정 모드에서 Ethernet 2/12 인터페이스의 설정값을 바꾸도록 지시하고 있다.

```
{
    "jsonrpc": "2.0",
    "method": "cli",
    "params": {
      "cmd": "interface ethernet 2/12",
      "version": 1.2
    },
    "id": 1
  },
  {
    "jsonrpc": "2.0",
    "method": "cli",
    "params": {
      "cmd": "description foo-bar",
      "version": 1.2
    },
    "id": 2
  },
  {
    "jsonrpc": "2.0",
    "method": "cli",
    "params": {
      "cmd": "end",
```

```
      "version": 1.2
    },
    "id": 3
  },
  {
    "jsonrpc": "2.0",
    "method": "cli",
    "params": {
      "cmd": "copy run start",
      "version": 1.2
    },
    "id": 4
  }
]
```

앞에서 실행한 설정 스크립트의 결과를 검증하기 위해 현재 실행하고 있는 넥서스 기기의 설정을 살펴보자.

```
hostname nx-osv-1-new
...
interface Ethernet2/12
description foo-bar
shutdown
no switchport
mac-address 0000.0000.002f
```

다음 절에서는 시스코 NETCONF와 YANG 모델에 대해 살펴본다.

시스코와 YANG 모델

앞에서 YANG 데이터 모델링 언어를 사용해 네트워크를 표현할 수 있다는 것을 간단하게 살펴봤다. 예제와 함께 좀 더 자세히 들여다보자.

우선, YANG 모델은 어떤 데이터든 상관없이 NETCONF 프로토콜을 통해 주고받는 데이터의 형식을 정의하기만 한다는 것에 유의해야 한다. 또한 NETCONF는 NX-API 관련 내용에서 봤듯이 스탠드얼론 프로토콜로써 작용한다. YANG은 비교적 최근에 등장했으므로 지원하는 벤더와 제품 간에 편차가 있다. 앞에서 만든 스크립트를 시스코 1000v의 IOS-XE 환경에서 실행하면 다음과 같은 결과가 나타난다.

```
urn:cisco:params:xml:ns:yang:cisco-virtual-service?module=cisco-
virtual-service&revision=2015-04-09
http://tail-f.com/ns/mibs/SNMP-NOTIFICATION-MIB/200210140000Z?
module=SNMP-NOTIFICATION-MIB&revision=2002-10-14
urn:ietf:params:xml:ns:yang:iana-crypt-hash?module=iana-crypt-
hash&revision=2014-04-04&features=crypt-hash-sha-512,crypt-hash-
sha-256,crypt-hash-md5
urn:ietf:params:xml:ns:yang:smiv2:TUNNEL-MIB?module=TUNNEL-
MIB&revision=2005-05-16
urn:ietf:params:xml:ns:yang:smiv2:CISCO-IP-URPF-MIB?module=CISCO-
IP-URPF-MIB&revision=2011-12-29
urn:ietf:params:xml:ns:yang:smiv2:ENTITY-STATE-MIB?module=ENTITY-
STATE-MIB&revision=2005-11-22
urn:ietf:params:xml:ns:yang:smiv2:IANAifType-MIB?module=IANAifType-
MIB&revision=2006-03-31
<omitted>
```

NX-OS 결과와 비교해보면 IOS-XE는 NX-OS보다 YANG 모델의 기능을 더 잘 지원한다. 업계에서 네트워크 데이터 모델링에 관심을 갖는 이유는 여러 종류의 기기에 걸쳐 자동화를 더 쉽게 구현하기 위해서다. 그러나 벤더와 제품이 비슷한 수준으로 지원되지 않는다면, 현업에서는 아직 사용하기에 충분하지 않은 수준이라 할 수 있다. 다만 cisco_yang_1.py 파일에 NETCONF XML 출력값을 urn:ietf:params:xml:ns:yang:ietf-interfaces YANG 필터를 통해 파싱하고 존재하는 태그 오버레이를 출력하는 스크립트가 작성돼 있다.

YANG 깃허브 프로젝트 페이지(https://github.com/YangModels/yang/tree/master/vendor)에서 현재 지원되는 벤더 등의 목록을 확인할 수 있다.

시스코 ACI

시스코 **애플리케이션 중심 인프라스트럭처**ACI, Application Centric Infrastructure의 목표는 모든 네트워크 컴포넌트를 한데 모아 쉽게 접근할 수 있도록 하는 것이다. 데이터 센터의 관점에서는 중앙 컨트롤러를 통해 스파인, 톱, 리프 스위치 등 모든 네트워크 서비스 기능을 관리하도록 하는 것이다. 이는 GUI, CLI, API와 관계없이 구현할 수 있다. 어떻게 보면 ACI는 시스코가 스위치에 소프트웨어 기반 네트워킹을 더 넓게 도입하려는 노력의 연장선상에 있다고 할 수 있다.

ACI를 살펴볼 때 혼동되는 지점은 ACI와 APIC-EM의 차이다. 간단하게 말해 ACI가 데이터 센터에 중점을 두고 있다면, APIC-EM은 기업 규모의 모듈에 중점을 두고 있다. 두 방식 모두 네트워크를 중앙에서 관리하고 제어할 수 있지만, 세부적인 관점이나 도구에서는 차이를 보인다. 예를 들어 대부분의 데이터 센터는 무선 통신 인프라스트럭처에 큰 관심을 두지 않지만, 기업 레벨에서는 매우 중요한 이슈다. 또한 네트워크 보안 면에서도 접근 방식이 다르다. 보안은 어디든 매우 중요하지만 데이터 센터는 서버의 엣지 노드에 수많은 보안 정책을 붙임으로써 확장성을 확보하는 반면, 기업에서는 네트워크 기기와 서버 간에 공통된 정책을 공유하는 식으로 이를 처리한다.

NETCONF RPC와 달리 ACI API는 REST 모델을 통해 HTTP 동작(GET, POST, DELETE 등)을 사용한다.

cisco_apic_em_1.py 파일은 시스코 샘플 코드 lab2-1-get-network-device-list. py(https://raw.githubusercontent.com/CiscoDevNet/apicem-1.3-LL- sample- codes/master/basic-labs/lab2-1-get-network-device-list.py)를 수정한 것이다.

다음 코드는 주석이나 공백을 제거해 간략하게 나타낸 버전이므로, 전체 내용은 원래 코드를 참고하라.

첫 번째 함수 getTicket()은 컨트롤러에 HTTPS POST를 사용한다. 이때 경로는 /api/vi/ ticket이고, 사용자명과 암호를 헤더에 포함한다. 그다음 함수에 의해 반환된 값을 제한된 시간 동안의 티켓으로 파싱한다.

```
def getTicket():
  url = "https://" + controller + "/api/v1/ticket"
  payload = {"username":"usernae","password":"password"}
  header = {"content-type": "application/json"}
  response= requests.post(url,data=json.dumps(payload), headers=header,
verify=False)
  r_json=response.json()
  ticket = r_json["response"]["serviceTicket"]
  return ticket
```

두 번째 함수는 이렇게 취득한 티켓을 다른 경로인 /api/v1/network-devices에 대입하고, 그 결과를 파싱한다.

```
url = "https://" + controller + "/api/v1/network-device"
header = {"content-type": "application/json", "X-Auth-Token":ticket}
```

이상이 API을 통해 상호작용하는 일반적인 워크플로우다. 클라이언트는 첫 번째 요청에서 서버에 스스로를 인증하고 시간 기반 토큰을 받는다. 이 토큰은 이어지는 요청에 사용되며, 인증됐다는 사실을 증명하는 데 쓰인다.

출력값은 JSON 형식과 파싱된 표를 모두 표시한다. 다음은 데브넷 랩 컨트롤러를 대상으로 코드를 실행했을 때 반환되는 값 중 일부를 나타낸 것이다.

```
Network Devices =
{
 "version": "1.0",
 "response": [
 {
 "reachabilityStatus": "Unreachable",
 "id": "8dbd8068-1091-4cde-8cf5-d1b58dc5c9c7",
 "platformId": "WS-C2960C-8PC-L",
<omitted>
 "lineCardId": null,
 "family": "Wireless Controller",
 "interfaceCount": "12",
 "upTime": "497 days, 2:27:52.95"
 }
 ]
}
8dbd8068-1091-4cde-8cf5-d1b58dc5c9c7 Cisco Catalyst 2960-C Series
 Switches
cd6d9b24-839b-4d58-adfe-3fdf781e1782 Cisco 3500I Series Unified
Access Points
<omitted>
55450140-de19-47b5-ae80-bfd741b23fd9 Cisco 4400 Series Integrated
Services Routers
ae19cd21-1b26-4f58-8ccd-d265deabb6c3 Cisco 5500 Series Wireless LAN
Controllers
```

위 예제는 싱글 컨트롤러 기기에 쿼리를 요청한 결과지만, 원한다면 네트워크상에 있는 모든 기기의 정보를 한 번에 좀 더 많이 가져올 수도 있다. 예제의 출력값에서는 카탈리스트Catalyst 2960-C 스위치 3500 액세스 포인트, 4400 ISR 라우터, 5500 무선 컨트롤러 등을 자세히 살펴볼 수 있다. 단점이라면 ACI 컨트롤러가 현재 시점에서 시스코 기기만 지원한다는 것이다.

주니퍼 네트워크 파이썬 API

주니퍼 네트워크는 서비스 공급자 업계에서 언제나 인기가 있었다. 서비스 공급자의 입장에서 보면 네트워크 기기의 자동화 방식은 매우 중요한 문제다. 게다가 클라우드 스케일 데이터 센터가 등장하기 전까지 거의 모든 네트워크 기기는 서비스 공급자가 운용했다. 일반적인 기업 네트워크의 경우 본사에 충분한 연결망을 구축해 놓고, 원격 사이트가 서비스 제공자의 사설 MPLS 네트워크를 사용해 본사와 연결할 수 있도록 하는 허브앤스포크 형식으로 이루어져 있다. 사내 메일이나 데이터베이스가 허브앤스포크 형식으로 운영된다. 그러나 서비스 공급자라면 스스로 모든 네트워크 연결을 구축하고, 공급하고, 관리하고, 문제를 해결할 수 있어야 한다. 그리고 네트워크의 대역을 부가 서비스와 함께 판매함으로써 돈을 번다. 따라서 공급자 입장에서는 네트워크에 최소한의 시간을 들여 알아서 돌아갈 수 있는 방법을 궁리해야 한다. 핵심은 바로 자동화다.

서비스 제공자 네트워크는 전통적인 클라우드 데이터 센터와 달리 하나의 기기에서 최대한 많은 서비스를 돌리는 경향이 있다. 예를 들어 MPLS^{Multiprotocol Label Switching}는 거의 모든 서비스 공급자가 사용하는 반면 기업이나 데이터 센터에서의 사용 빈도는 그리 높지 않다. 주니퍼는 서비스 제공자의 자동화 수요를 충족하는 데 성공한 경우다. 이 책에서는 주니퍼의 자동화 API 중 일부를 살펴본다.

주니퍼와 NETCONF

NETCONF^{Network Configuration Protocol}는 IETF에서 2006년 RFC 4741에 발표한 표준안으로 RFC 6241에서 개정됐다. 이 두 RFC 표준안에서 주니퍼 네트워크의 기여도는 크다. 사실 RFC 4741은 주니퍼가 단독으로 작성한 것이다. 따라서 주니퍼는 NETCONF를 완전히 지원하며, 자동화 도구와 프레임워크에서 핵심적인 레이어로 작용한다. NETCONF의 주된 특성을 정리하면 다음과 같다.

1. 데이터 인코딩을 위해 XML^{Extensible Markup Language}을 사용한다.
2. **원격 프로시저 호출**^{RPC, Remote Procedure Calls}을 사용하므로 HTTP(s)를 통해 데이터를 전달할 경우 URL 엔드포인트는 동일한 반면, 수행하고자 하는 명령은 request body에 명시돼 있다.
3. 레이어 구조로 데이터를 구성한다. 이 레이어들은 위에서부터 차례대로 콘텐츠, 동작, 메시지, 전달을 담당한다.

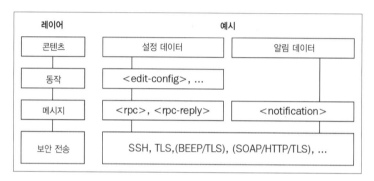

NETCONF 모델

주니퍼 네트워크에서는 NETCONF XML 프로토콜 개발자 지침을 제공한다(https://www.juniper.net/documentation/en_US/junos13.2/information-products/pathway-pages/netconf-guide/netconf.html#overview/). 이를 기반으로 구체적인 사용 예를 알아보자.

준비 사항

NETCONF를 사용하려면 서비스를 실행함과 동시에 독립 사용자를 생성해 놓아야 한다.

```
set system login user netconf uid 2001
set system login user netconf class super-user
set system login user netconf authentication encrypted-password
 "$1$0EkA.XVf$cm80A0GC2dgSWJIYWv7Pt1"
set system services ssh
set system services telnet
set system services netconf ssh port 830
```

주니퍼 기기의 설정은 일반 텍스트 혹은 XML 형식으로 확인할 수 있다. 일반 텍스트는 간단하게 현재 설정 혹은 바뀐 설정을 확인하고 싶을 때 유용하다.

```
netconf@foo> show configuration | display set
set version 12.1R1.9
set system host-name foo
set system domain-name bar
<omitted>
```

반면, XML 형식은 설정의 XML 구조를 확인해야 할 때 사용하는 것이 좋다.

```
netconf@foo> show configuration | display xml
<rpc-reply xmlns:junos="http://xml.juniper.net/junos/12.1R1/junos">
 <configuration junos:commit-seconds="1485561328" junos:commit-
localtime="2017-01-27 23:55:28 UTC" junos:commit-user="netconf">
 <version>12.1R1.9</version>
 <system>
 <host-name>foo</host-name>
<domain-name>bar</domain-name>
```

이제 첫 번째 NETCONF 예제를 살펴보자.

주니퍼 NETCONF 예제

show version을 실행하는 매우 간단한 예제부터 시작해보자. 실행 파일명은 junos_net
conf_1.py로 정할 것이다.

```python
#!/usr/bin/env python3

from ncclient import manager

conn = manager.connect(
    host='192.168.24.252',
    port='830',
    username='netconf',
    password='juniper!',
    timeout=10,
    device_params={'name':'junos'},
    hostkey_verify=False)

result = conn.command('show version', format='text')
print(result)
conn.close_session()
```

스크립트에서 device_params 부분을 제외하고는 이해하는 데 어려움이 없을 것이다. 이는
ncclinet 0.4.1부터 벤더나 플랫폼을 명시하는 기기 핸들러 값이다. 예를 들어 juniper,
CSR, Nexus, Huawei 등이 name 필드에 들어갈 수 있다. 아울러 hostkey_verify=False
부분은 주니퍼 기기에서 자체 서명 인증서를 사용하기 때문에 추가된 것이다.

스크립트를 실행하면 XML 형식으로 output 엘리먼트가 인코딩된 rpc-reply가 출력된다.

```xml
<rpc-reply message-id="urn:uuid:7d9280eb-1384-45fe-be48- b7cd14ccf2b7">
<output>
Hostname: foo
Model: olive
JUNOS Base OS boot [12.1R1.9]
```

```
JUNOS Base OS Software Suite [12.1R1.9]
<omitted>
JUNOS Runtime Software Suite [12.1R1.9]
JUNOS Routing Software Suite [12.1R1.9]
</output>
</rpc-reply>
```

이 XML 형식을 텍스트 형식으로 파싱해 출력할 수도 있다.

```
print(result.xpath('output')[0].text)
```

junos_netconf_2.py는 기기의 설정을 바꾸는 방법에 대한 것이다. 우선 새로운 XML 엘리먼트와 연결 관리 오브젝트를 생성하는 라이브러리를 임포트하자.

```
#!/usr/bin/env python3

from ncclient import manager
from ncclient.xml_ import new_ele, sub_ele

conn = manager.connect(host='192.168.24.252', port='830',
username='netconf' , password='juniper!', timeout=10,
device_params={'name':'junos'}, hostkey_v erify=False)
```

문제를 피하려면 설정을 바꾸기 전 잠그는 과정을 수행해야 한다.

```
# lock configuration and make configuration changes
conn.lock()

# build configuration
config = new_ele('system')
sub_ele(config, 'host-name').text = 'master'
sub_ele(config, 'domain-name').text = 'python'
```

빌드 설정 세션에서 system의 새로운 엘리먼트로서 host-name과 domain-name의 하위 엘리먼트를 생성할 수 있다. 계층 구조가 익숙하다면 XML 화면에서 system의 하위 노드 host-name과 domain-name을 확인할 수 있다.

```xml
<system>
    <host-name>foo</host-name>
    <domain-name>bar</domain-name>
...
</system>
```

완성된 설정은 스크립트를 통해 기기에 push 및 commit한다. 이는 주니퍼 설정을 수정하는 일반 적인 과정(lock, configure, unlock, commit)을 연습하기 위함이다.

```python
# 설정 보내기, 검증, 커밋
conn.load_configuration(config=config)
conn.validate()
commit_config = conn.commit()
print(commit_config.tostring)

# 설정 잠금 해제
conn.unlock()

# 설정 닫음
conn.close_session()
```

전체적으로 NETCONF는 CLI의 방식을 유사하게 따라가고 있다. 앞의 두 예제를 합쳐 실제로 작동하는 스크립트를 보려면 junos_netconf_3.py 파일을 참고하라. 아래 예제는 위의 예제에 몇 가지 파이썬 함수를 결합한 것이다.

```python
# 연결 객체 생성
def connect(host, port, user, password):
    connection = manager.connect(host=host, port=port, username=user,
```

```
            password=password, timeout=10, device_params={'name':'junos'},
            hostkey_verify=False)
    return connection

# show 명령어 실행
def show_cmds(conn, cmd):
    result = conn.command(cmd, format='text')
    return result

# 설정 보내기
def config_cmds(conn, config):
    conn.lock()
    conn.load_configuration(config=config)
    commit_config = conn.commit()
    return commit_config.tostring
```

위 파일은 스스로 실행할 수도 있지만, 다른 파이썬 스크립트에서 import할 수도 있다.

주니퍼는 PyEZ라는 이름으로 기기에서 사용할 수 있는 파이썬 라이브러리도 제공한다. 다음 절에서는 라이브러리의 사용 방법을 몇 가지 살펴본다.

주니퍼 PyEZ

PyEZ는 기존에 작성했던 파이썬 코드를 기기에 적용하기 위한 고레벨 소프트웨어다. 즉 주노스 CLI 관련 지식이 없어도 파이썬 API만을 사용해 일반적인 동작과 설정을 지정할 수 있도록 하는 것이 목표다.

 주니퍼는 주노스 PyEZ 개발자 지침을 지속적으로 보완해 공개하고 있다(https://www.juniper.net/techpubs/en_US/junos-pyez1.0/information-products/pathway-pages/junos-pyez-developer-guide.html#configuration). PyEZ에 관심이 있다면 이 지침을 훑어볼 것을 권장한다.

설치와 준비 사항

운영 체제에 따른 PyEZ 설치 방법은 Installing Junos PyEZ 페이지를 참고하라(https://www.juniper.net/documentation/en_US/junos-pyez/topics/task/installation/junos-pyez-server-installing.html). 이 책에서는 우분투 16.04에 대한 것만 다룬다.

우선 의존성 패키지를 설치한다. 대부분은 이미 앞의 예제를 따라오며 설치했을 것이다.

```
$ sudo apt-get install -y python3-pip python3-dev libxml2-dev libxslt1-dev
libssl-dev libffi-dev
```

PyEZ 패키지는 pip을 통해 설치할 수 있다. 다음 코드는 파이썬 3과 2에 각각 설치하는 방법을 나타낸 것이다.

```
$ sudo pip3 install junos-eznc
$ sudo pip install junos-eznc
```

주니퍼 기기상에서 NETCONF가 PyEZ XML API를 사용하도록 설정한다.

```
set system services netconf ssh port 830
```

사용자 인증은 암호 방식과 ssh 키 쌍 중 어느 방식을 사용해도 상관없다. 로컬 사용자를 생성하는 방법은 단순하다.

```
set system login user netconf uid 2001
set system login user netconf class super-user
set system login user netconf authentication encrypted-password
"$1$0EkA.XVf$cm80A0GC2dgSWJIYWv7Pt1"
```

ssh 키 인증을 구현하려면 호스트에 키 쌍을 생성해야 한다.

```
$ ssh-keygen -t rsa
```

기본적으로 공개 키는 ~/.ssh/ 디렉터리 아래에 id_rsa.pub 파일, 비공개 키는 id_rsa 파일로 생성된다. 비공개 키는 암호처럼 다른 사람과 공유하지 못하고, 공개 키는 자유롭게 공유할 수 있다. 다만, 이 예제에서는 공개 키를 /tmp 디렉터리 아래로 옮긴 후 파이썬 3 HTTP 서버 모듈을 활성화해 접근할 수 있는 URL을 생성할 것이다.

```
$ mv ~/.ssh/id_rsa.pub /tmp
$ cd /tmp
$ python3 -m http.server
Serving HTTP on 0.0.0.0 port 8000 ...
```

 TIP 파이썬 2에서는 python –m SimpleHTTPServer를 사용한다.

파이썬 3 웹 서버로부터 주니퍼 기기에 공개 키를 다운받아, 이 공개 키를 사용할 사용자를 생성한다.

```
netconf@foo# set system login user echou class super-user authentication
load-key-file http://192.168.24.164:8000/id_rsa.pub
/var/home/netconf/...transferring.file........100% of 394 B 2482 kBps
```

앞에서 생성한 비공개 키로 ssh에 접속하면 생성된 사용자가 인증됨을 확인할 수 있다.

```
$ ssh -i ~/.ssh/id_rsa 192.168.24.252
--- JUNOS 12.1R1.9 built 2012-03-24 12:52:33 UTC
echou@foo>
```

PyEZ에서도 이런 인증 방법이 작동하는지 확인해보자. 우선 암호 방식이다.

```
Python 3.5.2 (default, Nov 17 2016, 17:05:23)
[GCC 5.4.0 20160609] on linux
Type "help", "copyright", "credits" or "license" for more information.
>>> from jnpr.junos import Device
>>> dev = Device(host='192.168.24.252', user='netconf',
password='juniper!')
>>> dev.open()
Device(192.168.24.252)
>>> dev.facts
{'serialnumber': '', 'personality': 'UNKNOWN', 'model': 'olive',
'ifd_style': 'CLASSIC', '2RE': False, 'HOME': '/var/home/juniper',
'version_info': junos.version_info(major=(12, 1), type=R, minor=1,
build=9), 'switch_style': 'NONE', 'fqdn': 'foo.bar', 'hostname': 'foo',
'version': '12.1R1.9', 'domain': 'bar', 'vc_capable': False}
>>> dev.close()
```

다음은 SSH 키 인증 방식이다.

```
>>> from jnpr.junos import Device
>>> dev1 = Device(host='192.168.24.252', user='echou',
ssh_private_key_file='/home/echou/.ssh/id_rsa')
>>> dev1.open()
Device(192.168.24.252)
>>> dev1.facts
{'HOME': '/var/home/echou', 'model': 'olive', 'hostname': 'foo',
'switch_style': 'NONE', 'personality': 'UNKNOWN', '2RE': False, 'domain':
'bar', 'vc_capable': False, 'version': '12.1R1.9', 'serialnumber': '',
'fqdn': 'foo.bar', 'ifd_style': 'CLASSIC', 'version_info':
junos.version_info(major=(12, 1), type=R, minor=1, build=9)}
>>> dev1.close()
```

완벽하다! 이제 PyEz 예제를 살펴보자.

PyEZ 예제

앞에서 살펴봤듯이 기기와 연결되면 오브젝트는 기기의 정보를 자동으로 받아온다. 첫 번째 예제 스크립트인 junos_pyez_1.py는 기기에 연결해 show interface em1 RPC 호출을 실행한다.

```
#!/usr/bin/env python3
from jnpr.junos import Device
import xml.etree.ElementTree as ET
import pprint

dev = Device(host='192.168.24.252', user='juniper',
passwd='juniper!')

try:
    dev.open()
except Exception as err:
    print(err)
    sys.exit(1)

result =
dev.rpc.get_interface_information(interface_name='em1', terse=True)
    pprint.pprint(ET.tostring(result))

dev.close()
```

기기 클래스의 rpc 프로퍼티에는 실행 가능한 명령이 모두 들어 있다. 다시 말해, CLI과 비교해 API에 빠진 기능은 없다. 단지 원하는 기능에 부합하는 xml rpc 엘리먼트 태그를 찾기만 하면 된다. 첫 번째 예제에서 show interface em1이라는 명령에 해당하는 것이 get_interface_information이라는 것을 어떻게 알 수 있을까? 크게 세 가지 방법이 있다.

1. Junos XML API Operational Developer Reference 문서를 참조한다.
2. CLI를 사용해 해당하는 XML RPC를 검색한 후, 대시(–)를 밑줄(_)로 바꿔 사용한다.
3. PyEZ 라이브러리를 통해 위 작업을 프로그램상에서 수행할 수도 있다.

나는 두 번째 방식을 선호한다.

```
netconf@foo> show interfaces em1 | display xml rpc
<rpc-reply xmlns:junos="http://xml.juniper.net/junos/12.1R1/junos">
  <rpc>
  <get-interface-information>
  <interface-name>em1</interface-name>
  </get-interface-information>
  </rpc>
  <cli>
  <banner></banner>
  </cli>
</rpc-reply>
```

다음 예제는 PyEZ를 프로그램상에서 사용하는 방법(세 번째 방식)을 나타낸다.

```
>>> dev1.display_xml_rpc('show interfaces em1', format='text')
'<get-interface-information>n <interface-name>em1</interface-name>n</get-interface-information>n'
```

설정을 변경하는 작업도 잊으면 안 된다. junos_pyez_2.py 스크립트를 참조하라. 우선 PyEZ에서 Config() 메서드를 불러온다.

```
#!/usr/bin/env python3
from jnpr.junos import Device
from jnpr.junos.utils.config import Config
```

앞의 예제와 동일한 블록을 사용해 기기에 연결한다.

```
dev = Device(host='192.168.24.252', user='juniper',
passwd='juniper!')

try:
    dev.open()
except Exception as err:
    print(err)
    sys.exit(1)
```

new config() 메서드는 XML 데이터를 불러와 설정에 반영한다.

```
config_change = """
<system>
  <host-name>master</host-name>
  <domain-name>python</domain-name>
</system>
"""
cu = Config(dev)
cu.lock()
cu.load(config_change)
cu.commit()
cu.unlock()

dev.close()
```

지금까지 소개한 PyEZ 예제는 단순한 구조로 이뤄져 있다. 예제들을 찬찬히 살펴보면 주 노스 자동화를 수행할 때 PyEZ를 사용할 수 있는 방법을 익힐 수 있을 것이다.

▌ 아리스타 파이썬 API

아리스타 네트웍스^{Arista Networks}는 대형 데이터 센터 네트워크에 중점을 둔 기업이다. 아리스타 네트웍스는 자신을 다음과 같이 소개한다(https://www.arista.com/en/company/company-overview).

> "아리스타 네트웍스는 대형 데이터 센터 스토리지나 컴퓨팅 환경을 위한 소프트웨어 기반 클라우드 네트워킹 솔루션의 선두주자다."

여기서 **대형 데이터 센터**라는 용어에는 서버나 데이터베이스뿐 아니라 네트워크 기기도 포함된다는 사실을 기억하라. 요컨대 아리스타 네트웍스에게 자동화는 언제나 가장 내세울 만한 요소였다. 사실 자체 운영 체제인 EOS는 리눅스를 기반으로 하고, 파이썬과 내장 리눅스 API를 결합해 여러 이점을 확보하고 있다.

다른 벤더와 마찬가지로 아리스타 기기에 접근하려면 eAPI를 사용하거나 해당하는 파이썬 라이브러리를 사용해야 한다. 이후 이 두 경우에 해당하는 예제를 모두 살펴본다. 4장에서는 앤서블과 아리스타의 통합 방법도 알아본다.

아리스타 eAPI 관리 도구

아리스타 eAPI는 몇 년 전 EOS 4.12에 처음으로 등장했다. 원리는 간단하다. HTTP 또는 HTTPS를 통해 show와 config 명령을 전달하고, 반환되는 결과를 JSON 형식으로 받는다. 중요한 것은 이때 HTTP나 HTTPS를 통한 RESTFul API 대신 **원격 프로시저 호출**^{RPC, Remote Procedure Call}과 **JSON-RPC** 형식을 사용한다는 것이다. 전자와의 차이점은 같은 URL 엔드포인트에서 같은 HTTP 메서드(POST)를 사용해 요청하되, HTTP 행위(GET, POST, PUT, DELETE)를 사용하는 대신 request body 내에서 직접 원하는 동작을 지정한다는 것이다. eAPI의 경우 method 키에 runCmds 값을 지정하는 식으로 구현한다.

다음 예제는 아리스타 물리 스위치에 EOS 4.16을 구동한 환경을 기준으로 작성됐다.

eAPI 준비

아리스타 기기에서 eAPI 에이전트는 기본적으로 비활성화돼 있으므로 활성화하는 작업부터 해야 한다.

```
arista1(config)#management api http-commands
arista1(config-mgmt-api-http-cmds)#no shut
arista1(config-mgmt-api-http-cmds)#protocol https port 443
arista1(config-mgmt-api-http-cmds)#no protocol http
arista1(config-mgmt-api-http-cmds)#vrf management
```

위 코드에서 확인할 수 있듯이 HTTP 서버를 끄고 단독으로 HTTPS 전송을 활성화했다. 최근 EOS 버전은 관리 인터페이스를 management라는 이름의 VRF으로서 구현하고 있다. 따라서 관리 인터페이스를 통해 기기에 접근하는 eAPI 관리 방법으로서 VRF를 정확히 명시했다. sh management api http-commands 명령을 통해 API 관리 상태를 확인할 수 있다.

```
arista1#sh management api http-commands
Enabled: Yes
HTTPS server: running, set to use port 443
HTTP server: shutdown, set to use port 80
Local HTTP server: shutdown, no authentication, set to use port 8080
Unix Socket server: shutdown, no authentication
VRF: management
Hits: 64
Last hit: 33 seconds ago
Bytes in: 8250
Bytes out: 29862
Requests: 23
Commands: 42
Duration: 7.086 seconds
SSL Profile: none
QoS DSCP: 0
 User Requests Bytes in Bytes out Last hit
---------- ------------- ------------- -------------- -------------
```

```
admin  23  8250  29862  33 seconds ago

URLs
-----------------------------------------
Management1 : https://192.168.199.158:443

arista1#
```

에이전트를 활성화한 후 기기의 IP로 접속하면 eAPI의 탐색 페이지를 확인할 수 있다. 포트를 변경했다면 포트로 접속해야 한다. 인증 과정은 스위치 자체의 인증 과정에 포함돼 있다. 예제의 경우에는 기기에 지역적으로 설정된 사용자명과 암호를 사용할 것이다. 또한 기본적으로 자체 서명 인증서를 사용하도록 돼 있다.

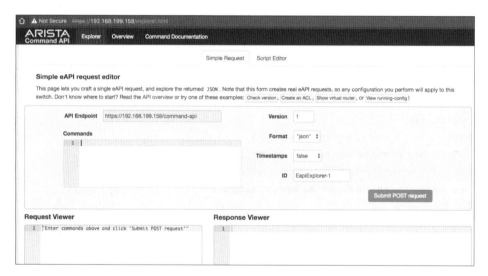

아리스타 EOS 탐색기

탐색기 페이지에서는 CLI 명령어를 직접 입력해 request body로 변환되도록 할 수 있다. 다음 그림은 show version의 request body를 생성한 경우를 나타낸 것이다.

아리스타 EOS 탐색기 뷰어

위 그림의 메뉴에서 Overview는 샘플 사용량과 백그라운드 정보를, Command Docu
mentation은 다양한 show 명령어의 레퍼런스를 제공한다. 각 레퍼런스에는 반환되는 필
드명, 타입, 그에 해당하는 상세한 설명이 포함돼 있다. 아리스타 온라인 레퍼런스는
jsonrpclib(https://github.com/joshmarshall/jsonrpclib/)을 사용하며 뒤에서 자세히 설명한
다. 그러나 책을 쓰는 시점에 이 라이브러리는 2.6 이상 버전에만 작동하며 파이썬 3으로
는 포팅되지 않았다. 따라서 다음 예제는 파이썬 2.7을 기준으로 설명한다.

 책을 읽는 시점에서는 파이썬 3 지원이 추가됐을 수도 있다. 최신 릴리스의 GitHub
pull request(https://github.com/joshmarshall/jsonrpclib/issues/38) 또는
README(https://github.com/joshmarshall/jsonrpclib/)를 읽어보라.

설치는 easy_install 또는 pip을 통해 진행하면 된다.

```
$ sudo easy_install jsonrpclib
$ sudo pip install jsonrpclib
```

eAPI 예제

이제 서버에 요청을 보내고 돌아오는 텍스트를 받아오는 eapi_1.py 파일을 작성해보자.

```python
#!/usr/bin/python2

from __future__ import print_function
from jsonrpclib import Server
import ssl

ssl._create_default_https_context = ssl._create_unverified_context

switch = Server("https://admin:arista@192.168.199.158/command-api")

response = switch.runCmds( 1, [ "show version" ] )
print('Serial Number: ' + response[0]['serialNumber'])
```

 이 코드는 파이썬 2를 기준으로 쓰였다는 것을 기억하라. from __future__ import print_function을 쓴 이유는 나중에 파이썬 3으로 이전하기 쉽게 하기 위해서다. ssl 관련 행은 파이썬 2.7.9 이상 버전에 호환되며, 자세한 내용은 https://www.python.org/dev/peps/pep-0476/을 참고하라.

앞의 runCmds() 메서드를 실행하면 다음과 같은 응답을 받을 것이다.

```
[{u'memTotal': 3978148, u'internalVersion': u'4.16.6M-
3205780.4166M', u'serialNumber': u'<omitted>', u'systemMacAddress':
```

146

```
u'<omitted>', u'bootupTimestamp': 1465964219.71, u'memFree':
277832, u'version': u'4.16.6M', u'modelName': u'DCS-7050QX-32-F',
u'isIntlVersion': False, u'internalBuildId': u'373dbd3c-60a7-4736-
8d9e-bf5e7d207689', u'hardwareRevision': u'00.00', u'architecture':
u'i386'}]
```

보는 바와 같이, 결괏값은 하나의 딕셔너리 항목을 포함한 리스트 형식으로 이뤄져 있다. 시리얼 넘버를 요청하고 싶다면 위 스크립트의 해당하는 항목 숫자와 키를 참조하면 된다.

```
print('Serial Number: ' + response[0]['serialNumber'])
```

스크립트를 실행하면 시리얼 숫자만 출력된다.

```
$ python eapi_1.py
Serial Number: <omitted>
```

명령을 참조하는 데 익숙해지고 싶다면, eAPI 페이지에서 Command Documentation 링크를 클릭하고, 출력값을 문서의 show version 출력과 비교해보는 식으로 연습해보라.

JSON-RPC는 REST와 달리 같은 URL 엔드포인트를 사용해 서버 자원을 호출한다. 앞의 예제에서 runCmds() 메서드는 명령을 목록 형태로 받아들인다. 설정에 관련된 명령을 실행할 때에도 이와 마찬가지 방식으로 매개변수에 해당하는 명령 목록을 입력하면 된다.

eapi_2.py 파일을 통해 이런 설정 명령을 실행하는 예시를 확인해보자. 이 예제에서는 스위치 객체와 명령어 목록을 속성으로 받는 함수를 작성한다.

```
#!/usr/bin/python2

from __future__ import print_function
from jsonrpclib import Server
import ssl, pprint
```

```
ssl._create_default_https_context = ssl._create_unverified_context

# eAPI를 통해 Arista 명령어 실행
def runAristaCommands(switch_object, list_of_commands):
    response = switch_object.runCmds(1, list_of_commands)
    return response

switch = Server("https://admin:arista@192.168.199.158/command-api")

commands = ["enable", "configure", "interface ethernet 1/3",
"switchport acc ess vlan 100", "end", "write memory"]

response = runAristaCommands(switch, commands)
pprint.pprint(response)
```

명령을 실행하면 다음과 같은 출력값을 얻을 수 있다.

```
$ python2 eapi_2.py
[{}, {}, {}, {}, {}, {u'messages': [u'Copy completed successfully.']}]
```

switch의 설정이 제대로 바뀌었는지 확인해보자.

```
arista1#sh run int eth 1/3
interface Ethernet1/3
    switchport access vlan 100
arista1#
```

종합하면, eAPI는 직관적이고 간단하게 사용할 수 있는 방식이다. 대부분의 프로그래밍 언어는 jsonrpclib과 유사한 방식으로 JSON-RPC를 해석할 수 있는 라이브러리를 갖고 있다. 몇 단계의 명령어만 입력하면 네트워크에 아리스타 EOS 자동화를 도입할 수 있다.

아리스타 Pyeapi 라이브러리

eAPI 파이썬 클라이언트와 Pyeapi(http://pyeapi.readthedocs.io/en/master/index.html)는 eAPI에 네이티브 파이썬 라이브러리 래퍼를 제공해준다. 이 래퍼는 아리스타 EOS 노드를 설정할 수 있는 노드들을 제공한다. 앞에서 살펴봤듯이 eAPI를 갖고도 충분히 작업을 수행할 수 있는데, 왜 굳이 Pyeapi가 필요한 걸까? Pyeapi와 eAPI 중 어느 것을 선택하느냐는 파이썬 환경의 사용 여부에 따라 정해진다.

파이썬을 사용하지 않는 환경이라면 eAPI를 사용하는 것이 유리하다. eAPI는 JSON-RPC를 처리할 수 있는 클라이언트만 있으면 사용할 수 있고, 대부분의 프로그래밍 언어와 호환된다. 예를 들어 내가 처음 업계에서 일을 시작했을 때 네트워크 자동화나 스크립팅을 수행하는 주된 언어는 펄^{Perl}이었다. 아직도 펄 스크립트를 써서 자동화를 구현하는 기업이 많이 있다. 어떤 기업이 다른 언어로 네트워크 환경을 구축하는 데 큰 비용을 투자한 경우에도 eAPI와 JSON-RPC는 좋은 선택이 될 수 있다.

하지만 파이썬으로 코딩하는 데 익숙한 사람들에게 네이티브 파이썬 라이브러리가 있다면 코드를 더욱 편하고 효율적으로 작성할 수 있다. 즉 EOS 노드를 파이썬 프로그램상에서 쉽게 다루고 확장하는 역할을 한다. 또한 파이썬 자체의 변화에도 긴밀하게 따라갈 수 있다. 예를 들어 Pyeapi는 파이썬 3에서도 돌아간다.

 이 책을 쓰는 시점에서 파이썬 3(3.4+) 버전의 지원은 아직 개발 중에 있다. 자세한 변경 사항은 문서(http://pyeapi.readthedocs.io/en/master/requirements.html)를 참고하라.

Pyeapi 설치

pip을 사용하면 Pyeapi를 쉽게 설치할 수 있다.

```
$ sudo pip install pyeapi
$ sudo pip3 install pyeapi
```

> 🛈 이 과정에서 pip은 자동으로 netaddr 라이브러리도 함께 설치한다. 이 라이브러리는 Pyeapi를 실행하는 데 필요하다(http://pyeapi.readthedocs.io/en/master/requirements.html).

기본적으로 Pyeapi 클라이언트는 INI 파일과 비슷한 형식의 .eapi.conf 파일부터 검색한다. 파일의 경로는 사용자가 지정할 수 있지만 사용자 연결 자격증명은 따로 분리한 후 잠그는 편이 더 낫다. 아리스타 Pyeapi 문서에서 이 파일에서 설정할 수 있는 필드를 확인할 수 있다(http://pyeapi.readthedocs.io/en/master/configfile.html#configfile). 다음 코드는 예시 중 하나다.

```
cat ~/.eapi.conf
[connection:Arista1]
host: 192.168.199.158
username: admin
password: arista
transport: https
```

첫 행 [connection:Arista] 부분은 Pyeapi 연결에 사용할 이름을 지정한다. 파일을 잠금으로써 읽기 전용으로만 접근할 수 있도록 할 수 있다.

```
$ chmod 400 ~/.eapi.conf
$ ls -l ~/.eapi.conf
-r-------- 1 echou echou 94 Jan 27 18:15 /home/echou/.eapi.conf
```

Pyeapi 예제

실제로 Pyeapi를 어떻게 사용하는지 알아보자. 우선 대화형 파이썬 셸에서 오브젝트를 생성해 EOS 노드에 접속한다.

```
Python 3.5.2 (default, Nov 17 2016, 17:05:23)
[GCC 5.4.0 20160609] on linux
Type "help", "copyright", "credits" or "license" for more information.
>>> import pyeapi
>>> arista1 = pyeapi.connect_to('Arista1')
```

그다음 노드에 show 명령어를 실행하고 출력값을 받아보자.

```
>>> import pprint
>>> pprint.pprint(arista1.enable('show hostname'))
[{'command': 'show hostname',
  'encoding': 'json',
  'result': {'fqdn': 'arista1', 'hostname': 'arista1'}}]
```

config() 메서드를 사용하면 단일 혹은 일련의 명령을 통해 설정 필드를 지정할 수 있다.

```
>>> arista1.config('hostname arista1-new')
[{}]
>>> pprint.pprint(arista1.enable('show hostname'))
[{'command': 'show hostname',
  'encoding': 'json',
  'result': {'fqdn': 'arista1-new', 'hostname': 'arista1-new'}}]
>>> arista1.config(['interface ethernet 1/3', 'description my_link'])
[{}, {}]
```

명령약어(show running-config를 show run으로 줄이는 등)나 몇몇 익스텐션은 작동하지 않는 다는 것에 유의하라.

```
>>> pprint.pprint(arista1.enable('show run'))
Traceback (most recent call last):
...
 File "/usr/local/lib/python3.5/dist-packages/pyeapi/eapilib.py", line 396,
in send
```

```
    raise CommandError(code, msg, command_error=err, output=out)
pyeapi.eapilib.CommandError: Error [1002]: CLI command 2 of 2 'show run'
failed: invalid command [incomplete token (at token 1: 'run')]
>>>
>>> pprint.pprint(arista1.enable('show running-config interface ethernet
1/3'))
Traceback (most recent call last):
...
pyeapi.eapilib.CommandError: Error [1002]: CLI command 2 of 2 'show
running-config interface ethernet 1/3' failed: invalid command [incomplete
token (at token 2: 'interface')]
```

이런 제약을 따르기만 하면 결괏값을 받아 원하는 값을 가져올 수 있다.

```
>>> result = arista1.enable('show running-config')
>>> pprint.pprint(result[0]['result']['cmds']['interface Ethernet1/3'])
{'cmds': {'description my_link': None, 'switchport access vlan 100': None},
'comments': []}
```

지금까지 eAPI를 통해 명령을 수행하는 방법을 살펴봤다. 특히 Pyeapi는 다양한 API를
통해 이 간편하게 작업할 수 있게 한다. 이어지는 예제에서는 노드에 연결하고 VLAN API
를 호출함으로써 기기의 VLAN 매개변수를 지정해 동작시키는 방법을 알아본다.

```
>>> import pyeapi
>>> node = pyeapi.connect_to('Arista1')
>>> vlans = node.api('vlans')
>>> type(vlans)
<class 'pyeapi.api.vlans.Vlans'>
>>> dir(vlans)
[...'command_builder', 'config', 'configure', 'configure_interface',
'configure_vlan', 'create', 'default', 'delete', 'error', 'get',
'get_block', 'getall', 'items', 'keys', 'node', 'remove_trunk_group',
'set_name', 'set_state', 'set_trunk_groups', 'values']
>>> vlans.getall()
```

```
{'1': {'vlan_id': '1', 'trunk_groups': [], 'state': 'active', 'name':
'default'}}
>>> vlans.get(1)
{'vlan_id': 1, 'trunk_groups': [], 'state': 'active', 'name': 'default'}
>>> vlans.create(10)
True
>>> vlans.getall()
{'1': {'vlan_id': '1', 'trunk_groups': [], 'state': 'active', 'name':
'default'}, '10': {'vlan_id': '10', 'trunk_groups': [], 'state': 'active',
'name': 'VLAN0010'}}
>>> vlans.set_name(10, 'my_vlan_10')
True
```

위 코드는 기기의 VLAN API에서 VLAN 10을 생성한다. 제대로 작동했는지 확인해보자.

```
arista1#sh vlan
VLAN Name Status Ports
----- ------------------------------ --------- --------------------------
-----
1 default active
10 my_vlan_10 active
```

확인할 수 있듯이 EOS 오브젝트에 대한 파이썬 네이티브 API에 비해 Pyeapi는 기기 오브
젝트에 저레벨 속성을 설정하고, 코드를 간결하고 읽기 쉽게 만들어 준다.

 Pyeapi API에서 지원하는 모듈의 목록은 다음 공식 문서를 참고하라.
http://pyeapi.readthedocs.io/en/master/api_modules/_list_of_modules.html

3장을 마무리하는 차원에서 pyeapi_1.py 파일에 앞 예제에서 수행했던 작업을 파이썬 클
래스로 작성해보자. 다음은 pyeapi_1.py 스크립트를 나타낸 것이다.

```
#!/usr/bin/env python3

import pyeapi

class my_switch():

    def __init__(self, config_file_location, device):
        # config 파일 로드
        pyeapi.client.load_config(config_file_location)
        self.node = pyeapi.connect_to(device)
        self.hostname = self.node.enable('show hostname')[0]
['result']['host name']
        self.running_config = self.node.enable('show running-config')

    def create_vlan(self, vlan_number, vlan_name):
        vlans = self.node.api('vlans')
        vlans.create(vlan_number)
        vlans.set_name(vlan_number, vlan_name)
```

위 클래스는 노드를 자동으로 연결해 호스트명과 running_config를 설정한다. VLAN API
를 사용해 VLAN을 생성하는 메서드도 포함돼 있다. 이제 이 클래스를 대화형 셀에서 사
용해보자.

```
Python 3.5.2 (default, Nov 17 2016, 17:05:23)
[GCC 5.4.0 20160609] on linux
Type "help", "copyright", "credits" or "license" for more information.
>>> import pyeapi_1
>>> s1 = pyeapi_1.my_switch('/tmp/.eapi.conf', 'Arista1')
>>> s1.hostname
'arista1'
>>> s1.running_config
[{'encoding': 'json', 'result': {'cmds': {'interface Ethernet27': {'cmds':
{}, 'comments': []}, 'ip routing': None, 'interface face Ethernet29':
{'cmds': {}, 'comments': []}, 'interface Ethernet26': {'cmds': {},
'comments': []}, 'interface Ethernet24/4': h.':
<omitted>
```

```
'interface Ethernet3/1': {'cmds': {}, 'comments': []}}, 'comments': [],
'header': ['! device: arista1 (DCS-7050QX-32, EOS-4.16.6M)n!n']},
'command': 'show running-config'}]
>>> s1.create_vlan(11, 'my_vlan_11')
>>> s1.node.api('vlans').getall()
{'11': {'name': 'my_vlan_11', 'vlan_id': '11', 'trunk_groups': [], 'state':
'active'}, '10': {'name': 'my_vlan_10', 'vlan_id': '10', 'trunk_groups':
[], 'state': 'active'}, '1': {'name': 'default', 'vlan_id': '1',
'trunk_groups': [], 'state': 'active'}}
>>>
```

범용 라이브러리

Netmiko(https://github.com/ktbyers/netmiko)나 napalm(https://github.com/napalm-automation/napalm) 같은 훌륭한 라이브러리는 벤더에 상관없이 기능 제공을 목표로 개발되고 있다. 이런 라이브러리는 특정 벤더가 지원하는 것이 아니므로 최신 플랫폼이나 기능을 지원한다는 측면에서는 한 발 뒤에 있다. 그러나 벤더에 상관없이 작동하는 라이브러리기 때문에 사용하려는 도구가 벤더에게 묶여버리는 것이 싫다면 이런 방법을 쓰는 것도 좋은 선택이다. 또한 이런 라이브러리는 대개 오픈 소스이므로, 새로운 기능이나 버그 픽스 등에 기여할 수도 있다.

반면 커뮤니티에서 개발하고 있으므로 버그나 문제점이 발생했을 때 도움을 얻기 어려울 수 있다는 단점도 있다. 상대적으로 작은 규모의 조직에서 업무를 수행하고 있다면 자체적인 유지보수가 힘에 부칠 수도 있으므로 벤더 기반 라이브러리를 사용하는 것이 더 낫다.

▌ 요약

3장에서는 시스코, 주니퍼, 아리스타 등 다양한 네트워크 기기를 관리하고 통신할 수 있는 방법을 알아봤다. NETCONF나 REST를 통한 직접적인 통신과 PyEZ나 Pyeapi 등 벤더 라이브러리를 통한 통신은 나름대로의 장단점이 있다. 이런 추상화 레이어는 사람이 직접 건드리지 않아도 네트워크를 프로그램으로써 관리할 수 있다는 것을 의미한다.

4장에서는 벤더와 무관하게 고레벨 추상화가 가능한 도구인 **앤서블**을 알아본다. 앤서블은 파이썬으로 쓰인 오픈 소스 범용 자동화 도구다. 이를 이용하면 서버 또는 네트워크를 자동으로 동작하도록 하거나 로드 밸런싱 등 다양한 동작을 수행할 수 있다. 이 책에서는 그중 네트워크 기기의 자동화 프레임워크에 초점을 맞춘다.

04

파이썬 자동화 프레임워크
– 앤서블 기초

2장과 3장에서 네트워크와 통신하는 여러 가지 방법을 알아봤다. 2장, '저레벨 네트워크 기기 상호작용'에서는 Pexpect와 Paramiko를 통해 대화형 세션을 자동으로 생성하는 방법을 살펴봤다. 3장, 'API와 목적 중심 네트워킹'에서는 네트워크를 API와 목적 관점에서 바라보고, 기기로부터 구조화된 피드백을 받을 수 있도록 디자인된 여러 API를 살펴봤다. 2장과 3장을 읽어봤다면 네트워크의 목적이 무엇인지 고민하고, 네트워크를 코드라는 관점에서 표현하는 방식에 조금씩 익숙해지기 시작했을 것이다.

목적을 네트워크 요구 사항으로 옮기는 개념을 좀 더 확장해보자. 네트워크를 디자인해본 경험이 있다면 네트워크 장비를 고르는 것보다 업무에 필요한 것을 실제 디자인으로 녹여내기가 더 어렵다는 사실을 알 것이다. 즉 네트워크를 잘 디자인해 업무상의 문제를 해결해야 한다. 예를 들어 큰 온라인 이커머스 사이트를 관리하는 대규모 인프라스트럭처 팀에서 피크 타임에 사이트 응답이 느려지는 문제를 해결해야 한다고 하자. 네트워크가 문제인지 어떻게 확인할 수 있을까? 네트워크 부하가 문제라면 어느 부분을 업그레이드해야 할까? 다른 요소들도 네트워크를 업그레이드하면 빠르고 원활해질까? 다음 그림은 네트워크 디자인에 업무상 요구 사항을 적용하는 과정을 간단하게 나타낸 것이다.

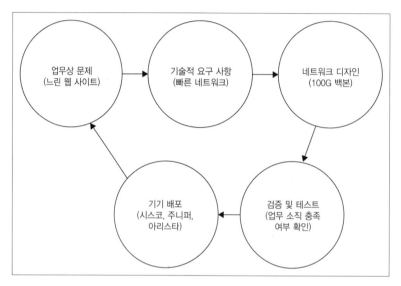

네트워크 배포 과정에서의 업무 로직

네트워크 자동화는 단지 빠르게 작동하도록 설정하는 것이 전부가 아니라, 업무상 문제를 해결하고, 하고자 하는 바를 기기상에서 정확하고 안정적으로 구현하려는 목적도 있다. 이 점을 염두에 두고 네트워크 자동화를 학습해야 한다. 4장에서는 파이썬 기반 자동화 프레임워크인 **앤서블**을 사용해 네트워크의 목적을 명확히 하고 API나 CLI가 더 많은 것을 할 수 있게 하는 방법을 알아본다.

▌ 더 선언적인 프레임워크

어느 날 아침, 네트워크의 보안 취약점에 대한 악몽을 꿨다. 네트워크에는 보안을 유지해야 하는 중요한 디지털 애셋이 포함돼 있다. 네트워크 관리자의 역할을 잘 수행해 왔지만, 좀 더 마음이 놓일 수 있도록 네트워크 기기에 보안을 강화하고 싶어졌다.

보안을 강화하려면 크게 두 가지 작업을 해야 한다.

- 기기를 최신 버전의 소프트웨어로 업데이트한다. 이때 이 소프트웨어는 다음을 포함해야 한다.
  1. 기기에 이미지를 업로드한다.
  2. 기기에게 새로운 이미지로 부트하라고 지시한다.
  3. 기기를 재부팅한다.
  4. 새로운 소프트웨어 이미지로 부팅됐는지 확인한다.

- 네트워킹 기기 목록에서 적절한 접근 제어 목록을 선택한다.
  1. 기기의 접근 목록을 생성한다.
  2. 인터페이스의 접근 목록을 생성한다. 대부분은 인터페이스 설정 섹션에서 찾을 수 있다.

네트워크 엔지니어로서 자동화하려면 기기를 잘 묘사하고 작동 과정에서 피드백을 잘 받을 수 있도록 스크립트를 작성할 수 있어야 한다. 그러므로 각 단계에 필요한 명령어와 API를 조사해 랩에서 이를 검증하고, 실제 환경에 적용해야 한다. 그러나 몇 번의 OS 업그레이드와 ACL 배포를 거치면서, 이 스크립트가 다음 세대 기기에 적용되지 않으면 그동안 쏟은 노력이 아까울 것 같다는 생각이 들기 시작할 것이다. 디자인-개발-배포 사이클을 조금이라도 더 적게 돌 수 있다면 얼마나 좋을까?

4장과 5장에서는 오픈 소스 자동화 도구인 앤서블을 이야기한다. 앤서블은 비즈니스 로직을 네트워크 명령으로 번역하는 과정을 단순화하는 프레임워크다. 즉 시스템을 설정하고, 소프트웨어를 배포하고, 작업을 조합하는 등의 일을 쉽게 할 수 있다. 앤서블은 파이썬으로 쓰여졌으며, 여러 네트워크 장비 벤더의 지원을 받는 주요 자동화 도구 중 하나다.

4장에서 살펴볼 내용은 다음과 같다.

- 간단한 앤서블 예제
- 앤서블의 이점
- 앤서블 구조
- 앤서블 시스코 모듈과 예제
- 앤서블 주니퍼 모듈과 예제
- 앤서블 아리스타 모듈과 예제

책을 쓰는 시점에서 최신 버전은 앤서블 2.5이며, 파이썬 2.6과 2.7을 지원한다. 파이썬 3의 경우에는 막 테크니컬 리뷰 단계를 벗어난 상태다. 그러나 파이썬 자체의 특징과 같이 앤서블의 강점은 여러 확장 모듈에서 온다. 코어 모듈과 파이썬 3의 호환성이 해결되기는 했지만, 많은 외부 모듈이나 배포된 코드가 아직 파이썬 2를 기준으로 동작한다. 점차 나머지 확장 모듈도 파이썬 3으로 옮겨갈 것이다. 따라서 이 책에서는 앤서블 2.2와 파이썬 2.7을 기준으로 설명한다.

그런데 왜 앤서블 2.2를 기준으로 하는 것일까? 2.5 버전은 2018년 3월에 발표됐으며, 새로운 연결 방식, 구문, 사용성 등을 제공하는 네트워크 모듈을 많이 추가했다. 그러나 아직까지 대부분은 pre-2.5 릴리스 단계에서 배포돼 있는 상황이다. 다만 4장에서는 앤서블 2.5 예제에 대한 내용도 있으므로, 새로운 구문과 기능을 먼저 사용해보고 싶다면 참고해도 좋다.

 앤서블과 파이썬 3의 호환성에 대해 좀 더 알고 싶다면 http://docs.ansible.com/ansible/python_3_support.html을 참고하라.

4장도 3장에서처럼 예제를 중심으로 설명하는 방식을 취했다. 파이썬과 마찬가지로 앤서블 문법은 처음 보는 사람도 이해할 수 있을 정도로 직관적이다. 예를 들어 YAML이나 진자2^{Jinja2}를 사용해봤다면, 코드가 뜻하는 바를 대해 금방 파악할 수 있을 것이다. 간단한 예제부터 시작해보자.

간단한 앤서블 예제

다른 자동화 도구와 마찬가지로 앤서블은 서버 관리를 목적으로 처음 개발됐으며, 이후 전반적인 네트워킹 기기로 확장됐다. 약간의 차이점이 있지만, 많은 경우 앤서블이 모듈을 통해 동작하는 방식은 네트워크 모듈과 서버 모듈 간의 관계와 유사하다. 따라서 서버 예제부터 살펴보고, 네트워크 모듈을 다룰 때 차이점을 분석하는 식으로 접근하는 것이 편할 것이다.

컨트롤 노드 설치

먼저, 앤서블과 관련해 사용할 용어를 명확히 해둬야 한다. '컨트롤 머신'은 앤서블을 설치한 가상 머신을 뜻한다. 이 머신은 '타깃 머신' 또는 '관리 노드'를 관리한다. 앤서블은 파이썬 2.6 또는 2.7이 구동 가능한 모든 유닉스 시스템에 설치 가능하다. 현재 윈도우는 공식적으로 컨트롤 머신 역할은 못하지만, 윈도우를 호스트로서 앤서블이 관리하는 것은 가능하다.

 윈도우 10이 Subsystem for Linux 기능을 추가했으므로, 미래에는 앤서블을 윈도우에 설치하는 것이 가능해질 수도 있다. 자세한 정보는 다음 문서를 참고하라.
https://docs.ansible.com/ansible/2.4/intro_windows.html

몇몇 문서에서 파이썬 2.4 이상 버전이 구동 가능한 모든 기기에 관리 노드를 구축할 수 있다는 내용을 발견했을 것이다. 리눅스 등 대부분의 운영 체제에는 별 문제가 없는 상황이지만, 네트워크 기기에 따라 파이썬을 지원하지 않는 경우도 분명히 있다. 이런 경우 컨트롤 노드에서 로컬로 실행해 네트워킹 모듈에서 파이썬이 필요하지 않도록 우회하는 방법을 사용해야 한다. 이 내용은 뒤에서 자세히 살펴본다.

 윈도우 머신의 경우 앤서블 모듈은 파워셸(PowerShell)상에서 실행할 수 있다. 코어 및 외부 저장소에서 가져온 윈도우 모듈은 Windows/ 하위 폴더에 저장된다.

이제 앤서블을 우분투 가상 머신에 설치해보자. 다른 운영 체제에 설치하는 방법은 공식 문서(http://docs.ansible.com/ansible/latest/intro_installation.html)를 참고하라. 다음 명령어를 입력하면 앤서블 소프트웨어 패키지를 설치할 수 있다.

```
$ sudo apt-get install software-properties-common
$ sudo apt-add-repository ppa:ansible/ansible
$ sudo apt-get update
$ sudo apt-get install ansible
```

 pip install ansible을 사용해 앤서블을 설치할 수도 있다. 그러나 우분투의 Apt 등 운영 체제에서 제공하는 패키지 관리 시스템 사용을 추천한다.

설치가 잘됐는지 다음 명령어로 확인해보라.

```
$ ansible --version
ansible 2.6.1
config file = /etc/ansible/ansible.cfg
```

이제 같은 컨트롤 노드에서 서로 다른 버전의 앤서블을 실행하는 방법에 대해 알아보자. 이렇게 하면 설치를 갈아엎지 않더라도 최신 개발 기능을 테스트해볼 수 있다. 또한 루트 권한이 없는 컨트롤 노드상에서 앤서블을 실행해보고 싶을 때에도 유용하다.

 앞의 출력값에 나오듯, 책을 쓰는 시점에서 앤서블 최신 버전은 2.6.1이다. 이 버전을 사용해 보는 것도 좋지만 이 책에서는 앤서블 2.2 버전을 기준으로 설명한다는 것을 기억하라.

다른 버전의 앤서블 실행하기

다음 예제는 앤서블을 체크아웃한 소스 코드에서 실행하는 방법을 나타낸 것이다(깃 버전 컨트롤 메커니즘은 11장, '깃 사용하기' 참고).

```
$ git clone https://github.com/ansible/ansible.git --recursive
$ cd ansible/
$ source ./hacking/env-setup
...
Setting up Ansible to run out of checkout...
$ ansible --version
ansible 2.7.0.dev0 (devel cde3a03b32) last updated 2018/07/11 08:39:39 (GMT
-700)
  config file = /etc/ansible/ansible.cfg
...
```

다른 버전에서 실행하려면 git checkout 명령어를 사용해 다른 브랜치나 태그를 선택하고, 동일한 과정을 다시 진행한다.

```
$ git branch -a
$ git tag --list
$ git checkout v2.5.6
...
```

```
HEAD is now at 0c985fe... New release v2.5.6
$ source ./hacking/env-setup
$ ansible --version
ansible 2.5.6 (detached HEAD 0c985fee8a) last updated 2018/07/11 08:48:20
(GMT -700)
  config file = /etc/ansible/ansible.cfg
```

 Git 명령어가 잘 이해되지 않는다면 11장, '깃 사용하기'를 먼저 읽어볼 것을 추천한다.

원하는 버전을 선택했다면(예를 들어 앤서블 2.2), 해당 버전의 코어 모듈 업데이트를 실행할 수 있다.

```
$ ansible --version
ansible 2.2.3.0 (detached HEAD f5be18f409) last updated 2018/07/14 07:40:09
(GMT -700)
...
$ git submodule update --init --recursive
Submodule 'lib/ansible/modules/core'
(https://github.com/ansible/ansible-modules-core) registered for path
'lib/ansible/modules/core'
```

이제 4장과 5장에서 사용할 랩 토폴로지를 살펴보자.

랩 셋업

4장과 5장에서 사용할 랩에는 앤서블이 설치된 우분투 16.04 컨트롤 노드 머신이 포함된다. 이 컨트롤 머신은 IOSv 및 NX-OSv 등 VIRL 기기로 구성된 관리 네트워크에 접근할 수 있다. 또한 목표 머신을 호스트로 설정한 플레이북 예제를 위해 또 다른 우분투 VM을 설정한다.

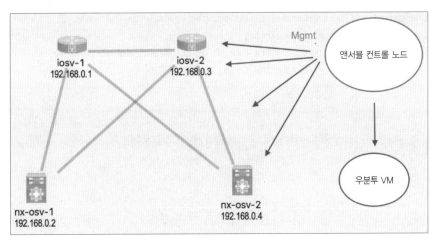

랩 토폴로지

첫 번째 앤서블 플레이북 예제를 살펴보자.

첫 번째 앤서블 플레이북

첫 번째 플레이북은 컨트롤 노드와 원격 우분투 호스트 사이에서 동작한다. 다음과 같은 과정을 거친다.

1. 컨트롤 노드가 키 인증 방식을 택하고 있는지 확인한다.
2. 인벤토리 파일을 생성한다.
3. 플레이북을 생성한다.
4. 실행 및 테스트를 한다.

공개 키 인증

처음으로 해야 할 일은 SSH 공개 키를 컨트롤 머신에 복사하는 것이다. 공개 키 기반 구조PKI, public key infrastructure에 대한 내용은 이 책의 주제와 다소 동떨어져 있으므로 컨트롤 노드의 구현 방법만 간단히 살펴본다.

```
$ ssh-keygen -t rsa <<<< generates public-private key pair on the host
machine if you have not done so already
$ cat ~/.ssh/id_rsa.pub <<<< copy the content of the output and paste it to
the ~/.ssh/authorized_keys file on the target host
```

 공개 키 기반 구조에 대한 자세한 내용은 다음 사이트를 참고하라.

https://en.wikipedia.org/wiki/Public_key_infrastructure

키 기반 인증을 사용할 경우 원격 노드에서 암호 인증 방식을 꺼버리면 좀 더 보안을 확보할 수 있다. 이제 비공개 키나 암호가 없이도 컨트롤 노드에서 원격 노드로 ssh에 접속하는 방법을 이해했을 것이다.

 처음 공개 키를 복사하는 작업 자체도 자동으로 수행하고 싶은가? 이론적으로는 가능하지만 사용자의 환경에 따라 달라진다. 비슷한 예로 네트워크 기기에 IP 주소로 접속하려면 초기 콘솔 설정을 해야 한다. 이 과정은 자동화할 수 있을까? 한 번 생각해보라.

인벤토리 파일

사실 관리해야 할 원격 타깃이 없다면 굳이 앤서블을 쓸 필요도 없다. 결국 문제는 원격 호스트에서 어떤 작업을 해야 할 때 생겨난다. 앤서블에서는 인벤토리 파일을 통해 원격 타깃을 지정할 수 있다. 이 파일은 기본적으로 /etc/ ansible/hosts 경로에 있고, -i 옵션을 줘 원하는 위치를 지정해도 된다. 나는 플레이북과 같은 디렉터리에 파일을 저장하는 것을 선호한다.

166

인벤토리 파일은 INI 형식(https://en.wikipedia.org/wiki/INI_file)과 같이 간단한 플레인 텍스트 형식을 띠고 있다. 기본적으로 타깃을 나타내는 방법에는 DNS FQDN과 IP 주소가 있다.

```
$ cat hosts
192.168.199.170
```

이제 명령줄 옵션을 사용해 앤서블과 hosts 파일을 테스트해보자.

```
$ ansible -i hosts 192.168.199.170 -m ping 192.168.199.170 | SUCCESS => {
  "changed": false,
  "ping": "pong"
}
```

위 예제는 hosts 파일을 인벤토리 파일로 지정하고 192.168.199.170 호스트에서 ping 모듈을 실행했다. 핑Ping(http://docs.ansible.com/ansible/latest/ping_module.html)은 연결한 원격 호스트가 파이썬 환경을 지원하는지 확인한 후 실행 가능하면 pong을 출력한다.

앤서블에 있는 모듈과 사용 방법 목록은 다음 사이트를 참고하라.
http://docs.ansible.com/ansible/latest/list_of_all_modules.html

호스트 키 에러는 대개 호스트 키가 known_hosts 파일(일반적으로 ~/.ssh/known_hosts 경로에 존재)에 등록돼 있지 않았기 때문에 발생한다. SSH상에서 호스트를 추가하거나 /etc/ansible/anslbie.cfg 또는 ~/.ansible.cfg 파일에서 다음 코드를 추가하면 된다.

```
[defaults]
host_key_checking = False
```

이렇게 인벤토리 파일과 앤서블 패키지를 검증했다. 다음으로 플레이북을 만들어보자.

플레이북 만들기

플레이북은 일종의 앤서블의 청사진 같은 개념으로 호스트에서 어떤 모듈로, 어떤 작업을 할 것인지 정의하는 역할을 한다. 앤서블을 통해 작업할 때 가장 많은 시간을 할애해야 할 부분이 이곳이다. 예를 들어 통나무로 집을 짓는다고 할 때 플레이북은 설계도, 모듈은 톱이나 망치, 인벤토리는 작업실 내지 공작실과 같다고 이해하면 된다.

플레이북은 사람이 해석 가능한 YAML 형식으로 돼 있다. '앤서블 구조' 절에서 주요 문법과 사용 방법을 알아본다. 여기서는 앤서블이 어떤 과정을 거쳐 작동하는지에 초점을 맞춘다.

YAML은 초창기에 Yet Another Markup Language를 뜻했지만, 현재 http://yaml.org 에서는 YAML Ain't Markup Language라고 정의하고 있다.

먼저 6줄짜리 간단한 플레이북 df_playbook.yml을 살펴보자.

```
---
- hosts: 192.168.199.170

  tasks:
    - name: check disk usage
      shell: df > df_temp.txt
```

플레이북 하나에 여러 종류의 플레이를 넣을 수 있다. 이 파일의 경우 한 종류의 플레이 만 포함돼 있다(2~6줄). 각 플레이는 하나 또는 여러 작업을 수행할 수 있다. 역시 이 예제 에서는 하나의 플레이가 하나의 작업만 수행한다(4~6줄). name 필드는 작업의 명칭과 목 적을 사람이 읽을 수 있도록 설명하는 역할을 하고, shell 모듈은 df 명령어의 매개변수 하나를 취한다. 예제의 경우 df 명령으로 디스크 사용량을 조사하고, 그 결과를 df_temp. txt 파일에 복사한다.

위 플레이북을 실행하면 다음과 같은 출력을 얻는다.

```
$ ansible-playbook -i hosts df_playbook.yml
PLAY [192.168.199.170]
****************************************************

TASK [setup]
******************************************************

ok: [192.168.199.170]
TASK [check disk usage] *********************************************
changed: [192.168.199.170]

PLAY RECAP
******************************************************
192.168.199.170 : ok=2 changed=1 unreachable=0 failed=0
```

이제 관리 호스트에 로그인하면(예제의 경우 192.168.199.170) df 명령어 출력값을 담은 df_temp.txt 파일이 생성된다. 깔끔하지 않은가?

플레이북에는 하나의 작업만 수행한다고 썼지만, 실제로 출력값을 보면 하나의 작업이 더 실행된다. 즉 기본적으로 setup 모듈이 자동으로 추가돼 있다. 이 모듈은 앤서블이 플레이 북을 실행하는 데 필요한 원격 호스트 정보를 획득한다. 예를 들어 setup 모듈은 원격 호스트의 운영 체제도 조사해 저장한다. 원격 호스트의 정보를 사용하면 플레이북상에서 조건부로 추가 작업을 해야 할 경우에 유용하다. 예를 들어 새로운 패키지를 설치해야 할 경우 운영 체제 정보를 이용해 플레이북은 데비안 기반 호스트의 apt 또는 레드햇 기반 호스트의 yum 명령어를 사용한다.

 TIP setup 모듈의 출력값이 어떤 식으로 나오는지 관심이 있다면 $ ansible -i hosts ⟨host⟩ -m setup을 입력해 앤서블에서 어떤 정보를 수집하는지 확인해보라.

물론 이 단순한 작업 뒤에는 컨트롤 노드가 원격 호스트에 파이썬 모듈을 복사하고, 모듈을 실행하고, 출력값을 임시 파일에 복사하고, 출력값을 표시한 후 임시 파일을 지우는 등의 동작이 몇 가지 더 있다. 여기서는 일단 구체적인 내용은 넘어가자.

앞의 예제에서 등장한 엘리먼트는 뒤에서도 계속 나타나므로 예제가 진행됐던 간략한 과정을 이해하는 일은 매우 중요하다. 특히 서버 예제를 먼저 살펴본 후, 이를 기반으로 네트워킹 모듈로 논의를 확장하는 게 좀 더 이해하기 쉽다(앞에서 파이썬 인터프 리터가 네트워크 기기에 포함되지 않을 수도 있다고 언급한 것을 상기하라).

어찌 됐든 여러분은 첫 번째 앤서블 플레이북을 만들어봤다! 이제 앤서블 구조를 좀 더 알아볼 차례다. 그 전에 왜 앤서블이 네트워크를 관리하는 데 좋은 도구인지를 알아야 한다. 앤서블은 파이썬으로 쓰여졌으므로 프레임워크에 익숙해진 후에는 파이썬을 통해 쉽게 확장할 수 있다. 네트워크 엔지니어로서 파이썬을 선택한 보람 중 하나가 이것이다.

▌ 앤서블의 장점

물론 앤서블 외에도 인프라스트럭처 자동화 프레임워크는 많다. 예를 들어 셰프^{Chef}, 퍼 핏^{Puppet}, 솔트스택^{SaltStack} 등이 있다. 각 프레임워크는 좋은 기능과 모델을 갖고 있으며, 모든 경우에 잘 맞는 도구란 존재하지 않는다. 이 절에서는 그 중 앤서블이 다른 도구에 비 해 갖는 이점과 왜 앤서블이 네트워크 자동화에 쓰기 좋은지 살펴보자.

여기 소개할 내용은 앤서블의 객관적인 장점이다. 다른 프레임워크도 앤서블의 철학이나 관점과 상당 부분 닮은 점이 있을 테지만 완전히 같지는 않다. 다른 것보다 네트워크 자 동화의 관점에서 나는 다음 특징과 철학이 앤서블을 이상적인 네트워크 자동화 도구로 만 든다고 생각한다.

에이전트가 필요 없음

앤서블은 다른 도구와 달리 마스터-클라이언트 모델을 엄격하게 적용하지 않는다. 즉 서 버와 통신하기 위해 따로 소프트웨어나 에이전트를 설치하지 않아도 된다. 대부분의 운 영 체제는 파이썬 인터프리터를 포함하고 있으며, 그 외에는 추가적으로 필요한 소프트 웨어가 없다.

앤서블은 네트워크 자동화 모듈로서, 원격 호스트 에이전트 대신 SSH나 API 호출을 통해 필요한 변경 사항을 전달한다. 이렇게 하면 파이썬 인터프리터의 필요성을 더 줄일 수 있 다. 네트워크 기기를 관리한다는 측면에서 이는 매우 큰 장점이다. 네트워크 벤더들은 일 반적으로 플랫폼에 서드파티 소프트웨어를 설치하는 것을 꺼리기 때문이다. 반면 SSH는 모든 기기에 설치돼 있다. 물론 최근에는 이런 경향이 조금 바뀌어가고 있긴 하지만, SSH 가 모든 네트워크 기기에 공통으로 사용할 수 있다는 사실은 변하지 않으며, 설정 관리 에 이전트는 그렇지 않은 경우가 많다. 2장, '저레벨 네트워크 기기 상호작용'에서 살펴봤듯 이 최신 네트워크 기기도 API 레이어를 제공하며, 이것 역시 앤서블에서 사용할 수 있다.

원격 호스트에 에이전트를 설치하지 않는 대신 앤서블은 변동 사항을 기기에 푸시[push]하고 그 결괏값을 풀[pull]하는 방식을 취한다. 푸시 모델은 컨트롤 머신에서 모든 것을 결정한다는 점에서 더 쉽다. 풀 모델의 경우 클라이언트에 따라 시점이 달라지면 그 결과도 달라질 수밖에 없다.

다시 말해, 에이전트가 필요 없다는 사실은 기존 네트워크 장비에 뭔가를 해야 할 때 중요한 이점으로 작용한다. 이는 네트워크 관리자나 벤더들이 앤서블을 적극적으로 수용하는 주요한 이유 중 하나다.

멱등

위키백과에 따르면 멱등성[Idempotence]은 수학이나 컴퓨터 과학에서 어떤 연산을 여러 번 적용해도 결과가 바뀌지 않는 경우를 말한다(https://en.wikipedia.org/wiki/Idempotence). 쉽게 말해 똑같은 동작을 여러 번 실행하더라도 시스템이 처음과 비교했을 때 변경되지 않다는 것을 뜻한다. 이는 네트워크를 다룰 때 요구되는 성질 중 하나로, 앤서블은 멱등성을 확보하는 것을 목표로 설계됐다.

멱등성의 장점을 체감하기 위해 앞에서 살펴봤던 Pexpect와 Paramiko 스크립트를 다시 꺼내보자. 이 스크립트는 엔지니어가 터미널 앞에 앉아 명령을 푸시하기 위해 작성됐다는 것을 떠올려라. 스크립트를 10번 실행하면 스크립트는 시스템을 10번 변경한다. 반면 똑같은 작업을 앤서블 플레이북을 통해 수행할 경우에는 우선 현재 기기 설정을 확인하고, 현재와 비교했을 때 변경 사항이 없을 때만 실행한다. 플레이북을 10번 실행하면 처음 실행할 때에만 변경 사항이 발생하므로 뒤의 9번은 실행해도 시스템이 변경되지 않는다.

멱등성이 확보됐다는 것은 시스템에 예상치 못한 변화가 나타나지 않도록 플레이북을 실행할 수 있다는 뜻과 같다. 즉 추가 오버헤드 없이도 자동으로 상태 일관성을 확인하는 데 유용한 특성이다.

단순함과 확장성

앤서블은 파이썬으로 쓰였고, 플레이북 언어로 YAML을 사용한다. 두 언어는 모두 배우기 쉬운 편이다. 예를 들어 시스코 IOS 문법을 기억하는가? 이 언어는 특정한 용도로 만들어진 언어로 시스코 IOS 또는 비슷한 형태의 기기를 관리할 때만 쓰인다. 즉 일반적인 용도로 사용할 수는 없다. 반면 앤서블을 구성하는 파이썬과 YAML은 범용적인 언어고, 그 외에 어떠한 특수 언어나 DSL도 존재하지 않는다.

앞의 예제에서 확인할 수 있듯이 YAML을 처음 보더라도 플레이북이 어떤 작업을 수행하려고 하는지 쉽게 이해할 수 있다. 앤서블은 또한 템플릿 엔진으로써 진자2를 사용하며, 이는 장고^{Django}나 플라스크^{Flask} 등의 웹 프레임워크에서도 널리 쓰인다는 장점이 있다.

앤서블의 확장성은 그리 신경 쓸 일이 많지 않다. 예제에서 살펴봤듯이 앤서블은(주로 리눅스) 처음에 서버 자동화를 위해 개발되기 시작했다. 이후 윈도우 머신을 파워셸^{PowerShell}로 관리하는 기능이 추가됐다. 업계의 많은 사람이 앤서블을 적용하기 시작하면서 네트워크 관리가 점점 더 중요한 이슈로 떠올랐다. 많은 사람과 팀이 앤서블을 위해 일하기 시작했고, 더 많은 네트워크 전문가가 관여하게 됐으며, 소비자는 벤더에게 지원을 요구하기 시작했다. 결국 앤서블 2.0부터 네트워크 자동화는 서버 관리보다 더 우선적으로 고려되는 부분이 됐다. 에코시스템은 지금도 잘 유지되고 있으며 꾸준하고 활발히 개선되고 있다.

파이썬과 마찬가지로 앤서블 커뮤니티는 친절하며, 새로운 멤버나 아이디어를 거부하는 일이 거의 없다. 내가 초보 시절 이런저런 기여를 머지하거나 모듈 작성을 시도했을 때, 커뮤니티에서 의견을 잘 받아주고 존중해준다는 느낌을 받았던 기억이 있다.

단순함과 확장성은 앤서블이 오랫동안 살아남을 것이라는 기대를 하게 한다. 기술은 매우 빠르게 진화하고 있고, 사람들은 그 발전을 따라잡기 위해 노력한다. 한 번 익힌 기술이 트렌드와 상관없이 계속 유지된다면 편리하지 않을까? 미래는 예측하기가 매우 어렵지만 앤서블에서 사용하는 기술은 향후 어떤 환경에서도 도태되지 않고 계속 적용될 수 있다.

네트워크 벤더 지원

우리가 항상 원하는 대로만 살 수는 없다. 우스갯소리로 업계에는 보이지 않는 레이어 8 (돈)과 9(사내 정치)가 있다고 한다. 언제나 우리는 여러 벤더에서 만든 네트워크 기기를 다루게 된다.

API 통합을 예로 들어보자. 3장에서 Pexpect와 API의 차이점에 대해 알아봤고, API를 어떻게 통합할 수 있는지에 대해서는 아직 이야기하지 않았다. 각 벤더는 시간과 돈과 엔지니어링 자원을 들여 이를 통합하려 노력한다. 기술을 선택할 때 고려하는 중요한 요소 중 하나가 바로 이런 벤더의 지원 의지다. 다행히 모든 주요 벤더에서는 앤서블을 지원하려고 노력하고 있으며, 사용 가능한 네트워크 모듈은 계속 증가하고 있다(http://docs.ansible.com/ansible/latest/list_of_network_modules.html).

왜 벤더들이 앤서블을 더 많이 지원하는 것일까? 앞에서 살펴봤듯이 일단 별도의 에이전트 없이 SSH만 필요하다는 점이 있다. 이에 더해, 벤더에서 일하는 엔지니어들의 입장에서 보면 기능을 수정하려면 몇 달이 걸리고 넘어야 할 산이 꽤나 많다. 어떤 기능을 추가하면 테스트를 거치쳐서 호환성을 확인하고, 잘 통합됐는지 검토하는 등의 과정도 필요하다. 앤서블을 사용하면 이런 장벽을 낮출 수 있다.

앤서블이 많은 네트워킹 전문가에게 익숙한 파이썬으로 쓰였다는 점도 벤더 입장에서 큰 이점이다. 주니퍼나 아리스타 등의 벤더는 이미 PyEZ나 Pyeapi를 개발해왔기 때문에 약간의 노력만 들이면 앤서블에도 기존 모듈을 빠르게 통합할 수 있다. 실제로 5장, '파이썬 자동화 프레임워크 - 앤서블 심화'에서는 파이썬으로 새 모듈을 작성하는 방법에 대해 살펴본다.

네트워킹에 본격적으로 관심을 기울이기 전에도 커뮤니티는 많은 앤서블 모듈을 만들어 공유해왔다. 이런 발전은 오픈 소스 프로젝트에서 흔히 나타나는 현상이다. 코어 앤서블 팀은 커뮤니티와 함께 개발을 진행하는 것에 익숙해져 있다.

더불어 앤서블이 모듈을 통해 벤더들의 특성을 반영할 수 있다는 점도 언급해야 한다.

다음 절에서는 SSH가 아니더라도 앤서블 모듈을 로컬에서 실행하고 API를 통해 기기 간의 통신이 가능하다는 것을 설명한다. 이 특성은 벤더들이 자체 API를 통해 고유한 기능을 가능한 한 빨리 반영할 수 있다는 것을 뜻한다. 또한 사용자 입장에서 앤서블을 자동화 플랫폼으로 사용하면 벤더를 선택할 때 장단점을 온전히 고려할 수 있다.

벤더를 이렇게 길게 이야기한 이유는 앤서블을 이야기할 때 벤더 부분을 그냥 지나치는 경우가 많기 때문이다. 벤더에서 앤서블을 지원하면 네트워크 입장에서는 시간이 갈수록 더 많은 기능을 도입할 수 있다는 뜻이다. 아울러 특정 벤더에 얽매이지 않아도 된다는 의미이기도 하다.

▌ 앤서블 구조

앤서블은 플레이북, 플레이, 작업으로 구성된다. 앞에서 만든 df_playbook.yml을 살펴보자.

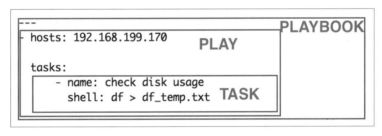

앤서블 플레이북

플레이북은 파일 전체를 말하며 하나 이상의 플레이가 포함된다. 각 플레이에는 하나 이상의 작업이 들어 있다. 이 예제에서는 하나의 플레이가 하나의 작업을 수행한다. 이 절에서는 구체적으로 다음과 같은 구성 요소를 살펴본다.

- YAML: 플레이북과 변수를 표현할 때 광범위하게 쓰이는 형식이다.
- **인벤토리**: 인프라스트럭처의 호스트를 정의하거나 묶는 파일. 추가로 호스트 및 그룹 변수를 정의할 수도 있다.
- **변수**: 각 네트워크 기기들은 다른 호스트명, IP, 이웃 관계 등을 갖고 있다. 이런 변수들을 설정해 놓으면, 각기 다른 환경에 동일한 작업을 수행하기가 쉬워진다.
- **템플릿**: 네트워킹에서 템플릿은 그리 새로운 것이 아니다. 사실 이름만 다를 뿐, 우리는 이미 템플릿을 사용하고 있다. 새로운 기기를 도입하거나 RMA[return merchandise authorization]로 교체해야 할 때 어떤 작업을 하는가? 예전 설정을 복사한 후 호스트 명이나 룩업 IP 주소만 바꿔 그대로 적용할 것이다. 앤서블은 진자2를 사용해 템플릿을 정의한다. 자세한 내용은 뒤에서 살펴본다.

5장, '파이썬 자동화 프레임워크 – 앤서블 심화'에서는 이외에도 조건문, 반복문, 블록, 핸들러, 플레이북 역할 등의 고급 주제를 다룬다.

YAML

YAML은 앤서블 플레이북 및 다른 파일에서 사용하는 문법이다. 전체 문법은 공식 YAML 문서를 참고하고, 여기서는 앤서블에서 가장 많이 쓰이는 문법만 간략하게 요약해본다.

- YAML 파일은 3개의 대시로 시작한다(---).
- 파이썬과 마찬가지로 들여쓰기를 통해 문서의 구조를 규정한다.
- 코멘트는 해시 기호(#)로 구분한다.
- 목록은 하이픈(-)으로 구분하며, 한 줄에 하나의 항목만 정의할 수 있다.
- 대괄호([])와 쉼표(,)를 통해서도 목록을 정의할 수 있다.
- 딕셔너리는 키:값 형식으로 표현한다.
- 딕셔너리는 중괄호 블록으로 묶으며, 각 항목은 콤마로 구분한다.
- 문자는 따옴표, 큰따옴표로 구분하거나 기호를 붙이지 않아도 무방하다.

확인할 수 있듯이 YAML은 JSON이나 파이썬 데이터형과 유사하다. 예를 들어 df_play
book.yml을 df_playbook.json으로 다시 쓰면 다음과 같은 모양이 될 것이다.

```
[
  {
    "hosts": "192.168.199.170",
    "tasks": [
    "name": "check disk usage",
    "shell": "df > df_temp.txt"
  }
]
```

물론 이 코드는 플레이북은 아니지만, YAML과 JSON 형식을 비교하기에 충분하다. 대
부분의 경우 코멘트(#), 목록(-), 딕셔너리(키:값)는 플레이북에서 쓰는 방식과 동일하다.

인벤토리

기본적으로 앤서블은 /etc/ansible/hosts 파일에 호스트 정보가 들어 있다고 가정한다. 앞
에서 언급했듯이 -i 옵션을 주면 다른 파일을 지정하는 것도 가능하다. 앞의 예제를 확장
해 다음과 같이 인벤토리 호스트 파일을 작성해보자.

```
[ubuntu]
192.168.199.170

[nexus]
192.168.199.148
192.168.199.149

[nexus:vars]
username=cisco
password=cisco

[nexus_by_name]
```

```
switch1 ansible_host=192.168.199.148
switch2 ansible_host=192.168.199.149
```

예상했던 것처럼 대괄호는 그룹명을 뜻하고, 플레이북은 이 그룹을 지정할 수 있다. 예를 들어 cisco_1.yml과 cisco_2.yml 파일에서 nexus 그룹 다음의 호스트를 사용하려면 다음 과 같이 하면 된다.

```
---
- name: Configure SNMP Contact
hosts: "nexus"
gather_facts: false
connection: local
<skip>
```

호스트는 하나 이상의 그룹에 존재할 수 있으며, children을 통해 하위 그룹을 정의할 수 도 있다.

```
[cisco]
router1
router2

[arista]
switch1
switch2

[datacenter:children]
cisco
arista
```

위 코드에서 datacenter 그룹은 아래에 cisco와 arista 그룹의 호스트를 모두 포함한다.

다음 절에서는 변수를 알아본다. 미리 언급해야 할 점은 인벤토리 파일의 호스트나 그룹에도 설명할 내용과 동일하게 변수를 넣을 수 있다는 것이다. 예를 들어 첫 번째로 만든 인벤토리 파일에서 [nexus:vars]는 nexus 그룹의 모든 변수를 정의할 때 쓰인다. ansible_host 변수는 같은 줄의 모든 호스트에 각각 적용된다.

인벤토리 파일을 좀 더 자세히 알고 싶다면 공식 문서 http://docs.ansible.com/ansible/latest/intro_inventory.html을 참고하라.

변수

인벤토리 절에서 간단히 언급했듯이 관리 노드 간의 차이를 반영하기 위해 필요한 것이 바로 변수다. 변수명은 알파벳, 숫자, 밑줄로만 이뤄져야 하며, 첫 글자는 반드시 알파벳으로 시작해야 한다. 변수는 다음 세 위치에서 정의될 수 있다.

- 플레이북
- 인벤토리 파일
- 기타 파일 또는 역할

cisco1.yml 플레이북 파일을 통해 예시를 살펴보자.

```
---
- name: Configure SNMP Contact
  hosts: "nexus"
  gather_facts: false
  connection: local

vars:
  cli:
  host: "{{ inventory_hostname }}"
  username: cisco
  password: cisco
  transport: cli
```

```
tasks:
- name: configure snmp contact
  nxos_snmp_contact:
    contact: TEST_1
    state: present
    provider: "{{ cli }}"
    register: output

- name: show output
  debug:
    var: output
```

vars 절에서 정의된 cli 변수는 task 절의 nxos_snmp_contact에서 사용됨을 확인할 수 있다.

 nxso_snmp_contact 모듈의 좀 더 자세한 내용은 다음 온라인 문서를 참고하라.
http://docs.ansible.com/ansible/latest/nxos_snmp_contact_module.html

변수를 참조할 때는 진자2 템플릿 시스템과 유사하게 이중 중괄호를 적용하면 된다. 값으로 시작하는 것이 아니므로 변수 앞뒤에 큰따옴표를 붙일 필요는 없다. 다만, 따옴표를 붙이는 편이 변수를 찾기에 더 쉬운 면은 있다.

예제에서 {{ inventory_hostname }}의 레퍼런스가 정의되지 않았다는 사실을 발견했을 것이다. 이 변수는 앤서블이 기본적으로 정의한 것으로 매직 변수magic variable라고 부른다.

 매직 변수는 숫자가 많지 않으므로 다음 문서에서 전체 목록을 확인해볼 수 있다.
http://docs.ansible.com/ansible/latest/playbooks_variables.html#magic-variables-and-how-to-access-information-about-other-hosts

앞에서 인벤토리 파일에 변수를 정의한 바 있다.

```
[nexus:vars]
username=cisco
password=cisco

[nexus_by_name]
switch1 ansible_host=192.168.199.148
switch2 ansible_host=192.168.199.149
```

플레이북 대신 인벤토리 파일의 변수를 사용하려면 호스트 파일에 [nexus_by_name] 그룹
변수를 추가해야 한다.

```
[nexus_by_name]
switch1 ansible_host=192.168.199.148
switch2 ansible_host=192.168.199.149

[nexus_by_name:vars]
username=cisco
password=cisco
```

그다음 cisco_2.yml과 일치되도록 플레이북을 수정해 변수를 참조할 수 있게 한다.

```
---
- name: Configure SNMP Contact
  hosts: "nexus_by_name"
  gather_facts: false
  connection: local

vars:
  cli:
    host: "{{ ansible_host }}"
    username: "{{ username }}"
    password: "{{ password }}"
```

```
      transport: cli

tasks:
  - name: configure snmp contact
  nxos_snmp_contact:
    contact: TEST_1
    state: present
    provider: "{{ cli }}"

  register: output

- name: show output
  debug:
    var: output
```

이 예제는 인벤토리 파일의 nexus_by_name 그룹에서 ansible_host 호스트 변수와 사용자명 및 암호 그룹 변수를 참조한다. 이런 방식은 쓰기 방지돼 있는 파일에서 사용자 정보를 숨기고, 민감한 데이터를 배제하고 플레이북을 공개하는 좋은 방법 중 하나다.

 변수에 관한 더 많은 예시가 궁금하다면 다음 앤서블 문서를 참고하라.
http://docs.ansible.com/ansible/latest/playbooks_variables.html

계층 구조로 이뤄진 데이터 구조에서 복잡한 변수 데이터를 사용하는 데에는 크게 두 가지 방법이 있다. 하나는 nxos_snmp_contact 작업에서 명시돼 있듯이 출력값을 변수에 등록하고 디버그 모듈을 통해 표시하는 방법이다. 예를 들어 다음과 같은 식이다.

```
TASK [show output]
**********************************************************
ok: [switch1] => {
 "output": {
  "changed": false,
    "end_state": {
      "contact": "TEST_1"
```

```
  },
  "existing": {
    "contact": "TEST_1"
  },
  "proposed": {
    "contact": "TEST_1"
  },
  "updates": []
  }
}
```

혹은 cisco_3.yml에 정의된 대로 계층 데이터에 접근하는 방법도 있다.

```
msg: '{{ output["end_state"]["contact"] }}'
msg: '{{ output.end_state.contact }}'
```

이 경우 출력은 다음과 비슷하다.

```
TASK [show output in output["end_state"]["contact"]]
**************************
ok: [switch1] => {
 "msg": "TEST_1"
}
ok: [switch2] => {
 "msg": "TEST_1"
}

TASK [show output in output.end_state.contact]
*******************************
ok: [switch1] => {
 "msg": "TEST_1"
}
ok: [switch2] => {
 "msg": "TEST_1"
}
```

이와 더불어 변수는 여러 파일에 분산해 정의할 수 있다. 변수가 역할이나 include 파일에서 사용되는 예시들은 다소 복잡하므로 다른 내용을 좀 더 설명한 후 살펴본다. 5장, '파이썬 자동화 프레임워크 – 앤서블 심화'에서 알아볼 더 많은 예제를 기대하라.

진자2 템플릿

앞 절에서 진자2 문법 중 일부({{ variable }})를 알아봤다. 진자2는 복잡한 템플릿도 작성할 수 있게 짜여졌지만, 앤서블의 경우 간단한 내용만 알면 바로 사용해볼 수 있다.

 진자2(http://jinja.pocoo.org/)는 파이썬 커뮤니티에서 만들어진 강력한 템플릿 엔진이다. 장고와 플라스크 같은 웹 프레임워크에 널리 쓰이고 있다.

여기서는 앤서블이 진자2를 템플릿 엔진으로 사용한다는 정도만 알아두자. 뒷부분에서 진자2 필터, 테스트, 룩업 등을 다루게 될 것이다. 앤서블 진자2 템플릿의 좀 더 자세한 정보는 공식 문서 http://docs.ansible.com/ansible/latest/playbooks_templating.html을 참고하라.

▎ 앤서블 네트워킹 모듈

앤서블은 리눅스나 윈도우 같은 운영 체제로 이뤄진 관리 노드를 위해 만들어졌으며, 이후 네트워크 기기로 확장됐다. 앞부분에서 네트워크 기기의 플레이북을 만들었는데, 이두 용도에 따른 미묘한 차이점을 발견했을지도 모르겠다. 예를 들어 gather_facts: false나 connection: local 같은 줄이 그렇다. 다음 절에서는 차이점을 좀 더 자세히 알아본다.

로컬 연결과 환경 변수

앤서블 모듈은 파이썬 코드며, 기본적으로 원격 호스트에서 실행된다. 대부분의 네트워크 기기가 파이썬을 바로 실행하지 못하거나 파이썬 자체를 포함하고 있지 않기 때문에, 대부분의 경우 플레이북은 로컬에서 실행해야 한다. 다시 말해 플레이북은 우선 로컬에서 해석된 후 명령이나 설정을 원격으로 나중에 푸시한다.

기본적으로 추가되는 setup 모듈은 원격 호스트의 환경 변수 facts를 정리한다. 이때, 우리가 플레이북을 로컬에서 실행하면 setup 모듈은 원격 대신 로컬 호스트의 정보를 수집한다. 불필요한 정보이므로 환경 변수 수집 과정을 비활성화해 실행 시간을 줄일 필요가 있다.

네트워크 모듈은 로컬에서 실행되므로, 백업 옵션을 제공하며, 파일을 컨트롤 노드상에 백업하는 것도 가능하다.

앤서블 2.5에서 변경된 사항 중 가장 중요한 것은 여러 종류의 통신 프로토콜이 도입된 부분이다(https://docs.ansible.com/ansible/latest/network/getting_started/network_differences.html#multiple-communication-protocols). 이제 연결 방식에는 `network_cli`, `netconf`, `httpapi`, `local`이 추가됐다. 네트워크 기기가 CLI상에서 SSH를 사용할 경우 기기 변수에 연결 방식을 `network_cli`로 지정해 놓으면 된다. 그러나 비교적 최신 버전에 등장한 내용이므로, 구할 수 있는 많은 플레이북 파일은 예전과 같이 로컬하게 연결하도록 지정하고 있을 것이다.

제공자 매개변수

2장, '저레벨 네트워크 기기 상호작용'과 3장, 'API와 목적 중심 네트워킹'에서 살펴봤듯이 네트워크 기기는 플랫폼 또는 소프트웨어 릴리스에 따라 SSH나 API로 연결할 수 있다. 모든 코어 네트워킹 모듈은 제공자(provider) 매개변수를 통해 네트워크 기기에 어떻게 접속할 것인지를 규정한다. 몇몇 모듈은 `cli`만 지원하며 아리스타 EAPI나 시스코 NXAPI 등의 다른 모듈은 또 다르다. 이는 앤서블의 "벤더 마음대로 하세요" 철학의 전형적인 예다. 각 모듈이 어떤 통신 방식을 사용하는지는 문서를 참고하라.

앤서블 2.5부터 통신 방식을 명시할 때는 connection 변수의 사용을 권장한다. 제공자 매개변수는 추후 앤서블 릴리스에서 사용을 줄여나갈 것이다. 예를 들어 ios_command 모듈의 경우(https://docs.ansible.com/ansible/latest/modules/ios_command_module.html#ios-command-module), 제공자 매개변수는 여전히 작동하지만 지원이 중단된 기능으로 분류돼 있다. 4장의 뒷부분에서 예제를 통해 살펴본다.

기본적으로 provider 통신 과정에서 사용하는 매개변수는 다음과 같다.

- host: 원격 호스트를 정의한다.
- port: 연결할 포트를 정의한다.
- username: 인증할 사용자명을 정의한다.
- password: 인증에 필요한 암호를 정의한다.
- transport: 접속에 어떤 방식을 사용할지 정의한다.
- authorize: 기기에 접속하기 위해 필요한 권한을 부여한다.
- auth_pass: 권한을 부여하는 암호를 정의한다.

모든 매개변수를 지정할 필요는 없다. 예를 들어 앞에서 만든 플레이북은 어드민 권한으로 로그인하므로 authorize나 auth_pass 매개변수를 지정하지 않아도 된다.

이런 매개변수는 변수 형식으로 돼 있으므로 앞에서 살펴본 특성을 그대로 이어받는다. 예를 들어 cisco_3.yml 파일을 다음과 같이 바꿔 cisco_4.yml로 저장한다고 가정해보자.

```
---
- name: Configure SNMP Contact
  hosts: "nexus_by_name"
  gather_facts: false
  connection: local
```

```
vars:
  cli:
    host: "{{ ansible_host }}"
    username: "{{ username }}"
    password: "{{ password }}"
    transport: cli

  tasks:
    - name: configure snmp contact
      nxos_snmp_contact:
        contact: TEST_1
        state: present
        username: cisco123
        password: cisco123
        provider: "{{ cli }}"

      register: output

    - name: show output in output["end_state"]["contact"]
      debug:
        msg: '{{ output["end_state"]["contact"] }}'

    - name: show output in output.end_state.contact
      debug:
        msg: '{{ output.end_state.contact }}'
```

작업 부분에서 정의된 사용자명과 암호는 플레이북에서 정의된 값을 대체한다. 이 파일을
실행하면 사용자 정보가 기기에 없어 접속할 수 없다는 에러가 발생할 것이다.

```
PLAY [Configure SNMP Contact]
************************************************

TASK [configure snmp contact]
************************************************
fatal: [switch2]: FAILED! => {"changed": false, "failed": true,
"msg": "failed to connect to 192.168.199.149:22"}
fatal: [switch1]: FAILED! => {"changed": false, "failed": true,
```

```
"msg": "failed to connect to 192.168.199.148:22"}
to retry, use: --limit
@/home/echou/Master_Python_Networking/Chapter4/cisco_4.retry

PLAY RECAP
*********************************************************************
switch1 : ok=0 changed=0 unreachable=0 failed=1
switch2 : ok=0 changed=0 unreachable=0 failed=1
```

▌ 앤서블 시스코 예제

시스코는 IOS, IOSXR, NXOS에 대해 앤서블을 지원한다. 앞에서 NXOS를 충분히 다뤘으므로 이 절에서는 IOS 기기에 관한 예제를 살펴본다.

호스트 파일에는 R1, R2 두 호스트의 정보가 담겨 있다.

```
[ios_devices]
R1 ansible_host=192.168.24.250
R2 ansible_host=192.168.24.251

[ios_devices:vars]
username=cisco
password=cisco
```

cisco_5.yml 플레이북은 ios_command 모듈을 사용해 show 명령어를 실행한다.

```
---
- name: IOS Show Commands
  hosts: "ios_devices"
  gather_facts: false
  connection: local
```

```
vars:
  cli:
    host: "{{ ansible_host }}"
    username: "{{ username }}"
    password: "{{ password }}"
    transport: cli

  tasks:
    - name: ios show commands
      ios_command:
        commands:
          - show version | i IOS
          - show run | i hostname
        provider: "{{ cli }}"

      register: output

    - name: show output in output["end_state"]["contact"]
      debug:
        var: output
```

코드를 실행하면 show version 또는 show run 명령을 통해 출력되는 것과 동일한 결과가

나타난다.

```
$ ansible-playbook -i ios_hosts cisco_5.yml

PLAY [IOS Show Commands]
******************************************************

TASK [ios show commands]
******************************************************
ok: [R1]
ok: [R2]

TASK [show output in output["end_state"]["contact"]]
*************************
ok: [R1] => {
```

```
 "output": {
 "changed": false,
 "stdout": [
 "Cisco IOS Software, 7200 Software (C7200-A3JK9S-M), Version
12.4(25g), RELEASE SOFTWARE (fc1)",
 "hostname R1"
 ],
 "stdout_lines": [
 [
 "Cisco IOS Software, 7200 Software (C7200-A3JK9S-M), Version
12.4(25g), RELEASE SOFTWARE (fc1)"
 ],
 [
 "hostname R1"
 ]
 ]
 }
}
ok: [R2] => {
 "output": {
 "changed": false,
 "stdout": [
 "Cisco IOS Software, 7200 Software (C7200-A3JK9S-M), Version
12.4(25g), RELEASE SOFTWARE (fc1)",
 "hostname R2"
 ],
 "stdout_lines": [
 [
 "Cisco IOS Software, 7200 Software (C7200-A3JK9S-M), Version
12.4(25g), RELEASE SOFTWARE (fc1)"
 ],
 [
 "hostname R2"
 ]
 ]
 }
}
```

PLAY RECAP

```
*******************************************************************
R1 : ok=2  changed=0  unreachable=0  failed=0
R2 : ok=2  changed=0  unreachable=0  failed=0
```

이 예제에서 강조하려는 부분은 다음과 같다.

- NXOS와 IOS에 사용하는 플레이북은 거의 동일하다.
- nxos_snmp_contact와 ios_command 모듈은 같은 패턴을 따르며, 유일한 차이점은 모듈의 매개변수다.
- IOS 기기는 오래돼 API를 이해하지 못하는 경우가 많지만, 모듈은 동일하게 사용할 수 있다.

앞의 예제에서 확인할 수 있듯이 플레이북의 기본 문법을 터득했다면, 서로 다른 모듈을 사용해 작업을 수행하는 데도 큰 문제가 없다.

앤서블 2.5 연결 예제

앞에서 언급했듯이 앤서블 2.5부터는 플레이북에 네트워크 연결 방식이 변경됐다. 이를 위해 앤서블은 네트워크 모범 사례 문서를 제공한다(https://docs.ansible.com/ansible/latest/network/user_guide/network_best_practices_2_5.html). 이 지침을 기반으로 한 예제를 살펴보자. 여기서는 2장, '저레벨 네트워크 기기 상호작용'에서 사용한 IOSv 기기 두 개로 이뤄진 토폴로지를 재사용한다. 필요한 파일은 ansible_2-5_example 하위 폴더에 저장된다.

인벤토리 파일은 그룹과 호스트명을 표시한다.

```
$ cat hosts
[ios-devices]
iosv-1
iosv-2
```

host_vars 디렉터리에는 두 개의 파일이 있다. 각 파일명은 인벤토리 파일에서 명시한 이름을 따른다.

```
$ ls -a host_vars/
.  ..  iosv-1 iosv-2
```

호스트 변수 파일에는 앞에서 CLI 변수에 넣었던 내용을 담는다. 추가로 ansible_connection 변수는 통신 수단으로 network_cli를 지정한다.

```
$ cat host_vars/iosv-1
---
ansible_host: 172.16.1.20
ansible_user: cisco
ansible_ssh_pass: cisco
ansible_connection: network_cli
ansible_network_os: ios
ansible_become: yes
ansible_become_method: enable
ansible_become_pass: cisco

$ cat host_vars/iosv-2
---
ansible_host: 172.16.1.21
ansible_user: cisco
ansible_ssh_pass: cisco
ansible_connection: network_cli
ansible_network_os: ios
ansible_become: yes
ansible_become_method: enable
ansible_become_pass: cisco
```

플레이북은 ios_config 모듈을 사용하며, 옵션으로 backup을 활성화한다. when 조건문을 사용해 호스트의 운영 체제가 다를 경우 작업을 수행하지 않는다.

```
$ cat my_playbook.yml
---
- name: Chapter 4 Ansible 2.5 Best Practice Demonstration
  connection: network_cli
  gather_facts: false
  hosts: all
  tasks:
    - name: backup
      ios_config:
        backup: yes
      register: backup_ios_location
      when: ansible_network_os == 'ios'
```

플레이북을 실행하면 새로운 백업 폴더를 생성해 각 호스트의 설정을 백업한다.

```
$ ansible-playbook -i hosts my_playbook.yml

PLAY [Chapter 4 Ansible 2.5 Best Practice Demonstration]
*********************

TASK [backup]
***************************************************************
ok: [iosv-2]
ok: [iosv-1]

PLAY RECAP
***************************************************************
iosv-1 : ok=1 changed=0 unreachable=0 failed=0
iosv-2 : ok=1 changed=0 unreachable=0 failed=0

$ ls -l backup/
total 8
-rw-rw-r-- 1 echou echou 3996 Jul 11 19:01
iosv-1_config.2018-07-11@19:01:55
-rw-rw-r-- 1 echou echou 3996 Jul 11 19:01
iosv-2_config.2018-07-11@19:01:55
```

```
$ cat backup/iosv-1_config.2018-07-11@19\:01\:55
Building configuration...
Current configuration : 3927 bytes
!
! Last configuration change at 01:46:00 UTC Thu Jul 12 2018 by cisco
!
version 15.6
service timestamps debug datetime msec
service timestamps log datetime msec
...
```

이 예제는 network_connection 변수와 네트워크 모범 사례에서 권장하는 구조를 묘사하고 있다. host_vars 디렉터리의 오프로딩 변수와 조건문은 5장, '파이썬 자동화 프레임워크 – 앤서블 심화'에서 좀 더 자세히 다룬다. 이어서 설명하는 주니퍼와 아리스타 예제에서도 동일한 구조를 사용한다. 각 기기의 network_connection 값만 바꿔주면 되기 때문이다.

█ 앤서블 주니퍼 예제

앤서블 주니퍼 모듈에는 주니퍼 PyEZ 패키지와 NETCONF가 필요하다. 3장, 'API와 목적 중심 네트워킹'에서 API 예제를 작성해봤다면 이 절의 내용을 쉽게 이해할 수 있을 것이다. 만일 건너뛰었다면 3장으로 돌아가 필요한 소프트웨어를 설치한 후 예제를 따라 해보라. 여기에서는 jxmlease 패키지도 설치해야 한다.

```
$ sudo pip install jxmlease
```

그다음 호스트 파일에 기기와 연결 변수를 정의한다.

```
[junos_devices]
J1 ansible_host=192.168.24.252

[junos_devices:vars]
username=juniper
password=juniper!
```

이 주니퍼 플레이북에서는 junos_facts 모듈을 사용해 기기의 기본 정보를 취득할 것이다. junos_facts 모듈은 setup 모듈과 같은 역할을 하며, 반환된 값을 통해 동작을 결정해야 할 때 편리하다. 통신 방식과 포트가 다음 예제에서 다른 값이라는 점에 유의하라.

```
---
- name: Get Juniper Device Facts
  hosts: "junos_devices"
  gather_facts: false
  connection: local

vars:
    netconf:
      host: "{{ ansible_host }}"
      username: "{{ username }}"
      password: "{{ password }}"
      port: 830
      transport: netconf

  tasks:
    - name: collect default set of facts
      junos_facts:
        provider: "{{ netconf }}"

      register: output

    - name: show output
      debug:
        var: output
```

위 코드를 실행하면 주니퍼 기기에서 다음과 유사한 결과를 받을 것이다.

```
PLAY [Get Juniper Device Facts]
*********************************************

TASK [collect default set of facts]
*****************************************
ok: [J1]

TASK [show output]
**********************************************************
ok: [J1] => {
"output": {
"ansible_facts": {
"HOME": "/var/home/juniper",
"domain": "python",
"fqdn": "master.python",
"has_2RE": false,
"hostname": "master",
"ifd_style": "CLASSIC",
"model": "olive",
"personality": "UNKNOWN",
"serialnumber": "",
"switch_style": "NONE",
"vc_capable": false,
"version": "12.1R1.9",
"version_info": {
"build": 9,
"major": [
12,
1
],
"minor": "1",
"type": "R"
}
},
"changed": false
 }
```

```
}

PLAY RECAP
**********************************************************************
J1 : ok=2 changed=0 unreachable=0 failed=0
```

앤서블 아리스타 예제

마지막으로 살펴볼 모듈 예제는 아리스타 명령어 모듈이다. 이제 플레이북 문법과 구조에 익숙해졌을 것이다. 아리스타 기기는 cli 또는 eapi를 통해 통신하도록 설정할 수 있다. 이 예제에서는 cli를 사용한다.

호스트 파일은 다음과 같다.

```
[eos_devices]
A1 ansible_host=192.168.199.158
```

플레이북은 앞에서 만든 것과 유사하다.

```
---
- name: EOS Show Commands
  hosts: "eos_devices"
  gather_facts: false
  connection: local

  vars:
    cli:
      host: "{{ ansible_host }}"
      username: "arista"
      password: "arista"
      authorize: true
      transport: cli
```

```
tasks:
- name: eos show commands
eos_command:
commands:

- show version | i Arista
provider: "{{ cli }}"
register: output

- name: show output
debug:
var: output
```

출력값도 앞에서 살펴본 것과 유사한 모양으로 나온다.

```
PLAY [EOS Show Commands]
***************************************************

TASK [eos show commands]
***************************************************
ok: [A1]

TASK [show output]
*****************************************************
ok: [A1] => {
 "output": {
 "changed": false,
 "stdout": [
 "Arista DCS-7050QX-32-F"
 ],
 "stdout_lines": [
 [
 "Arista DCS-7050QX-32-F"
 ]
 ],
 "warnings": []
```

```
    }
}
```

```
PLAY RECAP
***********************************************************************
A1 : ok=2 changed=0 unreachable=0 failed=0
```

▌ 요약

4장에서는 오픈 소스 자동화 프레임워크인 앤서블을 전반적으로 둘러봤다. Pexpect나 API 기반 네트워크 자동화 스크립트와 달리 앤서블은 플레이북이라는 더 높은 수준의 추상화를 통해 네트워크 기기를 자동화한다.

앤서블은 처음에 서버를 관리하기 위해 개발되기 시작했고, 나중에 네트워크 기기로 확장됐다. 따라서 4장에서는 서버 예제를 중심으로 살펴본 후 네트워크 관리 플레이북과의 차이점을 알아보는 식으로 진행했다. 그다음 예제를 통해 시스코 IOS, 주니퍼 주노스, 아리스타 EOS를 구체적으로 살펴봤다. 아울러 앤서블 2.5 이후 버전에 대해, 앤서블에서 추천하는 모범 사례를 살펴봤다.

5장에서는 4장에서 배운 내용을 바탕으로 앤서블을 좀 더 깊이 있게 살펴본다.

05

파이썬 자동화 프레임워크
– 앤서블 심화

4장에서는 앤서블 작동 방식의 기본 구조를 알아봤다. 앤서블의 인벤토리 파일, 변수, 플레이북 등의 구성 요소와 시스코, 주니퍼, 아리스타 등의 기기에 포함된 네트워크 모듈에 관한 예제도 살펴봤다.

5장에서는 이런 내용을 바탕으로 앤서블을 더 깊게 들여다본다. 많은 책에서 앤서블을 다루고 있지만 이 정도 분량으로 모든 설명을 끝낼 수는 없다. 이 책의 목표는 네트워크 엔지니어를 위해 앤서블의 주요 기능과 함수를 설명하고, 러닝 커브를 최대한 완만하게 낮추는 것이다.

5장은 4장의 내용을 이해한다는 가정하에 쓰였다. 건너뛰었다면 다시 4장으로 돌아가 복습한 후에 돌아오라.

5장에서 살펴볼 내용은 다음과 같다.

- 앤서블 조건문
- 앤서블 반복문
- 템플릿
- 그룹 및 호스트 변수
- 앤서블 역할
- 모듈 제작하기

5장에서는 많은 내용을 다룬다. 빨리 시작해보자.

▌ 앤서블 조건문

앤서블의 조건문은 다른 프로그래밍 언어와 비슷하게 플레이북의 흐름을 제어하는 데 쓰인다. 1장, 'TCP/IP 프로토콜 스위트와 파이썬 개괄'에서 살펴봤듯이, 파이썬의 조건문은 if.. then 또는 while 문 내부의 코드만을 실행시킨다. 앤서블의 경우 조건문 키워드를 사용해 조건에 부합하는 작업만을 실행한다. 플레이북을 실행했을 때 결과는 대부분 변수, 팩트 혹은 앞에서 작업을 실행한 결괏값에 따라 달라진다. 예를 들어 라우터 이미지를 업그레이드하는 플레이북이 있다고 가정해보자. 이 경우 라우터를 재시작하기 전에 라우터 이미지가 제대로 적용됐는지를 확인해야 한다.

이 절에서는 모든 모듈에서 쓸 수 있는 when 절과, 다음과 같은 앤서블 네트워크 명령 모듈에서 쓰이는 조건 상태를 다룬다.

- Equal(eq)
- Not equal(neq)
- Greater than(gt)
- Greater than or equal(ge)

- Less than(lt)

- Less than or equal(le)

- Contains

when 절

when 절은 변수나 플레이 실행 결과로 출력된 값을 확인하고자 할 때 유용하다. 4장, '파이썬 자동화 프레임워크 – 앤서블 기초'에서 앤서블 2.5 모범 사례를 다룰 때 이미 한 번 사용한 바 있다. 그 예제에서는 운영 체제에 조건문을 적용해 시스코 IOS일 경우에만 작업을 실행하도록 했다. chapter5_1.yml는 또 다른 예시를 제공한다.

```
---
- name: IOS Command Output
  hosts: "iosv-devices"
  gather_facts: false
  connection: local
  vars:
    cli:
      host: "{{ ansible_host }}"
      username: "{{ username }}"
      password: "{{ password }}"
      transport: cli
  tasks:
    - name: show hostname
      ios_command:
        commands:
          - show run | i hostname
            provider: "{{ cli }}"
      register: output
    - name: show output
      when: '"iosv-2" in "{{ output.stdout }}"'
      debug:
        msg: '{{ output }}'
```

4장, '파이썬 자동화 프레임워크 – 앤서블 기초'에서 위 플레이북의 첫 번째 작업에서 사용하는 엘리먼트를 모두 살펴봤다. 두 번째 작업의 경우 when 절을 통해 출력값에 iosv-2 키워드가 포함돼 있는지 확인한다. 조건이 참이라면 작업을 계속 진행해 출력값을 디버그 모듈로 표시한다. 플레이북을 실행하면 다음과 같이 출력된다.

```
<skip>
TASK [show output]
*************************************************************
skipping: [ios-r1]
ok: [ios-r2] => {
    "msg": {
        "changed": false,
        "stdout": [
            "hostname iosv-2"
        ],
        "stdout_lines": [
            [
                "hostname iosv-2"
            ]
        ],
        "warnings": []
    }
}
<skip>
```

iosv-r1 기기의 경우 조건문을 통과하지 못해 출력되지 않는다는 점을 확인할 수 있다. 이를 응용해 chapter5_2.yml에서처럼 조건을 만족할 때 설정을 변경하는 코드를 작성해 보자.

```
<skip>
tasks:
  - name: show hostname
    ios_command:
      commands:
```

```
      - show run | i hostname
    provider: "{{ cli }}"
  register: output
- name: config example
  when: '"iosv-2" in "{{ output.stdout }}"'
  ios_config:
    lines:
      - logging buffered 30000
    provider: "{{ cli }}"
```

위 플레이북을 실행하면 다음과 같은 결과가 출력된다.

```
TASK [config example]
********************************************************
skipping: [ios-r1]
changed: [ios-r2]


PLAY RECAP
********************************************************
ios-r1 : ok=1 changed=0 unreachable=0 failed=0
ios-r2 : ok=2 changed=1 unreachable=0 failed=0
```

ios-r2만 설정이 바뀌고 ios-r1은 그대로인 것을 확인하라. 예제에서 로그 버퍼 크기는 ios-r2에서만 변경됐다.

when 절은 어떤 모듈에 대해 수집된 팩트 정보를 통해 결정을 내려야 할 때 매우 유용하다. 예를 들어 다음 명령문처럼 우분투 호스트의 버전이 16 이상일 경우에만 특정 작업을 수행하게 할 수 있다.

```
when: ansible_os_family == "Debian" and ansible_lsb.major_release|int >= 16
```

조건문에 대한 좀 더 자세한 사항은 앤서블 문서 http://docs.ansible.com/ansible/ latest/playbooks_conditionals.html을 참고하라.

앤서블 네트워크 팩트

2.5 버전 이전에 앤서블 네트워킹은 방식에 따라 여러 네트워크 팩트 모듈을 제공해 왔다. 네트워크 팩트 모듈의 이름이나 사용 방법이 벤더에 따라 달랐기 때문이다. 2.5 버전부터 앤서블은 네트워크 팩트 모듈을 벤더에 관계없이 표준화하려는 노력을 하고 있다. 이를 위해 시스템의 정보를 취득해 anslbie_net_ 접두어를 붙인 팩트에 저장한다. 모듈에 저장된 데이터는 모듈 문서의 'return value' 부분에서 설명한다. 이때 앤서블 네트워킹 모듈은 팩트를 모으는 작업을 간단하게 할 수 있게 되는데 이는 매우 큰 발전이다.

4장과 앤서블 2.5 모범 예제에서 사용한 것과 동일한 구조를 사용해 ios_facts 모듈이 그룹 팩트를 수집하는 방식에 대해 살펴볼 것이다. 예제에서 인벤토리 파일은 두 개의 iOS 호스트를 지정하며, 각 호스트 변수는 host_vars 디렉터리 아래에 저장된다.

```
$ cat hosts
[ios-devices]
iosv-1
iosv-2

$ cat host_vars/iosv-1
---
ansible_host: 172.16.1.20
ansible_user: cisco
ansible_ssh_pass: cisco
ansible_connection: network_cli
ansible_network_os: ios
ansible_become: yes
ansible_become_method: enable
ansible_become_pass: cisco
```

플레이북은 세 가지 작업을 수행한다. 우선 ios_facts 모듈을 사용해 양쪽 네트워크 기기의 정보를 수집한다. 다음으로 이렇게 수집한 팩트를 표시하고 저장한다. 처음 작업에서 원하는 값으로 변경했겠지만, 출력한 팩트는 기본 ansible_net 팩트인 것을 확인할 수 있다. 마지막으로 iosv-1 호스트에서 수집한 모든 팩트를 출력한다.

```
$ cat my_playbook.yml
---
- name: Chapter 5 Ansible 2.5 network facts
  connection: network_cli
  gather_facts: false
  hosts: all
  tasks:
    - name: Gathering facts via ios_facts module
      ios_facts:
      when: ansible_network_os == 'ios'

    - name: Display certain facts
      debug:
        msg: "The hostname is {{ ansible_net_hostname }} running {{
ansible_net_version }}"

    - name: Display all facts for a host
      debug:
        var: hostvars['iosv-1']
```

플레이북을 실행하면 처음 두 작업은 예상한 대로 결괏값을 출력한다.

```
$ ansible-playbook -i hosts my_playbook.yml

PLAY [Chapter 5 Ansible 2.5 network facts]
***********************************

TASK [Gathering facts via ios_facts module]
***********************************
ok: [iosv-2]
```

```
ok: [iosv-1]

TASK [Display certain facts]
**************************************************
ok: [iosv-2] => {
    "msg": "The hostname is iosv-2 running 15.6(3)M2"
}

ok: [iosv-1] => {
    "msg": "The hostname is iosv-1 running 15.6(3)M2"
}
```

세 번째 작업은 iOS 기기에 대해 수집한 모든 네트워크 기기 팩트를 출력한다. 이 과정에서 매우 많은 정보를 네트워킹 자동화에 활용할 수 있게 된다.

```
TASK [Display all facts for a host]
*******************************************
ok: [iosv-1] => {
    "hostvars['iosv-1']": {
        "ansible_become": true,
        "ansible_become_method": "enable",
        "ansible_become_pass": "cisco",
        "ansible_check_mode": false,
        "ansible_connection": "network_cli",
    "ansible_diff_mode": false,
    "ansible_facts": {
        "net_all_ipv4_addresses": [
            "10.0.0.5",
            "172.16.1.20",
            "192.168.0.1"
        ],
        "net_all_ipv6_addresses": [],
        "net_filesystems": [
            "flash0:"
        ],
        "net_gather_subset": [
            "hardware",
```

208

```
                "default",
                "interfaces"
            ],
            "net_hostname": "iosv-1",
            "net_image": "flash0:/vios-adventerprisek9-m",
            "net_interfaces": {
                "GigabitEthernet0/0": {
                    "bandwidth": 1000000,
                    "description": "OOB Management",
                    "duplex": "Full",
                    "ipv4": [
                        {
                            "address": "172.16.1.20",
                            "subnet": "24"
                        }
[skip]
```

앤서블 2.5의 네트워크 팩트 모듈은 효율적인 워크플로우를 위해 향상된 기능이며, 다른 서버 모듈과 함께 사용하는 것도 가능하다.

네트워크 모듈 조건문

이제 5장 시작 부분에서 잠깐 언급했던 비교 키워드를 사용한 네트워크 기기 조건문 예시를 살펴보자. IOSv나 아리스타 EOS가 JSON 형식으로 show 명령어 결과를 출력함으로 인한 장점은 앞에서 설명한 바 있다. 예를 들어 다음과 같은 인터페이스가 있다고 가정해보자.

```
arista1#sh interfaces ethernet 1/3 | json
{
 "interfaces": {
 "Ethernet1/3": {
 "interfaceStatistics": {
<skip>
 "outPktsRate": 0.0
```

```
        },
    "name": "Ethernet1/3",
    "interfaceStatus": "disabled",
    "autoNegotiate": "off",
    <skip>
    }
}
arista1#
```

예를 들어 Ethernet1/3에 대해 어떤 동작을 수행해야 하지만, 사용자가 접속돼 있을 때는 수행되지 않도록 인터페이스를 비활성화해야 할 경우가 있다. 이때는 다음 chapter5_3. yml 플레이북처럼 eos_command 모듈을 사용해 설정해야 한다. 이 모듈은 인터페이스 상태 출력값을 받아, 현재 상태가 waitfor과 eq 키워드를 포함하고 있는지 확인하고 다음 작업으로 넘어간다.

```
<skip>
  tasks:
    - name: "sh int ethernet 1/3 | json"
      eos_command:
        commands:
          - "show interface ethernet 1/3 | json"
        provider: "{{ cli }}"
        waitfor:
          - "result[0].interfaces.Ethernet1/3.interfaceStatus eq
disabled"
      register: output
    - name: show output
      debug:
        msg: "Interface Disabled, Safe to Proceed"
```

조건이 성립하면 두 번째 작업이 실행된다.

```
TASK [sh int ethernet 1/3 | json]
*******************************************
ok: [arista1]
```

```
TASK [show output]
**********************************************************
ok: [arista1] => {
"msg": "Interface Disabled, Safe to Proceed"
}
```

인터페이스가 활성화된 상태라면 첫 번째 작업이 끝난 후 다음과 같이 에러 메시지가 나타난다.

```
TASK [sh int ethernet 1/3 | json]
********************************************
fatal: [arista1]: FAILED! => {"changed": false, "commands": ["show
interface ethernet 1/3 | json | json"], "failed": true, "msg":
"matched error in response: show interface ethernet 1/3 | json |
jsonrn% Invalid input (privileged mode required)rn********1>"}
 to retry, use: --limit
@/home/echou/Master_Python_Networking/Chapter5/chapter5_3.retry

PLAY RECAP
***********************************************************
arista1 : ok=0 changed=0 unreachable=0 failed=1
```

이외에도 contains, greater than, less than 등 다양한 조건문이 있다. 용도에 맞게 테스트해보라.

앤서블 반복문

앤서블은 플레이북에 사용할 수 있는 다양한 반복문을 제공한다. 일반적인 반복문, 파일 간의 반복, 하위 엘리먼트, do-until 등이 포함된다. 이 절에서는 이 중 가장 많이 쓰이는 형식 두 가지인 표준 반복문과 해시 반복문을 다룬다.

표준 반복문

표준 반복문은 플레이북에서 비슷한 작업을 여러 번 수행해야 할 때 자주 쓰인다. 문법도 간단하다. with_items 목록의 값을 {{ 항목 }} 변수에 차례대로 할당하는 것이다. 예를 들어 chapter5_4.yml 플레이북의 다음 절을 보라.

```
tasks:
 - name: echo loop items
   command: echo {{ item }}
   with_items: ['r1', 'r2', 'r3', 'r4', 'r5']
```

위 반복문을 수행하면 다섯 가지 항목에 차례로 echo 명령을 수행한다.

```
TASK [echo loop items]
******************************************************
changed: [192.168.199.185] => (item=r1)
changed: [192.168.199.185] => (item=r2)
changed: [192.168.199.185] => (item=r3)
changed: [192.168.199.185] => (item=r4)
changed: [192.168.199.185] => (item=r5)
```

chapter5_5.yml 플레이북은 표준 반복문을 네트워크 명령 모듈과 결합한 다음 기기에 여러 VLAN을 추가한 것이다.

```
tasks:
  - name: add vlans
    eos_config:
      lines:
          - vlan {{ item }}
      provider: "{{ cli }}"
    with_items:
        - 100
        - 200
        - 300
```

with_items 목록에는 직접 값을 입력할 수도 있고, 다른 변수들을 참조할 수도 있다. 이 방법은 플레이북의 구조를 더욱 유연하게 만들 수 있게 해준다.

```yaml
vars:
  vlan_numbers: [100, 200, 300]
<skip>
tasks:
  - name: add vlans
    eos_config:
      lines:
          - vlan {{ item }}
      provider: "{{ cli }}"
    with_items: "{{ vlan_numbers }}"
```

표준 반복문은 플레이북에서 반복적인 작업을 구현하는 데 드는 시간을 줄여준다. 또한 작업에 필요한 코드의 양도 줄어든다.

다음 절에서는 딕셔너리를 사용한 반복문을 살펴보자.

딕셔너리 반복문

간단한 목록에 반복문을 구현하는 것으로 만족할 수도 있지만, 한 항목에 여러 속성을 가진 값을 바꿔가며 작업해야 하는 경우도 종종 생긴다. 앞에서 다룬 vlan 예제를 생각해보자. 각 vlan에는 설명, 게이트웨이 IP 주소 등 여러 가지 속성값이 있다. 이런 구조를 구현하는 방법으로는 딕셔너리가 있다.

vlan 예제를 딕셔너리로 바꿔 다시 작성해보자. chapter5_6.yml에서 딕셔너리에는 3개의 vlans 항목이 있고, 각 항목은 하위에 설명과 IP 주소를 정의한다.

```yaml
<skip>
vars:
  cli:
```

```
  host: "{{ ansible_host }}"
  username: "{{ username }}"
  password: "{{ password }}"
  transport: cli
vlans: {
    "100": {"description": "floor_1", "ip": "192.168.10.1"},
    "200": {"description": "floor_2", "ip": "192.168.20.1"}
    "300": {"description": "floor_3", "ip": "192.168.30.1"}
}
```

첫 번째 작업인 add vlans로 이동해 각 항목의 키를 vlan 숫자로 할당하도록 수정한다.

```
tasks:
  - name: add vlans
    nxos_config:
      lines:
        - vlan {{ item.key }}
      provider: "{{ cli }}"
    with_dict: "{{ vlans }}"
```

vlan 인터페이스를 설정하는 코드를 작성했다. 어떤 섹션에서 명령문을 실행할지는 상위 매개변수를 통해 정의된다는 것에 유의하라. 이는 설명과 IP 주소가 interface vlan <number> 하위 섹션에서 설정되기 때문이다.

```
- name: configure vlans
  nxos_config:
    lines:
      - description {{ item.value.name }}
      - ip address {{ item.value.ip }}/24
    provider: "{{ cli }}"
    parents: interface vlan {{ item.key }}
  with_dict: "{{ vlans }}"
```

코드를 실행하면 딕셔너리가 반복문을 통해 변화하는 것을 확인할 수 있다.

```
TASK [configure vlans]
********************************************************
changed: [nxos-r1] => (item={'key': u'300', 'value': {u'ip':
u'192.168.30.1', u'name': u'floor_3'}})
changed: [nxos-r1] => (item={'key': u'200', 'value': {u'ip':
u'192.168.20.1', u'name': u'floor_2'}})
changed: [nxos-r1] => (item={'key': u'100', 'value': {u'ip':
u'192.168.10.1', u'name': u'floor_1'}})
```

실제로 기기에 의도한 설정이 반영됐는지도 확인해보자.

```
nx-osv-1# sh run | i vlan
<skip>
vlan 1,10,100,200,300
nx-osv-1#

nx-osv-1# sh run | section "interface Vlan100"
interface Vlan100
  description floor_1
  ip address 192.168.10.1/24
nx-osv-1#
```

 이외에 존재하는 앤서블 반복문은 공식 문서를 참고하라.
http://docs.ansible.com/ansible/playbooks_loops.html

딕셔너리를 사용한 반복문은 처음 사용할 때 다소 헷갈릴 수도 있다. 하지만 익숙해지면 표준 반복문과 마찬가지로 플레이북을 만들 때 매우 유용한 도구로 쓸 수 있을 것이다.

▎ 템플릿

네트워크 엔지니어로 일하면서 항상 어떤 식으로든 네트워크 템플릿을 사용해왔다. 많은 네트워크 기기 간의 설정을 비교해보면 일치하는 부분이 반드시 있는데, 한 네트워크에서 같은 용도로 사용하는 기기라면 더욱 그렇다.

새로운 기기를 도입하는 경우 거의 대부분 템플릿 용도로 만들어 놓은 설정을 불러와 필요한 필드 값만 채워넣은 후 기기에 복사하는 식이었다. 앤서블의 경우 이런 과정을 템플릿 모듈로 자동화할 수 있다(http://docs.ansible.com/ansible/template_module.html).

기본적인 템플릿 파일은 진자2의 문법을 따른다(http://jinja.pocoo.org/docs/). 4장에서 간단히 살펴봤으므로 여기서는 좀 더 깊이 이야기해보자. 앤서블과 마찬가지로 진자2는 독자적인 문법을 갖고 있으며, 반복문이나 조건문도 구현돼 있다. 다행히 이를 사용하기 위해 알아야 할 문법은 그리 복잡하지 않다. 앤서블에서 템플릿은 일상적으로 많이 사용하는 기능이므로 이 절에서 많은 부분을 다룬다. 플레이북을 만들면서 쉬운 것부터 차근차근 자연스럽게 배워보자.

템플릿 문법은 기본적으로 매우 간단하다. 소스 파일을 선택하고, 그 파일을 복사할 위치를 지정하면 된다. 우선 빈 파일을 하나 만들자.

```
$ touch file1
```

다음 file1에서 file2로 복사하는 플레이북을 만든다. 이 플레이북은 컨트롤 머신에서 실행된다는 것을 전제로 해야 한다. 다음 코드와 같이 원본과 복사될 위치를 template 모듈의 매개변수로 지정해준다.

```
---
- name: Template Basic
  hosts: localhost
```

```
  tasks:
  - name: copy one file to another
    template:
      src=./file1
      dest=./file2
```

localhost가 기본으로 설정돼 있기 때문에 플레이북을 실행하는 시점에서 호스트 파일을 따로 지정해야 할 필요는 없다. 다만, 위 코드 그대로 실행하면 경고를 보게 될 것이다.

```
$ ansible-playbook chapter5_7.yml
 [WARNING]: provided hosts list is empty, only localhost is available
<skip>
TASK [copy one file to another]
*********************************************

changed: [localhost]
<skip>
```

소스 파일은 어떤 확장자를 가져도 상관없지만, 진자2 문법을 사용한다는 것을 나타내기 위해 여기서는 nxos.j2라는 이름으로 파일을 생성하자. 다음과 같이 템플릿은 진자2에서 규정하듯 중괄호 2개로 변수를 감싸 표시한다.

```
hostname {{ item.value.hostname }}
feature telnet
feature ospf
feature bgp
feature interface-vlan

username {{ item.value.username }} password {{ item.value.password
}} role network-operator
```

진자2 템플릿

이제 플레이북을 원하는 대로 수정해보자. chapter5_8.yml는 앞의 코드를 다음과 같이 수정한 것이다.

1. 소스 파일을 nxos.j2로 바꾼다.
2. 복사할 파일 위치를 변수로 설정한다.
3. 템플릿에 대입할 변숫값을 딕셔너리 형태로 지정한다.

```yaml
---
- name: Template Looping
  hosts: localhost

  vars:
    nexus_devices: {
      "nx-osv-1": {"hostname": "nx-osv-1", "username": "cisco",
"password": "cisco"}
        }

  tasks:
    - name: create router configuration files
      template:
        src=./nxos.j2
        dest=./{{ item.key }}.conf
      with_dict: "{{ nexus_devices }}"
```

플레이북을 실행하면 nx-osv-1.conf라는 파일이 생성됐다는 것을 확인할 수 있다. 파일 내용을 열어보면 다음과 같다.

```
$ cat nx-osv-1.conf
hostname nx-osv-1
feature telnet
feature ospf
feature bgp
feature interface-vlan
```

```
username cisco password cisco role network-operator
```

진자2 반복문

다음으로 앞 절에서 만든 코드에 반복문을 넣어 목록이나 딕셔너리의 값을 대입할 수 있도록 해보자. nxos.j2에 두 반복문 예시를 모두 나타냈다.

```
{% for vlan_num in item.value.vlans %}
vlan {{ vlan_num }}
{% endfor %}
{% for vlan_interface in item.value.vlan_interfaces %}
interface {{ vlan_interface.int_num }}
  ip address {{ vlan_interface.ip }}/24
{% endfor %}
```

템플릿이 작동하려면 chapter5_8.yml에 플레이북에 상응하는 목록이나 딕셔너리를 추가해야 한다.

```
vars:
  nexus_devices: {
    "nx-osv-1": {
    "hostname": "nx-osv-1",
    "username": "cisco",
    "password": "cisco",
    "vlans": [100, 200, 300],
    "vlan_interfaces": [
        {"int_num": "100", "ip": "192.168.10.1"},
        {"int_num": "200", "ip": "192.168.20.1"},
        {"int_num": "300", "ip": "192.168.30.1"}
    ]
  }
}
```

플레이북을 실행하면 vlan과 vlan_interfaces에 대한 설정이 라우터에 기록됐다는 것을 확인할 수 있을 것이다.

진자2 조건문

진자2는 또한 조건문을 지원한다. 넷플로우^{Netflow}가 지원되는 기기에 해당 기능을 활성화하는 동작을 구현해보자. 우선 템플릿에 다음 코드를 추가한다.

```
{% if item.value.netflow_enable %}
feature netflow
{% endif %}
```

플레이북을 다음과 같이 수정한다.

```
vars:
  nexus_devices: {
  <skip>
        "netflow_enable": True
  <skip>
}
```

마지막으로 vlan 인터페이스 절을 true-false 조건 블록 안에 넣어 템플릿 파일을 확장해보자. 대개 각기 다른 vlan 정보가 담긴 기기 중 하나만 선택해 클라이언트 호스트의 게이트웨이로 사용하곤 하는데, 이를 구현하기 위함이다.

```
{% if item.value.l3_vlan_interfaces %}
{% for vlan_interface in item.value.vlan_interfaces %}
interface {{ vlan_interface.int_num }}
 ip address {{ vlan_interface.ip }}/24
{% endfor %}
{% endif %}
```

마찬가지로 nx-osv-2라는 이름으로 두 번째 기기를 플레이북에 추가해보자.

```
vars:
  nexus_devices: {
  <skip>
    "nx-osv-2": {
      "hostname": "nx-osv-2",
      "username": "cisco",
      "password": "cisco",
      "vlans": [100, 200, 300],
      "l3_vlan_interfaces": False,
      "netflow_enable": False
    }
  <skip>
}
```

이제 플레이북을 실행해보자.

```
$ ansible-playbook chapter5_8.yml
 [WARNING]: provided hosts list is empty, only localhost is available. Note
that the implicit localhost does not match 'all'

PLAY [Template Looping]
******************************************************

TASK [Gathering Facts]
******************************************************
ok: [localhost]

TASK [create router configuration files]
************************************
ok: [localhost] => (item={'value': {u'username': u'cisco', u'password':
u'cisco', u'hostname': u'nx-osv-2', u'netflow_enable': False, u'vlans':
[100, 200, 300], u'l3_vlan_interfaces': False}, 'key': u'nx-osv-2'})
ok: [localhost] => (item={'value': {u'username': u'cisco', u'password':
u'cisco', u'hostname': u'nx-osv-1', u'vlan_interfaces': [{u'int_num':
```

u'100', u'ip': u'192.168.10.1'}, {u'int_num': u'200', u'ip':
u'192.168.20.1'}, {u'int_num': u'300', u'ip': u'192.168.30.1'}],
u'netflow_enable': True, u'vlans': [100, 200, 300], u'l3_vlan_interfaces':
True}, 'key': u'nx-osv-1'})

```
PLAY RECAP
*********************************************************************
localhost : ok=2 changed=0 unreachable=0 failed=0
```

마지막으로 두 설정 파일을 비교해 조건문이 어떤 식으로 적용됐는지 확인해보자.

```
$ cat nx-osv-1.conf
hostname nx-osv-1

feature telnet
feature ospf
feature bgp
feature interface-vlan

feature netflow

username cisco password cisco role network-operator

vlan 100
vlan 200
vlan 300
interface 100
  ip address 192.168.10.1/24
interface 200
  ip address 192.168.20.1/24
interface 300
  ip address 192.168.30.1/24

$ cat nx-osv-2.conf
hostname nx-osv-2

feature telnet
```

```
feature ospf
feature bgp
feature interface-vlan

username cisco password cisco role network-operator

vlan 100
vlan 200
vlan 300
```

깔끔하지 않은가? 이런 식으로 코드를 지루하게 복사했다 붙여넣었다 하는 작업들을 매우 간단하게 처리할 수 있다. 이렇듯 템플릿 모듈의 등장은 가히 혁명적이었다. 템플릿 모듈 하나 때문에라도 앤서블을 배우고 사용할 만한 가치는 충분하다.

갈수록 플레이북의 길이가 점점 길어지고 있다. 다음 절에서는 변수 파일을 그룹 및 디렉 터리에 놓고 오프로딩해 플레이북을 최적화하는 방법에 대해 알아본다.

█ 그룹과 호스트 변수

앞의 플레이북 chapter5_8.yml 코드를 다시 살펴보자. 두 기기의 사용자명과 암호값은 nexus_devices 변수에 정의돼 있다.

```
vars:
  nexus_devices: {
    "nx-osv-1": {
      "hostname": "nx-osv-1",
      "username": "cisco",
      "password": "cisco",
      "vlans": [100, 200, 300],
    <skip>
    "nx-osv-2": {
      "hostname": "nx-osv-2",
```

```
    "username": "cisco",
 "password": "cisco",
    "vlans": [100, 200, 300],
 <skip>
```

그다지 완벽한 방법은 아니다. 암호나 사용자명을 변경해야 한다면 두 위치를 전부 생각해야 한다. 코드가 복잡해지면 관리하기도 힘들 뿐 아니라 변경 과정에서 실수를 할 가능성도 높아진다. 이런 문제를 해결하기 위해 앤서블은 group_vars와 host_vars 디렉터리를 통해 해당 변수들을 따로 모아놓을 수 있도록 한다.

TIP

이외에 앤서블에 대한 유용한 팁은 다음을 참고하라.

http://docs.ansible.com/ansible/latest/playbooks_best_practices.html

그룹 변수

기본적으로 앤서블은 플레이북의 group_vars 하위 디렉터리에 그룹 변수를 저장한다고 가정한다. 이때 여기에 저장된 파일명은 그룹명과 일치해야 한다. 예를 들어 인벤토리 파일에 [nexus-devices]라는 그룹을 정의해 놓았다면, group_vars 디렉터리 아래에 nexus-devices라는 파일을 만들어 해당하는 모든 그룹 변수를 저장해야 한다.

또한 all이라는 파일에는 모든 그룹에 정의할 변수들을 저장한다.

이제 간단하게 사용자명과 암호를 그룹 변수로 만들어보자. 우선 group_vars 디렉터리를 생성한다.

```
$ mkdir group_vars
```

다음으로 all 파일을 만들어 YAML에 학생의 사용자명과 암호를 저장한다.

```
$ cat group_vars/all
---
username: cisco
password: cisco
```

이제 플레이북에 변수들을 이용할 수 있다.

```
vars:
  nexus_devices: {
    "nx-osv-1": {
      "hostname": "nx-osv-1",
      "username": "{{ username }}",
      "password": "{{ password }}",
      "vlans": [100, 200, 300],
    <skip>
      "nx-osv-2": {
      "hostname": "nx-osv-2",
      "username": "{{ username }}",
      "password": "{{ password }}",
      "vlans": [100, 200, 300],
    <skip>
```

호스트 변수

호스트 변수는 그룹 변수와 마찬가지 방법으로 별도의 파일에 저장할 수 있다. 4장, '파이썬 자동화 프레임워크 – 앤서블 기초'나 이 장 앞쪽의 플레이북 예제에서 변수를 적용할 때 쓴 방법이 바로 이 방법이다.

```
$ mkdir host_vars
```

이 예제에서는 명령을 localhost상에서 실행하므로 해당하는 호스트 변수 파일명은 host_vars/localhost가 돼야 한다. 이 파일에서 group_vars에 명시된 변수를 여기서도 그대로 사용함에 유의하라.

```
$ cat host_vars/localhost
---
"nexus_devices":
  "nx-osv-1":
    "hostname": "nx-osv-1"
    "username": "{{ username }}"
    "password": "{{ password }}"
    "vlans": [100, 200, 300]
    "l3_vlan_interfaces": True
    "vlan_interfaces": [
        {"int_num": "100", "ip": "192.168.10.1"},
        {"int_num": "200", "ip": "192.168.20.1"},
        {"int_num": "300", "ip": "192.168.30.1"}
     ]
    "netflow_enable": True

  "nx-osv-2":
    "hostname": "nx-osv-2"
    "username": "{{ username }}"
    "password": "{{ password }}"
    "vlans": [100, 200, 300]
    "l3_vlan_interfaces": False
    "netflow_enable": False
```

그룹 변수와 호스트 변수를 모두 분리하면 플레이북은 간단해지며, 핵심 동작에 대한 내용만 담을 수 있게 된다.

```
$ cat chapter5_9.yml
---
- name: Ansible Group and Host Variables
    hosts: localhost
```

```
tasks:
  - name: create router configuration files
    template:
      src=./nxos.j2
      dest=./{{ item.key }}.conf
    with_dict: "{{ nexus_devices }}"
```

그러나 group_vars와 host_vars 디렉터리는 단지 코드를 줄이는 역할만을 하지 않는다. 이 방법은 보안 측면에서도 유리한데, 민감한 정보의 경우 앤서블 볼트를 사용해 암호화함으로써 파일을 보호할 수 있기 때문이다. 다음 절에서 이에 대해 자세히 다뤄보자.

▌ 앤서블 볼트

앞에서 살펴봤듯이 앤서블의 변수에는 대부분 사용자명이나 암호와 같은 민감한 정보가 담기곤 한다. 이런 변수는 어떤 식으로든 보안을 높일 수 있는 조치를 취하는 게 안전할 것이다. 앤서블 볼트(https://docs.ansible.com/ansible/latest/user_guide/vault.html)는 파일 암호화를 통해, 플레인 텍스트보다 안전하게 이런 정보를 보호한다.

앤서블 볼트의 함수는 ansible-vault 명령으로 접근할 수 있다. create 옵션을 통해 암호화된 파일을 생성하고, 암호를 입력한다. 이 파일을 그냥 들여다보면, 알 수 없는 정보만 얻게 된다. 예를 들어 이 책의 예제는 암호를 간단하게 password로 설정해 놓았다.

```
$ ansible-vault create secret.yml
Vault password: <password>

$ cat secret.yml
$ANSIBLE_VAULT;1.1;AES256
3365646264623739623266353263613236393236353536306466656564303532613837637623
<skip>6535373338373838636365303564646230323334323861393033335663262
3962
```

파일의 내용을 보거나 수정하려면 view 또는 edit 옵션을 줘야 한다.

```
$ ansible-vault edit secret.yml
Vault password:
$ ansible-vault view secret.yml
Vault password:
```

이 방법을 사용해 group_vars/all과 host_vars/localhost 변수 파일을 암호화해보자.

```
$ ansible-vault encrypt group_vars/all host_vars/localhost
Vault password:
Encryption successful
```

플레이북을 실행하면 복호화에 실패했다는 에러가 나타날 것이다.

```
ERROR! Decryption failed on
/home/echou/Master_Python_Networking/Chapter5/Vaults/group_vars/all
```

암호화된 파일을 열려면 --ask-vault-pass 옵션을 주고 실행해야 한다.

```
$ ansible-playbook chapter5_10.yml --ask-vault-pass
Vault password:
```

이때 복호화는 파일을 직접 건드리지 않고 메모리상에서 이뤄진다.

앤서블 2.4까지 앤서블 볼트는 모든 파일을 하나의 비밀번호로 암호화하도록 강제했다. 2.4 이후 버전에서는 볼트 ID를 사용해 각기 다른 암호 파일을 읽어들일 수 있도록 하고 있다.

https://docs.ansible.com/ansible/latest/user_guide/vault.html#multiple-vault-passwords

암호는 따로 파일에 저장할 수도 있으며, 이 경우 파일의 퍼미션을 제한해야 한다.

```
$ chmod 400 ~/.vault_password.txt
$ ls -lia ~/.vault_password.txt
809496 -r-------- 1 echou echou 9 Feb 18 12:17
/home/echou/.vault_password.txt
```

이 파일을 사용할 때는 --valut-password-file 옵션을 붙여주면 된다.

```
$ ansible-playbook chapter5_10.yml --vault-password-file
~/.vault_password.txt
```

아울러 encrypt_string 옵션을 사용하면, 문자열을 암호화하고 플레이북 안에 암호화된 문자열을 포함시키도록 할 수도 있다(https://docs.ansible.com/ansible/latest/user_guide/vault.html#use−encrypt−string−to−create−encrypted−variables−to−embed−in−yaml).

```
$ ansible-vault encrypt_string
New Vault password:
Confirm New Vault password:
Reading plaintext input from stdin. (ctrl-d to end input)
new_user_password
!vault |
          $ANSIBLE_VAULT;1.1;AES256
6163643864383932626231396235616135396566643838346433383239666238363437373
3613261346632326238613133383835346138653038646616364380a62636539366531613361
6462643831653332663236434734363863666632636464636536162653036656263646365
6
2316635636462323135663163663331320a62356361326639333165393962663962306306303
0
37616564356339666334376130303266333364383662646264643661383236663762396566
3
3623233353832

Encryption successful
```

마찬가지로 이 문자열을 플레이북 파일 내에 변수로 저장할 수도 있다. 다음 절에서는, include와 역할을 사용해 플레이북을 최적화하는 방법에 대해 알아볼 것이다.

▌ 앤서블 include와 역할

복잡한 작업을 다루는 가장 좋은 방법은 작업을 작게 쪼개는 것이다. 네트워크 엔지니어 링이나 파이썬 프로그래밍에서 모두 자주 쓰이는 방식이다. 파이썬에서는 전체 프로그램을 함수, 클래스, 모듈, 패키지 등으로 나눈다. 네트워킹에서는 거대한 네트워크를 렉, 로 rows, 클러스터, 데이터 센터 등으로 나눈다. 앤서블에서는 역할(role)과 include를 사용해 큰 플레이북을 여러 파일로 쪼갤 수 있다. 큰 앤서블 플레이북을 쪼개면 각 파일별로 각각의 작업을 수행하며, 작업에 집중할 수 있다는 장점이 있다. 또한 플레이북을 재사용하는 데도 이점을 갖는다.

앤서블 include 문

플레이북의 규모가 커지면 여러 작업과 플레이 간에 공통적으로 들어가는 내용이 생기기 마련이다. include 문은 많은 리눅스 설정 파일과 비슷하게 다른 파일을 불러와 중간에 끼워 넣을 수 있도록 해준다. include 문은 플레이북과 작업에 모두 사용할 수 있다. 간단한 예시를 살펴보자.

플레이북 2개의 출력값을 받아야 한다고 가정해보자. show_output.yml YAML 파일을 따로 만들어 출력 작업에 대한 코드를 작성한다.

```
---
- name: show output
  debug:
    var: output
```

이제 이 작업을 여러 플레이북에 사용할 수 있다. chapter5_11_1.yml은 앞에서 만든 플레이북과 거의 동일하지만, 출력 부분이 register 문으로 대체되고 include 문을 추가하고 있다.

```
---
- name: Ansible Group and Host Varibles
  hosts: localhost
  tasks:
    - name: create router configuration files
      template:
        src=./nxos.j2
        dest=./{{ item.key }}.conf
      with_dict: "{{ nexus_devices }}"
      register: output

    - include: show_output.yml
```

또 다른 플레이북인 chapter5_11_2.yml에서도 show_output.yml을 비슷한 방법으 로 재사용한다.

```
---
- name: show users
  hosts: localhost

  tasks:
    - name: show local users
      command: who
      register: output

    - include: show_output.yml
```

두 플레이북이 동일한 변수명, 출력값을 공유한다는 것에 유의하라. 그 이유는 show_output.yml 파일이 하드코딩을 통해 변수명을 고정하고 있기 때문이다. 이 또한 파일을 수정해 플레이북 별로 다른 변수를 받을 수 있도록 할 수 있다.

앤서블 역할

앤서블 역할은 물리 호스트에 따라 논리적 함수를 분리해 네트워크가 향상되도록 한다. 예를 들어 스파인, 리프, 코어뿐 아니라 시스코, 주니퍼, 아리스타 등의 벤더로도 역할을 나눌 수 있다. 하나의 물리 호스트는 여러 역할로 할당될 수 있다. 예를 들어 주니퍼와 코어의 역할에 동시에 해당하는 기기를 생각해보라. 레이어에 상관없이 모든 주니퍼 기기를 업그레이드해야 할 경우에 이런 식의 분류는 쉽다.

앤서블 역할은 파일 인프라스트럭처를 기반으로 해, 자동으로 변수, 작업, 핸들러 등을 불러온다. 여기서 핵심은 '미리' 파일 구조를 구성해 놓는다는 데 있다. 다시 말해 역할은 특수한 종류의 include 문이라고 봐도 무방하다.

앤서블 플레이북 역할 문서(http://docs.ansible.com/ansible/playbooks_roles.html#roles)에는 설정할 수 있는 역할 디렉터리의 목록이 있다. 물론 이 디렉터리를 전부 사용할 필요는 없다. 이 책의 예제에서는 tasks와 vars 폴더만 만지면 된다. 그러나 앤서블 역할 디렉터리 구조 내에 사용 가능한 옵션을 알아두는 것은 나중을 위해 유리하다.

이제부터 살펴볼 예제의 구조는 다음과 같다.

```
├── chapter5_12.yml
├── chapter5_13.yml
├── hosts
└── roles
  ├── cisco_nexus
  │  ├── defaults
  │  ├── file s
  │  ├── handlers
  │  ├── meta
  │  ├── tasks
  │  │  └── main.yml
  │  ├── templates
  │  └── vars
  │     └── main.yml
  └── spines
```

```
├── defaults
├── files
├── handlers
├── tasks
│   └── main.yml
├── templates
└── vars
    └── main.yml
```

가장 상위에는 호스트 파일과 플레이북이 있다. 그 아래 roles 폴더 안에 cisco_nexus와 spine 두 종류의 역할이 정의돼 있다는 것을 확인할 수 있다. 각 역할의 하위 폴더는 대부분 비어 있지만 tasks 및 vars 폴더에는 main.yml 파일이 들어 있다. 플레이북에서 역할을 지정하면, 이 파일이 자동으로 포함된다. 만일 추가 파일을 포함하고 싶다면, main.yml 파일에서 include 문을 사용한다.

예제에서 다음과 같은 상황을 가정한다.

- 2개의 시스코 넥서스 기기 nxos-r1과 nxos-r2를 갖고 있다. cisco_nexus 역할을 두 기기에 부여해 로깅 서버와 link-status 로그를 설정해야 한다.
- nxos-r1은 스파인 기기이므로 좀 더 세세한 부분까지 로그를 구해야 한다. 네트워크에서 중요한 위치를 차지하고 있기 때문이다.

cisco_nexus 역할을 설정하기 위해 우선 roles/cisco_nexus/vars/main.yml 파일의 변수를 수정해준다.

```
---
cli:
  host: "{{ ansible_host }}"
  username: cisco
  password: cisco
  transport: cli
```

다음으로 roles/cisco_nexus/tasks/main.yml 파일을 열고 작업을 다음과 같이 설정한다.

```
---
- name: configure logging parameters
  nxos_config:
    lines:
      - logging server 191.168.1.100
      - logging event link-status default
    provider: "{{ cli }}"
```

이 예제의 플레이북은 매우 간단하다. cisco_nexus 역할을 부여할 호스트를 지정하는 것이 전부다.

```
---
- name: playbook for cisco_nexus role
  hosts: "cisco_nexus"
  gather_facts: false
  connection: local
  roles:
    - cisco_nexus
```

플레이북을 실행하면 cisco_nexus에서 정의된 작업과 변수가 포함되도록 한 후 이에 맞게 설정한다.

그다음 spine 역할을 설정하자. roles/spines/tasks/main.yml 파일에 세부 정보 로깅을 위한 작업을 추가한다.

```
---
- name: change logging level
  nxos_config:
    lines:
      - logging level local7 7
    provider: "{{ cli }}"
```

이를 기반으로 cisco_nexus와 spines 역할을 동시에 할당하는 플레이북을 작성해보자.

```
---
- name: playbook for spine role
  hosts: "spines"
  gather_facts: false
  connection: local

  roles:
    - cisco_nexus
    - spines
```

두 역할을 앞의 순서대로 포함하면 cisco_nexus 역할에 대한 작업이 spines보다 먼저 실행됨에 유의하라.

```
TASK [cisco_nexus : configure logging parameters]
*****************************
changed: [nxos-r1]

TASK [spines : change logging level]
*****************************************
ok: [nxos-r1]
```

앤서블 역할은 파이썬 함수나 클래스처럼 유연하고 자유롭게 정의할 수 있다. 코드가 어느 수준을 넘어서면 원활한 유지보수를 위해 작게 쪼개는 것을 권장한다.

 앤서블 깃 저장소에서 역할과 관련된 많은 예제를 살펴볼 수 있다.
https://github.com/ansible/ansible-examples

앤서블 갤럭시^{Galaxy}(https://docs.ansible.com/ansible/latest/reference_appendices/galaxy.html)
는 역할을 찾고, 공유하고, 협업할 수 있도록 하는 커뮤니티 사이트다. 다음과 같이 주니
퍼 네트워크에 대한 앤서블 역할 예제를 찾을 수 있다.

앤서블 갤럭시에서 제공하는 JUNOS 역할(https://galaxy.ansible.com/juniper/junos)

다음 절에서는 사용자 앤서블 모듈을 어떻게 작성할지 알아보자.

▍사용자 모듈 작성하기

지금까지 내용을 따라왔다면 앤서블로 네트워크를 관리할 때 중요한 것은 현재 작업에 맞
는 모듈을 선택하는 것임을 눈치챘을 것이다. 모듈은 관리 호스트와 컨트롤 머신 간의 상
호작용을 끌어내는 방법을 제공하며, 동작이 수행되는 논리 구조를 잘 파악할 수 있도록
한다. 시스코, 주니퍼, 아리스타 등의 벤더가 이를 위한 모듈을 제공한다는 것을 살펴봤다.

예를 들어 시스코 넥서스 모듈은 BGP 이웃(nxos_bgp) 또는 aaa 서버(nxos_aaa_server)를
관리하는 작업을 수행할 수 있다. 또한 대부분의 벤더가 그렇듯이 임의의 show 또는 설정

명령문을 실행할 수도 있다(nxos_config). 이런 모듈만으로 대부분의 경우에 대응할 수 있다.

 앤서블 2.5부터는 이름 및 사용 방법이 잘 정돈된 네트워크 팩트 모듈도 제공한다.

현재 사용하는 작업에 대한 모듈이 존재하지 않는다면 어떨까? 이 절에서는 사용자 모듈을 작성함으로써 이 문제를 해결하는 방법을 알아본다.

사용자 모듈: 첫 번째

사용자 모듈을 작성하는 것은 복잡한 작업이 아니다. 사실 파이썬을 사용할 필요도 없다. 다만 지금까지 파이썬을 사용해왔으므로 여기서도 마찬가지 방식으로 모듈을 작성해보자. 이 모듈은 앤서블에 공개하는 것이 아니라 개인적으로 사용하거나 내부적으로 공유하는 것을 전제로 한다. 즉 따로 시간을 들여 문서화를 진행하거나 포맷을 맞출 필요가 없다.

 앤서블에 올릴 만한 모듈을 개발하는 데에 관심이 있다면 앤서블 모듈 개발 가이드를 읽어보라(https://docs.ansible.com/ansible/latest/dev_guide/developing_modules.html).

기본적으로 라이브러리 폴더가 플레이북과 동일한 디렉터리에 존재할 경우 앤서블은 이 디렉터리를 포함해 모듈을 검색한다. 즉 어떤 사용자 모듈을 가져와 지정한 폴더에 넣으면, 플레이북에서 이를 가져올 수 있다. 사용자 모듈의 요구조건은 매우 단순하다. 플레이북에 JSON 형식으로 출력 값을 반환할 수 있어야 한다.

3장, 'API와 목적 중심 네트워킹'과 마찬가지로 다음과 같이 NXAPI 파이썬 스크립트를 통해 NX-OS 기기와 통신한다.

```
import requests
import json
url='http://172.16.1.142/ins'
switchuser='cisco'
switchpassword='cisco'
myheaders={'content-type':'application/json-rpc'}
payload=[
 {
    "jsonrpc": "2.0",
    "method": "cli",
    "params": {
      "cmd": "show version",
      "version": 1.2
    },
"id": 1 }
]
response = requests.post(url,data=json.dumps(payload),
headers=myheaders,auth=(switchuser,switchpassword)).json()

print(response['result']['body']['sys_ver_str'])
```

위 스크립트를 실행하면 시스템 버전을 출력한다. 이 값을 JSON으로 바꾸기 위해 마지막 줄을 다음과 같이 바꾼다.

```
version = response['result']['body']['sys_ver_str']
print json.dumps({"version": version})
```

파일은 library 폴더 아래에 놓는다.

```
$ ls -a library/
... custom_module_1.py
```

chapter5_14.yml에서 확인할 수 있듯이 action 플러그인을 사용하면(https://docs.ansible.com/ansible/dev_guide/developing_plugins.html) 사용자 모듈을 호출할 수 있다.

```
---
- name: Your First Custom Module
  hosts: localhost
  gather_facts: false
  connection: local

  tasks:
    - name: Show Version
      action: custom_module_1
      register: output

    - debug:
        var: output
```

ssh 연결과 마찬가지로 모듈을 로컬에서 실행하며, API는 아웃바운드로 호출함에 유의하라. 플레이북을 실행하면 다음과 같은 출력값을 보게 될 것이다.

```
$ ansible-playbook chapter5_14.yml
 [WARNING]: provided hosts list is empty, only localhost is available

PLAY [Your First Custom Module]
*********************************************

TASK [Show Version]
*************************************************************
ok: [localhost]

TASK [debug]
****************************************************************
ok: [localhost] => {
 "output": {
 "changed": false,
 "version": "7.3(0)D1(1)"
 }
}

PLAY RECAP
```

```
********************************************************************
localhost : ok=2 changed=0 unreachable=0 failed=0
```

이렇듯 원하는 대로 API를 지원하는 모듈을 작성할 수 있고, JSON 반환값을 받아 앤서블에 넘겨줄 수 있다.

사용자 모듈: 두 번째

앞에서 만든 모듈을 앤서블에서 제공하는 기본 모듈을 수정하는 식으로 다시 작성해보자. 이는 앤서블 모듈 개발 문서에서 제안하는 방식이기도 하다(http://docs.ansible.com/ansible/dev_guide/developing_modules_general.html). 모듈 코드를 따로 저장하지 않았다면 custom_module_2.py 파일을 열어 수정하면 된다.

우선, ansible.module_utils.basic에서 기본 코드를 불러온다.

```
from ansible.module_utils.basic import AnsibleModule
if __name__ == '__main__':
    main()
```

이제 main 함수를 작성해보자. AnsibleModule은 반환값을 다루고 매개변수를 파싱하는 데 필요한 대부분의 코드를 포함하고 있다. 다음과 같이 host, username, password의 세 매개변수를 파싱하고 필수 항목으로 설정한다.

```
def main():
    module = AnsibleModule(
      argument_spec = dict(
      host = dict(required=True),
      username = dict(required=True),
      password = dict(required=True)
    )
  )
```

이런 값은 다음과 같이 사용하면 된다.

```
device = module.params.get('host')
username = module.params.get('username')
password = module.params.get('password')

url='http://' + host + '/ins'
switchuser=username
switchpassword=password
```

마지막으로 exit 코드를 통해 값을 반환한다.

```
module.exit_json(changed=False, msg=str(data))
```

다음 플레이북 chapter5_15.yml은 앞의 플레이북과 거의 동일하지만, 각 기기에 다른 값을 대입할 수 있다.

```
tasks:
  - name: Show Version
    action: custom_module_1 host="172.16.1.142" username="cisco"
password="cisco"
    register: output
```

플레이북을 실행하면 앞에서 만든 것과 동일한 결과를 출력한다. 그러나 이 플레이북과 모듈은 다른 사람이 세부 정보를 몰라도 쉽게 사용할 수 있다는 장점이 있다.

물론 이 모듈이 완벽한 것은 아니다. 예를 들어 에러 체크 부분이나 문서화는 생략돼 있다. 그러나 중요한 것은 만들어뒀던 스크립트를 통해 사용자 모듈을 쉽게 만들 수 있다는 사실이다. 아울러 기존에 만들어 두었던 스크립트를 갖고 사용자 앤서블 모듈로 변환시킬 수 있다는 것도 장점이다.

▌요약

5장에서는 많은 것을 다뤘다. 4장의 기본 지식을 바탕으로 앤서블의 조건문, 반복문, 템플릿 등 심화된 내용을 살펴봤다. 또한 호스트 변수, 그룹 변수, include 문, 역할 등 다양한 요소를 통해 확장할 수 있는 방법에 대해 알아봤다. 앤서블 볼트를 통해 플레이북의 보안을 신경쓸 수 있다는 것도 보였다. 마지막으로 파이썬을 통해 사용자 모듈을 작성하는 방법을 살펴봤다.

앤서블은 매우 유연하게 네트워크 자동화를 수행할 수 있는 파이썬 프레임워크다. 앤서블은 Pexpect 또는 API 기반 스크립트와 달리 별도의 추상화 레이어에서 작동한다. 또한 선언적인 특성을 갖고 있으므로 주어진 목적에 더 긴밀히 대응할 수 있기도 하다. 필요로 하는 네트워크 환경에 맞다면, 앤서블은 시간과 노력을 절약할 수 있는 매우 이상적인 프레임워크다.

6장에서는 파이썬을 이용해 네트워크 보안을 확보하는 방법에 대해 살펴본다.

06

파이썬 네트워크 보안

네트워크 보안을 명쾌하게 서술하기란 그리 쉽지 않다. 기술적인 문제 때문이 아니라 어디까지 이야기해야 할지 정하기가 어렵기 때문이다. OSI 모델을 예로 들면, 네트워크 보안은 7개 레이어 모두에 중요한 이슈다. 레이어 1의 와이어 태핑에서 시작해 레이어 4의 전송 프로토콜 취약성과 레이어 7의 중간자 공격에 이르기까지 네트워크 보안을 신경쓰지 않아도 되는 곳이 없다. 미처 발견하지 못했던 취약점이 하루하루 발견될 때마다 이 취약성은 증가한다. 게다가 사람의 측면에서 발생하는 취약점도 있다.

이렇기 때문에 6장에서 다룰 내용이 어디까지인지를 명확히 정의해야 할 것이다. 이 책의 큰 주제를 따라가기 위해, 파이썬을 이용해 OSI 레이어 3과 4에 해당하는 영역의 네트워크 기기 보안 관련 내용부터 다룰 것이다. 구체적으로 각 컴포넌트를 관리하는 파이썬 도구를 살펴본 후, 파이썬으로 여러 컴포넌트를 연결해 이 문제를 시스템 전체 문제로 확장한다. 다행히 여러 OSI 레이어상에서 파이썬을 사용하면 네트워크 보안에 대한 전체적인 관점을 확보할 수 있다.

6장에서 살펴볼 내용은 다음과 같다.

- 랩 설정
- 스카피^{Scapy}를 사용한 보안 체크
- 접근 목록
- 파이썬을 이용한 syslog 및 UFW 포렌식 분석
- 그 외 도구: 맥 어드레스 필터 목록, 사설 VLAN, 파이썬 IP 테이블 바인딩

▌ 랩 설정

6장에서는 지금까지 사용했던 것과 조금 다른 기기 구성을 사용할 것이다. 앞에서는 각 기기에 집중해 연관된 주제를 살펴봤다면, 지금부터는 랩 안에 속한 여러 기기를 한데 묶은 후 관련된 도구를 설명할 것이다. 특히 연결성과 운영 체제 정보는 각각에 대해 다른 보안 도구를 사용해야 하기 때문에 중요하다. 이에 대해서는 뒤에서 자세히 다룰 것이다. 예를 들어 서버를 보호하기 위해 접근 목록을 적용해야 할 경우 토폴로지가 어떤 식이고 클라이언트가 어느 방향으로 연결을 진행해야 하는지 파악해야 한다. 우분투 호스트 연결은 지금까지 살펴봤던 방식과는 좀 다르므로, 이후 책을 보다 혼동이 온다면 뒤의 랩 절을 다시 참고하는 것을 권장한다.

여기서는 4개의 노드, 2개의 호스트, 2개의 네트워크 기기로 이뤄진 시스코 VIRL을 사용한다. 시스코 VIRL이 뭔지 기억나지 않는다면 2장, '저레벨 네트워크 기기 상호작용'을 참고하라.

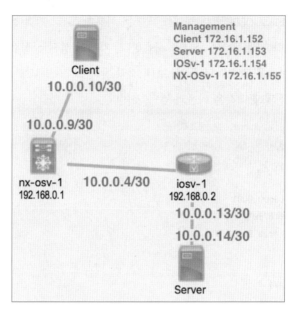

랩 토폴로지

 위 그림에 적힌 IP 주소는 랩마다 달라질 수 있다. 다만 6장에서 IP 주소를 언급할 때는 위
TIP 그림에 적힌 것을 기준으로 한다.

그림에서 묘사했듯이 위쪽 호스트는 클라이언트, 아래쪽 호스트는 서버로 정의할 것이
다. 이는 클라이언트가 내부망 서버에 접속하는 것과 유사한 구성이다. 앞에서와 마찬가
지로 여기서도 관리 네트워크에 Shared flat network 옵션을 지정해 밴드 외 관리out-of-band
management를 구현한다.

두 스위치의 경우 IGP로 OSPF^{Open Shortest Path First}를 사용한 후 각 기기에 0을 대입한다. 기본값은 BGF를 활성화한 상태에서 AS 1을 사용한다. 자동 생성된 설정값은 우분투 호스트에 연결된 인터페이스를 OSPF area 1에 보내 지역 간 경로^{inter-area route}로 사용하게 한다. 이때 NX-OSv 설정과 출력값은 다음과 같을 것이다.

```
interface Ethernet2/1
 description to iosv-1
  no switchport
  mac-address fa16.3e00.0001
  ip address 10.0.0.6/30
  ip router ospf 1 area 0.0.0.0
  no shutdown

interface Ethernet2/2
  description to Client
  no switchport
  mac-address fa16.3e00.0002
  ip address 10.0.0.9/30
  ip router ospf 1 area 0.0.0.0
  no shutdown

nx-osv-1# sh ip route
<skip>
10.0.0.12/30, ubest/mbest: 1/0
 *via 10.0.0.5, Eth2/1, [110/41], 04:53:02, ospf-1, intra
192.168.0.2/32, ubest/mbest: 1/0
 *via 10.0.0.5, Eth2/1, [110/41], 04:53:02, ospf-1, intra
<skip>
```

NX-OSv의 OSPF neighbor와 BGP 출력값은 다음과 같다. IOSv의 출력값도 이와 비슷하다.

```
nx-osv-1# sh ip ospf neighbors
 OSPF Process ID 1 VRF default
 Total number of neighbors: 1
```

```
Neighbor ID Pri State Up Time Address Interface
192.168.0.2 1 FULL/DR 04:53:00 10.0.0.5 Eth2/1

nx-osv-1# sh ip bgp summary
BGP summary information for VRF default, address family IPv4 Unicast
BGP router identifier 192.168.0.1, local AS number 1
BGP table version is 5, IPv4 Unicast config peers 1, capable peers 1
2 network entries and 2 paths using 288 bytes of memory
BGP attribute entries [2/288], BGP AS path entries [0/0]
BGP community entries [0/0], BGP clusterlist entries [0/0]

Neighbor V AS MsgRcvd MsgSent TblVer InQ OutQ Up/Down State/PfxRcd
192.168.0.2 4 1 321 297 5 0 0 04:52:56 1
```

예제에서 네트워크의 호스트로 사용하고 있는 운영 체제는 우분투 14.04며, 앞에서 사용
해왔던 우분투 VM 16.04와는 몇몇을 제외하고 유사하다.

```
cisco@Server:~$ lsb_release -a
No LSB modules are available.
Distributor ID: Ubuntu
Description: Ubuntu 14.04.2 LTS
Release: 14.04
Codename: trusty
```

두 호스트 모두 두 종류의 네트워크 인터페이스를 갖고 있다. eth0은 관리 네트워크에
(172.16.1.0/24), eth1은 네트워크 기기에(10.0.0.x/30) 연결하는 역할을 한다. 기기 루프백
은 네트워크 블록에 직접 연결돼 있으며, 원격 호스트 네트워크는 관리 네트워크를 통해
정적으로 eth1에 라우팅돼 있다.

```
cisco@Client:~$ route -n
Kernel IP routing table
Destination Gateway Genmask Flags Metric Ref Use Iface
0.0.0.0 172.16.1.2 0.0.0.0 UG 0 0 0 eth0
10.0.0.4 10.0.0.9 255.255.255.252 UG 0 0 0 eth1
```

```
10.0.0.8 0.0.0.0 255.255.255.252 U 0 0 0 eth1
10.0.0.8 10.0.0.9 255.255.255.248 UG 0 0 0 eth1
172.16.1.0 0.0.0.0 255.255.255.0 U 0 0 0 eth0
192.168.0.1 10.0.0.9 255.255.255.255 UGH 0 0 0 eth1
192.168.0.2 10.0.0.9 255.255.255.255 UGH 0 0 0 eth1
```

클라이언트와 서버 간에 제대로 동작하는지 확인하기 위해 핑을 보낸 후, 호스트 간의 트래픽이 지정한 대로 네트워크 기기 간에 라우팅되는지 살펴보자.

```
## 서버 IP: 10.0.0.14
cisco@Server:~$ ifconfig
<skip>
eth1 Link encap:Ethernet HWaddr fa:16:3e:d6:83:02
 inet addr:10.0.0.14 Bcast:10.0.0.15 Mask:255.255.255.252

## 클라이언트에서 서버로 핑 보내기
cisco@Client:~$ ping -c 1 10.0.0.14
PING 10.0.0.14 (10.0.0.14) 56(84) bytes of data.
64 bytes from 10.0.0.14: icmp_seq=1 ttl=62 time=6.22 ms

--- 10.0.0.14 ping statistics ---
1 packets transmitted, 1 received, 0% packet loss, time 0ms
rtt min/avg/max/mdev = 6.223/6.223/6.223/0.000 ms

## 클라이언트에서 서버로 traceroute
   cisco@Client:~$ traceroute 10.0.0.14
traceroute to 10.0.0.14 (10.0.0.14), 30 hops max, 60 byte packets
 1 10.0.0.9 (10.0.0.9) 11.335 ms 11.745 ms 12.113 ms
 2 10.0.0.5 (10.0.0.5) 24.221 ms 41.635 ms 41.638 ms
 3 10.0.0.14 (10.0.0.14) 37.916 ms 38.275 ms 38.588 ms
cisco@Client:~$
```

랩을 구축했으므로 파이썬을 통한 보안 도구 및 모니터링을 수행해보자.

파이썬 스카피

스카피^{Scapy}(http://scapy.net)는 파이썬을 기반으로 한 강력한 대화형 패킷 생성 프로그램이다. 다른 비싼 상용 프로그램까지 통틀어도 스카피만큼 기능이 많은 도구는 많지 않다.

특히 스카피는 가장 기본 수준에까지 패킷을 원하는 대로 만들어낼 수 있다는 장점이 있다. 이를 이용하면 네트워크 패킷을 흉내 내거나 디코딩할 수도 있다. 개발자의 말을 직접 들어보자.

> 스카피는 매우 강력한 대화형 패킷 조작 프로그램입니다. 다양한 프로토콜의 패킷을 위조하거나 디코드할 수 있고, 패킷을 보내거나, 캡처하거나, 요청에 맞춰 응답하는 등 많은 기능을 제공합니다. 불필요한 과정 없이, 정확히 사용자가 원하는 기능에 집중할 수 있습니다.

이제 스카피를 좀 더 자세히 살펴보자.

스카피 설치

이 책을 쓰는 시점에서 스카피 2.3.1은 파이썬 2.7을 지원한다. 파이썬 3을 지원하려는 시도가 계속되고 있으며, 몇 번의 시도 끝에 2.3.3 버전부터 파이썬 3을 지원하고 있기는 하다. 테스트용으로는 2.3.3 또는 이후 버전을 사용해보는 것도 좋을 것이다. 이 책에서는 스카피 2.3.1 버전과 파이썬 2.7을 기준으로 스카피를 설명한다. 이유는 아래 박스를 참고하라.

 스카피의 파이썬 3 지원은 2015년 2.2.0 버전에서 파이썬 2의 지원을 중단하려는 시도인 스카피3k 프로젝트에서부터 시작한다. 이 프로젝트는 메인 코드 베이스를 포크하는 식으로 진행됐다(이 책의 1판에서는 관련 내용을 언급한 바 있다). 따라서 PyPI(파이썬 패키지 저장소, Python Package Index)상의 python3-scapy와 공식 코드 베이스 간에 혼동이 발생하게 된다. 이 책의 목적은 스카피를 익히는 것이기 때문에 파이썬 2를 지원하는 스카피 버전을 기준으로 설명하겠다.

앞에서 만든 랩에서 클라이언트에서 목적지 서버로 향하는 패킷을 만들기 위해 스카피를
클라이언트에 설치한다.

```
cisco@Client:~$ sudo apt-get update
cisco@Client:~$ sudo apt-get install git
cisco@Client:~$ git clone https://github.com/secdev/scapy
cisco@Client:~$ cd scapy/
cisco@Client:~/scapy$ sudo python setup.py install
```

패키지가 제대로 설치됐는지 테스트해보자.

```
cisco@Client:~/scapy$ python
Python 2.7.6 (default, Mar 22 2014, 22:59:56)
[GCC 4.8.2] on linux2
Type "help", "copyright", "credits" or "license" for more information.
>>> from scapy.all import *
```

대화형 예제

우선 클라이언트에서 **인터넷 제어 메시지 프로토콜**ICMP, Internet Control Message Protocol 패킷을 생성
해 서버로 보내보자. tcpdump와 호스트 필터를 사용해 패킷이 들어오는 것을 확인해보자.

```
## 클라이언트쪽
cisco@Client:~/scapy$ sudo scapy
<skip>
Welcome to Scapy (2.3.3.dev274)
>>> send(IP(dst="10.0.0.14")/ICMP())
.
Sent 1 packets.
>>>

## 서버 쪽
```

```
cisco@Server:~$ sudo tcpdump -i eth1 host 10.0.0.10
tcpdump: verbose output suppressed, use -v or -vv for full protocol decode
listening on eth1, link-type EN10MB (Ethernet), capture size 65535 bytes
02:45:16.400162 IP 10.0.0.10 > 10.0.0.14: ICMP echo request, id 0, seq 0,
length 8
02:45:16.400192 IP 10.0.0.14 > 10.0.0.10: ICMP echo reply, id 0, seq 0,
length 8
```

패킷을 만드는 것은 매우 간단하다. 스카피는 슬래시(/)로 레이어를 구분해 패킷을 생성
한다. send 함수는 레이어 3 레벨에서 수행되며, 라우팅과 레이어 2를 제어할 수 있도록
해준다. sendp() 함수를 통해 레이어 2에서 인터페이스와 링크 레이어 프로토콜을 지정
할 수도 있다.

이제 send-request(sr) 함수를 사용해 반환되는 패킷을 확인해보자. 먼저 sr1이 라는 특
수한 sr 변수를 사용해 패킷 요청으로 반환되는 패킷만을 반환한다.

```
>>> p = sr1(IP(dst="10.0.0.14")/ICMP())
>>> p
<IP version=4L ihl=5L tos=0x0 len=28 id=26713 flags= frag=0L ttl=62
proto=icmp chksum=0x71 src=10.0.0.14 dst=10.0.0.10 options=[] |<ICMP
type=echo-reply code=0 chksum=0xffff id=0x0 seq=0x0 |>>
```

이때 sr() 함수가 응답한 목록과 응답하지 않은 목록으로 구분해 튜플을 반환함에 유의
하라.

```
>>> p = sr(IP(dst="10.0.0.14")/ICMP())
>>> type(p)
<type 'tuple'>

## 언패킹
>>> ans,unans = sr(IP(dst="10.0.0.14")/ICMP())
>>> type(ans)
<class 'scapy.plist.SndRcvList'>
```

```
>>> type(unans)
<class 'scapy.plist.PacketList'>
```

응답한 패킷 목록을 살펴보면 각 항목은 보내고 반환된 패킷을 담은 또 다른 튜플이 있는지 확인할 수 있다.

```
>>> for i in ans:
...     print(type(i))
...
<type 'tuple'>
>>> for i in ans:
...     print i
...
(<IP frag=0 proto=icmp dst=10.0.0.14 |<ICMP |>>, <IP version=4L ihl=5L
tos=0x0 len=28 id=27062 flags= frag=0L ttl=62 proto=icmp chksum=0xff13
src=10.0.0.14 dst=10.0.0.10 options=[] |<ICMP type=echo-reply code=0
chksum=0xffff id=0x0 seq=0x0 |>>)
```

또한 스카피는 DNS 쿼리 등 레이어 7의 기능도 제공한다. 다음 예제는 www.google.com에 접속하기 위한 공개 DNS 서버 쿼리를 요청하고 있다.

```
>>> p =
sr1(IP(dst="8.8.8.8")/UDP()/DNS(rd=1,qd=DNSQR(qname="www.google.com")))
>>> p
<IP version=4L ihl=5L tos=0x0 len=76 id=21743 flags= frag=0L ttl=128
proto=udp chksum=0x27fa src=8.8.8.8 dst=172.16.1.152 options=[] |<UDP
sport=domain dport=domain len=56 chksum=0xc077 |<DNS id=0 qr=1L
opcode=QUERY aa=0L tc=0L rd=1L ra=1L z=0L ad=0L cd=0L rcode=ok qdcount=1
ancount=1 nscount=0 arcount=0 qd=<DNSQR qname='www.google.com.' qtype=A
qclass=IN |> an=<DNSRR rrname='www.google.com.' type=A rclass=IN ttl=299
rdata='172.217.3.164' |> ns=None ar=None |>>>
>>>
```

스니핑

스카피를 사용하면 패킷을 쉽게 캡처할 수 있다.

```
>>> a = sniff(filter="icmp and host 172.217.3.164", count=5)
>>> a.show()
0000 Ether / IP / TCP 192.168.225.146:ssh > 192.168.225.1:50862 PA / Raw
0001 Ether / IP / ICMP 192.168.225.146 > 172.217.3.164 echo-request 0 / Raw
0002 Ether / IP / ICMP 172.217.3.164 > 192.168.225.146 echo-reply 0 / Raw
0003 Ether / IP / ICMP 192.168.225.146 > 172.217.3.164 echo-request 0 / Raw
0004 Ether / IP / ICMP 172.217.3.164 > 192.168.225.146 echo-reply 0 / Raw
>>>
```

캡처한 패킷의 내용을 자세히 살펴볼 수도 있다.

```
>>> for i in a:
...     print i.show()
...
<skip>
###[ Ethernet ]###
 dst= <>
 src= <>
 type= 0x800
###[ IP ]###
 version= 4L
 ihl= 5L
 tos= 0x0
 len= 84
 id= 15714
 flags= DF
 frag= 0L
 ttl= 64
 proto= icmp
 chksum= 0xaa8e
 src= 192.168.225.146
 dst= 172.217.3.164
```

```
 options
###[ ICMP ]###
 type= echo-request
 code= 0
 chksum= 0xe1cf
 id= 0xaa67
 seq= 0x1
###[ Raw ]###
 load=
'xd6xbfxb1Xx00x00x00x00x1axdcnx00x00x00x00x00x10x11x12x13x14x15x16x17x18x19
x1ax1bx1cx1dx1ex1f !"#$%&'()*+,-./01234567'
None
```

스카피의 기본 작동 원리를 살펴봤다. 다음으로 스카피를 일반적인 보안 테스팅용으로 사용하는 방법을 알아보자.

TCP 포트 스캔

네트워크를 해킹할 때 제일 먼저 해야 할 일은 어떤 서비스가 열려 있는지를 확인해 공격을 집중할 부분을 찾는 것이다. 물론 통신에 필요한 포트는 어쩔 수 없이 공격에 대한 리스크를 감수하고 열어야 한다. 그러나 더 큰 공격에 불필요하게 노출되는 것을 피하기 위해서는 최대한 사용하지 않는 포트를 닫아 놓아야 한다. 스카피를 사용하면 호스트에 대해 간단하게 열려 있는 TCP 포트를 스캔할 수 있다.

SYN 패킷을 보낸 후 서버가 SYN-ACK를 반환하는지 확인한다.

```
>>> p = sr1(IP(dst="10.0.0.14")/TCP(sport=666,dport=23,flags="S"))
>>> p.show()
###[ IP ]###
 version= 4L
 ihl= 5L
 tos= 0x0
 len= 40
```

```
 id= 25373
 flags= DF
 frag= 0L
 ttl= 62
 proto= tcp
 chksum= 0xc59b
 src= 10.0.0.14
 dst= 10.0.0.10
 options
###[ TCP ]###
 sport= telnet
 dport= 666
 seq= 0
 ack= 1
 dataofs= 5L
 reserved= 0L
 flags= RA
 window= 0
 chksum= 0x9907
 urgptr= 0
 options= {}
```

위 출력값에서 서버는 TCP 포트 23에 대해 RESET+ACK를 반환하고 있다는 것을 알 수 있다. 그러나 포트 22(SSH)는 열려 있으므로 SYN-ACK가 반환된다는 것을 확인할 수 있다.

```
>>> p = sr1(IP(dst="10.0.0.14")/TCP(sport=666,dport=22,flags="S"))
>>> p.show()
###[ IP ]###
 version= 4L
<skip>
proto= tcp
 chksum= 0x28b5
 src= 10.0.0.14
 dst= 10.0.0.10
 options
###[ TCP ]###
 sport= ssh
```

```
 dport= 666
<skip>
 flags= SA
<skip>
```

다음 코드는 목적지 포트를 20~22 범위로 설정해 스캔한 것이다. 이 경우 sr1() 대신 sr() 함수를 써서 여러 패킷을 주고 받게 했다는 것에 유의하라.

```
>>> ans,unans =
sr(IP(dst="10.0.0.14")/TCP(sport=666,dport=(20,22),flags="S"))
>>> for i in ans:
...     print i
...
(<IP frag=0 proto=tcp dst=10.0.0.14 |<TCP sport=666 dport=ftp_data flags=S
|>>, <IP version=4L ihl=5L tos=0x0 len=40 id=4126 flags=DF frag=0L ttl=62
proto=tcp chksum=0x189b src=10.0.0.14 dst=10.0.0.10 options=[] |<TCP
sport=ftp_data dport=666 seq=0 ack=1 dataofs=5L reserved=0L flags=RA
window=0 chksum=0x990a urgptr=0 |>>)
(<IP frag=0 proto=tcp dst=10.0.0.14 |<TCP sport=666 dport=ftp flags=S |>>,
<IP version=4L ihl=5L tos=0x0 len=40 id=4127 flags=DF frag=0L ttl=62
proto=tcp chksum=0x189a src=10.0.0.14 dst=10.0.0.10 options=[] |<TCP
sport=ftp dport=666 seq=0 ack=1 dataofs=5L reserved=0L flags=RA window=0
chksum=0x9909 urgptr=0 |>>)
(<IP frag=0 proto=tcp dst=10.0.0.14 |<TCP sport=666 dport=ssh flags=S |>>,
<IP version=4L ihl=5L tos=0x0 len=44 id=0 flags=DF frag=0L ttl=62 proto=tcp
chksum=0x28b5 src=10.0.0.14 dst=10.0.0.10 options=[] |<TCP sport=ssh
dport=666 seq=4187384571 ack=1 dataofs=6L reserved=0L flags=SA window=29200
chksum=0xaaab urgptr=0 options=[('MSS', 1460)] |>>)
>>>
```

하나의 호스트 대신 목적지 네트워크를 지정할 수도 있다. 다음 예제의 경우 10.0.0.8/29 블록에서 호스트 10.0.0.9, 10.0.0.13, 10.0.0.14가 SA를 반환하는 것을 확인할 수 있다. 이 주소는 2개의 네트워크 기기와 호스트를 가리킨다.

```
>>> ans,unans =
sr(IP(dst="10.0.0.8/29")/TCP(sport=666,dport=(22),flags="S"))
>>> for i in ans:
...     print(i)
...
(<IP frag=0 proto=tcp dst=10.0.0.9 |<TCP sport=666 dport=ssh flags=S |>>,
<IP version=4L ihl=5L tos=0x0 len=44 id=7304 flags= frag=0L ttl=64
proto=tcp chksum=0x4a32 src=10.0.0.9 dst=10.0.0.10 options=[] |<TCP
sport=ssh dport=666 seq=541401209 ack=1 dataofs=6L reserved=0L flags=SA
window=17292 chksum=0xfd18 urgptr=0 options=[('MSS', 1444)] |>>)
(<IP frag=0 proto=tcp dst=10.0.0.14 |<TCP sport=666 dport=ssh flags=S |>>,
<IP version=4L ihl=5L tos=0x0 len=44 id=0 flags=DF frag=0L ttl=62 proto=tcp
chksum=0x28b5 src=10.0.0.14 dst=10.0.0.10 options=[] |<TCP sport=ssh
dport=666 seq=4222593330 ack=1 dataofs=6L reserved=0L flags=SA window=29200
chksum=0x6a5b urgptr=0 options=[('MSS', 1460)] |>>)
(<IP frag=0 proto=tcp dst=10.0.0.13 |<TCP sport=666 dport=ssh flags=S |>>,
<IP version=4L ihl=5L tos=0x0 len=44 id=41992 flags= frag=0L ttl=254
proto=tcp chksum=0x4ad src=10.0.0.13 dst=10.0.0.10 options=[] |<TCP
=ssh dport=666 seq=2167267659 ack=1 dataofs=6L reserved=0L flags=SA
window=4128 chksum=0x1252 urgptr=0 options=[('MSS', 536)] |>>)
```

지금까지 배운 내용을 종합해 재사용할 수 있는 간단한 스크립트 scapy_tcp_scan_1.py를 만들어보자. 우선 스카피와 sys 모듈을 불러와 인수를 받을 수 있도록 한다.

```
#!/usr/bin/env python2

from scapy.all import *
import sys
```

tcp_scan() 함수의 내용은 지금까지 살펴봤던 코드와 비슷하다.

```
def tcp_scan(destination, dport):
    ans, unans =
sr(IP(dst=destination)/TCP(sport=666,dport=dport,flags="S"))
    for sending, returned in ans:
```

```
        if 'SA' in str(returned[TCP].flags):
              return destination + " port " + str(sending[TCP].dport) + "
is open"
        else:
              return destination + " port " + str(sending[TCP].dport) + "
is not open"
```

다음 인수로부터 값을 입력받아 main() 내에서 tcp_san() 함수를 호출한다.

```
def main():
    destination = sys.argv[1]
    port = int(sys.argv[2])
    scan_result = tcp_scan(destination, port)
    print(scan_result)
if __name__ == "__main__":
    main()
```

저레벨 네트워크에 접근하기 위해서는 루트 권한이 필요하므로 이 스크립트는 sudo 명령어로 실행해야 한다.

```
cisco@Client:~$ sudo python scapy_tcp_scan_1.py "10.0.0.14" 23
<skip>
10.0.0.14 port 23 is not open
cisco@Client:~$ sudo python scapy_tcp_scan_1.py "10.0.0.14" 22
<skip>
10.0.0.14 port 22 is open
```

다소 양이 많지만 TCP 스캔 스크립트를 통해 스카피가 어떻게 패킷을 마음대로 생성할 수 있는지 살펴봤다. 아울러 간단한 스크립트를 통해 이를 대화형 셸에서 실행하는 과정도 알아봤다. 이제 더 많은 예제를 통해 보안 테스팅에 스카피를 적용하는 방법에 대해 알아보자.

핑 콜렉션

네트워크가 윈도우, 유닉스, 리눅스 등 다양한 머신이 섞여 있는 BYOD^{Bring Your Own Device} 정책을 취하고 있다고 가정해보자. 이 경우 머신별로 ICMP 핑을 지원할 수도 있고 하지 않을 수도 있다. 따라서 흔히 쓰이는 ICMP, TCP, UDP 세 종류의 핑을 동시에 지원하는 파일이 필요하다. 다음과 같이 scapy_ping_collection.py 파일을 작성해보자.

```python
#!/usr/bin/env python2

from scapy.all import *

def icmp_ping(destination):
    # 일반 ICMP 핑
    ans, unans = sr(IP(dst=destination)/ICMP())
    return ans

def tcp_ping(destination, dport):
    # TCP SYN 스캔
    ans, unans = sr(IP(dst=destination)/TCP(dport=dport,flags="S"))
    return ans

def udp_ping(destination):
    # 포트 닫힘: ICMP 포트 접속불가 오류 발생
    ans, unans = sr(IP(dst=destination)/UDP(dport=0))
    return ans
```

추가로 summary()와 sprintf()를 사용해 결과를 출력한다.

```python
def answer_summary(answer_list):
  # 람다 함수를 사용한 print 예제
    answer_list.summary(lambda s, r: r.sprintf("%IP.src% is alive"))
```

이제 하나의 스크립트로 네트워크에 세 종류의 핑을 동시에 보낼 수 있다.

```
def main():
    print("** ICMP Ping **")
    ans = icmp_ping("10.0.0.13-14")
    answer_summary(ans)
    print("** TCP Ping **")
    ans = tcp_ping("10.0.0.13", 22)
    answer_summary(ans)
    print("** UDP Ping **")
    ans = udp_ping("10.0.0.13-14")
    answer_summary(ans)

if __name__ == "__main__":
    main()
```

패킷을 원하는 대로 만들 수 있다는 점을 이용하면 원하는 방식으로 동작과 테스트를 지정할 수도 있다.

네트워크 공격

이 절에서는 스카피를 이용해 죽음의 핑(https://en.wikipedia.org/wiki/Ping_of_death)이나 랜드 공격(https://en.wikipedia.org/wiki/Denial-of-service_attack)을 구현하는 방법을 알아본다. 이전에 상용 소프트웨어를 구입해 이 공격 방식에 네트워크 보안 테스트를 수행해 봤을 수도 있다. 스카피를 사용하면 원하는 대로 이런 공격을 구현할 뿐 아니라 더 많은 종류의 공격을 추가할 수도 있다.

먼저 간단하게 bogus IP 헤더를 보내보자. 길이는 2, IP 버전은 3으로 한다.

```
def malformed_packet_attack(host):
    send(IP(dst=host, ihl=2, version=3)/ICMP())
```

죽음의 핑 공격은 일반적인 ICMP 패킷에 65,535바이트 이상의 페이로드를 포함해 보낸다.

```
def ping_of_death_attack(host):
    # https://en.wikipedia.org/wiki/Ping_of_death
    send(fragment(IP(dst=host)/ICMP()/("X"*60000)))
```

land_attack은 클라이언트가 계속 클라이언트 자신으로 리다이렉트되도록 해서 호스트의 자원을 끝없이 소진한다.

```
def land_attack(host):
    # https://en.wikipedia.org/wiki/Denial-of-service_attack
    send(IP(src=host, dst=host)/TCP(sport=135,dport=135))
```

이런 공격은 고전적인 방식으로 현대 운영 체제에는 그다지 위협적인 방법이 아니다. 우분투 14.04 호스트에서 위의 코드들은 어떠한 영향도 미치지 않는다. 그러나 스카피는 수많은 공격 방법을 재현해 시스템의 안전성을 테스트해보는 데 매우 유용한 도구다. 제로데이(취약점에 대해 알려지기 전의) 공격이 점점 많아지는 최근 인터넷 상황에서는 더욱 그렇다.

스카피 리소스

스카피는 매우 훌륭한 도구기 때문에 6장에서는 많은 분량을 할애해 설명한다. 나는 네트워크 엔지니어에게 이 도구가 유용하게 쓰일 수 있다는 점을 강조하고 싶다. 가장 중요한 부분은 스카피가 커뮤니티에 의해 계속 개발되고 있다는 점이다.

 공식 튜토리얼(http://scapy.readthedocs.io/en/latest/usage.html#interactive-tutorial)을 통해 스카피을 좀 더 자세히 살펴보길 추천한다.

❘ 접근 목록

네트워크 접근 목록은 외부로부터의 침입과 공격을 막는 가장 기본적인 방법이다. 일반적으로 라우터나 스위치는 패킷을 서버보다 빨리 처리한다. **내용 주소화 기억 장치**TCAM, Ternary Content-Addressable Memory 같은 하드웨어를 사용하기 때문이다. 이런 기기는 애플리케이션 레이어 정보를 참조할 필요 없이 레이어 3과 4만을 검사해 패킷이 통과할 수 있는지를 확인한다. 따라서 네트워크 기기의 접근 목록을 사용하면 네트워크 리소스에 대한 기본 방어를 구현할 수 있다.

경험적으로 접근 목록은 출발지에 가능한 한 가까이 위치하도록 하는 것이 좋다. 또한 우리는 네트워크 내부의 호스트를 신뢰할 수 있는 반면, 바깥의 클라이언트는 신뢰할 수 없으므로 접근 목록은 외부에서 네트워크 인터페이스로의 인바운드 방향을 향해야 한다. 앞에서 만든 랩의 경우 접근 목록은 Ethernet2/2의 인바운드 방향, 즉 클라이언트 호스트에 직접 연결된 방향으로 설치돼야 한다.

접근 목록의 방향과 위치를 결정하지 못하고 있다면 다음 내용이 도움이 될 것이다.

- 네트워크 기기의 관점에서 접근 목록을 생각하라.
- 하나의 호스트에 대해 출발지와 목적지 IP가 포함된 패킷을 생각해보라.
  - 앞에서 만든 랩의 경우 서버에서 출발한 트래픽의 출발지 IP는 `10.0.0.14`, 목적지 IP는 `10.0.0.10`이다.
  - 클라이언트에서 출발한 트래픽의 출발지 IP는 `10.0.0.10`, 목적지 IP는 `10.0.0.14`이다.

모든 네트워크는 각기 다르게 구성되며 접근 목록은 서버에서 어떤 서비스를 제공할 것인지에 따라 달라진다. 하지만 인바운드 경계에 접근 목록을 만들기 위해서는 다음 작업을 수행해야 한다.

- RFC 3030 special-use 주소 출발지(`127.0.0.0/8`)를 거부한다.
- RFC 1918 공간(`10.0.0.0/8`)을 거부한다.
- 현재 공간을 출발지로 삼지 못한다(`10.0.0.12/30`).
- 호스트 `10.0.0.14`의 인바운드 TCP 포트 22(SSH) 및 80(HTTP)를 허가한다.
- 나머지를 모두 차단한다.

앤서블을 통한 접근 목록 구현

접근 목록을 구현하는 가장 쉬운 방법은 앤서블을 통하는 것이다. 이미 4, 5장에서 앤서블을 자세히 살펴봤지만, 접근 목록에 앤서블을 사용할 때의 장점을 다시 설명하면 다음과 같다.

- **쉬운 관리**: 긴 접근 목록의 경우 include 문을 사용해보기 편하게 여러 개로 쪼갤 수 있다. 또한 다른 팀이나 서비스 소유자가 관리하기에도 쉽다.
- **멱등성**: 표준으로 작동하는 플레이북을 작성해 놓고 필요한 부분만 수정할 수도 있다.

- **명시적 작업**: 각 기기의 접근 목록을 작성하고 적용하는 과정을 분리해 수행할 수 있다.

- **재사용성**: 나중에 추가 인터페이스를 외부와 통신하게 한다면, 접근 목록에서 해당 기기를 추가하기만 하면 된다.

- **확장성**: 위의 내용에서 볼 수 있듯이 같은 플레이북을 통해 각 기기에 대한 접근 목록을 작성하고 적용할 수 있다. 더 나아가 필요하다면 플레이북에 확장된 내용을 담아 분리해 사용할 수도 있다.

우선 표준 호스트 파일을 작성하자. 간결성을 위해 호스트 변수를 인벤토리 파일에 바로 작성했음을 유의하라.

```
[nxosv-devices]
nx-osv-1 ansible_host=172.16.1.155 ansible_username=cisco
ansible_password=cisco
```

플레이북은 변수를 정의하는 것부터 시작한다.

```
---
- name: Configure Access List
  hosts: "nxosv-devices"
  gather_facts: false
  connection: local

  vars:
    cli:
     host: "{{ ansible_host }}"
     username: "{{ ansible_username }}"
     password: "{{ ansible_password }}"
     transport: cli
```

공간을 절약하기 위해 여기서는 RFC 1918만 거부하는 코드를 작성한다. 다른 출발지인 RFC 3030이나 현재 공간 등도 마찬가지 방법으로 거부하면 된다. 10.0.0.0을 네트워크 어드레싱을 위해 사용하고 있으므로 이 플레이북에서는 10.0.0.0/8을 거부하지 않는다는 것에 유의하라. 물론 단일 호스트만 허용하고 뒤의 항목에서 10.0.0.0/8을 거부할 수도 있지만 우선은 그냥 넘어가자.

```
tasks:
  - nxos_acl:
      name: border_inbound
      seq: 20
      action: deny
      proto: tcp
      src: 172.16.0.0/12
      dest: any
      log: enable
      state: present
      provider: "{{ cli }}"
  - nxos_acl:
      name: border_inbound
      seq: 40
      action: permit
      proto: tcp
      src: any
      dest: 10.0.0.14/32
      dest_port_op: eq
      dest_port1: 22
      state: present
      log: enable
      provider: "{{ cli }}"
  - nxos_acl:
      name: border_inbound
      seq: 50
      action: permit
      proto: tcp
      src: any
      dest: 10.0.0.14/32
```

```
            dest_port_op: eq
            dest_port1: 80
            state: present
            log: enable
            provider: "{{ cli }}"
  - nxos_acl:
            name: border_inbound
            seq: 60
            action: permit
            proto: tcp
            src: any
            dest: any
            state: present
            log: enable
            established: enable
            provider: "{{ cli }}"
  - nxos_acl:
            name: border_inbound
            seq: 1000
            action: deny
            proto: ip
            src: any
            dest: any
            state: present
            log: enable
            provider: "{{ cli }}"
```

서버에서 출발해 되돌아오도록 지정된 연결은 허용하고 있다는 것에 유의하라. 마지막 deny ip any any 문은 높은 시퀀스 번호(1000)를 부여했으므로 나중에 필요하다면 추가 항목을 끼워 넣을 수 있다.

이제 접근 목록을 원하는 인터페이스에 적용해보자.

```
- name: apply ingress acl to Ethernet 2/2
  nxos_acl_interface:
    name: border_inbound
```

```
interface: Ethernet2/2
direction: ingress
state: present
provider: "{{ cli }}"
```

 VIRL NX-OSv의 접근 목록은 관리 인터페이스에만 지원된다. CLI를 통해 ACL을 설정하면, 실행 시 다음과 같은 경고 "Warning: ACL may not behave as expected since only management interface is supported."가 나타날 것이다. 이 예제의 경우 접근 목록을 자동화하는 방법을 보여주기 위함이므로 이 경고는 무시해도 된다.

하나의 접근 목록을 만들기 위해 번거로운 작업이 필요한 것처럼 보일지도 모른다. 숙련된 엔지니어는 앤서블을 사용하는 것보다는 그냥 기기에 로그인해 접근 목록을 작성하는 것이 더 빠를 것이다. 그러나 이 플레이북이 재사용될 수 있으며, 장기적으로는 시간이 절약된다는 점을 명심하라.

많은 경우 긴 접근 목록에서 하나의 서비스를 위한 항목은 그 중 일부에 불과하다. 시간이 지나면 접근 목록은 금세 불어나기 마련이고, 각 항목을 모두 관리하고 다듬는 일은 점점 어려워진다. 따라서 이를 여러 개로 쪼개면 각자 관리하기가 매우 쉬워진다.

MAC 접근 목록

L2 환경이나 IP가 적용되지 않는 이더넷 인터페이스에서 작업하고 있다면, MAC 주소 접근 목록을 통해 호스트를 거부하거나 허용할 수 있다. MAC 주소를 기준으로 대입해본다는 사실을 제외하면, 이 접근 목록은 IP 주소 접근 목록과 비슷한 방식으로 동작한다. MAC 주소 또는 물리 주소는 6개의 16진수로 이뤄진 **조직 고유 식별자**^{OUI, Organizationally Unique Identifier}며, 이를 이용하면 단일 호스트 또는 호스트 그룹을 거부하는 것도 가능하다.

이 책에서는 IOSv의 ios_config 모듈에서 접근 목록을 테스트하고 있다는 것에 유의하라. 오래된 앤서블 버전에서는 플레이북이 실행될 때마다 변경 사항이 발생한다. 최신 버전에서는 컨트롤 노드가 처음에만 변경 사항을 확인하고 변경이 이뤄졌을 때에만 필요한 동작을 수행한다.

호스트 파일과 플레이북의 앞부분은 IP 접근 목록과 비슷하다. 작업 절에서 모듈과 인수를 사용하는 부분에서 차이가 생긴다.

```
<skip>
  tasks:
    - name: Deny Hosts with vendor id fa16.3e00.0000
      ios_config:
        lines:
          - access-list 700 deny fa16.3e00.0000 0000.00FF.FFFF
          - access-list 700 permit 0000.0000.0000 FFFF.FFFF.FFFF
        provider: "{{ cli }}"
    - name: Apply filter on bridge group 1
      ios_config:
        lines:
          - bridge-group 1
          - bridge-group 1 input-address-list 700
        parents:
          - interface GigabitEthernet0/1
        provider: "{{ cli }}"
```

가상 네트워크가 더 많이 사용되면서 L3 정보가 기본적인 가상 링크에 의해 노출될 위험성이 있다. 이런 링크에 접근하지 못하게 차단해야 할 때는 MAC 접근 목록이 중요한 역할을 한다.

▌ Syslog 검색

오랜 시간 동안 수행되는 네트워크 보안 공격에 대해 생각해보자. 느린 공격은 많은 경우 서버와 네트워크 로그를 분석해 수상한 활동이 존재하는지 흔적을 찾아내야 발견할 수 있다. 이런 흔적은 서버단이나 네트워크 기기단에서 모두 찾을 수 있다. 정보가 부족해서가 아니라 오히려 너무 많은 정보가 있기 때문에 이런 활동을 미처 찾아내지 못하는 경우가 많다. 우리가 찾아내야 하는 중요한 단서는 정보의 산 속에 파묻혀 얼렁뚱땅 넘어가기 마련이다.

 syslog가 아닌 UFW(Uncompliated Firewall)을 사용해도 서버의 로그 정보를 확인할 수 있다. UFW는 서버 방화벽인 iptable의 프론트엔드다. UFW는 방화벽 규칙을 매우 간단하게 관리할 수 있으며, 많은 양의 정보를 로깅할 수 있다. UFW에 대한 좀 더 자세한 내용은 다른 도구를 참고하라.

이 절에서는 파이썬을 사용해 Syslog 텍스트에서 원하는 활동을 찾아보는 방법을 알아볼 것이다. 물론 어떤 검색어를 넣을지는 사용하고 있는 기기에 따라 달라진다. 예를 들어 시스코는 Syslog에서 접근 목록이 공격받는 경우에 나타나는 메시지 목록을 제공한다. https://www.cisco.com/c/en/us/about/security-center/identify-incidents-via-syslog.html를 참고하라.

 접근 제어 목록 로깅에 대한 더 자세한 내용은 다음 사이트를 참고하라.
https://www.cisco.com/c/en/us/about/security-center/access-control-list-logging.html

예제에서는 넥서스 스위치 익명화 syslog 파일을 사용한다. 파일에는 약 65,000줄의 로그 메시지가 포함돼 있으며, 이 책의 깃허브 저장소에 있으므로 자유롭게 쓸 수 있다.

```
$ wc -l sample_log_anonymized.log
65102 sample_log_anonymized.log
```

시스코 문서 https://www.cisco.com/c/en/us/support/docs/switches/nexus−7000−
series−switches/118907−configure−nx7k−00.html을 참고해 검색할 Syslog 메시지
를 파일 안에 추가해 놓았다.

```
2014 Jun 29 19:20:57 Nexus-7000 %VSHD-5-VSHD_SYSLOG_CONFIG_I: Configured
from vty by admin on console0
2014 Jun 29 19:21:18 Nexus-7000 %ACLLOG-5-ACLLOG_FLOW_INTERVAL: Src IP:
10.1 0.10.1,
 Dst IP: 172.16.10.10, Src Port: 0, Dst Port: 0, Src Intf: Ethernet4/1, Pro
tocol: "ICMP"(1), Hit-count = 2589
2014 Jun 29 19:26:18 Nexus-7000 %ACLLOG-5-ACLLOG_FLOW_INTERVAL: Src IP:
10.1 0.10.1, Dst IP: 172.16.10.10, Src Port: 0, Dst Port: 0, Src Intf:
Ethernet4/1, Pro tocol: "ICMP"(1), Hit-count = 4561
```

정규 표현식을 사용해 간단한 예제를 구현해보자. 정규 표현식을 잘 알고 있다면 다음 절
은 건너뛰어도 무방하다.

RE 모듈 검색

우선 간단하게 정규 표현식 모듈을 사용해 원하는 내용을 찾아보자. 다음과 같이 단순한
반복문을 작성하라.

```
#!/usr/bin/env python3

import re, datetime

startTime = datetime.datetime.now()

with open('sample_log_anonymized.log', 'r') as f:
```

```
    for line in f.readlines():
        if re.search('ACLLOG-5-ACLLOG_FLOW_INTERVAL', line):
            print(line)

endTime = datetime.datetime.now()
elapsedTime = endTime - startTime
print("Time Elapsed: " + str(elapsedTime))
```

스크립트를 실행하면 0.06초 정도 동안 다음과 같이 로그 파일을 검색한다.

```
$ python3 python_re_search_1.py
2014 Jun 29 19:21:18 Nexus-7000 %ACLLOG-5-ACLLOG_FLOW_INTERVAL: Src IP:
10.1 0.10.1,
2014 Jun 29 19:26:18 Nexus-7000 %ACLLOG-5-ACLLOG_FLOW_INTERVAL: Src IP:
10.1 0.10.1,
Time Elapsed: 0:00:00.065436
```

더 효율적인 검색을 위해 검색어를 컴파일하는 것을 추천한다. 이 예제의 경우 충분히 빠르기 때문에 컴파일한다 해도 향상을 체감하기 어려울 것이다. 사실 파이썬의 인터프리터적인 성격은 속도라는 측면에서는 단점으로 작용한다. 특히 매우 커다란 텍스트 파일을 검색하기 시작할 때에 차이가 확연히 느껴질 것이다.

```
searchTerm = re.compile('ACLLOG-5-ACLLOG_FLOW_INTERVAL')

with open('sample_log_anonymized.log', 'r') as f:
    for line in f.readlines():
        if re.search(searchTerm, line):
            print(line)
```

실행 시간은 오히려 조금 느려진 것을 확인할 수 있다.

```
Time Elapsed: 0:00:00.081541
```

예제를 확장해보자. 여러 파일에 여러 검색어를 대입해 검색하는 상황을 만들기 위해 우선 처음에 만든 파일을 복사한다.

```
$ cp sample_log_anonymized.log sample_log_anonymized_1.log
```

추가로 PAML Authentication failure 문구를 검색할 것이다. 이를 위해 반복문을 추가해 두 파일을 검색한다.

```
term1 = re.compile('ACLLOG-5-ACLLOG_FLOW_INTERVAL')
term2 = re.compile('PAM: Authentication failure')

fileList = ['sample_log_anonymized.log', 'sample_log_anonymized_1.log']

for log in fileList:
    with open(log, 'r') as f:
        for line in f.readlines():
            if re.search(term1, line) or re.search(term2, line):
                print(line)
```

검색어나 메시지 숫자를 변화시켜가며 테스트해보면, 검색 능력과 성능에서 차이가 있다는 것을 확인할 수 있다.

```
$ python3 python_re_search_2.py
2016 Jun 5 16:49:33 NEXUS-A %DAEMON-3-SYSTEM_MSG: error: PAM:
Authentication failure for illegal user AAA from 172.16.20.170 - sshd[4425]

2016 Sep 14 22:52:26.210 NEXUS-A %DAEMON-3-SYSTEM_MSG: error: PAM:
Authentication failure for illegal user AAA from 172.16.20.170 - sshd[2811]

<skip>

2014 Jun 29 19:21:18 Nexus-7000 %ACLLOG-5-ACLLOG_FLOW_INTERVAL: Src IP:
10.1 0.10.1,
```

```
2014 Jun 29 19:26:18 Nexus-7000 %ACLLOG-5-ACLLOG_FLOW_INTERVAL: Src IP:
10.1 0.10.1,

<skip>

Time Elapsed: 0:00:00.330697
```

검색 성능은 튜닝을 통해 얼마든지 향상되도록 할 수 있으며, 하드웨어에 따라 또 달라진다. 중요한 점은 파이썬을 사용해 로그 파일을 주기적으로 점검할 수 있으며, 이를 통해 숨어 있는 공격 징후를 알아챌 수 있다는 것이다.

그 밖의 도구

위에서 소개한 것 외에도 네트워크 보안 용도로 사용하고 자동화할 수 있는 도구가 많다. 이 절에서는 다양한 도구를 알아본다.

사설 VLAN

가상 로컬 영역 네트워크^{VLAN, Virtual Local Area Networks}는 오래전부터 존재해온 방식이다. 기본적으로 VLAN은 모든 호스트가 하나의 스위치에 연결된 브로드캐스트 도메인이지만, 다른 도메인으로 할당할 수 있으므로 이에 따라 호스트를 분리할 수 있다. IP 서브넷에 매핑된 경우를 살펴보자. 어떤 기업에서 빌딩 한 층에 하나의 IP 서브넷을 할당하려 한다고 가정해보자. 예를 들어 1층은 192.168.1.0/24, 2층은 192.168.2.0/24 같은 식으로 각 층마다 1/24 블록을 할당한다. 이렇게 하면 물리 네트워크 및 논리 네트워크를 명확하게 묘사할 수 있다. 서브넷을 넘어 다른 층과 통신하고자 한다면 호스트가 레이어 3 게이트웨이를 통과해야 한다. 이 지점에 접근 목록을 사용하면 보안을 높일 수 있다.

한 층에 여러 부서가 있을 때는 어떻게 해야 할까? 예를 들어 총무부와 영업부가 2층에 있고, 영업부의 호스트와 총무부의 호스트를 같은 브로드캐스트 도메인에 놓고 싶지 않다고 가정해보자. 서브넷을 쪼갤 수도 있지만 번거로울 뿐 아니라 일반적인 서브넷 구조를 깨게 된다. 이럴 때 사설 VLAN을 사용하면 좋다.

사설 VLAN은 기본적으로 주어진 VLAN을 서브-VLAN으로 쪼갠다. 사설 VLAN는 크게 세 종류로 나눌 수 있다.

- Promiscuous(P) port: 다른 포트와 레이어 2 프레임을 주고받기 위한 것이다. 일반적으로 레이어 3 라우터와 연결돼 있다.
- Isolated(I) port: P 포트와 통신하기 위한 것이며, 일반적으로 같은 VLAN상의 다른 호스트와 통신하기를 원하지 않는 호스트를 연결한다.
- Community(C) port: P 포트 또는 같은 커뮤니티 VLAN에 속한 C 포트와 통신하기 위한 것이다.

마찬가지로 앤서블이나 다른 파이썬 스크립트를 활용하면 사설 VLAN에 대한 작업도 적용할 수 있다. 앞에서 충분히 살펴본 내용이므로 여기서 반복하지는 않겠다. 사설 VLAN에 대해 파악하고 있으면 L2 VLAN 등의 포트들을 분리해야 할 때 시간을 절약할 수 있다.

UFW와 파이썬

앞에서 UFW가 우분투 호스트에서 iptable의 프론트엔드 역할을 한다고 언급했다. 다음 코드는 UFW의 간단한 사용법을 보여준다.

```
$ sudo apt-get install ufw
$ sudo ufw status
$ sudo ufw default outgoing
$ sudo ufw allow 22/tcp
$ sudo ufw allow www
$ sudo ufw default deny incoming
```

또한 UFW의 상태도 확인할 수 있다.

```
$ sudo ufw status verbose
Status: active
Logging: on (low)
Default: deny (incoming), allow (outgoing), disabled (routed)
New profiles: skip

To Action From
-- ------ ----
22/tcp ALLOW IN Anywhere
80/tcp ALLOW IN Anywhere
22/tcp (v6) ALLOW IN Anywhere (v6)
80/tcp (v6) ALLOW IN Anywhere (v6)
```

UFW의 장점은 간단한 인터페이스를 통해 복잡한 IP 테이블 규칙을 만들 수 있다는 데 있다. 다음 도구들을 사용하면 UFW를 더욱 간편하게 사용할 수 있다.

- 앤서블 UFW 모듈을 사용해 작업을 좀 더 단순하게 만들 수 있다(자세한 내용은 http:// docs.ansible.com/ansible/latest/ufw_module.html 참고). 앤서블이 파이썬으로 쓰였기 때문에 해당 모듈의 소스 코드를 분석해볼 수도 있다. 이에 관해서는 https://github.com/ansible/ansible/blob/devel/lib/ansible/modules/system/ufw.py을 참고하라.

- UFW를 API와 비슷하게 사용할 수 있는 파이썬 랩퍼wrapper 모듈이 있다(https://gitlab.com/dhj/easyufw). 이벤트에 따라 동적으로 UFW 규칙을 수정해야 할 경우에 특히 유용하다.

- UFW 자신 또한 파이썬으로 쓰여졌으므로 파이썬 지식을 활용하면 명령어를 추가로 확장하는 것 또한 가능하다. 자세한 내용은 https://launchpad.net/ufw 을 참고하라.

이렇듯 UFW는 네트워크 서버의 보안을 확보하는 데 좋은 도구다.

참고 자료

파이썬은 보안 관련 분야에 널리 쓰이는 언어다. 아래 책을 참고하면 관련 지식을 익히는 데 많은 도움이 될 것이다.

- 『해커의 언어 치명적 파이썬』(비제이퍼블릭, 2013)
- 『Black Hat Python』(에이콘출판, 2015)

A10 네트워크의 **분산 서비스 거부**^{DDOS, Distributed Denial of Service} 관련 문제를 연구하는 데 파이썬을 적극적으로 사용했다. 이 분야에 흥미가 있다면 다음 지침을 다운로드해 읽어보기를 추천한다.

https://www.a10networks.com/resources/ebooks/distributed-denial-service-ddos

▌요약

6장에서는 파이썬을 이용한 네트워크 보안을 알아봤다. 우선 시스코 VIRL 도구를 사용해 호스트 및 NX-OSv 및 IOSv 형식 네트워크 기기로 이뤄진 네트워크 랩을 구축했다. 그 다음 스카피를 통해 원하는 대로 패킷을 만들어내는 방법을 살펴봤다. 스카피는 대화 모드를 통해 간편한 테스트를 거치고, 그 결과를 토대로 스크립트를 만들어 다양한 스케일에 적용할 수 있게 한다. 이를 통해 다양한 네트워크 환경과 취약점을 테스트할 수 있다.

또한 IP 및 MAC 접근 목록을 통해 네트워크를 보호하는 방법도 알아봤다. 접근 목록은 네트워크 보호의 최전선 역할을 한다. 앤서블을 사용하면 여러 기기에 동시에 접근 목록을 적용할 수 있다.

syslog 및 그 외 로그 파일에는 네트워크에 접근하는 공격을 탐지하기 위해 유용한 정보를 담고 있다. 파이썬 정규 표현식을 사용하면 로그 항목 중 보안 측면에서 주의를 요구하는 항목을 찾을 수 있다. 이런 도구들과 더불어 사설 VLAN과 UFW 등 많은 유용한 도구를 사용해 보안을 강화할 수 있다.

7장에서는 파이썬을 이용한 네트워크 모니터링에 대해 알아본다. 모니터링은 현재 네트워크의 상태와 동작을 파악하는 중요한 방법이다.

07

파이썬 네트워크 모니터링 I

새벽 2시에 전화를 받고 일어난다. 수화기 속에서 누군가 질문한다. "여보세요, 작업 도중에 서비스 쪽에 문제가 발생했는데, 네트워크 문제인 것 같아요. 확인해주시겠어요?" 이런 긴급하고 막막한 상황이 오면 당신은 무엇부터 할 것인가? 대개는 모니터링 도구를 열어보고, 잘 작동하던 때와 비교해 달라진 점이 무엇인지 살펴본다. 지난 몇 시간 동안 수치에 어떤 변화가 있는지 파악하면 문제가 보일 가능성이 높다. 물론 갑자기 수치가 변할 때 모니터링 알림을 받도록 설정해 놓았다면 더 편리했을 것이다.

지금까지 네트워크의 변화를 예측할 수 있는 방법을 여러 각도에서 알아봤다. 이렇게 해야 네트워크가 문제없이 원활하게 작동할 수 있다. 그러나 네트워크는 항상 정적인 것이 아니다. 오히려 전체 인프라스트럭처에서 가장 유동적으로 움직이는 부분이 네트워크다. 기본적으로 네트워크를 구축하는 목적은 여러 지점을 연결해 끊임없이 트래픽을 주고받기 위해서다. 이런 동적 요소(하드웨어 오작동, 소프트웨어 버그, 아무리 조심해도 발생할 수 있는 사람의 조작 실수 등)는 네트워크를 멈추게 하는 원인이 되곤 한다. 무엇이 문제인가보다 문제가 발생했을 때 어떤 일이 일어나는가가 더 중요하다. 따라서 네트워크가 예상한 대로 작동하고 있는지 확인하고 그렇지 않으면 알릴 수 있도록 모니터링하는 방법이 필요하다.

7장과 8장에서는 다양한 방식을 통해 네트워크 모니터링 방법을 살펴본다. 앞에서 배운 많은 도구는 파이썬을 사용해 함께 사용하거나 직접 관리할 수 있다. 앞에서와 마찬가지로 네트워크 모니터링은 두 부분으로 나눠 생각해야 한다. 첫째, 기기에서 어떤 정보를 보내고 있는지 확인해야 한다. 둘째, 그 중 어떤 정보가 우리에게 필요한 것인지 파악해야 한다.

7장에서는 다음과 같은 유용한 네트워크 모니터링 도구에 대해 알아본다.

- SNMP^{Simple Network Management Protocol}
- 맷플롯립^{Matplotlib}과 파이갤^{Pygal} 시각화
- MRTG와 칵티^{Cacti}

여기에 제시한 도구가 전부는 아니며 상용 벤더의 네트워크 모니터링 제품 내용도 다룰 것이다. 다만 앞으로 다룰 네트워크 모니터링 관련 내용은 기본적으로 오픈 소스와 상용 도구에 모두 적용할 수 있다.

▍ 랩 설정

7장에서 사용할 랩은 6장, '파이썬 네트워크 보안'과 비슷하지만, 두 네트워크 기기를 모두 IOSv로 구성했다는 점이 다르다. 다음 그림을 참고하라.

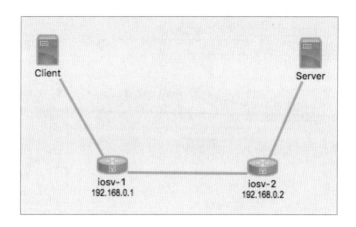

두 우분투 호스트가 양 끝에서 네트워크 트래픽을 생성하므로 논제로 카운터를 확인할 수 있다.

SNMP

SNMP는 기기를 관리하고 정보를 수집하는 표준 프로토콜이다. SNMP로 기기를 관리 할 수도 있지만 많은 경우 네트워크 관리자들은 정보 수집 용도로만 사용한다. SNMP 버전 2 까지는 비연결형 프로토콜인 UDP를 통해 상대적으로 보안이 약한 메커니즘에서 작동하므로 SNMP를 사용해 기기를 변경하면 작동이 다소 불안정할 수 있다. SNMP 버전 3에서는 암호화 보안 등 프로토콜에 대해 새로운 개념을 추가했지만, 아직 네트워크 벤더에 따라 지원 정도가 다르다.

SNMP는 1988년부터 개발돼 네트워크 모니터링에 널리 사용됐고 RFC 1065의 일부다. 작동 방식도 단순한데, 네트워크 매니저를 통해 기기에 GET 및 SET 요청을 보내고, SNMP 에이전트를 통해 정보를 되받는 형태다. 가장 많이 쓰이는 기준은 SNMPv2c로, RFC 1901에서 정의됐다. 또한 대량으로 정보를 주고받을 수 있는 기능도 있다. 다음 그림은 SNMP의 고레벨 작동 방식을 나타낸 것이다.

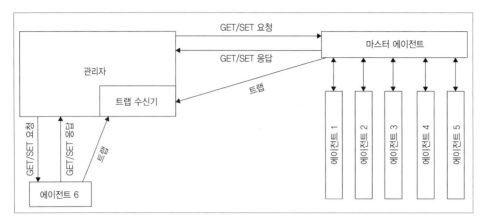

SNMP 작동 개괄

기기에서 주고받을 정보는 **관리 정보 베이스**^{MIB, Management Information Base}에 구조화돼 있다.

MIB는 **객체 식별자**^{OID, Object Identifier}를 사용해 계층을 정의하고 어떤 정보를 읽어들여 요청에 응답할지 결정한다. SNMP를 사용해 기기 정보를 요청한다는 것은 정확히 말해 관리 스테이션을 통해 해당 정보를 담고 있는 OID를 요청하는 것이다. 따라서 기본적인 정보를 OID 구조에 입력하고 구성하는 작업이 선행돼야 출력값을 제대로 받을 수 있다. 정확한 OID 값을 찾으려면 사용하고 있는 기기의 벤더에서 제공하는 문서를 참고하는 것이 좋다.

이 과정에서 중점을 둬야 하는 부분은 다음과 같다.

- SNMP는 기기 에이전트가 제공할 수 있는 정보의 양, 즉 벤더가 SNMP에 얼마나 잘 대응하는지가 중요하다. 이는 핵심 기능이나 추가 기능을 모두 포괄한다.
- SNMP 에이전트는 일반적으로 제어 영역으로부터 값을 반환받는 과정에서 CPU 연산이 필요하다. 이는 큰 BGP 테이블에 대해 비효율적일 뿐 아니라 데이터 쿼리를 지속적으로 보내야 하는 경우에는 부적절하다.
- 데이터 쿼리를 보낼 때는 정확한 OID 값을 알아야 한다.

SNMP가 오랫동안 쓰였기 때문에 독자 중에서는 이미 사용해본 사람이 있을 수도 있다. 그러니 바로 패키지 설치와 첫 번째 SNMP 예제로 넘어가자.

설정

먼저 SNMP로 기기와 에이전트를 관리하도록 설정해보자. SNMP 번들은 랩에 포함된 호스트(클라이언트 또는 서버)와 관리 네트워크의 기기 중 어디에 설치해도 무방하다. 관리자가 기기의 IP에 접근할 수 있고 관리 기기가 그 주소에 인바운드로 접속할 수 있다면, SNMP도 정상적으로 작동한다. 실제 업무에서는 관리 호스트에만 소프트웨어를 설치하고 제어단에만 SNMP 트래픽을 허용하는 식으로 해야 한다.

이 랩에서는 SNMP를 관리 네트워크의 우분투 호스트와 랩의 클라이언트 호스트 양쪽에 설치해 보안을 시험해본다.

```
$ sudo apt-get install snmp
```

다음으로 네트워크 기기 iosv-1과 iosv-2 각각에 SNMP 옵션을 활성화하고 설정한다. 네트워크 기기를 설정하는 추가 매개변수들은 많다(예: 연락처, 위치, ID, SNMP 패킷 크기 등). 이 옵션들의 값은 기기에 따라 달라지기 때문에 해당 문서를 참고하는 편이 좋다. 예를 들어 IOSv의 경우 접근 목록을 설정해 원하는 호스트에만 쿼리를 보내고 SNMP 커뮤니티 스트링을 사용하도록 제한할 수 있다. 이 예제에서는 secret를 커뮤니티 스트링, permit_snmp를 접근 목록 이름으로 사용할 것이다.

```
!
ip access-list standard permit_snmp
 permit 172.16.1.173 log
 deny any log !
!
```

```
snmp-server community secret RO permit_snmp
!
```

SNMP 커뮤니티 스트링은 관리자와 에이전트 사이에서 일종의 공용 암호와 같은 역할을 한다. 따라서 기기에 쿼리를 보낼 때는 이 문자열을 사용해야 한다.

앞에서 언급했듯 쿼리를 보낼 OID를 찾는 작업은 SNMP를 사용할 때 가장 중요한 단계다. 시스코 IOS MIC locater(http://tools.cisco.com/ITDIT/MIBS/ servlet/index) 등의 도구를 사용하면 쿼리에 쓸 특정 OIB를 검색할 수 있다. 혹은 SNMP 트리에서 직접 찾는 방법도 있다. 시스코의 엔터프라이즈 트리 최상위는 .1.3.6.1.4.1.9다. SNMP 에이전트와 접근 목록이 작동하는지 다음과 같이 확인해보라.

```
$ snmpwalk -v2c -c secret 172.16.1.189 .1.3.6.1.4.1.9
iso.3.6.1.4.1.9.2.1.1.0 = STRING: "
Bootstrap program is IOSv
"
iso.3.6.1.4.1.9.2.1.2.0 = STRING: "reload"
iso.3.6.1.4.1.9.2.1.3.0 = STRING: "iosv-1"
iso.3.6.1.4.1.9.2.1.4.0 = STRING: "virl.info"
...
```

혹은 다음과 같이 특정 OID의 정보를 탐색해보라.

```
$ snmpwalk -v2c -c secret 172.16.1.189 .1.3.6.1.4.1.9.2.1.61.0
iso.3.6.1.4.1.9.2.1.61.0 = STRING: "cisco Systems, Inc.
170 West Tasman Dr.
San Jose, CA 95134-1706
U.S.A.
Ph +1-408-526-4000
Customer service 1-800-553-6387 or +1-408-526-7208
24HR Emergency 1-800-553-2447 or +1-408-526-7209
Email Address tac@cisco.com
World Wide Web http://www.cisco.com"
```

시험삼아 마지막 OID 끝자리 숫자를 0에서 1로 바꿔보자. 다음은 실행 결과다.

```
$ snmpwalk -v2c -c secret 172.16.1.189 .1.3.6.1.4.1.9.2.1.61.1
iso.3.6.1.4.1.9.2.1.61.1 = No Such Instance currently exists at this OID
```

API 호출과 달리 에러 코드나 메시지가 나타나지 않는다. 단지 존재하지 않는 OID를 나타내고 있을 뿐이다. 때때로 맥빠지게 하는 부분이다.

마지막으로 확인해야 할 점은 앞에서 설정한 접근 목록이 원하지 않는 SNMP 쿼리를 거부하는지에 대한 것이다. log 키워드를 통해 접근 목록에 항목을 허용하거나 거부하도록 하고 있으므로 기기에 대한 쿼리는 172.16.1.173만 보낼 수 있다.

```
*Mar 3 20:30:32.179: %SEC-6-IPACCESSLOGNP: list permit_snmp permitted 0
172.16.1.173 -> 0.0.0.0, 1 packet
*Mar 3 20:30:33.991: %SEC-6-IPACCESSLOGNP: list permit_snmp denied 0
172.16.1.187 -> 0.0.0.0, 1 packet
```

이렇듯이 SNMP를 설정하는 가장 큰 어려움은 올바른 OID를 찾는 것이다. 몇몇 OID는 표준 MIB-2에 의해 정의돼 있지만, 나머지는 엔터프라이즈 트리의 영역에 있다. 이 경우에는 벤더 문서를 찾아볼 수밖에 없다. MIB 브라우저 같은 도구를 사용해 웹 브라우저에(반복하지만 벤더에서 제공하는) MIB를 추가한 후 해당 OID의 설명을 확인하는 식이다. 혹은 시스코의 SNMP 오브젝트 내비게이터SNMP Object Navigator(http://snmp.cloudapps.cisco.com/Support/SNMP/do/BrowseOID.do?local=en) 같은 도구를 통해 원하는 객체의 OID를 찾을 수도 있다.

PySNMP

PySNMP는 파이썬 기반 크로스 플랫폼 SNMP 엔진으로 일리아 에팅오프^{Ilya Etingof}가 개발했다(https://github.com/etingof). 이 엔진은 라이브러리와 비슷하게 다양한 SNMP 세부 정보를 제공해주며, 파이썬 2와 3을 모두 지원한다.

PySNMP는 PyASN1 패키지가 필요하다. 위키백과의 설명을 인용하면 다음과 같다.

> ASN.1은 전기 통신과 컴퓨터 네트워킹에서 데이터를 표현하고, 인코딩하고, 전송하고, 디코딩하는 과정에서의 규칙과 구조를 정의한 표준을 뜻한다.

PyASN1은 ASN.1을 파이썬으로 편리하게 사용할 수 있도록 해준다. 우선 패키지를 설치해보자.

```
cd /tmp
git clone https://github.com/etingof/pyasn1.git
cd pyasn1/
git checkout 0.2.3
sudo python3 setup.py install
```

그다음 PySNMP 패키지를 설치해보자.

```
git clone https://github.com/etingof/pysnmp
cd pysnmp/
git checkout v4.3.10
sudo python3 setup.py install
```

이제 PySNMP를 사용해 앞에서 검색한 것과 똑같은 연락처 정보를 찾아보자. 여기에 소개하는 방법은 http://pysnmp.sourceforge.net/faq/response-values-mib-resolution.html의 예제를 일부 수정한 버전이다. 우선 필요한 모듈을 불러온 후에 CommandGenerator 객체를 생성하자.

```
>>> from pysnmp.entity.rfc3413.oneliner import cmdgen
>>> cmdGen = cmdgen.CommandGenerator()
>>> cisco_contact_info_oid = "1.3.6.1.4.1.9.2.1.61.0"
```

getCmd 메서드를 사용하면 SNMP를 다룰 수 있다. 그냥 출력되는 값은 수많은 변수가 포함돼 있으므로 varBinds를 통해 필요한 결괏값의 쿼리를 보내야 한다.

```
>>> errorIndication, errorStatus, errorIndex, varBinds = cmdGen.getCmd(
...     cmdgen.CommunityData('secret'),
...     cmdgen.UdpTransportTarget(('172.16.1.189', 161)),
...     cisco_contact_info_oid
... )
>>> for name, val in varBinds:
...     print('%s = %s' % (name.prettyPrint(), str(val)))
...
SNMPv2-SMI::enterprises.9.2.1.61.0 = cisco Systems, Inc.
170 West Tasman Dr.
San Jose, CA 95134-1706
U.S.A.
Ph +1-408-526-4000
```

이때 반환되는 값은 PyASN1 객체 형식으로 돼 있다는 것에 유의하라. prettyPrint() 메
서드를 사용하면 이런 값들을 사람이 읽을 수 있도록 변환하지만, 이 예제에서는 변환되
지 않았으므로 수동으로 수행해야 한다.

앞에서 작성한 코드를 pysnmp_1.py 스크립트로 저장하자. 이때 문제가 발생할 가능성이
있으므로 에러 확인을 위한 부분을 추가한다. 또한 getCmd() 메서드를 사용해 여러 OID
를 포함할 수 있도록 한다.

```python
#!/usr/bin/env/python3

from pysnmp.entity.rfc3413.oneliner import cmdgen

cmdGen = cmdgen.CommandGenerator()

system_up_time_oid = "1.3.6.1.2.1.1.3.0"
cisco_contact_info_oid = "1.3.6.1.4.1.9.2.1.61.0"

errorIndication, errorStatus, errorIndex, varBinds = cmdGen.getCmd(
    cmdgen.CommunityData('secret'),
    cmdgen.UdpTransportTarget(('172.16.1.189', 161)),
    system_up_time_oid,
    cisco_contact_info_oid
)

# 에러 확인 및 결과 출력
if errorIndication:
    print(errorIndication)
else:
    if errorStatus:
```

288

```python
            print('%s at %s' % (
                errorStatus.prettyPrint(),
                errorIndex and varBinds[int(errorIndex)-1] or '?'
                )
        ) else:
            for name, val in varBinds:
                print('%s = %s' % (name.prettyPrint(), str(val)))
```

스크립트를 실행하면 두 OID로부터 추출한 값들을 나열할 것이다.

```
$ python3 pysnmp_1.py
SNMPv2-MIB::sysUpTime.0 = 660959
SNMPv2-SMI::enterprises.9.2.1.61.0 = cisco Systems, Inc.
170 West Tasman Dr.
San Jose, CA 95134-1706
U.S.A.
Ph +1-408-526-4000
Customer service 1-800-553-6387 or +1-408-526-7208
24HR Emergency 1-800-553-2447 or +1-408-526-7209
Email Address tac@cisco.com
World Wide Web http://www.cisco.com
```

다음으로 쿼리를 통해 받은 값을 시각화 등 다른 함수에 대입해보자. 이 예제에서는 인터페이스 관련 값을 그래프로 그리기 위해 MIB-2 트리의 ifEntry를 사용할 것이다. ifEntry 트리를 그려보면 많은 리소스가 포함돼 있음을 알 수 있다. 다음 그림은 시스코 SNMP Object Navigator 사이트에서 ifEntry 트리를 시각적으로 나타낸 것이다.

```
OID Tree

You are currently viewing your object with  2  ◇ levels of hierarchy above your object.

. iso (1) . org (3) . dod (6) . internet (1) . mgmt (2) . mib-2 (1)
    |
    - -- interfaces (2)
      |
      | --  ifNumber (1)
      |
      - -- ifTable (2)
        |
        - -- ifEntry (1) object Details
          |
          | --  ifIndex (1)
          |
          | --  ifDescr (2)
          |
          | --  ifType (3)
          |
          | --  ifMtu (4)
          |
          | --  ifSpeed (5)
          |
          | --  ifPhysAddress (6)
          |
          | --  ifAdminStatus (7)
          |
          | --  ifOperStatus (8)
          |
          | --  ifLastChange (9)
          |
          | --  ifInOctets (10)
          |
          | --  ifInUcastPkts (11)
          |
          | --  ifInNUcastPkts (12)
          |
          | --  ifInDiscards (13)
          |
          | --  ifInErrors (14)
          |
          | --  ifInUnknownProtos (15)
          |
          | --  ifOutOctets (16)
          |
          | --  ifOutUcastPkts (17)
          |
          | --  ifOutNUcastPkts (18)
          |
          | --  ifOutDiscards (19)
          |
          | --  ifOutErrors (20)
          |
          | --  ifOutQLen (21)
          |
          | --  ifSpecific (22)
```

SNMP ifEntry OID 트리

우선 간단하게 인터페이스를 기기에 매핑하는 방법을 살펴보자.

```
$ snmpwalk -v2c -c secret 172.16.1.189 .1.3.6.1.2.1.2.2.1.2
iso.3.6.1.2.1.2.2.1.2.1 = STRING: "GigabitEthernet0/0"
iso.3.6.1.2.1.2.2.1.2.2 = STRING: "GigabitEthernet0/1"
```

```
iso.3.6.1.2.1.2.2.1.2.3 = STRING: "GigabitEthernet0/2"
iso.3.6.1.2.1.2.2.1.2.4 = STRING: "Null0"
iso.3.6.1.2.1.2.2.1.2.5 = STRING: "Loopback0"
```

문서에 따르면 ifInOctets(10), ifInUcastPkts(11), ifOutOctets(16), ifOutUcastPkts(17)의 값을 해당하는 OID 값에 매핑할 수 있다. CLI와 MIB 문서에서 GigabitEthernet0/0 패킷 출력값이 OID 1.3.6.1.2.1.2.2.1.17.1에 매핑되는 것을 확인할 수 있다. 이 과정을 반복하면 나머지 OID에도 인터페이스 통계를 매핑할 수 있게 된다. CLI와 SNMP를 비교할 때, 확인 과정에서 SNMP 쿼리 시각과 CLI 출력 시각 사이에 트래픽이 발생하기 때문에 출력되는 두 값은 비슷하되 완전히 일치하지는 않음을 유의하라.

```
# 커맨드 라인 출력
iosv-1#sh int gig 0/0 | i packets
  5 minute input rate 0 bits/sec, 0 packets/sec
  5 minute output rate 0 bits/sec, 0 packets/sec
    38532 packets input, 3635282 bytes, 0 no buffer
    53965 packets output, 4723884 bytes, 0 underruns

# SNMP 출력
$ snmpwalk -v2c -c secret 172.16.1.189 .1.3.6.1.2.1.2.2.1.17.1
iso.3.6.1.2.1.2.2.1.17.1 = Counter32: 54070
```

실제로 이 기능을 사용할 때는 데이터베이스에 쿼리 결과를 기록한다. 그러나 예제에서는 간단하게 쿼리 값을 텍스트 파일에 저장할 것이다. pysnmp_3.py 스크립트는 정보를 쿼리하고 결과를 파일에 쓴다. 또한 스크립트 내에 쿼리를 보낼 OID들을 정의한다.

```
# Hostname OID
system_name = '1.3.6.1.2.1.1.5.0'

# Interface OID
gig0_0_in_oct = '1.3.6.1.2.1.2.2.1.10.1'
gig0_0_in_uPackets = '1.3.6.1.2.1.2.2.1.11.1'
```

```
gig0_0_out_oct = '1.3.6.1.2.1.2.2.1.16.1'
gig0_0_out_uPackets = '1.3.6.1.2.1.2.2.1.17.1'
```

이 값은 snmp_query() 함수의 host, community, oid 매개변숫값으로 입력된다.

```
def snmp_query(host, community, oid):
    errorIndication, errorStatus, errorIndex, varBinds = cmdGen.getCmd(
    cmdgen.CommunityData(community),
    cmdgen.UdpTransportTarget((host, 161)),
    oid
    )
```

출력되는 값은 키−값 형식으로 변환돼 딕셔너리로 저장되며, 이 변수는 results.txt에 기록된다.

```
result = {}
result['Time'] = datetime.datetime.utcnow().isoformat()
result['hostname'] = snmp_query(host, community, system_name)
result['Gig0-0_In_Octet'] = snmp_query(host, community, gig0_0_in_oct)
result['Gig0-0_In_uPackets'] = snmp_query(host, community,
gig0_0_in_uPackets)
result['Gig0-0_Out_Octet'] = snmp_query(host, community, gig0_0_out_oct)
result['Gig0-0_Out_uPackets'] = snmp_query(host, community,
gig0_0_out_uPackets)
with open('/home/echou/Master_Python_Networking/Chapter7/results.txt',
'a') as f:
    f.write(str(result))
    f.write('n')
```

최종 결괏값은 쿼리를 보낸 시점에서 표현된 인터페이스 패킷으로서, 다음과 같이 파일로 저장된다.

```
# 샘플 출력
$ cat results.txt
{'Gig0-0_In_Octet': '3990616', 'Gig0-0_Out_uPackets': '60077',
'Gig0-0_In_uPackets': '42229', 'Gig0-0_Out_Octet': '5228254', 'Time':
'2017-03-06T02:34:02.146245', 'hostname': 'iosv-1.virl.info'}
{'Gig0-0_Out_uPackets': '60095', 'hostname': 'iosv-1.virl.info',
'Gig0-0_Out_Octet': '5229721', 'Time': '2017-03-06T02:35:02.072340',
'Gig0-0_In_Octet': '3991754', 'Gig0-0_In_uPackets': '42242'}
{'hostname': 'iosv-1.virl.info', 'Gig0-0_Out_Octet': '5231484',
'Gig0-0_In_Octet': '3993129', 'Time': '2017-03-06T02:36:02.753134',
'Gig0-0_In_uPackets': '42257', 'Gig0-0_Out_uPackets': '60116'}
{'Gig0-0_In_Octet': '3994504', 'Time': '2017-03-06T02:37:02.146894',
'Gig0-0_In_uPackets': '42272', 'Gig0-0_Out_uPackets': '60136',
'Gig0-0_Out_Octet': '5233187', 'hostname': 'iosv-1.virl.info'}
{'Gig0-0_In_uPackets': '42284', 'Time': '2017-03-06T02:38:01.915432',
'Gig0-0_In_Octet': '3995585', 'Gig0-0_Out_Octet': '5234656',
'Gig0-0_Out_uPackets': '60154', 'hostname': 'iosv-1.virl.info'}
...
```

마지막으로 스크립트를 실행 가능하게 바꾸고, cron을 통해 5분마다 계속 실행하도록 설정해보자.

```
$ chmod +x pysnmp_3.py

# Crontab 설정
*/5 * * * * /home/echou/Master_Python_Networking/Chapter7/pysnmp_3.py
```

앞에서 언급했듯이 실제 업무에서는 이 정보를 파일 대신 데이터베이스에 저장한다. SQL 데이터베이스에서는 고유 ID를 기본 키로 사용할 수 있다. NoSQL 데이터베이스의 경우에는 시간을 기본 인덱스(혹은 키)로 사용해야 한다. 키/값 쌍에서 키가 항상 고유해야 하는데, 이를 보장하기 위해서다.

이제 기다리면 스크립트가 여러 번 실행되면서 결과가 쌓인다. 시간이 많이 없다면 cron 작업 간격을 1분으로 줄여보라. results.txt 파일에 충분한 값이 쌓여서 흥미로운 그래프를 그릴 수 있을 정도가 됐다면, 다음 절로 가서 파이썬을 통해 데이터를 시각화 하는 방법을 알아보자.

▍ 파이썬 데이터 시각화

네트워크 데이터를 수집하는 이유는 네트워크를 파악하기 위해서다. 네트워크 데이터에 담긴 의미를 이해하는 가장 좋은 방법은 그래프 등으로 시각화하는 것이다. 거의 모든 데이터에 해당하지만, 특히 네트워크 모니터링을 통해 취득한 시계열 데이터에서 더 강력한 효과가 있다. 지난주에 얼마나 많은 데이터가 전송됐을까? 전체 트래픽 중 TCP 프로토콜이 차지하는 비중은 얼마나 될까? SNMP 등의 데이터 수집 메커니즘을 통해 얻은 데이터들은 널리 쓰이는 파이썬 라이브러리를 통해 쉽게 시각화 및 그래프화할 수 있다.

이 절에서는 앞에서 수집한 SNMP 데이터와 두 가지 파이썬 라이브러리(맷플롯립과 파이갤)를 사용해 시각화해본다.

맷플롯립

맷플롯립^{Matplotlib}(http://matplotlib.org)은 파이썬 및 파이썬 수학 확장 기능인 넘파이^{NumPy}에 사용되는 2D 플로팅 라이브러리다. 이 라이브러리를 사용하면 코드 몇 줄을 사용해 플롯, 히스토그램, 바 그래프 등의 그래프를 출판물 수준으로 생성할 수 있다.

 넘파이는 파이썬을 기반으로 한 일종의 확장 기능으로, 다양한 데이터 과학 프로젝트에 쓰이는 오픈 소스 라이브러리다. 자세한 내용은 다음 링크를 참고하라.
https://en.wikipedia.org/wiki/NumPy

설치

리눅스에서 맷플롯립은 배포판의 패키지 관리자를 통해 간단하게 설치할 수 있다.

```
$ sudo apt-get install python-matplotlib # for Python2
$ sudo apt-get install python3-matplotlib
```

기본 예제

다음 예제에서는 기본적으로 그림이 표준 출력을 통해 표시된다. 개발 과정에서는 이 상태로 테스트한 다음 코드를 스크립트로 작성하는 편이 더 쉽다. 가상 머신을 사용해 예제를 따라 하고 있다면, SSH 대신 VM 창을 사용해 그래프를 볼 수 있도록 하는 것을 추천한다. 만일 표준 출력에서 작업하지 않는다면 일일이 그림을 저장하고 다운로드한 후에야 열어볼 수 있다. 이 절에서 표시할 몇몇 그래프는 $DISPLAY 변수를 설정해야 제대로 나타난다는 점을 기억하라.

다음 화면은 우분투 데스크톱과 7장의 시각화 예제를 같이 나타낸 것이다. 터미널 창에서 plt.show() 명령어가 실행되는 시점에서, 화면에 Figure 1이 표시된다. 그림을 닫으면 다시 파이썬 셀로 돌아간다.

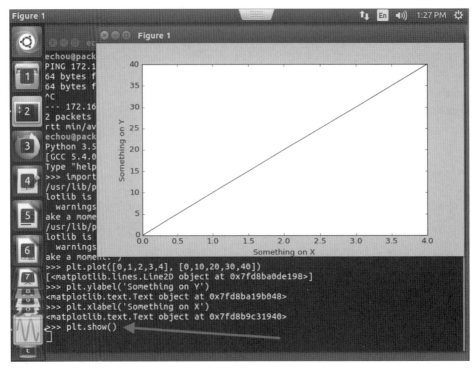

우분투 데스크톱의 맷플롯립 시각화

우선 그래프를 살펴보자. 선형 그래프를 그리려면 x축과 y축에 해당하는 각 목록이 필요하다.

```
>>> import matplotlib.pyplot as plt
>>> plt.plot([0,1,2,3,4], [0,10,20,30,40])
[<matplotlib.lines.Line2D object at 0x7f932510df98>]
>>> plt.ylabel('Something on Y')
<matplotlib.text.Text object at 0x7f93251546a0>
>>> plt.xlabel('Something on X')
<matplotlib.text.Text object at 0x7f9325fdb9e8>
>>> plt.show()
```

위 코드를 실행하면 다음과 같은 그래프가 나타난다.

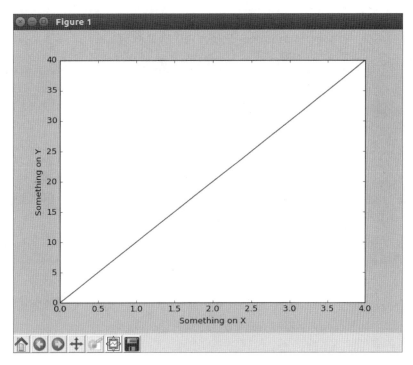

맷플롯립 선형 그래프

표준 출력 환경이 아니라면 savefig() 메서드를 사용해 그림을 저장하라.

```
>>> plt.savefig('figure1.png')
or
>>> plt.savefig('figure1.pdf')
```

이 정도의 기본 지식만으로도 SNMP 쿼리를 통해 얻은 결괏값을 그래프로 표시할 수 있다.

맷플롯립을 통한 SNMP 결과 출력

matplotlib_1.py 스크립트를 열어보면 맨 먼저 dates 모듈을 pyplot과 함께 불러오는 것을 확인할 수 있다. 이때 matplotlib.dates 모듈을 파이썬 표준 라이브러리 대신 사용해 맷플롯립이 날짜값을 부동소수점 형식으로 변환하게 할 것이다.

```
import matplotlib.pyplot as plt
import matplotlib.dates as dates
```

TIP 맷플롯립이 제공하는 날짜 플롯 기능은 복잡하다. 좀 더 자세한 내용은 다음 사이트를 참고하라.

http://matplotlib.org/api/dates_api.html

다음 x축과 y축에 해당하는 두 빈 목록을 생성한다. 줄 12에서 eval() 함수를 사용해 파이썬이 파일의 각 행을 딕셔너리 형식으로 읽어온다.

```
x_time = []
y_value = []
with open('results.txt', 'r') as f:
    for line in f.readlines():
        line = eval(line)
        x_time.append(dates.datestr2num(line['Time']))
        y_value.append(line['Gig0-0_Out_uPackets'])
```

x축의 값을 다시 날짜 형식으로 변환하기 위해 일반적인 plot() 함수 대신 plot_date()를 사용할 것이다. 또한 그림의 크기를 조정하고, x축의 텍스트를 약간 회전해 읽기 편하게 배치한다.

```
plt.subplots_adjust(bottom=0.3)
plt.xticks(rotation=80)

plt.plot_date(x_time, y_value)
plt.title('Router1 G0/0')
plt.xlabel('Time in UTC')
plt.ylabel('Output Unicast Packets')
plt.savefig('matplotlib_1_result.png')
plt.show()
```

스크립트를 실행하면 다음과 같이 Router1 Gig0/0 Unicast Output Packet가 표시된다.

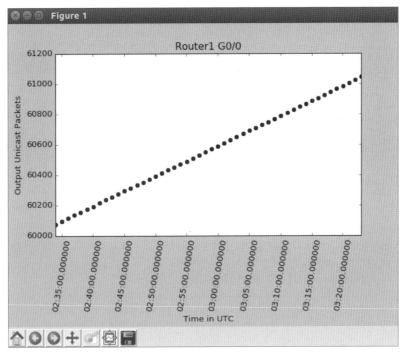

Router1 맷플롯립 그래프

위 그림처럼 점 대신 직선으로 그래프를 나타내고 싶다면 plot_date() 함수의 세 번째 매개변수를 추가로 설정하면 된다.

```python
plt.plot_date(x_time, y_value, "-")
```

나머지 값들, 예를 들어 출력 옥텟, 입력 유니캐스트 패킷, 입력값 등을 동일한 방식을 사용해 각각 그래프로 나타낼 수 있다. 그다음 살펴볼 matplotlib_2.py 스크립트에서는 하나의 그래프에 같은 시간 범위를 잡고 여러 값을 동시에 그리는 방법과 맷플롯립 옵션을 추가하는 방법을 살펴볼 것이다.

먼저 목록을 추가로 생성하고 값을 대입한다.

```python
x_time = []
out_octets = []
out_packets = []
in_octets = []
in_packets = []

with open('results.txt', 'r') as f:
    for line in f.readlines():
...
        out_packets.append(line['Gig0-0_Out_uPackets'])
        out_octets.append(line['Gig0-0_Out_Octet'])
        in_packets.append(line['Gig0-0_In_uPackets'])
        in_octets.append(line['Gig0-0_In_Octet'])
```

x축의 값은 같은 것을 사용하므로 y축에 표시할 값만 바꿔 같은 그래프에 표시한다.

```python
# plot_date를 사용해 x축을 날짜 형식으로 표시
plt.plot_date(x_time, out_packets, '-', label='Out Packets')
plt.plot_date(x_time, out_octets, '-', label='Out Octets')
plt.plot_date(x_time, in_packets, '-', label='In Packets')
plt.plot_date(x_time, in_octets, '-', label='In Octets')
```

구별을 위해 격자와 범례를 그래프에 추가한다.

```
plt.legend(loc='upper left')
plt.grid(True)
```

스크립트를 실행하면 다음과 같이 한 그래프에 여러 값이 표시되는 것을 확인할 수 있다. 왼쪽 윗부분은 범례 박스로 인해 그래프가 가려져 있는데, 그래프를 리사이징하거나 패닝 또는 확대/축소를 통해 이 부분의 값을 확인할 수 있다.

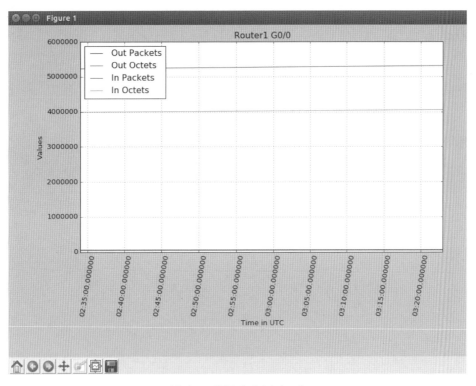

라우터 1 - 맷플롯립 멀티라인 그래프

맷플롯립은 이외에도 다양한 옵션을 설정해줄 수 있으며, 사실상 무한한 가능성을 갖고 있다. 예를 들어 다음과 같이 들어오는 데이터에 대해 트래픽 종류에 따른 퍼센티지 비율을 나타낼 수도 있다.

```python
#!/usr/bin/env python3
# 출처
http://matplotlib.org/2.0.0/examples/pie_and_polar_charts/pie_demo_features.
html
import matplotlib.pyplot as plt
# 파이 차트: 반시계 방향으로 슬라이스 정렬 및 표시
labels = 'TCP', 'UDP', 'ICMP', 'Others'
sizes = [15, 30, 45, 10]
explode = (0, 0.1, 0, 0) # Make UDP stand out

fig1, ax1 = plt.subplots()
ax1.pie(sizes, explode=explode, labels=labels, autopct='%1.1f%%',
 shadow=True, startangle=90)
ax1.axis('equal') # 균등 종횡비 설정을 통한 원형 파이 차트

plt.show()
```

최종적으로 plt.show()를 실행하면 다음과 같이 원형 그래프가 표시된다.

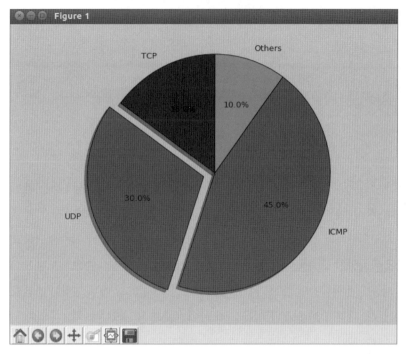

맷플롯립 원형 그래프

추가 맷플롯립 리소스

맷플롯립은 파이썬을 사용해 높은 품질의 그래프를 생성할 수 있는 훌륭한 라이브러리다. 맷플롯립의 목표는 파이썬과 마찬가지로 복잡한 작업을 단순하게 수행하도록 하는 것이다. 깃허브에서 7,550 star를 받고 있는 데서 알 수 있듯이(이 숫자는 증가하고 있다) 오픈 소스 전체로 봐도 인기가 높은 프로젝트다. 덕분에 버그 픽스, 사용자 커뮤니티, 기능 개선 등이 활발히 이뤄지고 있다. 맷플롯립을 익히는 데는 다소 시간이 필요할지도 모르지만 그 만한 가치는 충분하다.

이 절에서는 맷플롯립을 간단히 알아봤다. 추가 내용은 프로젝트 페이지 http:// matplotlib. org/2.0.0/index.html이나 깃허브 저장소 https://github.com/matplotlib/matplotlib에 서 확인할 수 있다.

다음 절에서는 또 다른 파이썬 그래프 라이브러리인 **파이갤**을 알아본다.

파이갤

파이갤Pygal (http://www.pygal.org/)은 SVG 형식의 차트를 동적으로 생성하는 파이썬 라이 브러리다. 파이갤이 다른 라이브러리에 비해 갖는 이점은 SVGScalable Vector Graphics 포맷을 기본으로 지원한다는 것이다. SVG 포맷은 웹 브라우저에 친화적이라는 점 그리고 이미지 퀄리티에 관계없이 크기를 자유롭게 조절할 수 있다는 점에서 다른 포맷보다 낫다. 즉 파 이갤을 사용하면 현대적인 웹 브라우저에 그래프를 표시하고, 매우 세밀한 영역까지 확대 해볼 수 있다. 게다가 이 모든 작업을 단지 파이썬 코드 몇 줄로 해치울 수 있다.

설치

파이갤은 pip을 통해 설치할 수 있다.

```
$ sudo pip install pygal #Python 2
$ sudo pip3 install pygal
```

기본 예제

파이갤 공식 문서에서 제공하는 선형 차트 예제를 따라 해보자(http://pygal.org/en/stable/
documentation/types/line.html).

```
>>> import pygal
>>> line_chart = pygal.Line()
>>> line_chart.title = 'Browser usage evolution (in %)'
>>> line_chart.x_labels = map(str, range(2002, 2013))
>>> line_chart.add('Firefox', [None, None, 0, 16.6, 25, 31, 36.4, 45.5,
46.3, 42.8, 37.1])
<pygal.graph.line.Line object at 0x7fa0bb009c50>
>>> line_chart.add('Chrome', [None, None, None, None, None, None, 0, 3.9,
10.8, 23.8, 35.3])
<pygal.graph.line.Line object at 0x7fa0bb009c50>
>>> line_chart.add('IE', [85.8, 84.6, 84.7, 74.5, 66, 58.6, 54.7, 44.8,
36.2, 26.6, 20.1])
<pygal.graph.line.Line object at 0x7fa0bb009c50>
>>> line_chart.add('Others', [14.2, 15.4, 15.3, 8.9, 9, 10.4, 8.9, 5.8,
6.7, 6.8, 7.5])
<pygal.graph.line.Line object at 0x7fa0bb009c50>
>>> line_chart.render_to_file('pygal_example_1.svg')
```

 이 예제에서는 선 오브젝트를 생성해, x_labels을 기준으로 11개 지점의 데이터를 이어주는
방식으로 렌더링했다. 각 오브젝트는 파이어폭스(Firefox), 크롬(Chrome), IE 등 레이블과
값으로 이뤄진 리스트 형식을 띠고 있다.

다음 그림은 파이어폭스에서 그래프를 열어본 것이다.

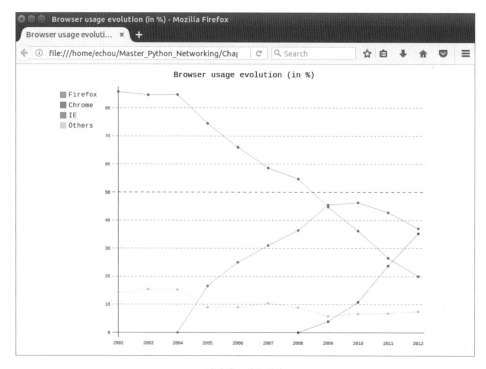

파이갤 그래프 예시

이런 식으로 일반적인 파이갤 사용법을 알아봤다. 앞에서와 비슷하게 SNMP 결괏값을 쉽게 그래프로 나타낼 수 있다. 다음 절에서 자세히 알아보자.

파이갤을 이용한 SNMP 출력

파이갤에서 선형 그래프를 작성하는 방법은 맷플롯립 예제와 상당 부분 비슷하다. 우선 파일을 읽어 각 값에 대한 목록을 생성한다. 이때 맷플롯립처럼 x축의 값을 내부적으로 부동소수점으로 변환할 필요는 없지만, 다른 형식으로 값을 받아야 하는 지점에서는 형을 변환해야 한다.

```
#!/usr/bin/env python3

import pygal

x_time = []
out_octets = []
out_packets = []
in_octets = []
in_packets = []

with open('results.txt', 'r') as f:
    for line in f.readlines():
        line = eval(line)
        x_time.append(line['Time'])
        out_packets.append(float(line['Gig0-0_Out_uPackets']))
        out_octets.append(float(line['Gig0-0_Out_Octet']))
        in_packets.append(float(line['Gig0-0_In_uPackets']))
        in_octets.append(float(line['Gig0-0_In_Octet']))
```

그 다음 앞에서 살펴본 것과 같은 방식으로 선형 그래프를 그려준다.

```
line_chart = pygal.Line()
line_chart.title = "Router 1 Gig0/0"
line_chart.x_labels = x_time
line_chart.add('out_octets', out_octets)
line_chart.add('out_packets', out_packets)
line_chart.add('in_octets', in_octets)
line_chart.add('in_packets', in_packets)
line_chart.render_to_file('pygal_example_2.svg')
```

스크립트를 실행하면 앞의 결과물과 비슷한 그래프가 출력되지만, SVG 포맷으로 돼 있으므로 웹 페이지에 표시하기가 수월하다. 또한 모든 웹 브라우저를 열면 다음과 같은 모습을 띤다.

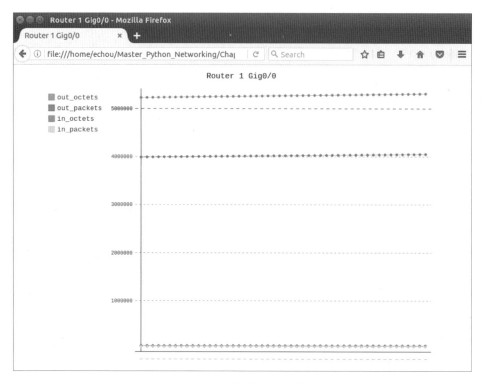

Router 1 파이갤 멀티라인 그래프

맷플롯립과 마찬가지로 파이갤도 그래프를 그리기 위한 다양한 옵션을 제공한다. 예를 들어 앞에서처럼 파이갤을 사용해 원형 그래프를 그리고 싶다면 pygal.Pie() 오브젝트를 사용하면 된다.

```
#!/usr/bin/env python3

import pygal

line_chart = pygal.Pie()
line_chart.title = "Protocol Breakdown"
line_chart.add('TCP', 15)
line_chart.add('UDP', 30)
line_chart.add('ICMP', 45)
```

```
line_chart.add('Others', 10)
line_chart.render_to_file('pygal_example_3.svg')
```

위 스크립트를 실행하면 다음과 같이 SVG 포맷으로 그래프가 표시된다. 맷플롯립의 경우
PNG 형식으로 생성되는 것과 다르다.

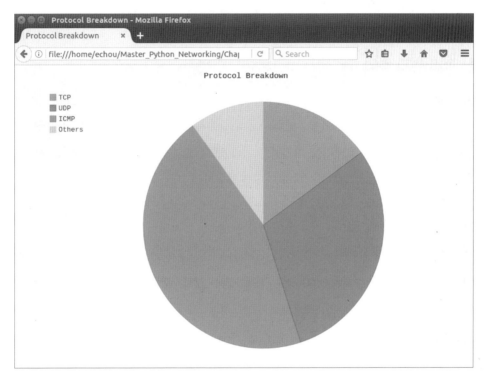

파이갤 원형 그래프

추가 파이갤 리소스

파이갤은 SNMP 등의 기본 네트워크 모니터링 도구로부터 수집한 데이터를 다양한 방식
의 그래프로 표현할 수 있도록 해준다. 이 절에서는 간단한 선형 그래프와 원형 그래프를
그려봤다. 더 많은 정보는 다음 사이트를 참고하라.

- 파이갤 공식 문서: http://www.pygal.org/en/stable/index.html
- 파이갤 깃허브 프로젝트 페이지: https://github.com/Kozea/pygal

다음 절에서는 SNMP과 비슷하지만 강력한 기능을 가진 네트워크 모니터링 시스템인 **칵티**Cacti에 대해 알아본다.

파이썬과 칵티

지역 ISP에서 네트워크 엔지니어로 일할 당시에는 오픈 소스 크로스 플랫폼인 MRTG^{Multi Router Traffic Grapher}(https://en.wikipedia.org/wiki/Multi_Router_Traffic_Grapher)를 사용해 네트워크 링크에 걸리는 트래픽을 확인하곤 했다. 보통 트래픽 모니터링에는 이 도구만을 사용했다. 나는 오픈 소스 프로젝트가 이렇게 유용하게 쓰일 수 있다는 사실을 이 프로그램을 통해 처음 알았다. SNMP, 데이터베이스, HTML 등으로부터의 정보를 요약해 보여주는 비교적 초창기에 등장한 오픈 소스 고레벨 네트워크 모니터링 시스템이었다. 그 이후에 **RRDtool**^{Round-Robin Database Tool}(https://en.wikipedia.org/wiki/RRDtool)이 등장했다. 1999년 처음 등장했을 때만 해도 MRTG만큼 정확하지는 않았지만, 이후 백엔드에서 데이터베이스와 폴러의 성능이 많이 향상됐다.

칵티^{Cacti}는 2001년 처음 등장한 웹 기반 오픈 소스 네트워크 모니터링 및 그래프 도구로, RRDtool의 개선된 프론트엔드로써 처음 개발됐다(https://en.wikipedia.org/wiki/Cacti_(software)). 칵티를 처음 실행하면 그래프 레이아웃, 템플릿, SNMP 폴러 등 MTRG나 RRDtool의 흔적을 느낄 수 있을 것이다. 칵티는 설치나 사용에 있어서 특별히 외부 도구가 필요하지 않다. 또한 데이터 쿼리를 사용자화할 수 있는 기능을 제공하며, 이 지점에서 파이썬이 등장한다. 이 절에서는 파이썬을 사용해 칵티에 데이터를 입력하는 방법을 알아본다.

설치

우분투 환경에서 APT를 사용해 칵티를 설치하는 방법은 간단하다. 관리 VM에 다음 명령어를 입력하라.

```
$ sudo apt-get install cacti
```

명령어를 실행하면 MySQL 데이터베이스, 웹 서버(아파치 또는 lighthttpd) 등 필요한 소프트웨어를 설치하고, 설정을 적용하는 과정이 이어질 것이다. 설치가 끝나면 http://〈ip〉/cacti로 이동하라. 초기 사용자명과 암호(admin/admin)를 입력해 접속한 후 안내에 따라 암호를 바꾸면 된다.

로그인됐으면 공식 문서를 참고해 기기를 추가하고 필요한 템플릿을 연결한다. 시스코 기기의 경우 바로 사용할 수 있도록 템플릿이 준비돼 있다. 칵티 공식 문서(http://docs.cacti.net/)에 설명돼 있으므로 차근차근 따라 하면 다음과 같이 준비를 마칠 수 있을 것이다.

SNMP가 작동하고 있는지를 표시하는 부분에서 기기 업타임을 확인할 수 있다.

인터페이스 트래픽 등의 통계 자료를 사용해 기기에 대한 그래프를 그리도록 지시할 수도 있다.

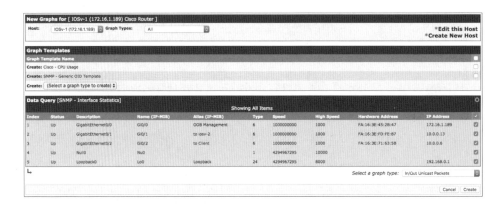

어느 정도 시간이 흐른 후에 그래프를 확인하면 다음과 같은 모양일 것이다.

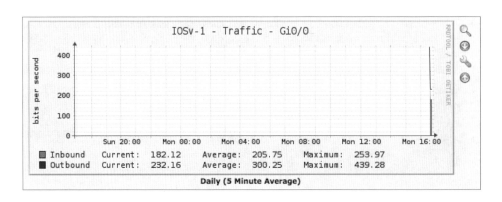

이제 파이썬 스크립트를 사용해 칵티가 데이터를 더 잘 수집하도록 해보자.

312

파이썬 스크립트를 통한 데이터 입력

파이썬 스크립트를 통해 데이터의 입력 방법을 알아보기 전에 다음 두 문서를 한 번 훑어 보기 바란다.

- Data input methods(데이터 입력 방법): https://www.cacti.net/downloads/docs/html/data_input_methods.html
- Making your scripts work with Cacti(칵티를 사용한 스크립트 실행): https://www.cacti.net/downloads/docs/html/making_scripts_work_with_cacti.html

이렇게 파이썬 스크립트를 통해 데이터를 입력해야 하는 경우에는 어떤 것이 있을까? 한 가지 예로는 특정한 OID를 갖지 않은 리소스에 대한 모니터링이 있을 것이다. SNMP 쿼리를 요청하기 위해 permit_snmp 접근 목록이 172.16.1.173 호스트를 얼마나 허용했는지 알고 싶다고 가정해보자. CLI를 사용한다면 다음과 같이 할 수 있다.

```
iosv-1#sh ip access-lists permit_snmp | i 172.16.1.173
    10 permit 172.16.1.173 log (6362 matches)
```

그러나 이 값에는 어떠한 OID도 관련돼 있지 않다(혹은 그냥 관련돼 있지 않다고 가정해보자). 이런 경우에 스크립트를 사용해 칵티 호스트에게 데이터를 보내줄 수 있다.

2장, '저레벨 네트워크 기기 상호작용'에서 살펴봤던 chapter1_1.py를 복사해 이름을 cacti_1.py로 바꾸자. 거의 모든 과정은 원래 스크립트와 유사하며, 아랫부분만 수정해 CLI 명령어를 실행하고 출력값을 저장한다.

```
for device in devices.keys():
...
    child.sendline('sh ip access-lists permit_snmp | i 172.16.1.173')
    child.expect(device_prompt)
    output = child.before
...
```

가공하지 않은 출력값은 다음과 같이 나타날 것이다.

```
b'sh ip access-lists permit_snmp | i 172.16.1.173rn 10 permit 172.16.1.173
log (6428 matches)rn'
```

출력된 문자열에 split() 함수로 허용된 숫자만 걸러내 표준 출력으로 내보낸다.

```
print(str(output).split('(')[1].split()[0])
```

테스트를 위해 동일한 스크립트를 여러 번 실행하면서 숫자가 변하는지 확인해보라.

```
$ ./cacti_1.py
6428
$ ./cacti_1.py
6560
$ ./cacti_1.py
6758
```

이제 스크립트에 실행 가능한 권한을 주고, 기본 칵티 스크립트 위치로 복사한다.

```
$ chmod a+x cacti_1.py
$ sudo cp cacti_1.py /usr/share/cacti/site/scripts/
```

칵티 공식 문서(http://www.cacti.net/downloads/docs/html/how_to.html)에 스크립트에서 출력된 결과를 그래프로 나타내는 방법이 자세히 설명돼 있다. 다음과 같이 스크립트를 데이터 입력 방법으로 선택하고, 이 방법을 데이터 소스로 사용해 그래프를 생성하는 순서로 진행된다.

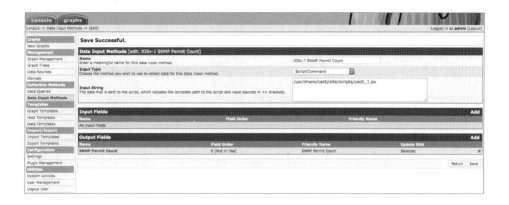

SNMP는 기기에 네트워크 모니터링을 구현하는 일반적인 방식이다. RRDtool에 칵티를 프론트엔드로써 사용하는 방식은 SNMP를 적용 가능한 모든 네트워크 기기에 쓸 수 있다.

▌ 요약

7장에서는 SNMP를 통한 네트워크 모니터링 방법에 대해 알아봤다. 이를 위해 네트워크 기기에 대한 SNMP 관련 명령어를 설정하고, 네트워크 관리 VM에 SNMP 폴러를 사용해 기기에 쿼리를 보냈다. 그리고 이 과정을 자동화 및 단순화하기 위해 PySNMP 모듈을 사용했다. 또한 텍스트 파일에 이런 쿼리 결과를 저장해 다른 곳에 쓸 수 있도록 처리하는 방법도 알아봤다.

그다음 두 종류의 파이썬 시각화 패키지인 맷플롯립과 파이갤을 통해 SNMP 결과를 그래프로 그리는 방법을 살펴봤다. 두 패키지는 각자의 장점이 있다. 맷플롯립은 안정적이고 많은 기능이 있으며, 다양한 데이터 과학 프로젝트에 사용되고 있다. 파이갤은 SVG 포맷으로 결과를 출력하며, 유연하고 웹에 사용하기에 적합하다. 7장에서는 맷플롯립과 파이갤을 사용해 네트워크 모니터링에 적절한 형식인 선형 및 원형 그래프를 예제로 그려봤다.

마지막으로 만능 네트워크 모니터링 도구인 칵티를 알아봤다. 칵티는 기본적으로 SNMP에 기반해 네트워크를 모니터링하지만, 여기에 파이썬 스크립트를 적용하면 SNMP OID

가 원격 호스트에 존재하지 않는 경우에도 모니터링 기능을 확장할 수 있다.

8장에서는 계속해서 네트워크를 모니터링하는 도구와 이를 통해 어떤 식으로 네트워크가 작동하는지 파악하는 방법을 알아본다. 우선 플로 기반 모니터링 도구인 넷플로우, 에스플로우, IPFIX를 살펴본다. 또한 그래프비즈를 통해 네트워크 토폴로지와 그 변화를 시각화해본다. 마지막으로 일래스틱서치, 로그스태시, 키바나로 이뤄진 ELK 스택을 통해 네트워크 로그 등의 입력 데이터를 모니터하는 방법을 알아본다.

08

파이썬 네트워크 모니터링 II

7장에서는 SNMP를 사용해 네트워크 기기에 쿼리를 보내는 방법을 주로 알아봤다. SNMP 정보는 객체 값을 표현하기 위해 특정한 객체 ID를 사용한 계층 구조로 이뤄져 있다. 이런 값은 CPU 로드, 메모리 사용량, 인터페이스 트래픽 등 대부분 수치 정보를 담고 있다. 따라서 이 값이 시간의 경과에 따라 변화하는 양상을 그래프로 그리는 것도 가능하다.

SNMP은 풀pull 방식, 즉 지속해서 기기에 특정한 답변을 계속 질의하는 형태로 분류할 수 있다. 이 방식을 사용할 경우 제어 영역은 하위 시스템에서 답변을 받아 관리 스테이션에 전달하는 과정에서 CPU 연산을 계속 수행하고, SNMP 패킷에 답변을 패킹하며, 이를 폴러로 되돌리는 식으로 기기에 부하를 주게 된다. 오랫만에 가족 모임에 갔는데 누군가 똑같은 질문을 끊임없이 되묻는 상황을 생각해보라. SNMP 관리자가 관리 모드를 폴링하는 상황이 이와 같다.

여러 SNMP 폴러를 사용해 30초마다 한 번씩 기기에 쿼리를 보낼 경우(이는 별로 특별한 상황이 아니다) 높은 확률로 관리단에서 오버헤드가 일어난다. 가족 모임을 다시 예로 들면 가족들은 가만히 있는데 30초에 한 번씩 다른 사람들이 모임 테이블에 찾아와 당신에게 질문을 던진다고 생각해보자. 단순한 질문이라도 얼마 안 있어 짜증이 날 것이다.

네트워크 모니터링을 하는 또 다른 방법은 방향을 바꾸는 것이다. 다시 말해 기기로부터 관리 스테이션에 데이터를 푸시하는 방식이다. 플로 기반 모니터링은 이런 방식으로 구현돼 있다. 즉 네트워크 기기로부터 발생하는 트래픽 정보를 플로라고 하며, 이를 관리 스테이션에 보낸다. 플로에 통용되는 형식은 시스코 넷플로우^{NetFlow}(5 또는 9 버전), 업계에서 널리 쓰이는 IPFIX, 오픈 소스 에스플로우^{sFlow} 형식 등이 있다. 8장에서는 파이썬을 이용해 넷플로우, IPFIX, 에스플로우를 사용하는 방법을 알아본다.

모든 모니터링 데이터가 시계열 형식으로 나열된 것은 아니다. 원한다면 네트워크 토폴로지나 syslog의 경우 시계열로 표현할 수도 있지만 이상적인 방식은 아니다. 파이썬을 사용하면 네트워크 토폴로지 정보를 확인하고 시간이 흐르면서 어떻게 변했는지를 확인할 수 있다. 이 토폴로지는 그래프비즈^{Graphviz} 같은 파이썬 래퍼를 사용해 표현할 수 있다. 6장, '파이썬 네트워크 보안'에서 살펴봤듯이 syslog에는 보안 정보가 들어 있다. 8장에서는 ELK 스택(일래스틱서치^{Elasticsearch}, 로그스태시^{Logstash}, 키바나^{Kibana})를 사용해 효율적인 네트워크 로그 정보의 수집 방법을 알아본다.

8장에서 살펴볼 내용은 다음과 같다.

- 오픈 소스 그래프 시각화 소프트웨어인 그래프비즈를 사용해 네트워크를 빠르고 효율적으로 그래프에 나타내기
- 플로 기반 모니터링(넷플로우, IPFIX, 에스플로우)
- ntop을 사용한 플로 정보 시각화
- 일래스틱서치를 사용해 수집한 데이터를 분류하고 분석하기

먼저 그래프비즈를 사용해 네트워크 토폴로지의 변화를 모니터링해보자.

그래프비즈

그래프비즈^{Graphviz}는 오픈 소스 그래프 시각화 소프트웨어다. 네트워크 토폴로지를 친구에게 말로만 설명해야 한다고 생각해보자. "이 네트워크는 코어, 분배, 액세스 레이어로 이뤄져 있어. 코어 레이어는 2개의 라우터로 이뤄져 있고, 두 라우터 모두 4개의 분배 라우터와 연결돼 있지. 또한 분배 라우터는 액세스 라우터와 연결돼 있어. 내부 라우팅 프로토콜은 OSPF고, 외부 제공자로는 BGF를 사용하고 있지." 세세한 부분은 생략했지만 이 정도 설명이면 네트워크 구조에 대한 큰 그림을 머릿속에 그릴 수 있다.

그래프비즈가 그래프를 그리는 과정도 비슷하다. 그래프를 그래프비즈가 이해할 수 있는 텍스트 형태로 묘사하고, 이를 입력해 그래프를 그리도록 하는 것이다. 이때 쓰이는 텍스트 언어는 DOT로(https://en.wikipedia.org/wiki/DOT_(graph_description_language)), 그래프비즈는 여기에 묘사된 설명에 따라 그래프를 렌더링한다. 물론 앞의 예와 달리 컴퓨터는 사람보다 상상력이 부족하므로 자세하고 정확하게 설명해야 그래프를 제대로 그릴 수 있다.

TIP 그래프비즈의 DOT 문법은 다음 링크를 참고하라.
http://www.graphviz.org/doc/info/lang.html

이 절에서는 **링크 레이어 탐색 프로토콜**$^{LLDP,\ Link\ Layer\ Discovery\ Protocol}$을 사용해 연결된 기기에 쿼리를 보내고 그래프비즈를 통해 네트워크 토폴로지 그래프를 그려본다. 예제를 마치고 나면 지금까지 배운 내용에 그래프비즈를 결합해 새로운 결과물을 끌어내는 방법에 대해 알게 될 것이다.

우선 랩을 구축하는 것부터 시작하자.

랩 설정

이 예제에서는 VIRL를 사용해 랩을 구축한다. 7장과 마찬가지로 랩에는 여러 라우터와 서버, 클라이언트가 포함돼 있다. 구체적으로는 다음 그림과 같이 5개의 IOSv 네트워크 노드와 2개의 서버 호스트로 이뤄져 있다.

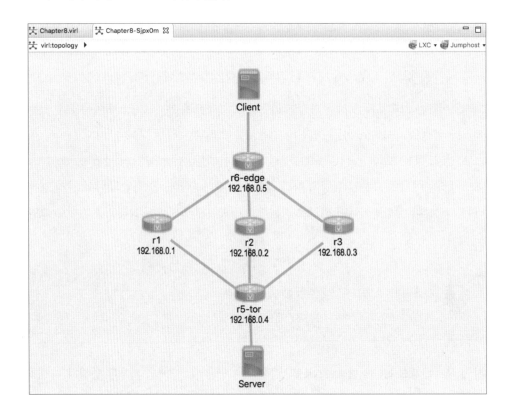

왜 NX-OS나 IOS-XR 대신 IOSv를 사용했는지가 궁금할지도 모르겠다. 다음은 랩을 구축할 때 고려하면 좋을 사항들이다.

- NX-OS나 IOS-XR으로 가상화된 노드는 IOS보다 메모리 집중적이다.
- 나는 VIRL 가상 매니저에 8GB의 램을 할당하고 있다. 이는 9개의 노드를 유지하기에는 충분하지만 가끔 불안정할 수도 있다(노드가 갑자기 접근불가 상태가 되는 경우가 있다).

320

- NX-OS를 사용하고 싶다면 NX-API나 다른 API를 사용해 구조화된 데이터를 반환하도록 호출해야 한다.

이 책의 예제에서는 LLDP를 인접한 링크 레이어 탐색을 위한 프로토콜로 사용할 것이다. 모든 벤더에 대응할 수 있기 때문이다. VIRL의 경우 자동으로 CDP를 활성화하는 옵션을 제공하며, 이를 통해 LLDP와 비슷하게 시간을 절약할 수 있다. 하지만 아쉽게도 시스코 플랫폼에서만 작동하므로, 여기서는 비활성화할 것이다.

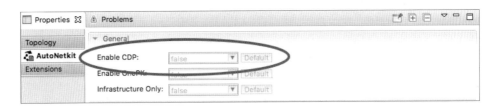

랩을 설정하고 제대로 동작하는 것을 확인했다면, 여기에 필요한 소프트웨어 패키지를 설치할 차례다.

설치

그래프비즈는 apt를 통해 설치할 수 있다.

```
$ sudo apt-get -y install graphviz
```

설치가 끝났으면 dot 명령어를 통해 제대로 설치됐는지 확인해보라.

```
$ dot -V
dot - graphviz version 2.38.0 (20140413.2041)
```

여기서는 그래프비즈를 위해 파이썬 래퍼를 사용할 것이므로 패키지를 설치한다.

```
$ sudo pip install graphviz #Python 2
$ sudo pip3 install graphviz

$ python3
Python 3.5.2 (default, Nov 23 2017, 16:37:01)
[GCC 5.4.0 20160609] on linux
Type "help", "copyright", "credits" or "license" for more information.
>>> import graphviz
>>> graphviz.__version__
'0.8.4'
>>> exit()
```

이제 소프트웨어 파이썬 래퍼의 사용 방법을 알아보자.

그래프비즈 예제

그래프비즈는 다른 주요 오픈 소스 프로젝트와 마찬가지로 공식 문서를 잘 정리해놓았다 (http://www.graphviz.org/Documentation.php). '시작이 반'이라는 말이 있듯이 우선은 항목 간을 선으로 연결해 계층을 그리는 dot 그래프에서부터 시작해보자(그래프를 정의하는 언어의 DOT 언어와 혼동하지 말아야 한다).

과정을 간단히 설명하면 다음과 같다.

- 노드를 통해 라우터, 스위치, 서버 등 네트워크 요소를 정의한다.
- 이런 요소를 연결해주는 링크를 통해 엣지를 표현한다.
- 그래프, 노드, 엣지에는 각각 속성이 있고(http://www.graphviz.org/content/attrs), 이 속성들은 조정할 수 있다.
- 네트워크를 그래프로 옮기는 작업이 완료됐으면, 이를 PNG, JPEG, PDF 등의 포맷으로 출력한다.

우선 4개의 노드(코어, 분배, access1, access2)를 방향성없이 연결해보자. 엣지는 대시(-) 기호로 표시되며, 코어 노드와 분배 노드, 분배 모드와 접근 노드를 연결한다.

```
$ cat chapter8_gv_1.gv
graph my_network {
 core -- distribution;
 distribution -- access1;
 distribution -- access2;
}
```

dot -T<format> source -o <output file> 명령어를 사용해 그래프를 그림 형식으로 출력할 수 있다. 예를 들면 다음과 같다.

```
$ dot -Tpng chapter8_gv_1.gv -o output/chapter8_gv_1.png
```

명령어를 실행하면 다음과 같은 그래프가 그림 파일로 저장된다.

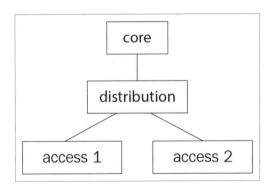

 7장. '파이썬 네트워크 모니터링 I'에서와 같이 그래프를 바로 볼 수 있도록 리눅스 데스크톱 윈도우상에서 예제를 실행하는 것이 훨씬 간편하다.

위 그림에서 볼 수 있듯이 방향성 없는 연결은 그래프에서 선분으로 표시된다. 방향을 갖는 연결이라면 노드와 노드는 화살표 모양(->)으로 연결된다. 노드 모양, 엣지 레이블 등 노드와 엣지의 여러 가지 속성은 수정될 수 있다. 예를 들어 위의 그래프를 다음과 같이 수정한다.

```
$ cat chapter8_gv_2.gv
digraph my_network {
 node [shape=box];
 size = "50 30";
 core -> distribution [label="2x10G"];
 distribution -> access1 [label="1G"];
 distribution -> access2 [label="1G"];
}
```

그런 다음 그래프를 PDF 형식으로 출력한다.

```
$ dot -Tpdf chapter8_gv_2.gv -o output/chapter8_gv_2.pdf
```

그러면 다음과 같이 새로운 모양으로 그래프가 그려진다.

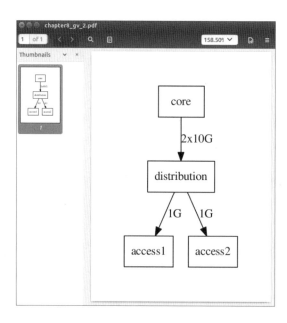

이제 파이썬 래퍼를 사용해 그래프비즈를 다뤄보자.

파이썬 그래프비즈 예제

앞의 예제에서 그린 그래프를 파이썬 그래프비즈 패키지로 똑같이 그려보자.

```
$ python3
Python 3.5.2 (default, Nov 17 2016, 17:05:23)
>>> from graphviz import Digraph
>>> my_graph = Digraph(comment="My Network")
>>> my_graph.node("core")
>>> my_graph.node("distribution")
>>> my_graph.node("access1")
>>> my_graph.node("access2")
>>> my_graph.edge("core", "distribution")
>>> my_graph.edge("distribution", "access1")
>>> my_graph.edge("distribution", "access2")
```

위 코드는 입력한 동작을 좀 더 파이썬스러운 방법인 DOT 언어 형식으로 변환해 작성한다. 그래프를 그리기 전에 생성된 소스의 내용을 열어보면 다음과 같다.

```
>>> print(my_graph.source)
// My Network
digraph {
        core
        distribution
        access1
        access2
                core -> distribution
                distribution -> access1
                distribution -> access2
}
```

그래프는 rendor() 메서드를 사용해 렌더링할 수 있으며, 기본적으로 PDF 형식으로 출력된다.

```
>>> my_graph.render("output/chapter8_gv_3.gv")
'output/chapter8_gv_3.gv.pdf'
```

파이썬 패키지 래퍼는 그래프비즈 API에서 제공하는 모든 옵션을 흉내낸다. 옵션에 대한 자세한 문서는 공식 웹 사이트에서 읽을 수 있다(http://graphviz.readthedocs.io/en/latest/index.html). 또한 깃허브에서 소스 코드를 참고하는 것도 좋다(https://github.com/xflr6/graphviz). 이제 이 도구를 사용해 네트워크를 그려보자.

LLDP 이웃 그래프

이 절에서는 LLDP 이웃 관계를 매핑할 것이다. 오랫동안 널리 사용된 문제 해결 방법과 유사하다.

1. 각 작업들을 가능한 한 더 작은 부분으로 모듈화해 접근한다. 예제에서는 몇몇 과정을 한데 묶어 진행하지만 이 과정들을 재사용하거나 수정해야 할 경우에는 더 잘게 쪼개는 것이 유리하다.

2. 자동화 도구를 사용해 네트워크 기기와 통신하되, 더 복잡한 로직은 관리 스테이션에 맡긴다. 예를 들어 라우터에는 정돈되지 않은 LLDP 이웃 관계 정보가 전달된다. 따라서 사용 가능한 명령어와 전달된 값을 기반으로 파이썬 스크립트를 관리 스테이션에 대입해 출력된 값 중 필요한 값을 파싱한다.

3. 같은 작업을 여러 방식으로 수행하는 것이 가능하다면 재사용할 수 있는 방식을 선택한다. 이 예제의 경우 저레벨 Pexpect, Paramiko, 앤서블 플레이북을 사용해 라우터에 쿼리를 보낼 수 있다. 앤서블을 나중에 재사용하는 것이 다른 것보다 쉬울 것이므로 여기서는 이 방식을 채택했다.

기본적으로 비활성돼 있는 LLDP를 기기에 대해 설정해야 한다. 앞에서 살펴봤듯이 여러 가지 방식을 사용할 수 있지만 여기서는 앤서블 플레이북에 ios_config 모듈을 추가해 사용할 것이다. 호스트 파일에는 다섯 라우터의 정보가 들어 있다.

```
$ cat hosts
[devices]
r1 ansible_hostname=172.16.1.218
r2 ansible_hostname=172.16.1.219
r3 ansible_hostname=172.16.1.220
r5-tor ansible_hostname=172.16.1.221
r6-edge ansible_hostname=172.16.1.222
```

cisco_config_lldp.yml 플레이북은 LLDP를 설정하기 위해 변수를 정의하고 있다.

```
<skip> vars:
  cli:
    host: "{{ ansible_hostname }}"
    username: cisco
    password: cisco
    transport: cli tasks:
  - name: enable LLDP run
      ios_config:
        lines: lldp run
        provider: "{{ cli }}"
<skip>
```

실행하면 몇 초 후에 LLDP 연동이 이뤄진다. 다음과 같이 LLDP가 라우터에서 활성화됐는지 확인해보라.

```
$ ansible-playbook -i hosts cisco_config_lldp.yml

PLAY [Enable LLDP]
*********************************************************
```

```
...
PLAY RECAP
********************************************************************
r1 : ok=2 changed=1 unreachable=0 failed=0
r2 : ok=2 changed=1 unreachable=0 failed=0
r3 : ok=2 changed=1 unreachable=0 failed=0
r5-tor : ok=2 changed=1 unreachable=0 failed=0
r6-edge : ok=2 changed=1 unreachable=0 failed=0

## SSH to R1 for verification
r1#show lldp neighbors

Capability codes: (R) Router, (B) Bridge, (T) Telephone, (C) DOCSIS Cable
Device (W) WLAN Access Point, (P) Repeater, (S) Station, (O) Other

Device ID Local Intf Hold-time Capability Port ID
r2.virl.info Gi0/0 120 R Gi0/0
r3.virl.info Gi0/0 120 R Gi0/0
r5-tor.virl.info Gi0/0 120 R Gi0/0
r5-tor.virl.info Gi0/1 120 R Gi0/1
r6-edge.virl.info Gi0/2 120 R Gi0/1
r6-edge.virl.info Gi0/0 120 R Gi0/0

Total entries displayed: 6
```

위 출력값에서 G0/0은 MGMT 인터페이스를 기반으로 설정됐다는 것을 확인할 수 있다. 다시 말해 플랫 관리 네트워크의 경우 LLDP 피어가 보인다. 중요한 것은 다른 피어와 연결되는 G0/1과 G0/2 인터페이스다. 이 정보는 출력값을 파싱하고 토폴로지 그래프를 그리는 데 필요하다.

정보 취득

이제 또 다른 앤서블 플레이북인 cisco_discover_lldp.yml을 통해 기기에 LLDP 명령어를 실행하고 출력값을 tmp 디렉터리에 복사해보자.

```
<skip>
 tasks:
  - name: Query for LLDP Neighbors
    ios_command:
      commands: show lldp neighbors
      provider: "{{ cli }}"
<skip>
```

이렇게 하면 ./tmp 디렉터리에 모든 라우터의 출력값이 파일로 저장되며, LLDP 이웃 관계를 확인할 수 있다.

```
$ ls -l tmp/
total 20
-rw-rw-r-- 1 echou echou 630 Mar 13 17:12 r1_lldp_output.txt
-rw-rw-r-- 1 echou echou 630 Mar 13 17:12 r2_lldp_output.txt
-rw-rw-r-- 1 echou echou 701 Mar 12 12:28 r3_lldp_output.txt
-rw-rw-r-- 1 echou echou 772 Mar 12 12:28 r5-tor_lldp_output.txt
-rw-rw-r-- 1 echou echou 630 Mar 13 17:12 r6-edge_lldp_output.txt
```

r1_lldp_output.txt의 내용은 앞에서 실행한 앤서블 플레이북의 output.stdout_lines 변숫값이다.

```
$ cat tmp/r1_lldp_output.txt

[[["Capability codes:", " (R) Router, (B) Bridge, (T) Telephone, (C) DOCSIS
Cable Device", " (W) WLAN Access Point, (P) Repeater, (S) Station, (O)
Other", "", "Device ID Local Intf Hold-time Capability Port ID",
"r2.virl.info Gi0/0 120 R Gi0/0", "r3.virl.info Gi0/0 120 R Gi0/0", "r5-
tor.virl.info Gi0/0 120 R Gi0/0", "r5-tor.virl.info Gi0/1 120 R Gi0/1",
"r6-edge.virl.info Gi0/0 120 R Gi0/0", "", "Total entries displayed: 5",
""]]
```

파이썬 파서 스크립트

파이썬 스크립트를 사용해 각 기기에서 출력한 LLDP 이웃을 파싱하고, 결과를 기반으로 네트워크 토폴로지 그래프를 작성해보자. 이 스크립트는 자동으로 기기를 확인해 링크 연결이 실패하는 등의 문제로 LLDP 이웃 관계가 사라지는지를 탐지하기 위함이다. cisco_graph_lldp.py 파일을 열어 코드를 확인해보라.

먼저 필요한 패키지를 불러온 후 노드 관계를 계산하기 위한 빈 튜플 목록을 생성해야 한다. 또한 기기에서 Gi0/0이 관리 네트워크에 연결돼 있다는 것을 알고 있으므로 정규 표현식 패턴으로 Gi0/[1234]를 사용해 LLDP 이웃 관계를 출력한다.

```
import glob, re
from graphviz import Digraph, Source
pattern = re.compile('Gi0/[1234]')
device_lldp_neighbors = []
```

glob.glob() 메서드를 사용하면 ./tmp 디렉터리의 모든 파일을 검색해 기기명을 파싱하고, 각 기기가 어디에 연결돼 있는지 이웃 관계를 찾는다. 이렇게 찾은 값을 출력하는 행은 최종 버전 기준으로 스크립트에서 주석 처리돼 있다. 주석을 해제하면 다음과 같이 파싱된 결과들이 모두 출력된다.

```
device: r1
 neighbors: r5-tor
 neighbors: r6-edge
device: r5-tor
 neighbors: r2
 neighbors: r3
 neighbors: r1
device: r2
 neighbors: r5-tor
 neighbors: r6-edge
device: r3
 neighbors: r5-tor
```

```
 neighbors: r6-edge
device: r6-edge
 neighbors: r2
 neighbors: r3
 neighbors: r1
```

최종적으로 출력되는 리스트는 다음과 같이 기기의 이웃 관계에 대한 튜플 형식을 띤다.

```
Edges: [('r1', 'r5-tor'), ('r1', 'r6-edge'), ('r5-tor', 'r2'), ('r5-tor',
'r3'), ('r5-tor', 'r1'), ('r2', 'r5-tor'), ('r2', 'r6-edge'), ('r3', 'r5-
tor'), ('r3', 'r6-edge'), ('r6-edge', 'r2'), ('r6-edge', 'r3'), ('r6-edge',
'r1')]
```

그래프비즈 패키지에 위 값을 넣어 네트워크 토폴로지 그래프를 그릴 수 있다. 가장 중요한 과정은 튜플을 엣지 관계로 변환하는 것이다.

```
my_graph = Digraph("My_Network")
<skip>
# device_lldp _neighbors 이웃에 대한 엣지 관계 설정
    node1, node2 = neighbors
    my_graph.edge(node1, node2)
```

생성된 소스 규칙을 출력해보면, 네트워크의 구조가 자세히 표현된 결과를 얻을 수 있다.

```
digraph My_Network {
    r1 -> "r5-tor"
    r1 -> "r6-edge"
    "r5-tor" -> r2
    "r5-tor" -> r3
    "r5-tor" -> r1
    r2 -> "r5-tor"
    r2 -> "r6-edge"
    r3 -> "r5-tor"
    r3 -> "r6-edge"
```

```
    "r6-edge" -> r2
    "r6-edge" -> r3
    "r6-edge" -> r1
}
```

때때로 같은 링크가 두 번 등장하기 때문에 혼동할 수도 있을 것이다. 예를 들어 r2에서 r5-tor로 향하는 링크는 각 방향에 대해 두 번 나타난다. 네트워크 엔지니어 입장에서 물리적 링크에 문제가 생기면 단방향 링크만 형성되는 경우가 있다. 그림의 링크가 그런 경우다.

그래프 위에서 노드를 배치하는 과정은 그다지 지루하지 않을지도 모른다. 그래프비즈가 자동으로 노드를 렌더링해주기 때문이다. 다음 그래프는 기본 레이아웃과 neato 레이아웃을 사용했을 때(MyNetwork, engine='neato'를 통해 실행할 수 있다) 각각 출력된 결과를 나타낸 것이다.

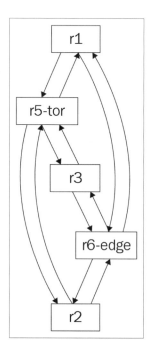

neato 레이아웃은 기본 레이아웃보다는 덜 계층적으로 그래프를 표현하며, 방향성이 적은 그래프에 적합하다.

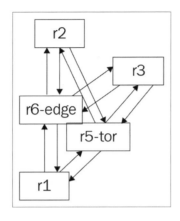

네트워크 구조를 시각적으로 보여주는 것이 목적이 아니라 문제가 생긴 부분을 확인하려는 용도라면 기본으로 제공하는 레이아웃도 그리 나쁘지 않다. 그러나 여기서는 한발 더 나아가 DOT 코드를 직접 소스 파일에 추가하는 방법을 알아보자. 일반적으로는 노드에 rank 명령어를 사용해 계층을 지정하고 같은 계층에 해당하는 노드를 모을 수 있지만 그래프비즈 파이썬 API에는 이를 위한 옵션이 없다. 다행히 그래프 소스 파일은 일반적인 문자열로 이뤄져 있으므로 replace() 메서드를 사용해 다음과 같이 명령어를 직접 입력하면 된다.

```
source = my_graph.source
original_text = "digraph My_Network {"
new_text = 'digraph My_Network {n{rank=same Client "r6-edge"}n{rank=same r1
r2 r3}n'
new_source = source.replace(original_text, new_text)
new_graph =
Source(new_source)new_graph.render("output/chapter8_lldp_graph.gv")
```

명령어를 실행하면 소스 코드가 다음과 같이 바뀐다.

```
digraph My_Network {
{rank=same Client "r6-edge"}
{rank=same r1 r2 r3}
                Client -> "r6-edge"
                "r5-tor" -> Server
                r1 -> "r5-tor"
                r1 -> "r6-edge"
                "r5-tor" -> r2
                "r5-tor" -> r3
                "r5-tor" -> r1
                r2 -> "r5-tor"
                r2 -> "r6-edge"
                r3 -> "r5-tor"
                r3 -> "r6-edge"
                "r6-edge" -> r2
                "r6-edge" -> r3
                "r6-edge" -> r1
}
```

그래프가 좀 더 보기 좋아진 것을 확인해보라.

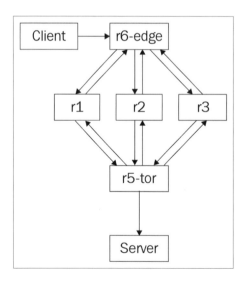

최종 플레이북

위에서 만들어본 파서 스크립트를 플레이북에 합쳐보자. 새로운 작업을 추가하고 그래프를 렌더링해 출력하는 cisco_discover_lldp.yml 스크립트를 입력한다.

```
tasks:
  - name: Query for LLDP Neighbors
    ios_command:
      commands: show lldp neighbors
      provider: "{{ cli }}"

    register: output

  - name: show output
    debug:
      var: output

  - name: copy output to file
    copy: content="{{ output.stdout_lines }}" dest="./tmp/{{
inventory_hostname }}_lldp_output.txt"

  - name: Execute Python script to render output
    command: ./cisco_graph_lldp.py
```

플레이북은 네 가지 작업을 포함한다. 시스코 기기상에서 show lldp 명령어를 실행하는 엔드 투 엔드 프로세스, 출력값을 화면에 포함하는 작업, 출력값을 파일로 저장하는 작업, 그리고 파이썬 스크립트를 통해 출력값을 렌더링하는 작업이다.

이제 플레이북을 cron이나 다른 비슷한 방식을 사용해 주기적으로 실행하면, 자동으로 기기 간의 LLDP 이웃을 파악하기 위해 쿼리를 보내고 출력값을 기반으로 그래프를 그릴 것이다. 이 그래프를 열어보면 현재 시점에서 라우터가 파악하고 있는 토폴로지 형태를 확인할 수 있다.

제대로 동작하는지 확인하기 위해 r6-edge의 Gi0/1과 Go0/2 인터페이스를 꺼보자. LLDP 이웃이 hold timer를 통과하면 r6-edge의 LLDP 테이블에서 사라질 것이다.

```
r6-edge#sh lldp neighbors
...
Device ID Local Intf Hold-time Capability Port ID
r2.virl.info Gi0/0 120 R Gi0/0
r3.virl.info Gi0/3 120 R Gi0/2
r3.virl.info Gi0/0 120 R Gi0/0
r5-tor.virl.info Gi0/0 120 R Gi0/0
r1.virl.info Gi0/0 120 R Gi0/0
Total entries displayed: 5
```

플레이북을 실행하면 그래프는 자동으로 r6-edge가 r3에만 연결돼 있다는 것을 나타낼 것이다. 그리고 우리는 어디에 문제가 있는 건지 실수한 부분을 찾기 시작할 것이다.

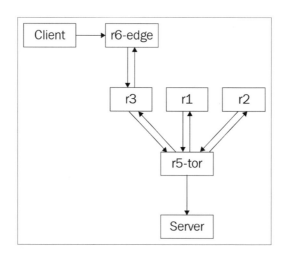

이 절에서는 다소 긴 예제를 살펴봤다. 앞에서 배웠던 두 가지 도구인 앤서블과 파이썬을 사용해 전체 작업을 쪼개 재사용할 수 있도록 모듈화했다. 그다음 새로운 도구인 그래프비즈를 사용해 네트워크 토폴로지 관계와 같이 시계열에 놓이지 않은 데이터를 모니터링하는 방법을 알아봤다.

플로 기반 모니터링

처음에 이야기했듯이 SNMP와 같은 폴링 기술 외에도 푸시 방식을 사용하면 네트워크 정보를 관리 스테이션에 보내줄 수 있다. 예를 들어 넷플로우와 그에 기반을 둔 도구들(예: IPFIX와 에스플로우 등)은 이런 정보를 네트워크 기기에서 관리 스테이션에 푸시할 때 쓰인다. 누군가는 push 방식이 기기에 필요한 리소스를 할당해 정보를 push하므로 더 오래 가는 방식이라고 주장한다. 예를 들어 기기 CPU가 부족하다면 플로우 내보내기 프로세스를 생략하고 패킷을 라우팅하는 식으로 조정할 수 있다.

IETF에 따르면(https://www.ietf.org/proceedings/39/slides/int/ip1394-background/tsld004.htm) 플로는 어떤 애플리케이션에서 다른 애플리케이션으로 전달되는 연속된 패킷들을 뜻한다. OSI 모델에 대입하면 플로는 두 애플리케이션 간의 커뮤니케이션을 구성하는 기본적인 단위다. 각 플로는 여러 개의 패킷으로 이뤄져 있다. 예를 들어 비디오 스트림 등의 플로는 많은 패킷을 포함하고, HTTP 요청을 위한 플로는 적은 패킷을 포함한다. 조금만 생각해보면 라우터와 스위치보다 애플리케이션과 사용자가 플로에 대해 더 많이 신경 써야 한다는 것을 깨달을 수 있다.

플로 기반 모니터링은 크게 넷플로우, IPFIX, 에스플로우로 분류할 수 있다.

- **넷플로우**: 넷플로우 v5는 네트워크 기기 캐시가 플로 엔트리를 캐시하고(대상 인터페이스, 대상 IP/포트, 목적지 IP/포트 등) 튜플을 매칭시켜 패킷을 결합하는 기술이다. 하나의 플로가 끝나면, 네트워크 기기는 총 바이트, 패킷 숫자 등의 플로 특성을 관리 스테이션으로 내보낸다.

- **IPFIX**: IPFIX는 구조화된 스트리밍을 위해 제안된 표준안으로 넷플로우 v9 또는 Flexible 넷플로우와 유사하다. 기본적으로 플로에 담을 수 있는 내용을 사용자가 정의할 수 있으며, 네트워크 기기가 제공할 수 있는 거의 모든 정보를 플로에 담아 내보낼 수 있다. 넷플로우와 비교하면 많이 복잡하지만 그 대신 유연함을 확보할 수 있다. IPFIX 설정은 전통적인 넷플로우 v5보다 복잡하다. 따라서 초보자

에게 추천하고 싶은 방법은 아니다. 그러나 IPFIX를 넷플로우 v5에 익숙해진 후에 사용하면 템플릿을 정의해 정보를 원하는 대로 파싱할 수 있다.

- **에스플로우**: 에스플로우 그 자체로는 플로나 패킷을 결합하지 않고, 두 종류의 패킷 샘플링을 수행한다. 일정한 숫자의 패킷/애플리케이션 중 하나를 랜덤하게 샘플링하며 시간에 따라 샘플링을 카운트한다. 이 정보를 관리 스테이션에 보내면 카운터에 따라 들어온 패킷 샘플의 종류를 판단해 네트워크 플로 정보를 얻는다. 네트워크 기기 단에서는 결합 작업이 이뤄지지 않으므로 이를 이용하면 넷플로우 및 IPFIX보다 확장성 높게 사용할 수 있다.

물론 위의 설명을 읽는 것보다는 실제 예제를 따라 해보는 게 이해하기 더 쉬울 것이다.

파이썬을 이용한 넷플로우 파싱

파이썬을 이용해 전달돼온 넷플로우 데이터그램을 파싱해보자. 이 작업은 넷플로우 패킷을 자세히 분석하고, 의도한 대로 작동하지 않는 문제를 파악하는 데 도움을 준다.

먼저 VIRL 네트워크의 클라이언트와 서버 간의 트래픽을 생성해보자. 파이썬 내장 HTTP 서버 모듈을 사용하면 VIRL 호스트를 간단한 HTTP 서버로써 사용할 수 있다.

```
cisco@Server:~$ python3 -m http.server
Serving HTTP on 0.0.0.0 port 8000 ...
```

 파이썬 2의 경우 SimpleHTTPServer를 사용해야 한다. 예를 들어 명령어를 python2 -m SimpleHTTPServer로 사용하면 된다.

이제 클라이언트 웹 서버에 계속 HTTP GET을 보내는 짧은 while 반복문을 파이썬 스크립트로 작성해보자.

```
sudo apt-get install python-pip python3-pip
sudo pip install requests
sudo pip3 install requests

$ cat http_get.py
import requests, time
while True:
    r = requests.get('http://10.0.0.5:8000')
    print(r.text)
    time.sleep(5)
```

위 스크립트를 실행하면 클라이언트는 평문 HTML 페이지를 생성한다.

```
cisco@Client:~$ python3 http_get.py
<!DOCTYPE html PUBLIC "-//W3C//DTD HTML 3.2 Final//EN"><html>
<title>Directory listing for /</title>
<body>
...
</body>
</html>
```

서버를 확인해보면 5초마다 반복해서 요청된다는 것을 확인할 수 있다.

```
cisco@Server:~$ python3 -m http.server
Serving HTTP on 0.0.0.0 port 8000 ...
10.0.0.9 - - [15/Mar/2017 08:28:29] "GET / HTTP/1.1" 200 -
10.0.0.9 - - [15/Mar/2017 08:28:34] "GET / HTTP/1.1" 200 -
```

어떤 기기에서든 넷플로우를 사용해 정보를 내보낼 수 있지만, r6-edge의 경우 클라이언트 호스트의 첫 번째 단계에 있으므로 넷플로우에 9995 포트를 사용해 관리 호스트로 내보내야 한다.

다음 설정은 시스코 IOS 기기를 넷플로우에서 내보내기 위해서 필요하다.

```
!
ip flow-export version 5
ip flow-export destination 172.16.1.173 9995 vrf Mgmt-intf
!
interface GigabitEthernet0/4
 description to Client
 ip address 10.0.0.10 255.255.255.252
 ip flow ingress
 ip flow egress
...
!
```

다음으로 파이썬 파서 스크립트를 살펴보자.

파이썬 소켓과 구조체

netFlow_v5_parser.py 스크립트는 브레인 락Brain Rak의 블로그 포스트(http://blog.device null.org/2013/09/04/python-netflow-v5-parser.html)를 참고해 파이썬 3과 넷플로우 v5에 호환될 수 있도록 일부 코드를 수정했다. v9에 비해 v5는 좀 더 간결하고 v9가 템플릿을 사용해 필드를 채우므로, 처음 익힐 때는 이 버전을 택하는 것이 더 유리하다. v9는 v5을 확장해 만들어진 버전이므로 v5에서 배운 내용을 v9에 그대로 가져가 쓸 수도 있다.

넷플로우 패킷은 바이트 형식으로 전달되므로 표준 라이브러리에 포함된 struct 모듈을 사용해 이를 파이썬 데이터 형식으로 변환할 것이다.

예제에 사용될 두 모듈에 대한 정보는 https://docs.python.org/3.5/library/socket.html
와 https://docs.python.org/3.5/library/struct.html에서 찾을 수 있다.

우선 socket 모듈을 사용해 UDP 데이터그램을 기다리고 바인딩한다. socket.AF_INET을
통해 IPv4 주소 소켓에 대한 데이터를 기다리고, socket.SOCK_DGRAM을 통해 기다리는 대
상이 UDP 데이터그램이라는 것을 지정한다.

```
sock = socket.socket(socket.AF_INET, socket.SOCK_DGRAM)
sock.bind(('0.0.0.0', 9995))
```

그다음 반복문을 통해 넘어오는 정보를 한 번에 1500바이트 가량 받을 수 있도록 한다.

```
while True:
        buf, addr = sock.recvfrom(1500)
```

다음 코드를 통해 패킷을 분해하고 언패킹한다. 첫 번째 매개변수인 !HH에서 느낌표는 네
트워크의 빅 엔디언 바이트 순서를 뜻하고, 나머지는 C 타입 형식을 규정한다(H는 2바이트
unsigned short integer를 뜻한다).

```
(version, count) = struct.unpack('!HH',buf[0:4])
```

처음 네 바이트는 버전과 패킷에 포함된 플로 숫자를 나타낸다. 넷플로우 v5 헤더에 대한
내용이 머릿속에 떠오르지 않는다면 아래 표를 참고해보라.

Table B-3 Version 5 Header Format

Bytes	Contents	Description
0-1	version	NetFlow 내보내기 형식으로 된 버전 숫자
2-3	count	패킷에 포함된 플로 숫자(1-30)
4-7	SysUptime	현재 기기에서 내보내기가 경과된 시간(밀리초 단위)
8-11	unix_secs	0000 UTC 1970 기준으로 현재까지 경과된 시간(초 단위)
12-15	unix_nsecs	0000 UTC 1970 기준으로 현재까지 경과된 시간(나노초 단위)
16-19	flow_sequence	현재까지 진행된 플로 시퀀스 숫자
20	engine_type	플로 스위칭 엔진 형식
21	engine_id	플로 스위칭 엔진 슬롯 숫자
22-23	sampling_interval	처음 두 비트는 샘플링 모드를, 나머지 14 비트는 샘플링 간격 값을 저장

넷플로우 v5 헤더(출처: http://www.cisco.com/c/en/us/td/docs/net_mgmt/netflow_collection_
engine/3-6/user/guide/format.html#wp1006108)

나머지 헤더 부분은 바이트 위치와 데이터 형식에 따라 쉽게 파싱할 수 있다.

```
(sys_uptime, unix_secs, unix_nsecs, flow_sequence) =
struct.unpack('!IIII', buf[4:20])
(engine_type, engine_id, sampling_interval) = struct.unpack('!BBH',
buf[20:24])
```

그다음 while 반복문을 통해 nfdata 딕셔너리를 플로 레코드에 대입하고, 소스 주소, 포트, 목적지 주소, 복적지 포트, 패킷 카운트, 바이트 카운트 등의 정보를 취득하고 화면에 표시한다.

```
for i in range(0, count):
    try:
```

```
base = SIZE_OF_HEADER+(i*SIZE_OF_RECORD)
data = struct.unpack('!IIIIHH',buf[base+16:base+36])
input_int, output_int = struct.unpack('!HH', buf[base+12:base+16])
nfdata[i] = {}
nfdata[i]['saddr'] = inet_ntoa(buf[base+0:base+4])
nfdata[i]['daddr'] = inet_ntoa(buf[base+4:base+8])
nfdata[i]['pcount'] = data[0]
nfdata[i]['bcount'] = data[1]
...
```

스크립트를 실행하면 플로우 내용과 헤더 정보를 시각화해 제공한다.

```
Headers:
NetFlow Version: 5
Flow Count: 9
System Uptime: 290826756
Epoch Time in seconds: 1489636168
Epoch Time in nanoseconds: 401224368
Sequence counter of total flow: 77616
0 192.168.0.1:26828 -> 192.168.0.5:179 1 packts 40 bytes
1 10.0.0.9:52912 -> 10.0.0.5:8000 6 packts 487 bytes
2 10.0.0.9:52912 -> 10.0.0.5:8000 6 packts 487 bytes
3 10.0.0.5:8000 -> 10.0.0.9:52912 5 packts 973 bytes
4 10.0.0.5:8000 -> 10.0.0.9:52912 5 packts 973 bytes
5 10.0.0.9:52913 -> 10.0.0.5:8000 6 packts 487 bytes
6 10.0.0.9:52913 -> 10.0.0.5:8000 6 packts 487 bytes
7 10.0.0.5:8000 -> 10.0.0.9:52913 5 packts 973 bytes
8 10.0.0.5:8000 -> 10.0.0.9:52913 5 packts 973 bytes
```

넷플로우 v5에서 레코드 크기는 48바이트로 고정돼 있으므로 앞에서 살펴본 반복문과 스크립트는 상대적으로 단순하다. 그러나 넷플로우 v9나 IPFIX의 경우 헤더 이후 부분은 FlowSet(https://www.cisco.com/en/US/technologies/tk648/tk362/technologies_white_paper09186a00800a3db9.html)을 통해 필드 카운트, 형식, 길이 등을 정의하도록 돼 있다. 콜렉터는 데이터 형식에 대한 정보가 없어도 이 부분의 값을 분석해 파싱을 수행한다.

넷플로우 데이터를 스크립트로 파싱하면서 필드를 잘 이해했을지는 모르나, 확장성 면에서는 불리하고 귀찮다. 예상했겠지만 각기 다른 넷플로우 레코드를 파싱하는 도구가 있다. 다음 절에서는 이를 위한 도구인 ntop을 알아본다.

ntop 트래픽 모니터링

7장, '파이썬 네트워크 모니터링 I'에서 PySNMP을, 이 장에서 넷플로우 파서 스크립트를 이용한 것처럼 파이썬 스크립트나 다른 도구를 사용하면 저레벨 작업을 바로 수행할 수 있다. 그러나 칵티와 같이 데이터 수집(폴링), 저장(RRD), 웹 시각화 프론트엔드 등과 같은 작업을 한 번에 수행할 수 있는 올인원 오픈 소스 패키지도 존재한다. 이런 도구는 가장 자주 수행하는 기능과 소프트웨어를 하나의 패키지에 묶음으로써 시간과 작업을 절약하도록 해준다.

넷플로우의 경우에도 이런 식으로 이뤄진 오픈 소스 및 상용 콜렉터가 많이 존재한다. 인터넷에 'top N open source NetFlow analyzer'를 검색해보면 여러 도구를 비교 분석한 수많은 글을 확인할 수 있다. 각 패키지는 각각 장단점을 가지며, 플랫폼, 용도 혹은 그냥 개인적 선호에 따라 무엇을 쓸지 정하면 된다. 나는 v5, v9 더 나아가 에스플로우에 이르기까지 동시에 지원하는 도구를 선택하라고 조언하고 싶다. 또 하나의 기준은 친숙한 언어로 쓰였는지의 여부다. 당연히 이 책에서는 파이썬을 사용한다.

넷플로우 관련 도구 중 추천할 만한 두 가지는 NfSen(백엔드 콜렉터로써 NFDUMP를 사용한다)과 ntop(또는 ntopng)다. 둘 중에서는 ntop이 트래픽 분석을 위해 더 많이 쓰인다. ntop은 윈도우 및 리눅스 플랫폼에서 모두 작동하며 파이썬으로 쓰여 있다. 이 절에서는 이를 따라 ntop을 사용한 예제를 살펴본다.

우분투의 경우 ntop을 설치하는 방법은 간단하다.

```
$ sudo apt-get install ntop
```

설치 과정에서 신호를 받는 데 필요한 인터페이스와 관리자 암호를 입력받을 것이다. 기본적으로 ntop 웹 인터페이스는 포트 3000, 프로브는 UDP 포트 5556에서 정보를 받는다. 또한 네트워크 기기 단에서 넷플로우 익스포터[exporter]의 위치를 지정해 주는 작업이 필요하다.

```
!
ip flow-export version 5
ip flow-export destination 172.16.1.173 5556 vrf Mgmt-intf
!
```

 기본적으로 IOSv는 Mgmt-intf라는 이름의 VRF를 생성하고, Gi0/0를 그 아래에 놓는다.

또한 인터페이스 설정 항목에서 트래픽을 내보내는 방향이 내부인지[ingress], 외부인지[egress] 지정해야 한다.

```
!
interface GigabitEthernet0/0
...
 ip flow ingress
 ip flow egress
...
```

앤서블 플레이북 cisco_config_netflow.yml 파일은 랩 기기에 대한 넷플로우 내보내기 설정을 담고 있으므로 이를 참고하면 유용할 것이다.

 r5-tor과 r6-edge는 r1, r2, r3에 비해 추가로 2개의 인터페이스를 더 가진다는 것에 유의하라.

플레이북을 실행하고 기기에 변경이 잘 적용됐는지 확인해보라.

```
$ ansible-playbook -i hosts cisco_config_netflow.yml

TASK [configure netflow export station]
***************************************
changed: [r1]
changed: [r3]
changed: [r2]
changed: [r5-tor]
changed: [r6-edge]

TASK [configure flow export on Gi0/0]
***************************************
changed: [r2]
changed: [r1]
changed: [r6-edge]
changed: [r5-tor]
changed: [r3]
...
PLAY RECAP
*******************************************************************
r1 : ok=4 changed=4 unreachable=0 failed=0
r2 : ok=4 changed=4 unreachable=0 failed=0
r3 : ok=4 changed=4 unreachable=0 failed=0
r5-tor : ok=6 changed=6 unreachable=0 failed=0
r6-edge : ok=6 changed=6 unreachable=0 failed=0

##Checking r2 for NetFlow configuration
r2#sh run | i flow
 ip flow ingress
 ip flow egress
 ip flow ingress
 ip flow egress
 ip flow ingress
 ip flow egress
ip flow-export version 5
ip flow-export destination 172.16.1.173 5556 vrf Mgmt-intf
```

설정이 끝나면 로컬 IP 트래픽에 대한 ntop 웹 인터페이스를 확인할 수 있다.

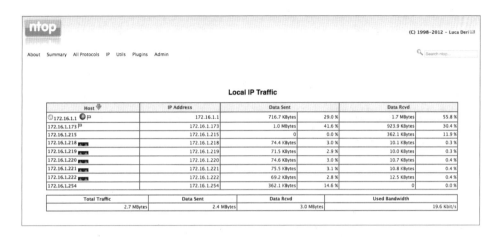

ntop에서 가장 많이 열어보는 기능 중 하나는 top talker 그래프다.

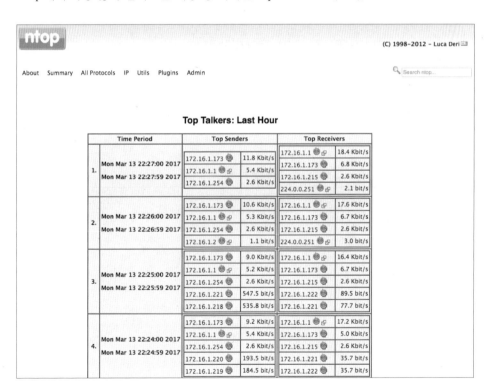

ntop 리포팅 엔진은 C로 쓰여 있다. 그 덕분에 빠르고 효율적이지만 단지 웹 프론트엔드를 바꾸기 위해 C 지식을 갖고 있어야 한다는 점은 현대적인 개발 추이에 맞지 않는다. C를 펄로 대체하려는 시도가 2000년대 중반 몇 번의 실패로 돌아간 끝에 마침내 파이썬을 유연한 스크립트 엔진으로 도입한 포크가 등장했다. 다음 절에서 이에 대해 살펴보자.

ntop 파이썬 확장 기능

ntop 웹 서버는 파이썬 스크립트를 실행할 수 있으므로 이를 이용하면 ntop의 기능을 확장할 수 있다. 고레벨 단계에서 스크립트는 다음과 같은 기능을 할 수 있다.

- ntop 상태 접근 메서드
- form 및 URL 변수를 설정할 수 있는 파이썬 CGI 모듈
- 템플릿을 사용한 동적 HTML 페이지 생성
- stdin을 통한 입력과 stdout/stderr을 통한 출력
- stdout 스크립트를 통한 HTTP 페이지 반환

파이썬을 사용할 때는 몇 가지 유용한 내용이 있다. 웹 인터페이스의 경우 **About > Show Configuration**을 클릭하면 파이썬 인터프리터 버전이나 스크립트 디렉터리를 확인할 수 있다.

	Run time/Internal
Web server URL	http://any:3000
GDBM version	GDBM version 1.8.3. 10/15/2002 (built Nov 16 2014 23:11:58)
Embedded **Python**	2.7.12 (default, Nov 19 2016, 06:48:10) [GCC 5.4.0 20160609]

파이썬 버전

또한 다양한 종류의 관련 파일이 저장될 디렉터리도 함께 확인할 수 있다.

Directory (search) order		
Data Files		/usr/share/ntop /usr/local/share/ntop
Config Files		/usr/share/ntop /usr/local/etc/ntop /etc
Plugins		./plugins /usr/lib/ntop/plugins /usr/local/lib/ntop/plugins

파이썬 디렉터리

About > Online Documentation > Python ntop Engine에서는 파이썬 API와 튜토리얼로 연결하는 링크를 제공하고 있다.

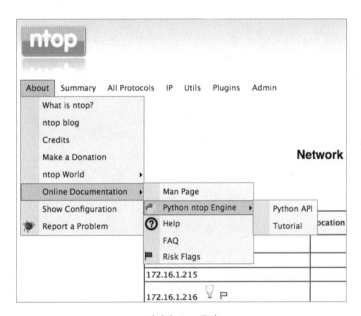

파이썬 ntop 문서

그림에서 확인할 수 있듯이 ntop 웹 서버는 지정한 디렉터리에 들어 있는 파이썬 스크립트 파일을 자동으로 실행한다.

```
$ pwd
/usr/share/ntop/python
```

이 디렉터리에 chapter8_ntop_1.py 스크립트 파일을 생성한다. 이 파일은 파이썬 CGI 모듈을 통해 form과 URL 매개변수를 파싱한다.

```
# CGI용 모듈 가져오기
import cgi, cgitb
import ntop

# URL 파싱하기
cgitb.enable();
```

ntop은 세 종류의 파이썬 모듈을 제공한다. 각 모듈은 다른 목적으로 쓰인다.

- ntop: ntop 엔진에 접근
- Host: 특정한 호스트 정보에 접근
- Interfaces: 특정한 localhost 인터페이스의 정보에 접근

예제 스크립트의 경우 ntop 모듈을 사용해 ntop 엔진 정보를 취득하고, sendString() 메서드를 사용해 이를 HTML body 텍스트로 보낸다.

```
form = cgi.FieldStorage();
name = form.getvalue('Name', default="Eric")

version = ntop.version()
os = ntop.os()
uptime = ntop.uptime()

ntop.printHTMLHeader('Mastering Python Networking', 1, 0)
ntop.sendString("Hello, "+ name +"<br>")
ntop.sendString("Ntop Information: %s %s %s" % (version, os, uptime))
ntop.printHTMLFooter()
```

http://<ip>:3000/python/<script name> 형식으로 파이썬 스크립트를 실행하면 다음과 같은 결과를 확인할 수 있다.

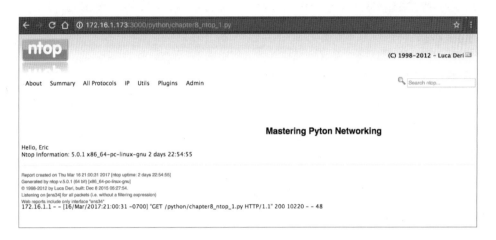

다음으로 interface 모듈을 사용한 chapter8_ntop_2.py 스크립트를 살펴보자. 여기서는 반복문을 통해 인터페이스들에 API를 사용할 것이다.

```python
import ntop, interface, json

ifnames = []
try:
    for i in range(interface.numInterfaces()):
        ifnames.append(interface.name(i))

except Exception as inst:
    print type(inst) # 예외 인스턴스
    print inst.args # 매개변수는 .args에 저장됨
    print inst # __str__을 통해 매개변수를 곧바로 출력
...
```

스크립트를 실행하면 다음과 같이 ntop 인터페이스가 표시된다.

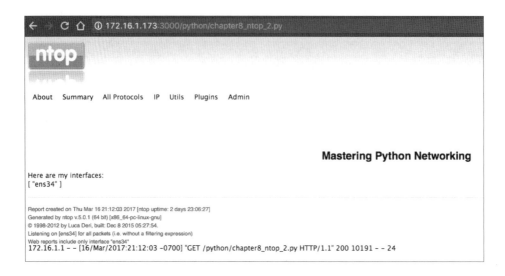

ntop은 커뮤니티 버전 외에도 지원을 받을 수 있는 상용 버전을 제공하고 있다. 오픈 소스 커뮤니티의 개발 활성화, 상용 제품을 통한 지원, 파이썬 확장성 등 ntop은 넷플로우 모니터링을 위해 좋은 선택이 될 것이다.

다음으로 넷플로우에서 파생된 에스플로우를 살펴보자.

에스플로우

에스플로우sFlow는 '샘플링된 플로우'를 뜻하며, 인몬InMon(http://www.inmon.com/)에 의해 처음 개발됐다가 RFC 방식으로 표준화됐다. 현재 최신 버전은 v5이다. 에스플로우의 주된 이점은 확장성에 있다. 기본적으로 에스플로우는 카운터 샘플의 폴링 간격에 맞춰 n 패킷 플로 중 하나를 랜덤으로 샘플링해 전체 트래픽을 가늠하는 형식으로 작동한다. 이 통계적 샘플링 방식은 넷플로우보다 네트워크 기기에 대해 CPU 자원을 덜 사용하며, 하드웨어와 결합해 가공되지 않은 데이터를 실시간으로 출력할 수 있게 한다.

이런 이점과 확장성 때문에 아리스타 네트웍스, 비아타Vyatta, A10 네트웍스 등 신생 벤더들은 에스플로우를 넷플로우보다 더 선호하는 경향이 있다. 시스코의 경우 넥서스 플랫폼 외에는 일반적으로 에스플로우를 지원하지 않고 있다.

파이썬을 이용한 sFlowtool과 sFlow-RT

안타깝게도 앞에서 구축한 VIRL 랩 기기는 에스플로우를 지원하지 않는다(NX-OSv 가상 스위치도 마찬가지다). 따라서 시스코 넥서스 3000 스위치를 사용하거나 에스플로우를 지원 하는 다른 벤더의 제품으로 교체 해야 한다. 혹은 아리스타 vEOS 가상 인스턴스를 사용하 는 방법도 있다. 나는 시스코 넥서스 3048 스위치(7.0(3))를 소유하고 있으므로 이 절에서 는 전자의 방법을 기준으로 에스플로우를 내보내는 방법에 대해 설명할 것이다.

시스코 넥서스 3000을 사용해 에스플로우를 설정하는 방법은 간단하다.

```
Nexus-2# sh run | i sflow
feature sflow
sflow max-sampled-size 256
sflow counter-poll-interval 10
sflow collector-ip 192.168.199.185 vrf management
sflow agent-ip 192.168.199.148
sflow data-source interface Ethernet1/48
```

에스플로우를 사용하는 가장 간단한 방법은 sflowtool이다. http://blog.sflow.com/2011/12/sflowtool.html에서 소개하는 설치법은 다음과 같다.

```
$ wget http://www.inmon.com/bin/sflowtool-3.22.tar.gz
$ tar -xvzf sflowtool-3.22.tar.gz
$ cd sflowtool-3.22/
$ ./configure
$ make
$ sudo make install
```

설치가 끝나면 sflowtool을 실행해 Nexus 3048이 표준 출력으로 보내는 데이터그램을 확인해보라.

```
$ sflowtool
startDatagram =================================
datagramSourceIP 192.168.199.148
datagramSize 88
unixSecondsUTC 1489727283
datagramVersion 5
agentSubId 100
agent 192.168.199.148
packetSequenceNo 5250248
sysUpTime 4017060520
samplesInPacket 1
startSample ----------------------
sampleType_tag 0:4
sampleType COUNTERSSAMPLE
sampleSequenceNo 2503508
sourceId 2:1
counterBlock_tag 0:1001
5s_cpu 0.00
1m_cpu 21.00
5m_cpu 20.80
total_memory_bytes 3997478912
free_memory_bytes 1083838464
endSample ----------------------
endDatagram =================================
```

sflowtool 깃허브 저장소(https://github.com/sflow/sflowtool)에는 도구를 사용할 때 참고하기 좋은 예제가 많다. 예를 들어 파이썬 스크립트로 sflowtool 입력을 받아 출력값을 파싱할 수 있다. chapter8_sflowtool_1.py 예제의 경우 sys.stdin.readline을 사용해 입력값을 받은 후, 정규 표현식 탐색을 통해 agent라는 단어가 포함된 행만을 걸러내 출력한다.

```
import sys, re
for line in iter(sys.stdin.readline, ''):
    if re.search('agent ', line):
        print(line.strip())
```

그리고 이 출력값을 sflowtool에 넣어준다.

```
agent 192.168.199.148
agent 192.168.199.148.
```

이외에도 tcpdump, 넷플로우 v5 레코드 형태 출력, 행별 콤펙트 출력 등의 예제를 참고하면 도움이 될 것이다. 이런 다양한 출력 방식은 sflowtool을 모니터링 환경에서 매우 유연하게 사용할 수 있도록 해준다.

Ntop은 에스플로우를 지원한다. 즉 에스플로우를 ntop 콜렉터로 곧바로 내보낼 수 있다. 넷플로우를 콜렉터로 사용한다면 넷플로우 v5 포맷으로 출력할 때 -c 옵션을 붙이면 된다.

```
$ sflowtool --help
...
tcpdump output:
   -t - (output in binary tcpdump(1) format)
   -r file - (read binary tcpdump(1) format)
   -x - (remove all IPV4 content)
   -z pad - (extend tcpdump pkthdr with this many zeros
                         e.g. try -z 8 for tcpdump on Red Hat Linux 6.2)

NetFlow output:
 -c hostname_or_IP - (netflow collector host)
 -d port - (netflow collector UDP port)
 -e - (netflow collector peer_as (default = origin_as))
 -s - (disable scaling of netflow output by sampling rate)
 -S - spoof source of netflow packets to input agent IP
```

혹은 인몬의 sFlow-RT(http://www.sflow-rt.com/index.php)를 에스플로우 분석 엔진으로 사용하는 방법도 있다. sFlow-RT는 REST API를 광범위하게 지원하기 때문에 단순히 보조하는 역할만을 하지 않는다. 또한 API로부터 손쉽게 값을 받아올 수도 있다. API에 대한 자세한 설명은 http://www.sflow-rt.com/reference.php를 참고하기 바란다.

sFlow-RT는 자바를 기반으로 작동함에 유의하라.

```
$ sudo apt-get install default-jre
$ java -version
openjdk version "1.8.0_121"
OpenJDK Runtime Environment (build 1.8.0_121-8u121-b13-0ubuntu1.16.04.2-
b13)
OpenJDK 64-Bit Server VM (build 25.121-b13, mixed mode)
```

자바가 설치됐다면 sFlow-RT를 다운로드하고 실행하는 과정은 간단하다(https://sflow-rt.com/download.php 참고).

```
$ wget http://www.inmon.com/products/sFlow-RT/sflow-rt.tar.gz
$ tar -xvzf sflow-rt.tar.gz
$ cd sflow-rt/
$ ./start.sh
2017-03-17T09:35:01-0700 INFO: Listening, sFlow port 6343
2017-03-17T09:35:02-0700 INFO: Listening, HTTP port 8008
```

제대로 설치됐다면 웹 브라우저에서 HTTP 포트 8008로 접속했을 때 다음과 같은 화면이 나타날 것이다.

sFlow-RT About 화면

에스플로우에서 패킷을 받으면, 곧바로 에이전트와 다른 값들이 나타난다.

sFlow-RT 에이전트

다음 두 예제는 requests를 사용해 sFlow−RT에서 정보를 받아오는 방법을 보여준다.

```
>>> import requests
>>> r = requests.get("http://192.168.199.185:8008/version")
>>> r.text
'2.0-r1180'
>>> r = requests.get("http://192.168.199.185:8008/agents/json")
>>> r.text
```

'{"192.168.199.148": {n "sFlowDatagramsLost": 0,n "sFlowDatagramSource": ["192.168.199.148"],n "firstSeen": 2195541,n "sFlowFlowDuplicateSamples": 0,n "sFlowDatagramsReceived": 441,n "sFlowCounterDatasources": 2,n "sFlowFlowOutOfOrderSamples": 0,n "sFlowFlowSamples": 0,n "sFlowDatagramsOutOfOrder": 0,n "uptime": 4060470520,n "sFlowCounterDuplicateSamples": 0,n "lastSeen": 3631,n "sFlowDatagramsDuplicates": 0,n "sFlowFlowDrops": 0,n "sFlowFlowLostSamples": 0,n "sFlowCounterSamples": 438,n "sFlowCounterLostSamples": 0,n "sFlowFlowDatasources": 0,n "sFlowCounterOutOfOrderSamples": 0n}}'

레퍼런스 문서를 참고해 추가 REST 엔드포인트를 사용해보라. 다음으로 일래스틱서치를 사용해 일반적인 네트워크와 함께 시스템 로그를 모니터링하는 방법을 알아본다.

▌ 일래스틱서치(ELK 스택)

지금까지 살펴봤던 파이썬 기반 도구만으로도 크기에 상관없이 모든 종류의 네트워크를 모니터링할 수 있다. 그러나 마지막으로 오픈 소스, 범용, 분산형 검색 및 분산 엔진인 **일래스틱서치**(https://www.elastic.co/)에 대해 알아볼 만한 가치는 충분하다. 일래스틱서치는 프론트엔드와 입력 도구를 통합해 **일래스틱**^{Elastic} 혹은 **ELK 스택**이라 부르기도 한다(이때 프론트웨어 E는 Elastic, L은 Logstash, K는 Kibana에 해당한다).

일반적으로 네트워크 모니터링을 이야기할 때는 네트워크 데이터를 분석한 후 그 속에서 어떤 의미를 찾으려 한다. ELK 스택은 일래스틱서치, 로그스태시, 키바나를 풀 스택으로 구성하고 있다. 즉 로그스태시로 정보를 받아들이고, 일래스틱서치를 통해 인덱싱하고 분석하며, 키바나를 통해 그래프로 출력한다. 세 프로젝트는 독립적으로 작동하며 로그스태시를 Beats와 같은 다른 입력 도구로 대체할 수도 있다. 혹은 키바나 대신 **그라파나**^{Grafana} 같은 도구로 그래프를 나타낼 수도 있다. 일래스틱 사가 관리하는 ELK 스택은 또한 X-Pack이라는 이름으로 많은 애드온 도구를 제공하며, 이를 통해 추가 보안, 알림, 모니터링 등을 수행할 수 있다.

여기까지만 읽어도 예상할 수 있지만 ELK(혹은 그냥 일래스틱서치만 떼어놓고 봐도)는 광범위한 내용을 포함하고 있으며, 이 주제만 갖고 쓴 책도 많다. 간단한 사용방법조차도 이 책에서 허락하는 분량보다 더 많이 기술해야 하므로 이 주제를 책에서 언급할지, 말지에 대해 많은 고민이 있었던 것도 사실이다. 그러나 단지 그 문제로 다루지 않고 넘어가기엔 ELK는 많은 프로젝트들에서 네트워크 모니터링 목적으로 많이 쓰이고 있는 중요한 도구다.

그래서 이 책에서는 몇 페이지를 할애해 간단한 소개와 더 깊이 들어가기 위한 몇 가지 참고 예시를 보여주는 데서 그치려 한다. 이 절에서 살펴볼 내용은 다음과 같다.

- 호스팅 ELK 서비스 설정
- 로그스태시 형식
- 로그스태시 포매팅을 위한 파이썬 헬퍼 스크립트

호스팅 ELK 서비스 설정

ELK 스택은 전체를 단일 스탠드얼론 서버에 설치할 수도 있고 여러 서버에 분산해 설치할 수도 있다. 구체적인 설치 방법은 https://www.elastic.co/guide/en/elastic-stack/current/installing-elastic-stack.html에서 확인할 수 있다. 경험상으로는 아무리 작은 양의 데이터를 다룬다 하더라도 ELK 스택을 단일 VM에 돌리는 것만으로는 원활하게 작동하지 않는다. 예를 들어 단지 2~3개의 네트워크 기기에서 로그 정보를 보내는 환경을 구축해 놓았는데도 단일 VM에서 돌린 ELK는 며칠 가지 못하고 뻗어 버린다. 몇 번의 시행착오를 거친 결과, 나는 ELK를 호스팅 환경에서 돌리는 것이 안정적이라는 결론을 내렸다. 이 책에서도 마찬가지 방법을 추천할 것이다.

호스팅 서비스로써 추천할 만한 곳은 크게 두 군데다.

- 아마존 일래스틱 서비스(https://aws.amazon.com/elasticsearch-service/)
- 일래스틱 클라우드(https://cloud.elastic.co/)

AWS는 프리 티어를 제공하며, AWS Identity and Access Management(https://aws. amazon.com/ko/iam/)나 람다 함수(https://aws.amazon.com/ko/lambda/) 등 다른 서비스와 통합된 환경을 제공한다. 그러나 AWS에서 제공하는 일래스틱서치 서비스보다 일래스틱 클라우드Elastic Cloud에서 더 최신 기능을 제공하며, 통합 환경도 X-Pack만큼 잘 연동돼 있는 것은 아니다. 그러나 우선은 AWS 프리 티어를 활용해 시작해볼 것을 추천한다. 나중에 더 최신 기능을 사용할 생각이라면 그때 Elastic Cloud로 옮겨도 무방하다.

서비스를 설정하는 방법은 매우 간단하다. 지역을 선택하고 도메인을 넣으면 된다. 설정이 끝나면 접근 가능한 IP 주소를 설정할 수 있다. AWS는 이 IP에서 들어오는 정보만 받게 될 것이다(호스트의 IP 주소가 NAT 방화벽을 통과하고 있다면 기업 공용 IP를 명시해야 한다).

로그스태시 형식

그다음 네트워크 로그를 원활히 보낼 수 있는 위치에 로그스태시를 설치한다. 설치 과정은 https://www.elastic.co/guide/en/logstash/current/installing-logstash.html에

서 확인할 수 있다. 기본적으로 로그스태시 설정 파일은 /etc/logstash/conf.d/ 아래에 저장된다. 이 파일은 입력-필터-출력 형식으로 돼 있다(https://www.elastic.co/guide/en/logstash/current/advanced-pipeline.html). 다음 예제에서는 네트워크로 그 파일을 입력받아 placeholder를 통해 필터링한 후 메시지를 콘솔과 AWS 일래스틱서치 서비스 인스턴스에 내보내 출력하는 방식을 구현한다.

```
input {
    file {
        type => "network_log"
        path => "path to your network log file"
    }
} filter {
    if [type] == "network_log" {
} }
    output {
    stdout { codec => rubydebug }
    elasticsearch {
    index => "logstash_network_log-%{+YYYY.MM.dd}"
    hosts => ["http://<instance>.<region>.es.amazonaws.com"]
    }
}
```

이제 파이썬과 로그스태시로 할 수 있는 것들을 좀 더 자세히 알아보자.

로그스태시 포매팅을 위한 파이썬 헬퍼 스크립트

앞에서 제시한 로그스태시 설정은 네트워크 로그를 받아 일래스틱서치에 인덱스를 생성하는 식으로 작동된다. 그런데 ELK에 입력하고자 했던 텍스트가 일반적인 로그 형식이 아니라면 어떻게 처리해야 할까? 이 문제를 해결하기 위해 파이썬이 도입된다. 예제에서 수행할 작업은 다음과 같다.

1. 파이썬 스크립트를 사용해 Spamhaus 프로젝트의 DROP 목록(https://www.spamhaus.org/drop/drop.txt)을 가져온다.

2. 파이썬 로깅 모듈을 사용해 로그스태시가 받아들일 수 있는 형식으로 정보를 포맷한다.

3. 로그스태시 설정을 수정해 모든 새로운 입력이 AWS 일래스틱서치 서비스로 들어갈 수 있도록 한다.

위 작업을 구현한 스크립트는 chapter8_logstash_1.py 파일에 저장돼 있다. 우선 모듈을 불러온 후 다음과 같이 기본적인 로깅 설정을 해준다. 이 절은 출력값이 로그스태시 형식과 일치하도록 직접적으로 설정한다는 것을 유의하라.

```python
# !/usr/env/bin python

# https://www.spamhaus.org/drop/drop.txt

import logging, pprint, re
import requests, json, datetime
from collections import OrderedDict

# 설정 로깅
logging.basicConfig(filename='./tmp/spamhaus_drop_list.log',
level=logging.INFO, format='%(asctime)s %(message)s', datefmt='%b %d
%I:%M:%S')
```

몇 가지 변수를 더 정의한 후 요청을 통해 받아온 IP 주소 목록을 변수에 저장한다.

```python
host = 'python_networking'
process = 'spamhause_drop_list'

r = requests.get('https://www.spamhaus.org/drop/drop.txt')
result = r.text.strip()

timeInUTC = datetime.datetime.utcnow().isoformat()
```

```
Item = OrderedDict()
Item["Time"] = timeInUTC
```

마지막으로 반복문을 통해 출력값을 파싱하고 로그에 기록한다.

```
for line in result.split('n'):
    if re.match('^;', line) or line == 'r': # comments
      next
    else:
        ip, record_number = line.split(";")
        logging.warning(host + ' ' + process + ': ' + 'src_ip=' +
ip.split("/")[0] + ' record_number=' + record_number.strip())
```

기록된 로그 파일은 다음과 같이 나타날 것이다.

```
$ cat tmp/spamhaus_drop_list.log
...
Jul 14 11:35:26 python_networking spamhause_drop_list: src_ip=212.92.127.0
record_number=SBL352250
Jul 14 11:35:26 python_networking spamhause_drop_list: src_ip=216.47.96.0
record_number=SBL125132
Jul 14 11:35:26 python_networking spamhause_drop_list: src_ip=223.0.0.0
record_number=SBL230805
Jul 14 11:35:26 python_networking spamhause_drop_list: src_ip=223.169.0.0
record_number=SBL208009
...
```

그다음 새로운 로그 형식에 맞게 로그스태시 설정 파일을 바꾼다. 예를 들어 입력 파일 위치를 다음과 같이 추가할 수 있다

```
input {
  file {
    type => "network_log"
    path => "path to your network log file"
```

```
  }
  file {
    type => "spamhaus_drop_list"
    path =>
"/home/echou/Master_Python_Networking/Chapter8/tmp/spamhaus_drop_list.log"
  }
}
```

grok을 사용해 추가로 필터를 설정할 수도 있다.

```
filter {
  if [type] == "spamhaus_drop_list" {
    grok {
      match => [ "message", "%{SYSLOGTIMESTAMP:timestamp}
%{SYSLOGHOST:hostname} %{NOTSPACE:process} src_ip=%{IP:src_ip}
%{NOTSPACE:record_number}.*"]
      add_tag => ["spamhaus_drop_list"]
    }
  }
}
```

추가 엔트리도 동일한 인덱스에 저장되므로 출력 절은 수정하지 않아도 된다. 이 정도 작업만 수행해도 ELK 스택을 사용해 네트워크 로그나 Spamhaus IP 정보에 대한 쿼리, 저장, 열람 등을 수행할 수 있다.

▌ 요약

8장에서는 파이썬을 사용해 네트워크 모니터링을 수행하는 추가 방법을 알아봤다. 우선 그래프비즈 패키지를 사용해 네트워크 기기로부터의 실시간 LLDP 정보에 대한 네트워크 토폴로지 그래프를 그려봤다. 이를 사용해 손쉽게 현재 네트워크 토폴로지를 확인하고 링크가 끊어진 지점을 포착할 수 있다.

다음으로 넷플로우 v5 패킷을 파이썬으로 파싱해 구조를 이해하고 문제를 발견하는 방법을 살펴봤다. 또한 ntop과 파이썬을 결합해 넷플로우 모니터링 기능을 확장했다. 패킷 샘플링 기술을 사용하는 에스플로우에 대해 sflowtool과 sFlow-RT를 통한 결괏값을 분석했다. 마지막으로 다목적 데이터 분석 도구인 일래스틱서치(ELK 스택)를 간단하게 살펴봤다.

9장에서는 파이썬 웹 프레임워크 플라스크를 사용해 네트워크 웹 서비스를 구현하는 방법을 알아본다.

09

파이썬을 사용한
네트워크 웹 서비스 구축

8장에서는 API를 사용하는 입장이었다. 3장, 'API와 목적 중심 네트워킹'에서 시스코 넥서스 기기에 CLI 명령어를 통해 원격으로 HTTP POST 메서드를 http://<your router ip>/ins URL 형식으로 NX-API에 사용할 수 있다는 것을 알아 봤다. 또한 8장에서는 http://<your host ip>:8008/version URL 형식으로 sFlow-RT에 대한 GET 메서드를 사용해 소프트웨어의 버전을 받아오는 작업을 수행해봤다. 이런 데이터 교환은 RESTful 웹 서비스의 예제들 중 하나다.

위키백과에 따르면(https://en.wikipedia.org/wiki/Representational_state_transfer) 다음과 같다.

REST^{Representational state transfer} 또는 RESTful 웹 서비스는 인터넷상 컴퓨터 간의 상호 정보 처리를 구현하는 방식 중 하나다. REST 기반 웹 서비스는 일정한 형태로 정의된 상태 비지정 동작 명령어들을 통해 시스템의 웹 리소스를 텍스트 형태로 접근하고 변경한다.

HTTP 프로토콜상에서의 REST 웹 서비스는 웹상에서 정보를 공유하는 거의 유일한 방법이다. 다른 형식의 웹 서비스도 존재하기는 한다. 그러나 GET, POST, PUT, DELETE 등과 같은 개념에서 알 수 있듯이 RESTful 웹 서비스가 현재 가장 널리 쓰이는 웹 서비스라는 것은 분명하다.

RESTful 서비스를 사용할 때의 장점은 사용자에게 내부 동작 과정을 보여주지 않으면서도 계속 작동하게 할 수 있다는 것이다. 예를 들어 sFlow-RT 예제에서 소프트웨어가 설치된 기기에 로그인해야 한다면, 소프트웨어 버전을 확인하고자 할 때는 도구에 대해 더 깊은 단계의 지식이 필요하다. URL 형태로 리소스를 제공한다면 주소에 접속했을 때 소프트웨어는 버전 확인 작업을 수행해 결과를 전달한다. 이런 식의 추상화는 원하는 만큼 엔드포인트를 설정할 수 있기 때문에 추가로 보안 레이어의 역할을 한다.

네트워크 제공자 입장에서 RESTful 웹 서비스는 다음과 같은 이점을 가진다.

- 요청하는 측에서 내부적인 네트워크 동작 과정을 알지 않아도 된다. 정확한 CLI 명령어나 API 형식을 몰라도 스위치의 버전을 반환하는 쿼리를 가능케 하는 웹 서비스를 제공할 수 있다.
- 네트워크의 톱 랙 스위치를 업그레이드하기 위한 리소스 등 동작 둘을 네트워크에 고유하게 강화하거나 수정할 수 있다.
- 필요한 동작만을 노출시킴으로써 보안을 강화할 수 있다. 예를 들어 코어 네트워크 기기에 읽기 전용 URL(GET)만을 제공하고, 읽기-쓰기 URL(GET/POST/PUT/DELETE)을 통해 스위치에 접근하도록 할 수 있다.

9장에서는 널리 쓰이는 파이썬 웹 프레임워크 중 하나인 **플라스크**로 REST 웹 서비스를 구축해본다.

9장에서 살펴볼 내용은 다음과 같다.

- 파이썬 웹 프레임워크 비교
- 플라스크 소개
- 정적 네트워크 콘텐츠를 위한 동작
- 동적 네트워크 콘텐츠를 위한 동작

우선 현재 나와 있는 파이썬 웹 프레임워크를 검토하고, 왜 플라스크를 선택했는지 이야기해보자.

파이썬 웹 프레임워크 비교

파이썬으로 만든 훌륭한 웹 프레임워크들은 많다. 파이콘^{PyCon}에서 자주 나오는 농담 중 하나로 당신이 풀타임 파이썬 개발자로 일하고 싶다면 웹 프레임워크 하나 정도는 알고 있어야 한다. 가장 널리 쓰이는 장고에 대한 컨퍼런스인 장고콘^{DjangoCon}은 매년 개최되고 있으며, 참석자도 수백 명 규모다. https://hotframeworks.com/languages/python에서 파이썬 웹 프레임워크들을 비교해보면 이 중 어떤 것을 고를 지 선택하는 게 그리 간단치 않다는 것을 깨달을 것이다.

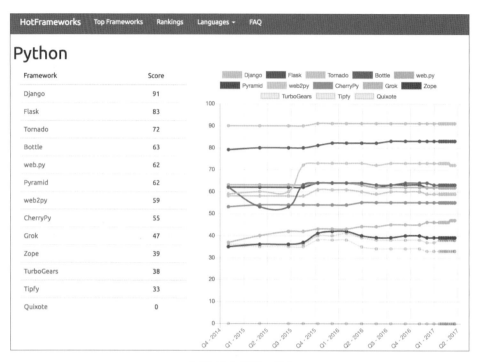

Python

Framework	Score
Django	91
Flask	83
Tornado	72
Bottle	63
web.py	62
Pyramid	62
web2py	59
CherryPy	55
Grok	47
Zope	39
TurboGears	38
Tipfy	33
Quixote	0

파이썬 웹 프레임워크 랭킹

수많은 후보 중에 무엇을 골라야 할까? 당연히 모든 프레임워크를 사용해보는 것은 시간 낭비다. "어떤 웹 프레임워크가 더 나을까?"라는 질문은 웹 개발자들 사이에서 뜨거운 논쟁거리다. 쿼라Quora나 레딧Reddit 같은 포럼에 이 질문을 할 때는 댓글로 전투가 벌어질 것을 각오해야 한다.

 아이러니하게도 쿼라와 레딧도 파이썬으로 쓰여졌다. 레딧은 파일론(Pylons)을 사용하고 있으며(https://www.reddit.com/wiki/faq#wiki_so_what_python_framework_do_ you_ use.3F), 쿼라는 Pylons로 시작했지만 현재는 자체 코드를 사용하고 있다(https://www. quora.com/What-languages-and-frameworks-are-used-to-code-Quora).

370

물론 나도 이 주제에 대해 어느 정도 편견(파이썬과 플라스크!)을 갖고 있다. 그러나 이 절에서는 가능한 논리적으로 왜 플라스크를 선택했는지 설명하고자 한다. HotFramework에서 가장 위에 있는 두 프레임워크를 비교해보자.

- **장고**^{Django}: 자칭 '시간이 없는 완벽주의자들을 위한 웹 프레임워크'인 장고는 빠른 개발과 깔끔하고 실용적인 디자인을 위한 고레벨 파이썬 웹 프레임워크다 (https://www.djangoproject.com/). 장고는 거대한 프레임워크며 관리자 패널에서부터 내장 콘텐츠 관리 도구까지 다양한 기능이 내장돼 있다.
- **플라스크**^{Flask}: 베르크조익^{Werkzeug}, 진자2 등 여러 부분으로 이뤄진 파이썬 마이크로 프레임워크다(http://flask.pocoo.org/). 마이크로라는 용어에서 유추할 수 있듯이 플라스크의 코어는 작은 크기로 유지되며, 필요한 기능들을 쉽게 도입해 확장하는 식으로 구성돼 있다. 그렇다고 기능 면에서 '마이크로'하거나 실제 업무에 사용하기에 부족한 면이 있다는 뜻은 아니다.

개인적으로 장고는 확장성에 조금 어려움이 있을 뿐 아니라 내장된 기능 중 일부만을 사용한다는 단점이 있다. 또한 장고는 업무를 처리하는 방식이 경직된 면이 없지 않다. 적지 않은 사람들이 이 사용하면서 '프레임워크와 맞서 싸우는' 느낌을 받곤 한다. 예를 들어 데이터베이스 관련 문서에서 언급하듯(https://docs.djangoproject.com/en/2.1/ref/databases/) 장고는 여러 종류의 SQL 데이터베이스를 지원하지만 MySQL, POstgreSQL, SQLite 등 SQL 기반 데이터베이스에만 지원이 집중되어 있다. 몽고DB나 카우치DB(CouchDB) 같은 NoSQL은 해당되지 않거나 직접 지원되도록 코드를 작성해야 한다. 물론 이게 전부 나쁘다는 것은 아니다.

코어 부분만 작게 놔두고 필요할 때마다 기능들을 확장하는 방식은 매우 매력적이다. 플라스크 공식 문서 맨 처음에 나와 있는 예제에 확인할 수 있듯이 플라스크를 켜서 작동하도록 하는 데 단지 8줄의 코드만 필요하며, 어떠한 사전 지식이 없더라도 쉽게 이해할 수 있다. 플라스크는 확장 기능을 염두에 두고 개발됐으므로 데코레이터^{decorator}와 같은 확장 기능을 쉽게 작성할 수 있다. 또한 마이크로 프레임워크로 분류되긴 하지만 코어에는 개발 서버, 디버거, 유닛 테스트, RESTful 요청 디스패치 등의 기본적인 컴포넌트가 포함돼 있다. 앞의 그림에서 살펴봤듯이 플라스크는 장고 다음으로 세계에서 가장 많이 쓰이는 파이썬 프레임워크로 알려져 있다. 이런 인지도는 커뮤니티 기여, 지원, 빠른 개발에 있어서 많은 이점을 가진다.

이런 이유로 이 책에서는 플라스크를 사용해 네트워크 웹 서비스를 구축하는 방법을 알아볼 것이다.

▌ 플라스크와 랩 설정

9장에서는 virtualenv를 사용해 개발 환경을 분리할 것이다. 이름에서 짐작할 수 있듯이 virtualenv는 가상 환경을 만들어주는 도구다. 이를 통해 프로젝트마다 각기 다른 의존성을 유지하면서 전역 패키지를 건들지 않도록 해준다. 플라스크를 가상 환경에 설치하면 virtualenv 로컬 프로젝트 디렉터리에만 저장되고, 전역 사이트 패키지에는 설치되지 않는다. 이렇게 함으로써 코드를 다른 곳에 쉽게 포팅할 수 있도록 한다.

여기서는 virtualenv 환경에서 파이썬을 사용해봤을 것이라 가정하고, 자세한 과정은 생략한다. 만일 상세한 설명이 궁금하면 여러 온라인 튜토리얼을 참고해도 된다(http://docs.python-guide.org/en/latest/dev/virtualenvs/).

우선 virtualenv를 설치해보자.

```
# 파이썬 3
$ sudo apt-get install python3-venv
$ python3 -m venv venv

# 파이썬 2
$ sudo apt-get install python-virtualenv
$ virtualenv venv-python2
```

이 명령어는 venv 모듈(-m venv)을 사용해 venv 폴더를 만들고 파이썬 인터프리터를 그 안에 넣는다. source venv/bin/activate 및 deactivate를 사용하면 로컬 파이썬 환경을 사용할지 여부를 정할 수 있다.

```
$ source venv/bin/activate
(venv) $ python
$ which python
/home/echou/Master_Python_Networking_second_edition/Chapter09/venv/bin/pyth
on
$ python
Python 3.5.2 (default, Nov 23 2017, 16:37:01)
[GCC 5.4.0 20160609] on linux
Type "help", "copyright", "credits" or "license" for more information.
>>>
>>> exit()
(venv) $ deactivate
```

9장에서는 파이썬 패키지를 몇 개만 설치할 것이다. 쉽게 설치할 수 있도록 이 책의 깃허브 저장소에 requirements.txt 파일로 필요한 패키지의 목록을 저장해 놓있다. 프로세스가 끝나면 목록의 패키지가 다운로드되고 설치됐음을 확인할 수 있다.

```
(venv) $ pip install -r requirements.txt
Collecting Flask==0.10.1 (from -r requirements.txt (line 1))
  Downloading
https://files.pythonhosted.org/packages/db/9c/149ba60c47d107f85fe5256413334
8458f093dd5e6b57a5b60ab9ac517bb/Flask-0.10.1.tar.gz (544kB)
    100% |████████████████████████████████| 552kB 2.0MB/s
Collecting Flask-HTTPAuth==2.2.1 (from -r requirements.txt (line 2))
  Downloading
https://files.pythonhosted.org/packages/13/f3/efc053c66a7231a5a38078a813aee
06cd63ca90ab1b3e269b63edd5ff1b2/Flask-HTTPAuth-2.2.1.tar.gz
... <skip>
  Running setup.py install for Pygments ... done
  Running setup.py install for python-dateutil ... done
```

```
Successfully installed Flask-0.10.1 Flask-HTTPAuth-2.2.1 Flask-
SQLAlchemy-1.0 Jinja2-2.7.3 MarkupSafe-0.23 Pygments-1.6 SQLAlchemy-0.9.6
Werkzeug-0.9.6 httpie-0.8.0 itsdangerous-0.24 python-dateutil-2.2
requests-2.3.0 six-1.11.0
```

네트워크 토폴로지는 다음 그림과 같이 간단하게 4개의 노드로 이뤄져 있다.

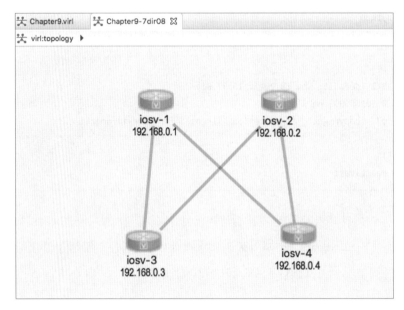

랩 토포로지

다음 절에서 본격적으로 플라스크를 살펴보자.

 이후 설명하는 모든 내용은 가상 환경에서 실행하고 requirements.txt 파일의 패키지를 설
치한 후 진행된다고 가정한다.

플라스크 들어가기

대부분의 오픈 소스 프로젝트와 마찬가지로 플라스크는 문서화가 잘돼 있다(http://flask. pocoo.org/docs/0.10/). 예제를 따라 하다가 잘 이해가 되지 않는 부분이 있다면 프로젝트 문서를 참고해 답을 찾으면 된다.

> 미구엘 그린베르그(Miguel Grinberg)의 웹 사이트도 참고하기 바란다(https://blog. miguelgrinberg.com/). 미구엘의 블로그, 책, 비디오 강좌는 플라스크를 알기 위해 참고할 내용이 많다. 사실 9장의 내용은 미구엘의 〈Building Web APIs with Flask〉에서 영감을 얻었다. 그가 공개한 코드는 https://github.com/miguelgrinberg/oreilly-flask-apis-video에서 확인해볼 수 있다.

처음으로 만들어볼 플라스크 애플리케이션은 chapter9_1.py 파일 하나로 이뤄져 있다.

```python
from flask import Flask
app = Flask(__name__)

@app.route('/')
def hello_networkers():
    return 'Hello Networkers!'

if __name__ == '__main__':
    app.run(host='0.0.0.0', debug=True)
```

이것이 가장 기초적인 플라스크 디자인 패턴이다. 플라스크 클래스의 인스턴스를 생성할 때, 첫 번째 인수는 애플리케이션 모듈 패키지의 이름이 된다. 예제의 경우 단일 모듈을 사용하고 있다. 실제로 코드를 작성할 때는 애플리케이션을 작성하고 있는 것인지, 모듈로써 불러올 것인지에 따라 이름을 정해주면 된다. 그다음 라우트 데코레이터를 사용해 플라스크에서 어떤 URL을 hello_networkers() 함수에 할당할 것인지 정의해준다. 위 코드에서는 루트 경로를 지정했다. 마지막으로 인터프리터 실행 옵션을 추가한다(https://docs.python.

org/3.5/library/__main__.html). 호스트나 디버그 옵션을 추가하면 호스트의 모든 인터페이스에 대해 광범위한 출력값을 받을 수 있다(기본적으로는 루프백에 대한 정보만 출력한다). 이제 애플리케이션을 개발 서버에서 실행해보자.

```
(venv) $ python chapter9_1.py
 * Running on http://0.0.0.0:5000/
 * Restarting with reloader
```

서버를 실행했으므로 HTTP 클라이언트를 통해 서버가 제대로 정보를 주고받는지 테스트해보자.

HTTPie 클라이언트

requirements.txt 파일의 목록을 따랐다면 이미 HTTPie(https://httpie.org/)가 설치돼 있을 것이다. HTTPie는 기본 텍스트 환경보다 더 나은 문법 하이라이팅을 보여준다. 또한 RESTful HTTP 서버에 대해 커맨드라인상에서 더 직관적인 상호작용을 보여준다. 이를 사용해 앞에서 만든 플라스크 애플리케이션을 테스트해보자(HTTPie에 대한 자세한 설명은 다음을 참고하라).

```
$ http GET http://172.16.1.173:5000/
HTTP/1.0 200 OK
Content-Length: 17
Content-Type: text/html; charset=utf-8
Date: Wed, 22 Mar 2017 17:37:12 GMT
Server: Werkzeug/0.9.6 Python/3.5.2

Hello Networkers!
```

TIP

curl에 –i 플래그를 사용해 HTTP 헤더를 보는 방법도 있다.

curl –i http://172.16.1.173:5000/

9장에서는 HTTPie를 클라이언트로써 사용할 것이므로 간단한 사용법을 소개하고 넘어가자. HTTP–bin(https://httpbin.org/) 서비스로 사용법을 살펴보자. 기본 HTTPie 명령어 패턴은 단순하다.

```
$ http [flags] [METHOD] URL [ITEM]
```

앞의 패턴에 따르면 플라스크 개발 서버에서 GET 요청을 보내는 방법은 매우 간단하다.

```
$ http GET https://httpbin.org/user-agent
...
{
 "user-agent": "HTTPie/0.8.0"
}
```

HTTPie의 경우 JSON을 기본 콘텐츠 형식으로 채택한다. 주고받는 내용에 문자열만 있다면 추가 작업이 필요 없다. 문자열이 아닌 JSON 필드를 사용할 때는 := 또는 문서에 명시된 기호로 지정해야 한다.

```
$ http POST https://httpbin.org/post name=eric twitter=at_ericchou
married:=true
HTTP/1.1 200 OK
...
Content-Type: application/json
...
{
    "headers": {
...
```

```
        "User-Agent": "HTTPie/0.8.0"
    },
    "json": {
        "married": true,
        "name": "eric",
        "twitter": "at_ericchou"
    },
...
    "url": "https://httpbin.org/post"
}
```

HTTPie는 기존의 curl 문법을 향상시키고 REST API를 쉽게 만들어준다.

 더 많은 사용 예는 https://httpie.org/doc#usage를 참고하라.

다시 플라스크로 돌아가보자. API의 많은 부분은 URL 라우팅을 위해 구현된 부분이다.
app.route() 데코레이터를 좀 더 자세히 알아보자.

URL 라우팅

chapter9_2.py는 앞에 비해 함수 2개를 더 추가하고, 그에 상응하는 라우팅을 app.route()
로 추가했다.

```
$ cat chapter9_2.py
from flask import Flask
app = Flask(__name__)

@app.route('/')
def index():
    return 'You are at index()'

@app.route('/routers/')
```

```
def routers():
    return 'You are at routers()'

if __name__ == '__main__':
    app.run(host='0.0.0.0', debug=True)
```

파일을 실행하면 엔드포인트에 따라 각기 다른 함수가 실행된다. 두 번의 http 요청을 통해 이를 검증해보자.

```
# 서버
$ python chapter9_2.py

# 클라이언트
$ http GET http://172.16.1.173:5000/
...

You are at index()

$ http GET http://172.16.1.173:5000/routers/
...

You are at routers()
```

물론 정적인 사이트를 개발하고자 한다면 라우팅은 그리 복잡하지 않다. 그러나 플라스크는 URL에 변수를 전달하는 방식의 라우팅도 지원한다. 다음 절에서 이에 대해 알아본다.

URL 변수

앞에서 언급했듯이 URL에 변수를 전달하는 식으로도 라우팅을 수행할 수 있다. chapter9_3.py를 확인해보라.

```
...
@app.route('/routers/<hostname>')
```

```
def router(hostname):
    return 'You are at %s' % hostname

@app.route('/routers/<hostname>/interface/<int:interface_number>')
def interface(hostname, interface_number):
    return 'You are at %s interface %d' % (hostname, interface_number)
...
```

/routers/<hostname> URL에서 <hostname> 변수는 문자열로서 전달된다는 것에 유의하라. <int:interface_number>의 경우 변숫값이 정수형이어야 함을 지정하고 있다.

```
$ http GET http://172.16.1.173:5000/routers/host1
...
You are at host1

$ http GET http://172.16.1.173:5000/routers/host1/interface/1
...
You are at host1 interface 1

# 예외 처리
$ http GET http://172.16.1.173:5000/routers/host1/interface/one
HTTP/1.0 404 NOT FOUND
...
<!DOCTYPE HTML PUBLIC "-//W3C//DTD HTML 3.2 Final//EN">
<title>404 Not Found</title>
<h1>Not Found</h1>
<p>The requested URL was not found on the server. If you entered the URL
manually please check your spelling and try again.</p>
```

변수는 정수, 부동소수점, 경로(슬래시를 포함하는 문자열) 형태로 받거나 변환될 수 있다.

정적인 라우트 규칙 외에 실행 도중 URL을 생성할 수도 있다. 엔드포인트 변수를 미리 알수 없거나, 데이터베이스 쿼리 값에 따라 결정될 경우에 매우 유용한 기능이다. 예제를 통해 자세한 내용을 알아보자.

URL 생성

chapter9_4.py는 '/\<hostname\>/listinterfaces' 형식으로 동적 URL을 생성하기 위한 코드를 포함하고 있다.

```
from flask import Flask, url_for
...
@app.route('/<hostname>/list_interfaces')
def device(hostname):
    if hostname in routers:
        return 'Listing interfaces for %s' % hostname
    else:
        return 'Invalid hostname'

routers = ['r1', 'r2', 'r3']
for router in routers:
    with app.test_request_context():
        print(url_for('device', hostname=router))
...
```

파일을 실행하면 다음과 같이 근사하고 논리적인 URL들이 생성된다.

```
(venv) $ python chapter9_4.py
/r1/list_interfaces
/r2/list_interfaces
/r3/list_interfaces
 * Running on http://0.0.0.0:5000/
 * Restarting with reloader
```

여기까지 보면 app.text_request_context()가 단지 디버깅 같은 용도를 위한 더미 객체라고 생각할 지 모르겠다. 컨텍스트 로컬에 대해 알고 싶다면 http://flask.pocoo.org/docs/0.14/local 문서를 참고하기 바란다.

jsonify 반환

플라스크에서 유용하게 쓸 수 있는 또 다른 기능은 jsonify() 반환으로 json.dumps()를 통한 JSON 출력값을 application/json HTTP 콘텐츠 타입 헤더로 설정된 responce 객체로 변환한다. chapter9_5.py 파일을 조금만 수정해보자.

```python
from flask import Flask, jsonify

app = Flask(__name__)

@app.route('/routers/<hostname>/interface/<int:interface_number>')
def interface(hostname, interface_number):
    return jsonify(name=hostname, interface=interface_number)

if __name__ == '__main__':
    app.run(host='0.0.0.0', debug=True)
```

파일을 실행해보면 앞에서 말한 헤더가 달린 JSON 객체가 반환된다는 것을 확인할 수 있다.

```
$ http GET http://172.16.1.173:5000/routers/r1/interface/1
HTTP/1.0 200 OK
Content-Length: 36
Content-Type: application/json
...

{
    "interface": 1,
    "name": "r1"
}
```

URL 라우팅과 jsonify()까지 알아봤으므로 이제 네트워크를 위한 API를 제작해볼 차례다.

네트워크 정적 콘텐츠 API

많은 네트워크는 일단 도입되면 거의 변할 일이 없는 네트워크 기기들을 포함하고 있다. 예를 들어 코어 기기, 분배 기기, spine, leaf, top-of-rack 스위치 등이 이에 속한다. 각 기기들은 고유의 특성을 가지며, 언제든 쉽게 접근할 수 있도록 고정된 위치에서 운용돼야 한다. 대부분의 경우 데이터베이스에 데이터를 저장하는 것과 유사하게 이를 구현하지만 어떤 정보가 필요한 사람에게 무턱대고 데이터베이스에 직접 접근하도록 하거나 복잡한 SQL 쿼리 언어를 전부 배우라고 할 수는 없다. 이를 위해 플라스크에서는 Flask-SQLAlchemy 확장 기능을 사용할 수 있도록 해 놓았다.

 Flask-SQLAlchemy에 대해서는 http://flask-sqlalchemy.pocoo.org/2.1/를 참고하라.

Flask-SQLAlchemy

물론 SQLAlchemy와 플라스크 확장 기능은 각각 데이터베이스 추상화 레이어와 객체 관계 매퍼로서 작용한다. 이는 파이썬 객체를 사용해 데이터베이스를 다루는 우아한 방법 중 하나다. 이 책에서는 간단하게 텍스트 파일 형태로 내부 SQL 데이터베이스를 저장하는 SQLite를 데이터베이스로 사용할 것이다. `chapter9_db_1.py` 파일은 Flask-SQLAlchemy를 사용해 네트워크 데이터베이스를 생성하고 테이블 항목을 저장하는 과정을 묘사하고 있다.

우선 플라스크 애플리케이션을 생성하고 데이터베이스 경로나 이름 등 SQLAlchemy를 위한 설정을 불러온다. 그다음 SQLAlchemy에 애플리케이션을 대입하는 식으로 객체를 생성한다.

```python
from flask import Flask
from flask_sqlalchemy import SQLAlchemy

# 플라스크 애플리케이션 생성, 설정 로딩, SQLAlchemy 객체 생성
app = Flask(__name__)
app.config['SQLALCHEMY_DATABASE_URI'] = 'sqlite:///network.db'
db = SQLAlchemy(app)
```

다음으로 database 객체와 필요한 기본 키와 열들을 생성한다.

```python
class Device(db.Model):
    __tablename__ = 'devices'
    id = db.Column(db.Integer, primary_key=True)
    hostname = db.Column(db.String(120), index=True)
    vendor = db.Column(db.String(40))

    def __init__(self, hostname, vendor):
        self.hostname = hostname
        self.vendor = vendor

    def __repr__(self):
        return '<Device %r>' % self.hostname
```

databse 객체를 만들고, 항목을 생성하고, 데이터베이스 테이블에 삽입한다. 어떤 세션에서 집어넣은 데이터는 커밋 과정을 거쳐야 영구히 데이터베이스 안에 저장된다는 것에 유의하라.

```
if __name__ == '__main__':
    db.create_all()
    r1 = Device('lax-dc1-core1', 'Juniper')
    r2 = Device('sfo-dc1-core1', 'Cisco')
    db.session.add(r1)
    db.session.add(r2)
    db.session.commit()
```

파이썬 스크립트를 실행해 데이터베이스 파일이 존재하는지를 확인한다.

```
$ python chapter9_db_1.py
$ ls network.db
network.db
```

대화형 명령창을 통해 데이터베이스 테이블 항목이 제대로 입력됐는지 확인해보자.

```
>>> from flask import Flask
>>> from flask_sqlalchemy import SQLAlchemy
>>>
>>> app = Flask(__name__)
>>> app.config['SQLALCHEMY_DATABASE_URI'] = 'sqlite:///network.db'
>>> db = SQLAlchemy(app)
>>> from chapter9_db_1 import Device
>>> Device.query.all()
[<Device 'lax-dc1-core1'>, <Device 'sfo-dc1-core1'>]
>>> Device.query.filter_by(hostname='sfo-dc1-core1')
<flask_sqlalchemy.BaseQuery object at 0x7f1b4ae07eb8>
>>> Device.query.filter_by(hostname='sfo-dc1-core1').first()
<Device 'sfo-dc1-core1'>
```

이와 비슷한 방법으로 새로운 항목을 추가할 수도 있다.

```
>>> r3 = Device('lax-dc1-core2', 'Juniper')
>>> db.session.add(r3)
```

```
>>> db.session.commit()
>>> Device.query.all()
[<Device 'lax-dc1-core1'>, <Device 'sfo-dc1-core1'>, <Device 'lax-dc1-
core2'>]
```

네트워크 콘텐츠 API

본격적으로 들어가기 전에 만들려고 하는 API를 더 알아보자. API를 구상하는 작업은 과학보다 예술에 더 가깝다. 즉 주어진 조건과 선호도에 따라서 다양한 답이 존재한다. 다시 말해 지금부터 소개하는 내용은 어떤 정답이라기보다는 그저 처음 시작하기 위해 거쳐가는 내용이다.

앞의 그림을 다시 떠올려보라. 네트워크에는 시스코 IOSx 기기 4개가 포함돼 있다. 그중 2개인 iosv-1과 iosv-2를 spine 역할로 가정해보자. 나머지 두 기기 iosv-3과 iosv-4는 leaf 역할을 할 것이다. 물론 어떤 식으로 구성하는지는 선택에 달려 있지만, 중요한 것은 어떤 구조이든 네트워크 기기에 대한 데이터를 감춘 상태에서 API를 통해 이를 드러낼 수 있다는 것이다.

간단한 예시로 devices group API와 single device API라는 두 종류의 API를 만들어보자.

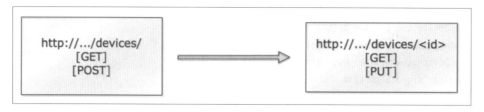

네트워크 콘텐츠 API

첫 번째 API는 http://172.16.1.173/devices/ 엔드포인트에서 GET과 Post의 두 메서드를 지원한다. GET 요청은 현재 기기들의 목록을 출력하고, 원하는 내용으로 JSON을 작성해

POST 요청을 보내면 기기가 생성된다. 물론 기기를 생성하거나 쿼리를 보내는 엔드포인트는 다른 곳으로 나눌 수 있지만, 여기서는 이를 HTTP 메서드로 구분한다.

두 번째 API는 http://172.16.1.173/devices/<device id> 형식으로 기기에 접근한다. GET 요청은 기기에 대해 데이터베이스에 입력한 정보를 보여준다. PUT 요청은 원하는 항목을 수정해 업데이트한다. POST 대신 PUT을 쓴 것에 주목하라. 이는 HTTP API가 일반적으로 사용하는 방식이다. 즉 이미 존재하는 항목을 수정하고자 한다면 POST가 아니라 PUT을 사용한다.

이제 API가 어떤 식으로 구성될 것인지 어느 정도 감을 잡았을 것이다. 이해를 돕기 위해 코드를 깊게 들여다보기 전에 먼저 실행 결과가 어떻게 나오는지 살펴보자.

/devices/ API에 POST 요청을 보내면 항목을 생성한다. 다음 실행 예는 호스트명, 루프백 IP, 관리 IP, 역할, 벤더, 운영 체제 등의 속성을 입력해 네트워크 기기를 생성한 결과다.

```
$ http POST http://172.16.1.173:5000/devices/ 'hostname'='iosv-1'
'loopback'='192.168.0.1' 'mgmt_ip'='172.16.1.225' 'role'='spine'
'vendor'='Cisco' 'os'='15.6'
HTTP/1.0 201 CREATED
Content-Length: 2
Content-Type: application/json
Date: Fri, 24 Mar 2017 01:45:15 GMT
Location: http://172.16.1.173:5000/devices/1
Server: Werkzeug/0.9.6 Python/3.5.2

{}
```

이와 비슷한 방식으로 3개의 항목을 더 생성한다.

```
$ http POST http://172.16.1.173:5000/devices/ 'hostname'='iosv-2'
'loopback'='192.168.0.2' 'mgmt_ip'='172.16.1.226' 'role'='spine'
'vendor'='Cisco' 'os'='15.6'
...
```

```
$ http POST http://172.16.1.173:5000/devices/ 'hostname'='iosv-3',
'loopback'='192.168.0.3' 'mgmt_ip'='172.16.1.227' 'role'='leaf'
'vendor'='Cisco' 'os'='15.6'
...
$ http POST http://172.16.1.173:5000/devices/ 'hostname'='iosv-4',
'loopback'='192.168.0.4' 'mgmt_ip'='172.16.1.228' 'role'='leaf'
'vendor'='Cisco' 'os'='15.6'
```

API로 GET 요청을 보내면 지금까지 생성된 기기의 목록을 확인할 수 있다.

```
$ http GET http://172.16.1.173:5000/devices/
HTTP/1.0 200 OK
Content-Length: 188
Content-Type: application/json
Date: Fri, 24 Mar 2017 01:53:15 GMT
Server: Werkzeug/0.9.6 Python/3.5.2

{
    "device": [
        "http://172.16.1.173:5000/devices/1",
        "http://172.16.1.173:5000/devices/2",
        "http://172.16.1.173:5000/devices/3",
        "http://172.16.1.173:5000/devices/4"
    ]
}
```

이와 비슷하게 /devices/<id>으로 GET 요청을 보내면 해당 기기에 대한 정보를 출력한다.

```
$ http GET http://172.16.1.173:5000/devices/1
HTTP/1.0 200 OK
Content-Length: 188
Content-Type: application/json
...
{
    "hostname": "iosv-1",
    "loopback": "192.168.0.1",
```

```
    "mgmt_ip": "172.16.1.225",
    "os": "15.6",
    "role": "spine",
    "self_url": "http://172.16.1.173:5000/devices/1",
    "vendor": "Cisco"
}
```

r1 운영 체제를 15.6에서 14.6으로 다운그레이드한다고 가정해보자. 이 경우 PUT 요청을
사용해 기기 레코드를 업데이트하면 된다.

```
$ http PUT http://172.16.1.173:5000/devices/1 'hostname'='iosv-1'
'loopback'='192.168.0.1' 'mgmt_ip'='172.16.1.225' 'role'='spine'
'vendor'='Cisco' 'os'='14.6'
HTTP/1.0 200 OK

# 검증
$ http GET http://172.16.1.173:5000/devices/1
...
{
    "hostname": "r1",
    "loopback": "192.168.0.1",
    "mgmt_ip": "172.16.1.225",
    "os": "14.6",
    "role": "spine",
    "self_url": "http://172.16.1.173:5000/devices/1",
    "vendor": "Cisco"
}
```

API가 어떻게 동작하는지 알아보기 위해 chapter9_6.py 파일을 열어보자. 주목해야 할 부
분은 데이터베이스 상호작용을 포함해 모든 API가 하나의 파일에 의해 정의돼 있다는 것
이다. 나중에 API가 한눈에 파악하기 힘들 정도로 방대해지면, 컴포넌트를 분리해 각기 다
른 파일에 데이터베이스 클래스 형식으로 저장하는 방식으로 대응할 수 있다.

기기 API

chapter9_6.py 파일은 필요한 내용을 불러오는 것에서부터 시작한다. 다음 코드는 클라이언트로부터 객체를 요청하는 것이지, 앞 장에서 사용했던 패키지를 요청하는 것이 아니라는 점에 유의하라.

```
from flask import Flask, url_for, jsonify, request
from flask_sqlalchemy import SQLAlchemy
# 아래 코드는 사용을 권장하지는 않지만 몇몇 경우에 계속 쓰이고 있다.
# from flask.ext.sqlalchemy import SQLAlchemy
```

그다음 고유 키를 ID로 호스트명, 루프백, 관리 IP, 역할, 벤더, OS 등을 문자열 필드에 넣어 데이터베이스 객체를 정의한다.

```
class Device(db.Model):
    __tablename__ = 'devices'
    id = db.Column(db.Integer, primary_key=True)
    hostname = db.Column(db.String(64), unique=True)
    loopback = db.Column(db.String(120), unique=True)
    mgmt_ip = db.Column(db.String(120), unique=True)
    role = db.Column(db.String(64))
    vendor = db.Column(db.String(64))
    os = db.Column(db.String(64))
```

get_url() 함수는 url_for() 함수로부터 URL을 반환한다. get_device() 함수는 =/'devices/<int:id>'= 라우트 아래에만 정의돼 있다는 것에 유의하라.

```
def get_url(self):
    return url_for('get_device', id=self.id, _external=True)
```

export_data() 및 import_data() 함수는 서로 반대 방식으로 동작한다. 전자(export_data())는 GET 메서드를 사용할 때 데이터베이스에서 정보를 받아 사용자에게 전달하고, 후자

(import_data())는 POST 또는 PUT 메서드를 사용할 때 사용자가 입력한 정보를 데이터베이스에 입력한다.

```python
def export_data(self):
    return {
        'self_url': self.get_url(),
        'hostname': self.hostname,
        'loopback': self.loopback,
        'mgmt_ip': self.mgmt_ip,
        'role': self.role,
        'vendor': self.vendor,
        'os': self.os
    }

def import_data(self, data):
    try:
        self.hostname = data['hostname']
        self.loopback = data['loopback']
        self.mgmt_ip = data['mgmt_ip']
        self.role = data['role']
        self.vendor = data['vendor']
        self.os = data['os']
    except KeyError as e:
        raise ValidationError('Invalid device: missing ' + e.args[0])
    return self
```

데이터베이스 객체와 불러오기/내보내기 함수를 제대로 만들었다면, URL 디스패치는 직관적으로 구성돼 있을 것이다. GET 요청을 보내면 데이터베이스에 저장된 기기 목록과 각 항목에 접근할 수 있는 URL을 제공한다. POST 메서드는 import_data() 함수에 전역 요청 객체를 출력한 후, 기기를 추가하고 데이터베이스에 이 정보를 커밋한다.

```python
@app.route('/devices/', methods=['GET'])
def get_devices():
    return jsonify({'device': [device.get_url()
```

```
                    for device in Device.query.all()]})

@app.route('/devices/', methods=['POST'])
def new_device():
    device = Device()
    device.import_data(request.json)
    db.session.add(device)
    db.session.commit()
    return jsonify({}), 201, {'Location': device.get_url()}
```

POST 메서드를 실행해보면 상태 코드 201과 추가 헤더가 담기고 내용 없는 JSON 형태로 반환될 것이다.

```
HTTP/1.0 201 CREATED
Content-Length: 2
Content-Type: application/json
Date: ...
Location: http://172.16.1.173:5000/devices/4
Server: Werkzeug/0.9.6 Python/3.5.2
```

이제 각 기기에 대해 쿼리를 보내고 정보를 받는 API에 대해 알아보자.

기기 ID API

각 기기에 대해 라우트할 때 ID 값은 정수형으로 입력해야 하며, 이는 잘못된 요청을 걸러내는 첫 번째 장치다. 엔드포인트는 두 종류가 존재하며, /device/ 엔드포인트와 동일한 디자인 패턴으로 import 및 export 함수를 사용한다.

```
@app.route('/devices/<int:id>', methods=['GET'])
def get_device(id):
    return jsonify(Device.query.get_or_404(id).export_data())

@app.route('/devices/<int:id>', methods=['PUT'])
```

```
def edit_device(id):
    device = Device.query.get_or_404(id)
    device.import_data(request.json)
    db.session.add(device)
    db.session.commit()
    return jsonify({})
```

query.get_or_404() 메서드는 지정한 ID에 대한 데이터베이스 쿼리가 음수를 반환할 때 404(not found)를 반환한다. 데이터베이스 쿼리를 빠르게 확인하고자 할 때 유용한 방법이다.

마지막으로 데이터베이스 테이블을 생성하고 플라스크 개발 서버를 실행한다.

```
if __name__ == '__main__':
    db.create_all()
    app.run(host='0.0.0.0', debug=True)
```

파이썬 스크립트는 이 책에서 가장 긴 축에 속하므로 코드를 설명하기 위해 꽤 많은 분량을 할당했다. 플라스크를 통해 데이터베이스를 백엔드로 사용해 네트워크 기기들을 기록하고, API를 사용해 외부에 필요한 정보를 전달하는 방식을 구현해 봤다.

다음 절에서는 API를 사용해 하나 또는 복수의 기기에 비동기 작업을 수행하는 방법을 알아본다.

▌ 네트워크 동적 동작

앞에서 만든 API는 네트워크의 정적 정보를 제공하는 역할을 했다. 즉 데이터베이스에 어떤 정보를 넣었더라도 사용자들이 정보를 요청해 반환할 수 있다. 만약 정보에 대해 쿼리를 보내거나 설정 변화를 기기에 푸시하는 동작 등을 네트워크와 상호작용하려면 어떻게 해야 할까?

2장, '저레벨 네트워크 기기 상호작용'에서 만든 Pexpect 스크립트를 다시 가져와 보자. chapter9_pexpect_1.py와 같이 재사용할 수 있는 함수를 작성하려는 것이다.

```
# 가상 환경을 위해 피익스펙트를 설치
$ pip install pexpect

$ cat chapter9_pexpect_1.py
import pexpect

def show_version(device, prompt, ip, username, password):
    device_prompt = prompt
    child = pexpect.spawn('telnet ' + ip)
    child.expect('Username:')
    child.sendline(username)
    child.expect('Password:')
    child.sendline(password)
    child.expect(device_prompt)
    child.sendline('show version | i V')
    child.expect(device_prompt)
    result = child.before
    child.sendline('exit')
    return device, result
```

대화형 명령창을 통해 이 새로운 함수를 시험해보자.

```
$ pip3 install pexpect
$ python
>>> from chapter9_pexpect_1 import show_version
>>> print(show_version('iosv-1', 'iosv-1#', '172.16.1.225', 'cisco',
'cisco'))
('iosv-1', b'show version | i V\r\nCisco IOS Software, IOSv Software (VIOS-
ADVENTERPRISEK9-M), Version 15.6(3)M2, RELEASE SOFTWARE (fc2)\r\n')
>>>
```

다음으로 넘어가기 전에 위 스크립트가 작동한다는 것을 확인해야 한다. 다음 코드는 앞 절에서 적절히 데이터베이스 정보를 입력했다는 것을 전제로 작동한다.

기기 버전에 대한 쿼리를 보내는 새로운 API를 chapter9_7.py에 작성해보자.

```python
from chapter9_pexpect_1 import show_version
...
@app.route('/devices/<int:id>/version', methods=['GET'])
def get_device_version(id):
    device = Device.query.get_or_404(id)
    hostname = device.hostname
    ip = device.mgmt_ip
    prompt = hostname+"#"
    result = show_version(hostname, prompt, ip, 'cisco', 'cisco')
    return jsonify({"version": str(result)})
```

요청을 보내고 반환되는 결과를 확인해보라.

```
$ http GET http://172.16.1.173:5000/devices/4/version
HTTP/1.0 200 OK
Content-Length: 210
Content-Type: application/json
Date: Fri, 24 Mar 2017 17:05:13 GMT
Server: Werkzeug/0.9.6 Python/3.5.2

{
 "version": "('iosv-4', b'show version | i V\r\nCisco IOS Software, IOSv
Software (VIOS-ADVENTERPRISEK9-M), Version 15.6(2)T, RELEASE SOFTWARE
(fc2)\r\nProcessor board ID 9U96V39A4Z12PCG406Y0Q\r\n')"
}
```

엔드포인트를 추가하면 여러 기기의 공통된 필드에 쿼리를 보낼 수 있다. 다음 예제는 엔드포인트가 URL의 device_role 속성을 가져와 이에 해당하는 기기를 찾는다.

```
@app.route('/devices/<device_role>/version', methods=['GET'])
def get_role_version(device_role):
    device_id_list = [device.id for device in Device.query.all() if
device.role == device_role]
    result = {}
    for id in device_id_list:
        device = Device.query.get_or_404(id)
        hostname = device.hostname
        ip = device.mgmt_ip
        prompt = hostname + "#"
        device_result = show_version(hostname, prompt, ip, 'cisco',
'cisco')
        result[hostname] = str(device_result)
    return jsonify(result)
```

물론 이 예제처럼 모든 기기에 대해 Device.query.all() 함수로 반복문을 돌리는 것은 비효율적이다. 실제로 구현할 때는 SQL 쿼리를 통해 특정한 역할을 부여받은 기기로 한정한다.

REST API를 사용할 때 모든 spine 또는 leaf 기기에 대해 동시에 쿼리를 보낼 수도 있다.

```
$ http GET http://172.16.1.173:5000/devices/spine/version
HTTP/1.0 200 OK
...
{
 "iosv-1": "('iosv-1', b'show version | i V\r\nCisco IOS Software, IOSv
Software (VIOS-ADVENTERPRISEK9-M), Version 15.6(2)T, RELEASE SOFTWARE
(fc2)\r\n')",
 "iosv-2": "('iosv-2', b'show version | i V\r\nCisco IOS Software, IOSv
Software (VIOS-ADVENTERPRISEK9-M), Version 15.6(2)T, RELEASE SOFTWARE
(fc2)\r\nProcessor board ID 9T7CB2J2V6F0DLWK7V48E\r\n')"
```

```
}

$ http GET http://172.16.1.173:5000/devices/leaf/version
HTTP/1.0 200 OK
...
{
 "iosv-3": "('iosv-3', b'show version | i V\r\nCisco IOS Software, IOSv
Software (VIOS-ADVENTERPRISEK9-M), Version 15.6(2)T, RELEASE SOFTWARE
(fc2)\r\nProcessor board ID 9MGG8EA1E0V2PE2D8KDD7\r\n')",
 "iosv-4": "('iosv-4', b'show version | i V\r\nCisco IOS Software, IOSv
Software (VIOS-ADVENTERPRISEK9-M), Version 15.6(2)T, RELEASE SOFTWARE
(fc2)\r\nProcessor board ID 9U96V39A4Z12PCG4O6Y0Q\r\n')"
}
```

새로운 API 엔드포인트는 실시간으로 기기에 쿼리를 보내고 결과를 반환한다. 타임아웃되기 전에(기본적으로 30초) 요청이 처리되는 것이 보장되거나 HTTP 세션 타임 안에 완료되는 동작을 수행해야 한다면 큰 문제가 발생하지 않을 것이다. 타임아웃 이슈의 경우 비동기적으로 작업을 수행하는 방식으로 해결할 수 있다. 다음 절에서 이에 대해 알아보자.

비동기 작업

비동기 작업은 플라스크에서 고급 주제에 속한다. 다행히 앞에서 소개한 미구엘 그린버그 (https://blog.miguelgrinberg.com/)가 블로그나 깃허브에 많은 예제를 올려 놓고 있다. 비동기 동작을 구현한 chapter9_8.py는 미구엘이 라즈베리 파이의 백그라운드 데코레이터를 위해 작성한 깃허브 코드(https://github.com/miguelgrinberg/oreilly-flask-apis-video/blob/master/camera/camera.py)를 기반으로 한다. 우선 몇 가지 모듈을 추가로 가져오자.

```
from flask import Flask, url_for, jsonify, request,
    make_response, copy_current_request_context
...
import uuid
```

```
import functools
from threading import Thread
```

백그라운드 데코레이터는 스레드를 백그라운드 작업으로 수행하며 UUID를 작업 ID로써
사용한다. 작업이 허용되면 202 상태 코드와 새로운 리소스 위치를 반환한다. 상태 확인을
위해 다음과 같이 새로운 URL 라우트를 설정하자.

```
@app.route('/status/<id>', methods=['GET'])
def get_task_status(id):
    global background_tasks
    rv = background_tasks.get(id)
    if rv is None:
        return not_found(None)

    if isinstance(rv, Thread):
        return jsonify({}), 202, {'Location': url_for('get_task_status',
id=id)}

    if app.config['AUTO_DELETE_BG_TASKS']:
        del background_tasks[id]
    return rv
```

리소스를 취득한 직후에 삭제하고 싶다면, app.config['AUTO_DELETE_BG_TASKS'] 설정을
true로 주면 된다. 모든 복잡한 부분이 이 데코레이터 하에서 처리되므로 다른 부분을 건
드리지 않고 버전 엔드포인트에 추가하기만 하면 된다.

```
@app.route('/devices/<int:id>/version', methods=['GET'])
@background
def get_device_version(id):
    device = Device.query.get_or_404(id)
...
@app.route('/devices/<device_role>/version', methods=['GET'])
@background
def get_role_version(device_role):
```

```
    device_id_list = [device.id for device in Device.query.all() if
device.role == device_role]
...
```

코드의 실행 과정은 두 단계로 이뤄진다. 우선 엔드포인트에 GET 요청을 보내 위치 헤더를 받는다.

```
$ http GET http://172.16.1.173:5000/devices/spine/version
HTTP/1.0 202 ACCEPTED
Content-Length: 2
Content-Type: application/json
Date: <skip>
Location: http://172.16.1.173:5000/status/d02c3f58f4014e96a5dca075e1bb65d4
Server: Werkzeug/0.9.6 Python/3.5.2

{}
```

그다음 이 위치에 다시 요청을 보내 결과를 받는다.

```
$ http GET http://172.16.1.173:5000/status/d02c3f58f4014e96a5dca075e1bb65d4
HTTP/1.0 200 OK
Content-Length: 370
Content-Type: application/json
Date: <skip>
Server: Werkzeug/0.9.6 Python/3.5.2

{
 "iosv-1": "('iosv-1', b'show version | i V\r\nCisco IOS Software, IOSv
Software (VIOS-ADVENTERPRISEK9-M), Version 15.6(2)T, RELEASE SOFTWARE
(fc2)\r\n')",
 "iosv-2": "('iosv-2', b'show version | i V\r\nCisco IOS Software, IOSv
Software (VIOS-ADVENTERPRISEK9-M), Version 15.6(2)T, RELEASE SOFTWARE
(fc2)\r\nProcessor board ID 9T7CB2J2V6F0DLWK7V48E\r\n')"
}
```

리소스가 없을 때도 상태 코드 202가 나타나는지 확인하기 위해 다음 chapter9_request_1. py 스크립트를 통해 새로운 리소스에 대한 요청을 수행해보자.

```python
import requests, time

server = 'http://172.16.1.173:5000'
endpoint = '/devices/1/version'

# 첫 번째 새 리소스 요청
r = requests.get(server+endpoint)
resource = r.headers['location']
print("Status: {} Resource: {}".format(r.status_code, resource))

# 두 번째 리소스 상태 요청
r = requests.get(resource)
print("Immediate Status Query to Resource: " + str(r.status_code))

print("Sleep for 2 seconds")
time.sleep(2)
# 세 번째 리소스 상태 요청
r = requests.get(resource)
print("Status after 2 seconds: " + str(r.status_code))
```

리소스가 백그라운드에서 계속 존재할 때에만 상태 코드 202가 반환된다.

```
$ python chapter9_request_1.py
Status: 202 Resource:
http://172.16.1.173:5000/status/1de21f5235c94236a38abd5606680b92
Immediate Status Query to Resource: 202
Sleep for 2 seconds
Status after 2 seconds: 200
```

API가 사용하기 괜찮은 수준까지 구현됐다. 네트워크 리소스는 매우 가치 있는 것이기 때문에 API 접근은 허용된 사람에게만 가능해야 한다. 다음 절에서는 지금까지 만든 코드에 기본적인 보안 장치를 추가하는 방법에 대해 알아보자.

▌보안

사용자 인증을 추가하기 위해 미구엘 그린버그가 개발한 플라스크 확장 기능인 httpauth 와 Werkzeug의 암호 함수를 사용할 것이다. requirements.txt의 패키지를 모두 설치했 다면 httpauth 확장 기능도 이미 깔려 있을 것이다. chapter9_ 9.py 파일은 보안 기능을 설명하기 위해 쓰여진 스크립트로서 필요한 패키지들을 추가로 불러오는 것에서부터 시 작한다.

```
...
from werkzeug.security import generate_password_hash, check_password_hash
from flask.ext.httpauth import HTTPBasicAuth
...
```

그다음 HTTPBasicAuth 객체와 사용자 데이터베이스 객페를 생성한다. 사용자 생성 과정에 서 암호를 받긴 하지만 저장되는 값은 암호인 password가 아닌 해시값 pass_hash라는 것 에 유의하라. 이렇게 함으로써 암호가 그대로 노출되지 않도록 할 수 있다.

```
auth = HTTPBasicAuth()

class User(db.Model):
    __tablename__ = 'users'
    id = db.Column(db.Integer, primary_key=True)
    username = db.Column(db.String(64), index=True)
    password_hash = db.Column(db.String(128))

    def set_password(self, password):
        self.password_hash = generate_password_hash(password)

    def verify_password(self, password):
        return check_password_hash(self.password_hash, password)
```

auth 객체는 verify_password 데코레이터를 포함하고 있으며, 이는 암호 확인을 위해 생성된 플라스크의 g 전역 컨텍스트 객체를 사용한다. g가 전역이므로 이 안에 저장하거나 변경한 값은 처리가 끝날 때까지 계속 접근할 수 있다.

```
@auth.verify_password
def verify_password(username, password):
    g.user = User.query.filter_by(username=username).first()
    if g.user is None:
        return False
    return g.user.verify_password(password)
```

어떤 API 엔드포인트를 호출하기 전에라도 동작을 수행하고 싶은 것이 있다면, before_request 핸들러를 사용하면 된다. 다음처럼 auth.login_required 데코레이터를 before_request 핸들러와 함께 사용하면 모든 API 라우트 앞에 붙어 실행된다.

```
@app.before_request
@auth.login_required
def before_request():
    pass
```

마지막으로 인증되지 않은 에러에 핸들러를 추가해 401 인증 에러를 반환하는 객체를 생성한다.

```
@auth.error_handler
def unauthorized():
    response = jsonify({'status': 401, 'error': 'unauthorized',
                        'message': 'please authenticate'})
    response.status_code = 401
    return response
```

사용자 인증을 테스트해보기 전에 사용자부터 생성해 데이터베이스에 저장해보자.

```
>>> from chapter9_9 import db, User
>>> db.create_all()
>>> u = User(username='eric')
>>> u.set_password('secret')
>>> db.session.add(u)
>>> db.session.commit()
>>> exit()
```

플라스크 개발 서버를 시작한 후 이전처럼 요청을 보내면 이번에는 401 인증 에러가 나타나면서 요청이 거절될 것이다.

```
$ http GET http://172.16.1.173:5000/devices/
HTTP/1.0 401 UNAUTHORIZED
Content-Length: 81
Content-Type: application/json
Date: <skip>
Server: Werkzeug/0.9.6 Python/3.5.2
WWW-Authenticate: Basic realm="Authentication Required"
{
 "error": "unauthorized",
 "message": "please authenticate",
 "status": 401
}
```

따라서 인증 헤더를 추가해 요청이 허용될 수 있도록 해야 한다.

```
$ http --auth eric:secret GET http://172.16.1.173:5000/devices/
HTTP/1.0 200 OK
Content-Length: 188
Content-Type: application/json
Date: <skip>
Server: Werkzeug/0.9.6 Python/3.5.2
```

```
{
    "device": [
        "http://172.16.1.173:5000/devices/1",
        "http://172.16.1.173:5000/devices/2",
        "http://172.16.1.173:5000/devices/3",
        "http://172.16.1.173:5000/devices/4"
    ]
}
```

정말로 괜찮은 RESTful API가 완성됐다. 사용자는 네트워크 기기에 직접 접근하는 대신 API를 통해 상호작용할 수 있다. 하나 또는 여러 기기에 대해 정적인 콘텐츠를 요청하는 쿼리를 보낼 수 있다. 또한 기본적인 보안을 추가해 생성해 놓은 사용자만이 API로부터 정보를 받을 수 있도록 했다. 놀라운 부분은 이런 모든 기능들이 단지 250줄 이하의 파일 하나로만 구현됐다는 것이다(주석을 제거하면 200줄 이하다!).

이런 식으로 계속하면 벤더 API를 직접 만든 RESTful API로 대체할 수 있게 된다. Pexpect와 같은 도구는 여전히 백엔드로써 많이 사용되고 있지만 이런 도구가 없더라도 동일한 기능을 구현할 수 있게 된다.

마지막으로 API 프레임워크를 확장하기 위해 필요한 추가 플라스크 리소스에 대해 알아 보자.

▌ 추가 리소스

플라스크는 의심의 여지 없이 기능이나 규모 면에서 훌륭한 프레임워크다. 9장에서 많은 내용을 다뤘지만 여전히 빙산의 일각에 불과하다. 플라스크는 API 외에도 웹 사이트나 웹 애플리케이션으로 활용할 수 있다. 예를 들어 다음과 같은 기능들을 앞에서 만든 API 프레임워크에 추가해 개선해볼 수 있다.

- 각 데이터베이스와 엔드포인트를 별도의 파일로 분리해 가독성이나 문제 해결에 유리하게 구성할 수 있다.
- SQLite를 다른 고성능 데이터베이스로 대체할 수 있다.
- 사용자명–암호 인증 대신 토큰 기반 인증으로 대체할 수 있다. 처음 인증을 성공하면 유한한 시간 동안 유효한 토큰을 받게 되고, 토큰이 만료될 때까지 추가 처리를 할 수 있게 된다.
- 플라스크 애플리케이션을 Nginx 같은 웹 서버나 파이썬 WSGI 서버에 설치해 사용할 수 있다.
- 슈바이저Supervisor(http://supervisord.org/) 등의 자동화 프로세스 제어 시스템을 사용하면 Nginx 및 파이썬 스크립트를 제어할 수 있다.

물론 이 개선점들은 상황에 따라 다르게 적용될 것이다. 예를 들어 데이터베이스와 웹 서버를 선택하는 것은 회사의 선호도 문제기도 하고 다른 팀들이 참여하느냐의 여부에 달려 있기도 하다. API가 내부 네트워크에서만 사용되고 다른 도구를 통해 외부와 보안이 이뤄져 있다면 토큰 기반 인증을 꼭 쓸 필요는 없다. 이런 점에서 이 책에서는 앞에서 언급한 개선점들에 대한 설명 대신 선택에 도움이 될 수 있도록 추가 리소스의 링크를 소개하는 것으로 그치려 한다.

다음 사이트들은 디자인 패턴, 데이터베이스 옵션 혹은 그 밖의 플라스크의 기능을 참고하고자 할 때 도움이 될 것이다.

- 플라스크 디자인 패턴의 모범 사례: http://flask.pocoo.org/docs/0.12/patterns/
- 플라스크 API: http://flask.pocoo.org/docs/0.12/api/
- 배포 옵션: http://flask.pocoo.org/docs/0.12/deploying/

플라스크는 기본적으로 작은 코어를 유지하면서 확장 기능을 덧붙여 나가는 식으로 작동하므로 여러 문서를 돌아다니며 필요한 기능을 찾아야 할 수도 있다. 이 때문에 종종 좌절할 수도 있겠지만, 반대로 생각하면 원하는 기능을 위해 필요한 확장 기능에 대해서만 알고 있으면 되므로 장기적으로는 시간이 절약된다는 장점이 있다.

▌ 요약

9장에서는 네트워크를 위해 REST API를 개발하는 방법에 대해 알아봤다. 우선 두 유명한 파이썬 웹 프레임워크인 장고와 플라스크의 장단점을 비교했다. 그 중 이 책에서 선택한 플라스크는 핵심적인 기능에 추가로 필요한 부분을 확장 기능으로 덧붙일 수 있다.

랩을 구성할 때 가상 환경을 통해 플라스크 설치 베이스를 전역 사이트 패키지와 분리했다. 랩 네트워크는 4개의 노드로 이뤄져 있으며, 둘은 spine, 둘은 leaf로 설정됐다. 그다음 기본적인 플라스크 기능을 알아보고 간단한 HTTPie 클라이언트롤 통해 API 셋업을 테스트해봤다.

여러 플라스크 기능 중 API 시스템에 요청을 보내는 가장 기초적인 방식인 URL 디스패치와 URL 변수를 알아봤다. 우선 Flask-SQLAlchemy와 sqlite를 사용해 사실상 정적인 네트워크 엘리먼트를 저장하고 반환하는 방법을 살펴봤다. 또한 필요한 동작들을 정의하기 위해 API 엔드포인트를 만들고, Pexpect 등의 다른 프로그램을 호출해 작업을 수행할 수 있도록 했다. 이와 더불어 비동기 핸들링과 사용자 인증 부분을 API에 추가해 기능이 향상되도록 했다. 마지막 부분에서는 추가 리소스를 제시해 더 많은 기능과 보안을 더할 수 있도록 했다.

10장에서는 **아마존 웹 서비스**AWS, Amazon Web Services를 사용해 클라우드 네트워킹으로 장비 구성을 이전하는 방법을 알아볼 것이다.

10

AWS 클라우드 네트워킹

클라우드 컴퓨팅은 컴퓨팅 분야에서 떠오르는 트랜드 중 하나다. 퍼블릭 클라우드 업체는 하이테크 산업계를 바꿨을 뿐만 아니라 서비스를 밑바닥부터 구축하기 위해 필요한 과정을 혁신했다. 이제 인프라스트럭처를 따로 만들 필요가 없이 퍼블릭 클라우드 업체에 돈을 주고 필요한 리소스 만큼만을 빌리면 된다. 요즘은 어떤 기술 컨퍼런스나 미팅을 하러 가더라도 클라우드를 알지 못하거나, 사용해본 적 없거나, 혹은 서비스를 구축해보지 못한 사람을 찾기가 어렵다. 클라우드 컴퓨팅은 이미 대세가 됐고 이제는 여기에 적응해야 한다.

클라우드 컴퓨팅의 서비스 모델은 크게 **서비스로서의 소프트웨어**^{SaaS, Software-as-a-Service} (https://en.wikipedia.org/wiki/Software_as_a_service), **서비스로서의 플랫폼**^{PaaS, Platform-as-a-Service} (https://en.wikipedia.org/wiki/Cloud_computing#Platform_as_a_service_(PaaS)), **서비스로서의**

인프라스트럭처^{IaaS, Infrastructure-as-a-Service}(https://en.wikipedia.org/wiki/Infrastructure_as_a_service)로 나눌 수 있다. 각 서비스 모델은 사용자의 관점에 따라 서로 다른 단계의 추상화를 제공한다. 여기서는 네트워킹을 서비스로서의 인프라스트럭처로 이해할 것이며, 10장에서도 이 부분에 초점을 맞출 것이다.

AWS^{Amazon Web Services}(http://aws.amazon.com)는 IaaS 퍼블릭 클라우드 서비스를 제공한 첫 번째 기업이며 2018년 현재 분명한 업계 선두주자이기도 하다. **소프트웨어 정의 네트워킹** ^{SDN, Software Defined Networking}을 네트워크 구축을 위해 필요한 소프트웨어 서비스, 예를 들어 IP 주소, 접근 목록, 네트워크 주소 변환, 라우터 등의 모음으로 정의한다면, AWS는 세계에서 가장 큰 SDN을 운용하고 있다. 그들은 거대한 스케일의 글로벌 네트워크, 데이터 센터, 호스트 등을 사용해 네트워킹 서비스들을 엮어서 판매하고 있다.

 아마존의 스케일과 네트워킹에 대해 더 자세히 알아보고 싶다면 제임스 해밀턴(James Hamilton)의 AWS re:Invent 2014 강연을 보는 것을 강력히 추천한다(https://www.youtube.com/watch?v=JIQETrFC_SQ). AWS의 스케일과 혁신에 대해 내부자의 관점에서 들어볼 수 있는 귀한 자료다.

10장에서는 AWS 클라우드 서비스에서 제공하는 네트워킹 서비스가 어떤 것이 있는지, 그리고 파이썬을 사용해 이를 어떻게 다룰 수 있는지 알아본다.

- AWS 설치와 네트워킹 개요
- 가상 사설 클라우드^{Virtual private cloud, VPC}
- 다이렉트 커넥트와 VPN
- 네트워킹 스케일링 서비스
- 다른 AWS 네트워크 서비스

AWS 설치

10장의 예제를 따라 하고 싶으나 아직 AWS 계정이 없다면, https://aws.amazon.com/
에 접속해 계정을 만들어야 한다. 가입 절차는 매우 직관적이고 간단하다. 신용카드를 준
비해 몇 가지 인증 과정만 거치면 된다. AWS 프리 티어에는 많은 서비스가 있는데(http://
aws.amazon.com/free/), 이를 사용하면 가장 널리 쓰이는 서비스를 적절한 수준에서 무료
로 사용해볼 수 있다.

서비스 중에는 가입 첫해에만 무료로 사용 가능한 것도 있고, 시간제한 없이 제한 하에
사용 가능한 것도 있다. 현재 서비스가 어떻게 제공되고 있는지는 AWS 사이트를 확인
해보라.

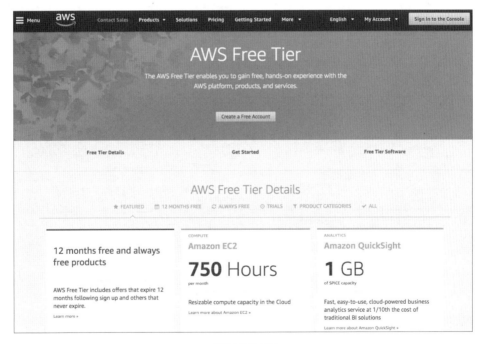

AWS 프리 티어

계정을 생성했다면 AWS 콘솔에 로그인해(https://console.aws.amazon.com/), AWS가 제공하는 서비스의 목록을 확인해보라. 콘솔에서는 모든 서비스를 설정하고 월간 비용을 계산해볼 수 있다.

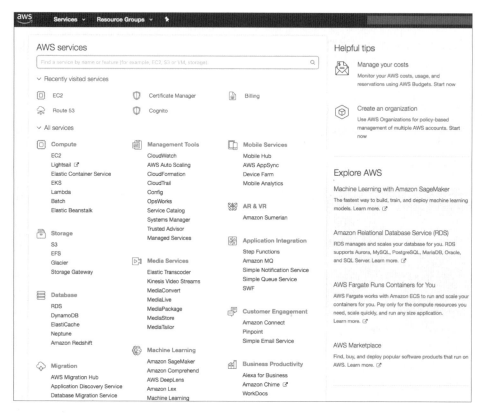

AWS 콘솔

AWS CLI와 파이썬 SDK

AWS CLI 파이썬 패키지로 커맨드라인 인터페이스를 사용해 AWS 서비스를 관리할 수 있으며, PIP으로 설치할 수 있다(https://docs.aws.amazon.com/cli/latest/userguide/installing.html). 우분투 호스트에서 설치해보자.

```
$ sudo pip3 install awscli
$ aws --version
aws-cli/1.15.59 Python/3.5.2 Linux/4.15.0-30-generic botocore/1.10.58
```

AWS CLI를 설치한 다음 간편하고 보안이 강화된 접속을 위해 사용자를 생성하고 자격 증명을 설정한다. AWS 콘솔로 돌아가 사용자 및 접속 관리를 담당하는 IAM을 선택한다.

AWS IAM

왼쪽 패널에서 Users를 선택해 사용자를 생성한다.

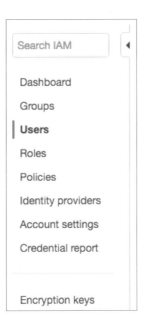

Programmatic Access(프로그래밍 방식 액세스)를 선택하고, 사용자를 기본 관리자 그룹에 할당한다.

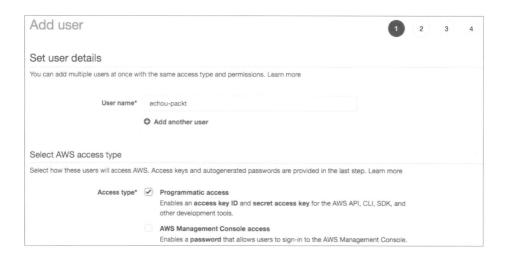

마지막 화면에서 생성한 사용자의 **액세스 키 ID**Access key ID와 **비밀 액세스 키**Secret access key를 확인할 수 있다. 이 값을 텍스트 파일에 복사해 놓은 다음 안전한 곳에 보관하라.

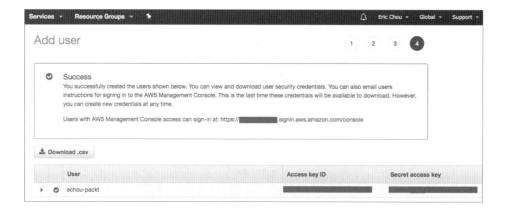

AWS CLI 인증 자격증명의 마지막 단계로 터미널에서 aws configure를 실행한다. 다음 절에서 AWS 리전을 자세히 알아보겠지만 우선은 us-east-1로 설정한다. 나중에 다시 돌아와 다른 값으로도 바꿔보라.

```
$ aws configure
AWS Access Key ID [None]: <key>
AWS Secret Access Key [None]: <secret>
Default region name [None]: us-east-1
Default output format [None]: json
```

다음으로 AWS 파이썬 SDK인 Boto3(https://boto3.readthedocs.io/en/latest/)을 설치한다.

```
$ sudo pip install boto3
$ sudo pip3 install boto3

# 확인
$ python3
Python 3.5.2 (default, Nov 23 2017, 16:37:01)
[GCC 5.4.0 20160609] on linux
Type "help", "copyright", "credits" or "license" for more information.
>>> import boto3
>>> exit()
```

다음 절로 넘어갈 준비가 끝났다. AWS 클라우드 네트워킹 서비스의 개요부터 살펴보자.

█ AWS 네트워크 개요

AWS 서비스에 관해 이야기하려면 리전과 가용 영역에서 출발해야 한다. 이 개념은 앞으로 다룰 모든 서비스를 포괄한다. 이 책을 쓰는 시점에서 AWS는 전 세계에 걸쳐 18개의 리전과 55개의 **가용 영역**AZ, Availability Zones, 그리고 하나의 로컬 리전을 제공한다. AWS 글로벌 인프라의 설명을 옮기면(https://aws.amazon.com/ko/about-aws/global-infrastructure/) 다음과 같다.

"AWS 클라우드 인프라는 리전 및 가용 영역AZ을 중심으로 구축됩니다. AWS 리전에서는 물리적으로 분리되고 격리된 다수의 가용 영역을 제공하며 이런 가용 영역은 짧은 지연 시간, 높은 처리량 및 높은 중복성을 갖춘 네트워크에 연결돼 있습니다."

몇몇 AWS 서비스는 글로벌하게 제공되지만 대부분은 리전에 기반하고 있다. 이는 서비스를 구축할 때 타겟으로 하는 사용자의 지역에 가장 가까운 리전에 인프라스트럭처를 구축해야 함을 뜻한다. 그렇게 해야 서비스 이용 시의 레이턴시를 줄일 수 있다. 예를 들어 주된 사용자가 미국 동부에 몰려 있다면 us-east-1 (N. Virginia) 또는 us-east-2 (Ohio)를 리전으로 선택해서 서비스를 꾸려야 한다.

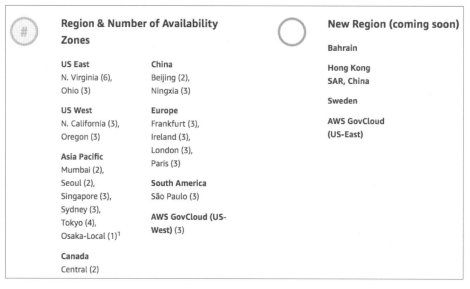

AWS 리전

모든 리전이 모든 사용자에게 열려 있는 것은 아니다. 예를 들어 GovCloud과 China 리전은 기본적으로 미국에서 접속할 수 없다. 사용 가능한 리전은 aws ec2 describe-regions 명령어를 통해 확인할 수 있다.

```
$ aws ec2 describe-regions
{
    "Regions": [
        {
            "RegionName": "ap-south-1",
            "Endpoint": "ec2.ap-south-1.amazonaws.com"
        },
        {
            "RegionName": "eu-west-3",
            "Endpoint": "ec2.eu-west-3.amazonaws.com"
        },
...
```

모든 리전은 다른 리전과 달리 독립적으로 운영된다. 대부분의 리소스는 리전 사이에 복사되지 않는다. US-East와 US-West와 같이 복수의 리전을 운용하면서 둘 사이에 데이터 중복성redundancy을 확보하고자 한다면, 필요한 리소스를 스스로 복사해야 한다. 리전을 선택할 때는 콘솔 오른쪽 위의 메뉴를 이용하면 된다.

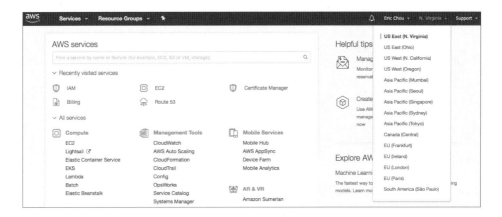

 EC2처럼 리전 기반 서비스일 경우 해당하는 리전을 선택했을 때에만 포털에 메뉴가 나타난다. 예를 들어 EC2 인스턴스를 us-east-1 리전에 만들고 us-west-1 포털에 접속하면 EC2 인스턴스는 보이지 않는다. 나도 이런 점 때문에 몇 번 실수를 저지른 적이 있다. 아니 내 인스턴스들이 다 어디로 갔지!

AWS 리전 목록 화면에서 리전명 뒤에 붙은 숫자는 가용 영역을 의미한다. 각 리전에는 여러 개의 가용 영역이 있다. 각 가용 영역은 격리돼 있지만 한 리전 안에서는 낮은 지연을 갖는 광통신 방식으로 가용 영역끼리 연결돼 있다.

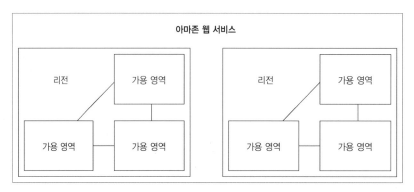

AWS 리전과 가용 영역

서비스를 구축할 때 많은 리소스는 가용 영역 간에 복사된다. 가용 영역이란 개념은 매우 중요하며, 그 특성은 네트워크 서비스를 구축할 때 중요하게 고려해야 할 내용이다.

 AWS는 각 계정의 식별자에 가용 영역을 독립적으로 매핑해 제공한다. 예를 들어 내 계정에 있는 us-east-1a 가용 영역은 다른 계정의 us-east-1a과 다른 위치에 있을 수 있다.

AWS CLI에서 리전 내의 가용 영역을 확인하는 방법은 다음과 같다.

```
$ aws ec2 describe-availability-zones --region us-east-1
{
    "AvailabilityZones": [
        {
            "Messages": [],
            "RegionName": "us-east-1",
            "State": "available",
            "ZoneName": "us-east-1a"
        },
```

```
    {
        "Messages": [],
        "RegionName": "us-east-1",
        "State": "available",
        "ZoneName": "us-east-1b"
    },
...
```

이토록 진지하게 리전과 가용 영역을 고려해야 하는 이유가 무엇일까? 다음 절에서 살펴보겠지만 네트워킹 서비스는 일반적으로 리전과 가용 영역에 의해 제약을 갖는다. 예를 들어 **가상 사설 클라우드**^{VPC, Virtual Private Cloud}는 하나의 리전 안에서만 구축돼야 하며, 각 서브넷은 하나의 가용 영역 안에서만 존재해야 한다. 다른 예로 **NAT 게이트웨이**는 가용 영역 안에서 정의되며, 데이터 중복성을 확보하려면 가용 영역당 하나씩 생성해야 한다. 이런 서비스는 뒤에서 더 자세히 다루겠지만, 사용 예를 통해 리전과 가용 영역이 어떻게 AWS 네트워크 서비스를 구성하는지를 파악할 수 있다.

AWS 엣지 로케이션^{AWS Edge locations}은 **AWS 클라우드프론트**^{CloudFront}의 콘텐츠 전송 네트워크 중 일부로써 29개국의 59개 도시에 설치돼 있다. 엣지 로케이션은 리전이나 가용 영역에서 콘텐츠를 거대한 아마존 데이터 센터에 저장하지 않고 분산시키면서도 낮은 레이턴시와 비슷한 풋프린트를 유지하도록 하기 위함이다. 때때로 사람들은 엣지 로케이션이 있는데 왜 풀 AWS 리전이 있는지를 잘못 이해하곤 한다. 풋프린트가 엣지 로케이션에만 존재한다면 EC2나 S3 등의 AWS 서비스를 제공할 수가 없다. 엣지 로케이션에 대한 자세한 내용은 'AWS 클라우드프론트' 절에서 다룬다.

AWS 트랜지트 센터^{AWS Transit Center}는 AWS 네트워크 중에 문서화가 가장 적게 된 편에 속한다. 제임스 해밀턴이 2014년 **AWS 리인벤트**^{re:Invent} 키노트에서 발표한 내용에 따르면 (https://www.youtube.com/watch?v=JIQETrFC_SQ), 리전 내의 서로 다른 AZ를 취합하는 역할을 한다. 물론 지금도 트랜지트 센터가 있고 같은 기능을 하는지는 알 방법이 없다. 그러나 합리적 추측으로서 뒤에서는 이런 센터의 배치와 **AWS 다이렉트 커넥트**^{DC, Direct Connect} 서비스와의 연관성을 다뤄볼 것이다.

제임스 해밀턴은 AWS의 VP 및 석학 엔지니어(distinguished engineer)로 재직하고 있으며, AWS에 가장 영향력 있는 기술자 중 한 명이다. AWS 네트워킹의 최고 권위자라고 할 만 하다. 그의 생각을 더 자세히 알고 싶다면 블로그 Perspectives(https://perspectives. mvdirona.com/)를 방문해보라.

10장에서 모든 AWS 서비스를 다루는 것은 불가능하다. 다음 서비스들은 네트워킹과 직접적인 연관이 없어서 자세히 다루지는 않지만 소개할 만한 가치는 있는 것들이다.

- **IAM**Identify and Access Management(https://aws.amazon.com/iam/): AWS 서비스 및 리소스에 접근할 수 있는 권한을 설정해 보안을 확보하는 서비스다.
- **아마존 리소스 이름**ARNs, Amazon Resource Names(https://docs.aws.amazon.com/general/latest/gr/aws-arns-and-namespaces.html): 모든 AWS 리소스를 고유하게 식별한다. 이 리소스 이름은 다이나모DB^{DynamoDB}나 API 게이트웨이 등 VPC 리소스에 접근해야 하는 서비스를 식별하기 위해 중요하다.
- **아마존 EC2**Elastic Compute Cloud(https://aws.amazon.com/ec2/): AWS 인터페이스를 통해 리눅스나 윈도우 인스턴스 등의 컴퓨팅 파워를 제공하는 서비스다. 10장에서는 EC2 인스턴스를 사용하는 것을 전제로 한다.

이 책에서는 AWS 글로벌 인프라스트럭처를 사용하지 않고 제약이 있는 AWS GovCloud(미국)나 중국 리전은 고려하지 않는다.

AWS 네트워크의 개요를 길게 살펴봤다. 매우 중요한 내용이기 때문이다. 지금까지 소개한 개념과 용어는 10장 전체에 걸쳐서 등장한다. 이제 AWS 네트워킹에서 제일 중요한 개념 중 하나인 가상 사설 클라우드를 알아보자.

가상 사설 클라우드

아마존 가상 사설 클라우드Amazon VPC는 사용자 계정에 할당된 가상 네트워크 안에서 AWS 리소스를 실행하도록 하는 기능을 갖는다. IP 주소 범위를 정의하고, 서브넷을 추가 또는 삭제하고, 라우트를 생성하고, VPN 게이트웨이를 추가하고, 보안 정책을 설정하고, EC2 인스턴스를 데이터 센터에 연결하는 등 정말 자유롭게 네트워크를 사용자화하는 것이 가능하다. VPC를 제공하지 않았던 때는 AZ 안의 모든 EC2 인스턴스는 단일 플랫 네트워크를 이용자들이 공유하는 식으로 제공됐다. 이런 방식에서 이용자가 자신의 정보를 클라우드 안에 밀어 넣는 것이 편리했을까? 그다지 좋지는 않았을 것이다. EC2가 발표된 2007년과 VPC가 발표된 2009년 사이에 VPC 함수는 AWS 사용자들로부터 추가해 달라는 요청을 가장 많이 받은 기능이었다.

 VPC 안의 EC2 호스트로부터 출발한 패킷은 하이퍼바이저를 거친다. 하이퍼바이저는 VPC 구조를 기반으로 한 매핑 서비스로 패킷을 체크한다. EC2 호스트에서 출발한 패킷은 실제로 출발한 AWS 서버와 목적지 주소값으로 캡슐화된다. 캡슐화와 매핑 서비스는 VPC의 유연성 중 하나이기도 하지만 한편으로는 제약으로 작용한다(멀티케스트, 스티핑). 결국 VPC는 가상 네트워크이기 때문이다.

2013년 12월부터 모든 EC2 인스턴스는 VPC 안에서만 작동한다. 마법사를 통해 EC2 인스턴스를 생성하면 기본적인 VPC 안에 공용 접속을 위한 가상 인터넷 게이트웨이를 추가하는 식으로 구성하게 된다. 정말 기본적인 경우에만 기본 VPC를 사용할 것이다. 대부분의 경우 VPC를 사용자화해 정의하는 작업이 필요하다.

이제부터 AWS 콘솔을 사용해 아래와 같은 VPC를 us-east-1 안에 만들어보자.

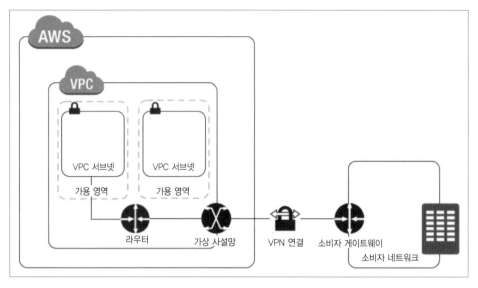

US-East-1 내부에 생성할 VPC 개요도

되풀이하자면 VPC는 AWS 리전에 묶이며 서브넷은 가용 영역에 기반한다. 10장에서 가장 먼저 만들 VPC는 us-east-1 안에서 생성할 것이고, 세 서브넷은 각각 1a, 1b, 1c 가용영역에 할당해 만든다.

AWS 콘솔을 사용해 VPC와 서브넷을 만드는 과정은 매우 직관적이며, AWS는 이 과정에 대해 충실한 내용의 튜토리얼을 온라인으로 많이 제공하고 있다. 다음 그림은 VPC 대시보드에 과정을 표시한 것이다.

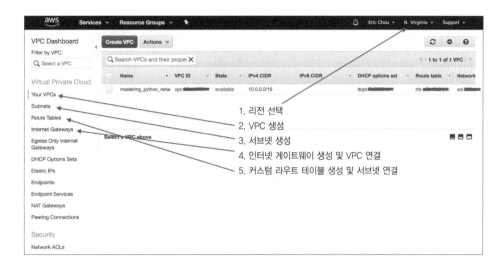

처음 두 과정은 그냥 마우스로 클릭하기만 하면 되는 것이며 별다른 경험 없이도 진행할 수 있는 것이다. 기본적으로 VPC에는 로컬 라우트 10.0.0.0/16만 포함돼 있다. 이제 인터넷 게이트웨이를 생성한 다음 VPC에 연결해보자.

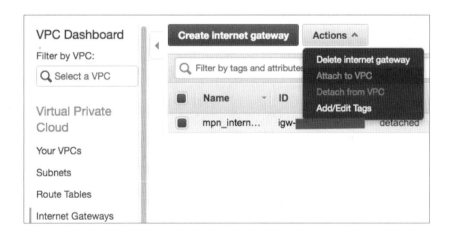

그다음 기본 라우트가 인터넷 게이트웨이를 가리키는 커스텀 라우트 테이블을 생성한다. 라우트 테이블을 us-east-1a, 10.0.0.0/24 서브넷에 연결해 공용으로 접근할 수 있게 한다.

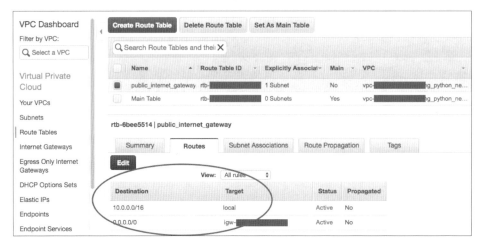

라우트 테이블

Boto3 파이썬 SDK를 사용해 지금까지 생성한 것을 확인해보자. 예제에서는 mastering _python_networking_demo를 VPC 태그로 지정해서 나중에 필터링할 수 있게 했다.

```
$ cat Chapter10_1_query_vpc.py
#!/usr/bin/env python3

import json, boto3

region = 'us-east-1'
vpc_name = 'mastering_python_networking_demo'

ec2 = boto3.resource('ec2', region_name=region)
client = boto3.client('ec2')

filters = [{'Name':'tag:Name', 'Values':[vpc_name]}]

vpcs = list(ec2.vpcs.filter(Filters=filters))
```

```
for vpc in vpcs:
    response = client.describe_vpcs(
                VpcIds=[vpc.id,]
              )
    print(json.dumps(response, sort_keys=True, indent=4))
```

아래 스크립트는 VPC를 생성한 리전에 대해 자동으로 쿼리를 보낸다.

```
$ python3 Chapter10_1_query_vpc.py
{
    "ResponseMetadata": {
        "HTTPHeaders": {
            "content-type": "text/xml;charset=UTF-8",
            ...
        },
        TPStatusCode": 200,
        "RequestId": "48e19be5-01c1-469b-b6ff-9c45f2745483",
        "RetryAttempts": 0
    },
    "Vpcs": [
        {
            "CidrBlock": "10.0.0.0/16",
            "CidrBlockAssociationSet": [
                {
                    "AssociationId": "...",
                    "CidrBlock": "10.0.0.0/16",
                    "CidrBlockState": {
                        "State": "associated"
                    }
                }
            ],
            "DhcpOptionsId": "dopt-....",
            "InstanceTenancy": "default",
            "IsDefault": false,
            "State": "available",
            "Tags": [
                {
```

```
            "Key": "Name",
        "Value": "mastering_python_networking_demo"
            }
        ],
        "VpcId": "vpc-...."
    }
  ]
}
```

 Boto3 VPC API에 대한 문서는 다음 링크를 참고하라.

https://boto3.readthedocs.io/en/latest/reference/services/ec2.html#vpc

VPC 안에서 어떻게 서브넷끼리 연결되는지 궁금할 것이다. 물리적 네트워크의 경우 각자의 로컬 네트워크 바깥에 도달하려면 라우터에 연결돼야 한다. VPC도 크게 다르지 않다. 다만 VPC는 로컬 네트워크에 대한 기본 라우팅 테이블(예제의 경우 10.0.0.0/16)을 갖는 암묵적 라우터implicit router를 사용한다. 암묵적 라우터는 VPC를 생성할 때 함께 생성된다.

라우팅 테이블과 라우팅 타겟

라우팅은 네트워크 엔지니어링에서 가장 중요한 주제 중 하나이므로 더 자세히 들여다볼 필요가 있다. 이미 앞에서 VPC를 생성할 때 암묵적 라우터와 메인 라우팅 테이블도 같이 생성됨을 확인했다. 앞의 예제에서는 인터넷 게이트웨이와 이를 기본 라우트로 지정하는 커스텀 라우팅 테이블을 생성했고, 커스텀 라우팅 테이블을 서브넷과 연결지어 봤다.

라우팅 타겟은 기본적으로 VPC가 전통적인 네트워킹과 약간 다르다는 개념을 바탕에 두고 있다. 그 개념은 다음과 같다.

- 각 VPC에는 암묵적 라우터가 있다.
- 각 VPC에는 로컬 라우팅을 구현한 라우팅 테이블이 있다.
- 커스텀 라우팅 테이블을 생성할 수 있다.
- 각 서브넷은 커스텀 라우팅 테이블이나 기본 라우팅 테이블을 따를 수 있다.
- 라우팅 테이블의 라우팅 타겟은 인터넷 게이트웨이, NAT 게이트웨이, VPC 피어 등이 모두 가능하다.

Boto3을 사용해 커스텀 라우팅 테이블과 그에 연관된 서브넷을 확인해보자.

```
$ cat Chapter10_2_query_route_tables.py
#!/usr/bin/env python3

import json, boto3

region = 'us-east-1'
vpc_name = 'mastering_python_networking_demo'

ec2 = boto3.resource('ec2', region_name=region)
client = boto3.client('ec2')

response = client.describe_route_tables()
print(json.dumps(response['RouteTables'][0], sort_keys=True, indent=4))
```

스크립트를 실행해보면 단 하나의 커스텀 라우팅 테이블만 있음을 확인할 수 있다.

```
$ python3 Chapter10_2_query_route_tables.py
{
    "Associations": [
        {
        ....
        }
    ],
    "PropagatingVgws": [],
```

```
        "RouteTableId": "rtb-6bee5514",
        "Routes": [
            {
                "DestinationCidrBlock": "10.0.0.0/16",
                "GatewayId": "local",
                "Origin": "CreateRouteTable",
                "State": "active"
            },
            {
                "DestinationCidrBlock": "0.0.0.0/0",
                "GatewayId": "igw-...",
                "Origin": "CreateRoute",
                "State": "active"
            }
        ],
        "Tags": [
            {
                "Key": "Name",
                "Value": "public_internet_gateway"
            }
        ],
        "VpcId": "vpc-..."
}
```

서브넷을 생성하는 방법은 간단한데, 왼쪽의 서브넷 섹션을 클릭하고 화면의 지시를 따르기만 하면 된다. 예제에서는 10.0.0.0/24 공용 서브넷, 10.0.1.0/24 및 10.0.2.0/24 사설 서브넷을 추가할 것이다.

여기까지 따라왔다면 하나의 공용 서브넷과 두 사설 서브넷을 포함한 VPC를 작동시킬 수 있게 된다. 더불어 AWS CLI와 Boto3 라이브러리를 사용해 AWS VPC와 상호작용하는 방법도 알아봤다. 이제 또 다른 자동화 도구 CloudFormation를 알아보자.

CloudFormation을 통한 자동화

AWS CloudFormation(https://aws.amazon.com/cloudformation/)은 텍스트 파일을 사용해 필요한 리소스를 정의하고 실행하게 한다. 다음과 같이 us-west-1 리전에서 Cloud Formation을 사용해 또 다른 VPC를 만든다.

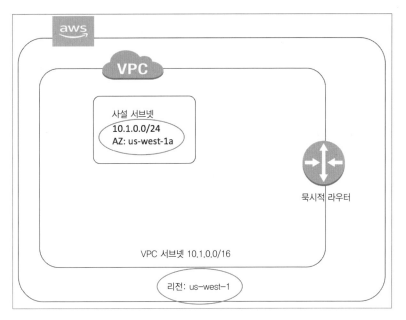

US-West-1 VPC 개요도

CloudFormation 템플릿은 YAML 또는 JSON 형식으로 작성된다. 여기서는 다음과 같이 YAML 형식을 사용해보자.

```
$ cat Chapter10_3_cloud_formation.yml
AWSTemplateFormatVersion: '2010-09-09'
Description: Create VPC in us-west-1
Resources:
  myVPC:
    Type: AWS::EC2::VPC
    Properties:
```

```
  CidrBlock: '10.1.0.0/16'
  EnableDnsSupport: 'false'
  EnableDnsHostnames: 'false'
  Tags:
    - Key: Name
      Value: 'mastering_python_networking_demo_2'
```

템플릿을 AWS CLI에서 실행해보자. 리전이 us-west-1으로 명시돼 있음에 유의하라.

```
$ aws --region us-west-1 cloudformation create-stack --stack-name 'mpn-
ch10-demo' --template-body file://Chapter10_3_cloud_formation.yml
{
    "StackId": "arn:aws:cloudformation:us-west-1:<skip>:stack/mpn-ch10-
demo/<skip>"
}
```

그런 다음 AWS CLI에서 상태를 확인하면 다음과 같다.

```
$ aws --region us-west-1 cloudformation describe-stacks --stack-name mpn-
ch10-demo
{
    "Stacks": [
        {
            "CreationTime": "2018-07-18T18:45:25.690Z",
            "Description": "Create VPC in us-west-1",
            "DisableRollback": false,
            "StackName": "mpn-ch10-demo",
            "RollbackConfiguration": {},
            "StackStatus": "CREATE_COMPLETE",
            "NotificationARNs": [],
            "Tags": [],
            "EnableTerminationProtection": false,
            "StackId": "arn:aws:cloudformation:us-west-1<skip>"
        }
    ]
}
```

예제에서 만든 CloudFormation 템플릿은 VPC에 서브넷을 포함하지 않았다. 이제 VPC를 삭제한 다음 서브넷까지 포함해서 VPC를 다시 생성해볼 것이다. VPC를 생성하기 전에는 id가 주어지지 않으므로 서브넷을 생성하는 시점에서 특수 변수를 사용해 VPC-id를 참조하도록 할 것을 유의하라. 이 기법은 라우팅 테이블이나 인터넷 게이트웨이 등 다른 리소스를 사용할 때에도 동일하게 적용할 수 있다.

```
$ cat Chapter10_4_cloud_formation_full.yml
AWSTemplateFormatVersion: '2010-09-09'
Description: Create subnet in us-west-1
Resources:
  myVPC:
    Type: AWS::EC2::VPC
    Properties:
      CidrBlock: '10.1.0.0/16'
      EnableDnsSupport: 'false'
      EnableDnsHostnames: 'false'
      Tags:
        - Key: Name
          Value: 'mastering_python_networking_demo_2'
  mySubnet:
    Type: AWS::EC2::Subnet
    Properties:
      VpcId: !Ref myVPC
      CidrBlock: '10.1.0.0/24'
      AvailabilityZone: 'us-west-1a'
      Tags:
        - Key: Name
          Value: 'mpn_demo_subnet_1'
```

다음과 같이 리소스가 제대로 생성됐는지 실행하고 검증을 한다.

```
$ aws --region us-west-1 cloudformation create-stack --stack-name mpn-ch10-demo-2 --template-body file://Chapter10_4_cloud_formation_full.yml
{
```

```
    "StackId": "arn:aws:cloudformation:us-west-1:<skip>:stack/mpn-ch10-
demo-2/<skip>"
}

$ aws --region us-west-1 cloudformation describe-stacks --stack-name mpn-
ch10-demo-2
{
    "Stacks": [
        {
            "StackStatus": "CREATE_COMPLETE",
            ...
            "StackName": "mpn-ch10-demo-2",
            "DisableRollback": false
        }
    ]
}
```

AWS 콘솔을 통해서도 VPC 및 서브넷 정보를 검증할 수 있다. 먼저 VPC를 검증해보자.

us-west-1의 VPC

그다음에는 서브넷이다.

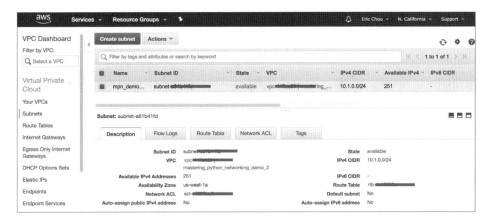

us-west-1의 서브넷

미국의 양 해안가에 각각 VPC 하나씩을 생성해봤다. 이 둘은 마치 섬과 같이 각자 따로 작동한다. 이렇게 동작하는 것을 원할 수도, 원하지 않을 수도 있다. 두 VPC가 같이 연결되기를 원한다면 VPC 피어링(https://docs.aws.amazon.com/AmazonVPC/latest/PeeringGuide/vpc-peering-basics.html)을 사용해서 직접 통신하도록 할 수 있다.

 VPC 피어링은 같은 계정 안에서만 할 수 있지 않다. 요컨대 서로 다른 계정이라도 요청을 받아들일 수 있고 보안, 라우팅, DNS 이름 등을 설정할 수 있다면 VPC를 연결할 수 있다.

다음 절에서는 VPC 보안 그룹과 네트워크 접근 제어 목록을 알아본다.

보안 그룹과 네트워크 ACL

VPC의 Security(보안) 섹션에 들어가면 AWS Security Groups(보안 그룹)와 Network ACLs (접근 제어 목록)을 찾을 수 있다.

VPC 보안

보안 그룹은 상태 기반 가상 방화벽stateful virtual firewall으로서 리소스의 인바운드 및 아웃바운드 접근을 제어한다. 대부분의 경우 보안 그룹을 사용하는 이유는 EC2에 대한 공용 접근을 제한하기 위해서다. 현재는 각 VPC에 500개의 보안 그룹을 설정할 수 있다. 각 보안 그룹에는 50개의 인바운드, 50개의 아웃바운드 규칙을 정의할 수 있다. 다음 스크립트는 보안 그룹과 간단한 인입 규칙ingress rules 두 개를 정의한다.

```
$ cat Chapter10_5_security_group.py
#!/usr/bin/env python3

import boto3

ec2 = boto3.client('ec2')
```

```
response = ec2.describe_vpcs()
vpc_id = response.get('Vpcs', [{}])[0].get('VpcId', '')

# 보안 그룹 아이디 쿼리
response = ec2.create_security_group(GroupName='mpn_security_group',
                                     Description='mpn_demo_sg',
                                     VpcId=vpc_id)

security_group_id = response['GroupId']
data = ec2.authorize_security_group_ingress(
    GroupId=security_group_id,
    IpPermissions=[
        {'IpProtocol': 'tcp',
         'FromPort': 80,
         'ToPort': 80,
         'IpRanges': [{'CidrIp': '0.0.0.0/0'}]},
        {'IpProtocol': 'tcp',
         'FromPort': 22,
         'ToPort': 22,
         'IpRanges': [{'CidrIp': '0.0.0.0/0'}]}
    ])
print('Ingress Successfully Set %s' % data)

# 보안 그룹 설명
#response = ec2.describe_security_groups(GroupIds=[security_group_id])
print(security_group_id)
```

스크립트를 실행하면 보안 그룹이 생성됐다는 확인 메시지를 받을 수 있다. 이 정보를 다른 AWS 리소스에 적용하면 된다.

```
$ python3 Chapter10_5_security_group.py
Ingress Successfully Set {'ResponseMetadata': {'RequestId': '<skip>',
'HTTPStatusCode': 200, 'HTTPHeaders': {'server': 'AmazonEC2', 'content-
type': 'text/xml;charset=UTF-8', 'date': 'Wed, 18 Jul 2018 20:51:55 GMT',
'content-length': '259'}, 'RetryAttempts': 0}}
sg-<skip>
```

네트워크 **접근 제어 목록**ACL, Access Control List은 상태 독립적인 추가 보안 레이어다. VPC의 각 서브넷은 네트워크 ACL과 연결돼 있다. ACL이 상태 독립적이므로 이 경우 인바운드와 아웃바운드 규칙을 모두 정의해야 한다.

보안 그룹과 ACL의 중요한 차이점은 다음과 같다.

- 보안 그룹은 네트워크 인터페이스 레벨에서 작동하는 반면, ACL은 서브넷 레벨에서 작동한다
- 보안 그룹은 허용 규칙만 정의 가능하며 거부 규칙은 설정할 수 없는 반면, ACL은 두 종류의 규칙을 모두 지원한다.
- 보안 그룹은 상태 기반이므로 리턴 트래픽이 자동으로 허용되는 반면, ACL에서는 허용 여부를 지정해야 한다.

이제 AWS 네트워킹 기능 중 가장 쿨한 기능을 살펴볼 차례다. 탄력적 IP를 처음 배웠을 때 IP 주소를 동적으로 할당했다 다시 할당하는 기능에 매료됐다.

탄력적 IP

탄력적 IPEIP, Elastic IP는 인터넷에서 공용 IPv4 주소를 통해 AWS에 접근할 수 있도록 하는 서비스다. IP 주소는 EC2 인스턴스, 네트워크 인터페이스 등의 리소스에 동적으로 할당할 수 있다. 탄력적 IP의 특징을 몇 가지 정리하면 다음과 같다.

- 탄력적 IP는 한 계정의 리전에만 속한다. 예를 들어 us-east-1 리전의 EIP는 해당 리전의 다른 리소스에서만 연결할 수 있다.
- 탄력적 IP와 연결된 리소스를 끊고 다른 리소스로 연결하는 것이 가능하다. 이런 유연함은 높은 사용성을 보장한다. 예를 들어 작은 EC2 인스턴스에서 더 큰 규모의 인스턴스로 옮겨갈 때는 같은 IP를 이전 인스턴스에서 연결 해제한 후 옮겨간 인스턴스에 다시 연결하면 된다.
- 탄력적 IP에 연결하면 시간 단위로 적은 양의 비용을 지불해야 한다.

탄력적 IP는 포털에서 요청할 수 있다. IP를 할당받은 다음에 원하는 리소스에 연결하면 된다.

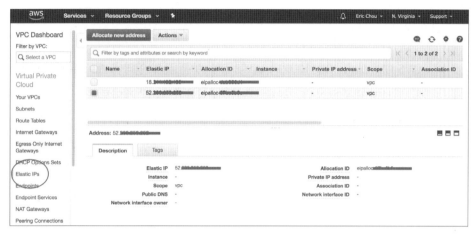

탄력적 IP

 TIP 아쉽게도 현재 탄력적 IP는 리전 당 5개까지만 할당받을 수 있다(참고: https://docs.aws. amazon.com/vpc/latest/userguide/amazon-vpc-limits.html).

다음 절에서는 NAT 게이트웨이를 사용해 사설 서브넷과 인터넷 간의 통신을 허용해보자.

NAT 게이트웨이

EC2 공용 서브넷의 호스트를 인터넷에서 접근 가능하게 하려면, 탄력적 IP를 할당한 다음 EC2 호스트의 네트워크 인터페이스에 연결해야 한다. 그러나 책을 작성하는 시점에서 EC2 VPC 하나에 할당할 수 있는 탄력적 IP는 5개가 한계다(https://docs.aws.amazon. com/vpc/latest/userguide/amazon-vpc-limits.html#vpc-limits-eips). 또한 탄력적 IP와 EC2 호스트 간에 일대일 매핑을 하지 않고 사설 서브넷의 호스트가 아웃바운드 접근을 할 수 있도록 해야 할 때도 있다.

NAT 게이트웨이는 사설 서브넷 내의 호스트에 네트워크 주소 변환^{NAT, Network Address Translation}을 적용해 일시적으로 아웃바운드 접근을 허용한다. 이런 방식은 기업 방화벽에서 일반적으로 수행하는 **포트 주소 변환**^{PAT, Port Address Translation}과 비슷하다. NAT 게이트웨이를 사용하려면 다음 과정을 거쳐야 한다.

- AWS CLI, Boto3 라이브러리, AWS 콘솔 등을 통해 인터넷 게이트웨이에 접근해, 서브넷 내부에 NAT 게이트웨이를 생성한다. NAT 게이트웨이는 탄력적 IP를 할당받아야 한다.
- 사설 서브넷 내부에 NAT 게이트웨이에 대한 기본 라우팅을 설정한다.
- NAT 게이트웨이는 기본 라우팅으로 인터넷 게이트웨이를 통해 외부에 접근할 수 있게 된다.

위 과정을 그림으로 나타내면 다음과 같다.

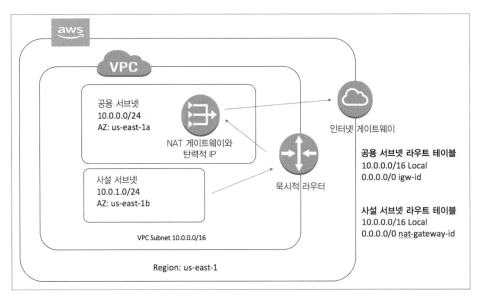

NAT 게이트웨이 동작

NAT 게이트웨이를 사용하다 보면 어떤 서브넷에 NAT 게이트웨이를 위치시켜야 하는 지가 궁금해진다. 이 경우 간단하게 NAT 게이트웨이가 공용 접근을 필요로 함을 기억하라. 즉 탄력적 IP을 할당할 수 있고 공용 인터넷 접근이 가능한 서브넷에 생성하면 된다.

NAT 게이트웨이 생성

다음 절에서는 지금까지 만든 AWS 가상 네트워크를 물리적 네트워크에 연결하는 방법을 알아본다.

다이렉트 커넥트와 VPN

지금까지 만든 VPC는 AWS 안에 모든 것이 위치해 있다. 덕분에 유연하고 기능이 풍부하지만 VPC 내부 리소스에 접근하려면 SSH나 HTTPS 등의 인터넷 관련 서비스가 필요하다.

이 절에서는 사설 네트워크의 VPC에 연결하는 두 가지 방법을 알아본다. 하나는 IPSec VPN 게이트웨이고, 하나는 다이렉트 커넥트Direct Connect다.

VPN 게이트웨이

온프레미스on-premise 네트워크에서 VPC에 연결하는 첫 번째 방법은 전통적인 IPSec VPN 연결을 사용하는 것이다. 이것은 공용 접근이 가능한 기기를 AWS VPN 기기에 연결하는 방식이다. 고객 게이트웨이는 라우팅 기반 IPSec VPN에 사용되며, 이때 VPN 연결은 가상 링크를 통해 실행되는 일종의 라우팅 프로토콜 연결로 치부된다. 현재 AWS는 BGP를 사용해 라우팅을 바꾸는 방법을 추천한다.

이때 사용되는 라우팅 테이블은 특정 서브넷에서 **가상 사설 게이트웨이**Virtual Private Gateway로 향하도록 라우팅하는 테이블과 유사하다.

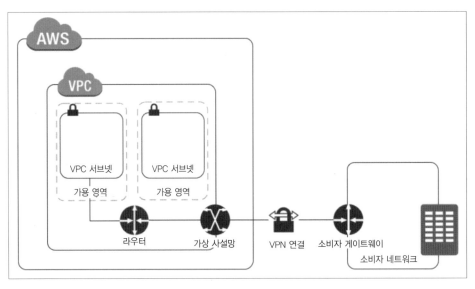

VPC VPN 연결
(출처: https://docs.aws.amazon.com/vpc/latest/userguide/VPC_VPN.html)

IPSec VPN 말고도 전용 회로를 사용해 연결하는 방법도 있다.

다이렉트 커넥트

앞에서 살펴본 IPSec VPN 연결은 온프레미스 기기를 AWS 클라우드 리소스에 쉽게 연결하게 해준다. 그러나 IPSec를 사용하면서 겪었던 문제가 여기서도 반복된다. 신뢰도가 떨어지고 제어할 수 있는 요소가 많지 않다. 퍼포먼스를 모니터링할 방법도 드물고, 연결이 인터넷으로 확장돼 제어가 가능해질 때까지는 **서비스-레벨 협약서**^{SLA, Service-Level Agreement}도 없다.

이런 이유로 아마존은 미션 크리티컬 트래픽을 전달하기 위한 두 번째 옵션을 제공한다. AWS 다이렉트 커넥트다. AWS 다이렉트 커넥트는 가상 회선을 통해 데이터 센터에 대한 연결과 AWS VPC에 대한 코로케이션을 제공한다. 여기서 어려운 점은 일반적으로 캐리어 호텔 안에 있는 네트워크를 어떻게 물리적으로 AWS와 연결할 것인가다. AWS 다이렉트 커넥트의 위치 목록은 페이지 https://aws.amazon.com/directconnect/details/에서 찾을 수 있다. 다이렉트 커넥트 링크는 결국 특정 네트워크에서 다른 네트워크로 연결하고 dot1q 트렁크 연결을 설정하기 위해 캐리어 호텔 내에서 통신선을 연결하는 것이다.

물론 MPLS 회선이나 애그리게이션 링크 등의 서드파티 캐리어를 통해 다이렉트 커넥트를 수행할 수도 있다. 가장 쉽게 사용할 수 있는 방법 중 하나는 이퀴닉스 클라우드 익스체인지^{Equinix Cloud Exchange}다(https://www.equinix.com/services/interconnection-connectivity/cloud-exchange/). 이를 사용하면 같은 회선을 통해 서로 다른 클라우드 제공자와 연결하고 회선에 사용한 비율만큼의 비용만 지불할 수 있다.

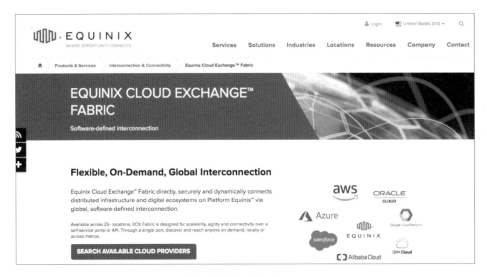

Equinix Cloud Exchange

(출처: https://www.equinix.com/services/interconnection-connectivity/cloud-exchange/)

다음 절에서는 AWS에서 제공하는 네트워크 스케일링 서비스를 알아본다.

네트워크 스케일링 서비스

이 절에서는 AWS에서 제공하는 네트워크 서비스를 알아본다. DNS나 콘텐츠 분산 네트워크 같은 서비스는 네트워크와 직접적인 관련이 없다. 그러나 네트워크나 애플리케이션의 성능과 밀접한 관계가 있으므로 살펴볼 만한 가치가 충분하다.

탄력적 로드 밸런싱

탄력적 로드 밸런싱^{ELB, Elastic Load Balancing}은 인터넷에서 들어오는 트래픽을 여러 EC2 인스턴스에 자동으로 분산시킨다. 물리적 서버의 로드 밸런서와 마찬가지로 이를 통해 서버당 로드를 줄임으로써 데이터 중복성과 장애 허용성을 개선한다. ELB는 애플리케이션과 네트워크 로드 밸런싱 두 종류로 나뉜다.

애플리케이션 로드 밸런서는 HTTP와 HTTPS를 통해 들어오는 웹 트래픽을 다루며, 네트워크 로드 밸런서는 TCP 레벨을 담당한다. 애플리케이션이 HTTP나 HTTPS상에서 작동할 경우 애플리케이션 로드 밸런서를 사용하는 것이 좋다. 아니라면 네트워크 로드 밸런서를 선택하면 된다.

애플리케이션과 네트워크 로드 밸런서의 차이점은 다음 링크 https://aws.amazon.com/elasticloadbalancing/details/에서 자세히 확인할 수 있다.

Comparison of Elastic Load Balancing Products

You can select the appropriate load balancer based on your application needs. If you need flexible application management, we recommend that you use an **Application Load Balancer**. If extreme performance and static IP is needed for your application, we recommend that you use a **Network Load Balancer**. If you have an existing application that was built within the EC2-Classic network, then you should use a **Classic Load Balancer**.

Feature	Application Load Balancer	Network Load Balancer	Classic Load Balancer
Protocols	HTTP, HTTPS	TCP	TCP, SSL, HTTP, HTTPS
Platforms	VPC	VPC	EC2-Classic, VPC
Health checks	✔	✔	✔
CloudWatch metrics	✔	✔	✔
Logging	✔	✔	✔
Zonal fail-over	✔	✔	✔

탄력적 로드 밸런서 비교
(출처: https://aws.amazon.com/elasticloadbalancing/details/)

ELB는 트래픽이 리전 내의 리소스에 들어왔을 때 로드 밸런싱을 수행할 수 있게 한다. AWS 라우트53 DNS 서비스는 지리적으로 떨어진 리전 간의 로드 밸런스를 수행한다.

라우트53 DNS 서비스

우리는 이미 DNS, 즉 도메인 네임 서비스가 무엇인지 알고 있다. 라우트53[Route53]은 AWS의 DNS 서비스다. 라우트53은 풀 서비스 도메인 대행자로서 AWS 안에서 직접 도메인을 구매하거나 관리할 수 있다. 네트워크 서비스에서 DNS는 지리적으로 떨어진 리전이라도 도메인 네임을 연속적으로 지었다면 로드 밸런스를 수행할 수 있도록 한다.

DNS를 사용해 로드 밸런싱을 할 때 필요한 사항은 다음과 같다.

- 각 로드 밸런스 리전의 ELB
- 등록이 완료된 도메인 네임. 라우트53을 통해 도메인 등록을 대행할 필요는 없다.
- 도메인을 위한 라우트53 DNS 서비스

그다음 액티브-액티브 환경의 두 ELB 사이에 health check를 통한 라우트53 지연 속도 기반 라우팅 정책을 적용할 수 있다.

클라우드프론트 CDN 서비스

클라우드프론트^{CloudFront}는 아마존의 **콘텐츠 전송 네트워크**^{CDN, Content Delivery Netwkrk}로써, 이용자의 위치에 물리적으로 가까운 곳에서 콘텐츠를 제공함으로써 레이턴시를 줄이는 역할을 한다. 여기서 콘텐츠는 정적 웹 페이지, 비디오, 애플리케이션, API, 가장 최근의 경우에는 람다 함수 등을 모두 포함한다. CloudFrount 엣지는 기존 AWS 리전에 있지만 그 외에도 전 세계에 수많은 위치에 존재한다. 클라우드프론트의 고레벨 동작은 다음과 같다.

- 사용자는 하나 또는 복수의 객체를 위해 웹 사이트에 접근한다.
- DNS는 요청이 들어오면 사용자의 위치와 가장 가까운 아마존 클라우드프론트 엣지 로케이션으로 라우팅한다.
- 클라우드프론트 엣지 로케이션은 캐시에 저장된 콘텐츠를 제공하거나 원본 위치에 객체를 요청한다.

AWS 클라우드프론트와 CDN 서비스는 일반적으로 애플리케이션 개발자나 데브옵스 엔지니어가 주로 사용한다. 그러나 어쨌든 그 동작이 어떻게 이뤄지고 있는지 이해해서 나쁠 건 없다.

그 밖의 AWS 네트워크 서비스

이 외에도 분량의 문제로 다루지 못한 많은 AWS 네트워크 서비스들이 있다. 그 중 중요한 것을 간략하게 소개하면 다음과 같다.

- **AWS 트랜지트 VPC**(https://aws.amazon.com/blogs/aws/aws-solution-transit-vpc/): 복수의 가상 사설 클라우드를 하나의 VPC 허브에 연결하는 방법을 제공한다. 최근에 등장한 서비스로서 연결을 위한 설정이나 관리를 최소화할 수 있게 해준다. 서로 다른 AWS 계정 간에 리소스를 공유하는 데에도 쓰인다.
- **아마존 가드듀티**^{GuardDuty}(https://aws.amazon.com/guardduty/): AWS 워크로드를 보호할 수 있도록 악의적 또는 무단 동작을 지속적으로 감시하는 위협 탐지 서비스다. API 호출이나 잠재적 무단 배포 등을 감시한다.
- **AWS WAF**(https://aws.amazon.com/waf/): 잘 알려진 취약점으로부터 보호하도록 웹 애플리케이션 방화벽을 제공한다. 웹 트래픽을 허용하거나 차단할 수 있는 웹 보안 규칙을 정의할 수도 있다.
- **AWS 쉴드**^{Shield}(https://aws.amazon.com/shield/): AWS에서 실행되는 애플리케이션을 보호하는 디도스^{DDoS} 보호 서비스다. 일반적인 기능은 모든 이용자에게 무료로 제공되며, 더 많은 기능을 사용하려면 비용을 지불해야 한다.

요약

10장에서는 AWS 클라우드 네트워킹 서비스를 살펴봤다. 우선 리전, 가용 영역, 엣지 위치, 트랜지트 센터 등의 용어부터 정의했다. 그런 다음 AWS 네트워크의 전체적인 구조를 통해 AWS의 한계 및 다른 AWS 네트워크 서비스의 필요성을 알아봤다. AWS CLI, 파이썬 Boto3 라이브러리, CloudFormation 등을 사용해 작업을 자동화했다.

또한 AWS 가상 사설 클라우드의 라우팅 테이블, 타겟 등 자세한 내용을 살펴봤다. 보안 그룹 및 네트워크 ACL 예제를 통해 VPC의 보안을 제어하는 방법을 파악할 수 있다. 아울러 탄력적 IP와 NAT 게이트웨이를 통해 외부 접근에 대한 내용을 정리했다.

AWS VPC를 온프레미스 네트워크에 연결하는 두 가지 방법 다이렉트 커넥트와 IPSec VPN의 장단점을 설명했다. 마지막으로 일래스틱 로드 밸런싱, 라우트53 DNS, 클라우드 프론트 등 AWS의 네트워크 스케일링 서비스를 알아봤다.

11장에서는 널리 쓰이는 버전 컨트롤 시스템인 깃^{Git}을 자세히 다룬다.

11

깃 사용하기

앞에서는 파이썬, 앤서블 등 다양한 도구를 사용해 네트워크의 자동화 구현 방법을 알아 봤다. 9장까지 제시한 예제 파일은 150개 가량이며, 5,300줄 이상의 코드로 이뤄져 있다. 이 정도 분량이면 커맨드라인 인터페이스 환경에서 일하는 네트워크 엔지니어에게는 나 쁘지 않다. 이제 스크립트와 도구를 갖췄으니 네트워크 업무를 수행할 준비가 끝났다고 할 수 있을까? 글쎄, 아직 이르다.

코드 파일을 다룰 때 처음 하는 작업은 그 파일을 다른 사람들도 이용할 수 있도록 보관하 는 것이다. 이 보관하는 위치에 접근하면 파일의 최신 버전을 가져올 수 있을 것이다. 처 음 파일을 릴리스한 후에 그 파일의 버그를 수정하거나 기능을 추가했다면, 코드를 가져간 사람들의 파일에도 수정 사항이 반영된다면 좋을 것이다. 또한 추가한 내용이 제대로 작 동하지 않을 때 이전 버전으로 롤백해 문제가 무엇인지 비교해보는 기능도 구현되면 괜찮 을 것이다. 이런 기능이 구현된다면 코드 파일을 발전시켜 나가는 데 커다란 도움이 된다.

두 번째로 생각해봐야 할 것은 팀 멤버 간의 협업 과정에서 코드를 어떻게 다룰 것인가이다. 여러 명의 네트워크 엔지니어와 일하는 경우 파이썬 스크립트든 앤서블 플레이북이든 진자2 템플릿이든 INI 형식 설정 파일 등 다양한 파일을 집단으로 작업해야 한다. 다시 말해 모든 텍스트 파일을 여럿이서 작업하고 모두가 그 작업 과정을 살펴볼 수 있어야 한다는 뜻이다.

세 번째는 책임에 관한 것이다. 입력 및 갱신 내역을 기록할 수 있는 시스템에 누가 어떤 부분을 변경했는지 표시하는 기능은 반드시 필요하다. 아울러 해당 부분을 변경한 이유를 기록해 다른 사람이 더 잘 이해할 수 있게 하는 기능도 있어야 한다.

이런 내용은 버전 컨트롤(혹은 소스 컨트롤) 시스템을 도입했을 때 얻을 수 있는 이점이다. 확실히 해야 할 것은 버전 컨트롤 시스템은 전용 소프트웨어로만 구현되는 것은 아니라는 사실이다. 예를 들어 마이크로소프트 워드는 파일을 주기적으로 저장하고, 변화 내역을 보거나 이전 버전으로 롤백하는 것이 가능하다. 다만 이 책에서 다룰 버전 컨트롤 시스템은 소프트웨어 변화를 다루기 위한 스탠드얼론 소프트웨어 도구를 사용해서 구현한다.

소프트웨어 엔지니어링에서 소스 컨트롤을 구현하기 위한 도구는 많으며, 오픈 소스나 독점 소프트웨어 양쪽에서 모두 찾을 수 있다. 오픈 소스 버전 컨트롤 중 가장 유명한 것으로는 CVS, SVN, 머큐리얼, 깃 등이 있다. 11장에서는 그 중 깃을 설명한다. 이는 앞에서 다운받은 많은 .software 패키지를 위한 도구이기도 하다. 뒤에서 더 자세히 알아보겠지만 깃은 많은 대형 오픈 소스 프로젝트(파이썬이나 리눅스 커널 등)에서 거의 표준으로 자리 잡은 버전 컨트롤 시스템이다.

 2017년 2월 기준으로 CPython 개발은 깃허브로 옮겨져서 이뤄지고 있으며, 정확히는 2015년 1월부터 이주하기 시작했다. 자세한 내용은 PEP 512(https://www.python.org/dev/peps/pep-0512/)를 참고하라.

깃의 사용 방법을 알아보기 전에 깃 시스템의 역사와 장점부터 살펴보자.

▌ 깃 소개

깃은 리누스 토발즈가 2005년 4월 개발한 시스템이다. 리누스는 리눅스 커널도 개발했다. 그는 시니컬하게 깃을 '지옥에서 올라온 정보 관리자'라고 정의했다. 리눅스 재단과의 인터뷰(https://www.linuxfoundation.org/blog/10-years-of-git-an-interview-with-git-creator-linus-torvalds/)에서 리누스는 소스 컨트롤 관리가 컴퓨팅 세계에서 가장 흥미롭지 않은 일 중 하나라고 말한 바 있다. 그럼에도 불구하고 리눅스 커널 개발자 커뮤니티가 사용하던 독점 소프트웨어인 비트키퍼^{BitKeeper}가 다툼을 벌이자 대체할 도구를 만들어 버렸다.

>
> 깃(Git)이란 이름의 뜻은 무엇일까? 영국에서 깃은 어떤 사람에게 재미없고 귀찮고 찌질하다고 비하하는 일종의 비속어다. 리누스는 그가 자의식 과잉이라 모든 프로젝트 이름을 자기 맘대로 짓는다는 까칠한 농담을 한 적이 있다. 리누스가 그랬고, 깃도 그랬다. 그러나 누군가는 깃이 글로벌 정보 트래커(Global Information Tracker)의 약자라고 주장하기도 한다. 무엇을 믿을지는 자유다.

프로젝트는 생각보다 빨리 진행됐다. 만든진 지 10일 만에(10년이나 10달이 아니다!) 리누스는 깃의 기본 아이디어가 훌륭하다고 판단했고, 리눅스 커널을 깃으로 커밋하기 시작했다. 그다음 일어난 일은 역사적이다. 만들어진 지 10년이 넘은 지금도 깃에는 리눅스 커널 프로젝트를 유지하는 데 필요한 모든 것이 있다. 소스 컨트롤 시스템을 바꾸는 것이 관성적으로 어려운 일임에도 불구하고 이제 깃은 다른 많은 오픈 소스 프로젝트 중에서 가장 많이 쓰이는 버전 컨트롤 시스템이다. 예를 들어 파이썬 코드는 오랜 기간 동안 머큐리얼로 관리돼 왔지만(https://hg.python.org/), 2017년 2월부터는 깃허브로 이전돼 깃에서 관리된다.

깃의 장점

리눅스 커널이나 파이썬 등의 거대한 분산 오픈 소스 프로젝트를 성공적으로 관리하고 있다는 것만 봐도 깃이 많은 장점을 갖고 있음을 눈치챌 수 있을 것이다. 더군다나 정말 큰 장점이 있지 않는 이상 기존에 쓰던 도구를 버리고 새로운 소스 컨트롤 시스템으로 바꾸지 않을 것임을 생각하면 더욱 그렇다. 그렇다면 깃의 장점은 무엇일까?

- **분산 개발**: 깃은 병렬적이고 독립적이며 동시에 개발할 수 있는 기능을 제공한다. 그렇기 때문에 개인 저장소에서 오프라인으로 작업하는 것이 가능하다. 중앙 저장소와 지속적으로 동기화해야 하는 다른 버전 컨트롤 시스템과는 다르다. 이런 특징은 개발자에게 매우 큰 유연성을 제공한다.

- **수천 명 수준의 스케일**: 거대한 오픈 소스 프로젝트의 경우 거의 대부분 수많은 개발자가 각자 다른 부분을 맡아서 작업을 한다. 깃은 이런 경우에도 모든 작업을 통합할 수 있는 신뢰성을 제공한다.

- **성능**: 리누스는 깃을 개발할 때 속도와 효율성을 최우선으로 여겼다. 리눅스 커널 코드는 저장 공간을 많이 차지하고 전송 속도도 오래 걸리기 때문에, 깃은 압축과 델타 체크 등의 기능을 사용해 빠르고 효율적으로 소스를 관리할 수 있도록 했다.

- **책임 추적성과 불변성**: 깃은 모든 커밋의 변화 로그를 기록하도록 강제하고 있으며, 이를 통해 모든 변경 내역과 그 이유를 쉽게 확인할 수 있다. 깃 데이터 객체는 한 번 생성돼서 데이터베이스에 기록되면 수정될 수 없으므로 불변성을 확보할 수 있다. 또한 변경 사항에 대한 책임을 추적할 수 있는 장점도 있다.

- **원자적 트랜잭션**: 저장소 안에서 모든 연관된 변경 내역은 전부 적용되거나 적용되지 않거나 둘 중 하나다. 따라서 저장소가 부분적으로만 변경되거나 충돌 상태에 있는 일이 방지되고 저장소의 통합성이 보장된다.

- **완전한 저장소**: 각 저장소에는 모든 파일의 변경 내역이 모두 사본으로 보관된다.

- **자유**: 깃이 생겨난 이유 자체가 리눅스 커널과 비트키퍼 VCS 간에 자유로운 이용에 대한 이견이 생겼기 때문이다. 따라서 깃은 자유롭게 사용할 수 있도록 라이센스를 정해놓고 있다.

이제 깃 관련 용어를 살펴보자.

깃 용어

다음은 깃에서 자주 쓰이는 용어를 정리해 놓은 것이다.

- **레퍼런스**Ref: refs로 시작되는 이름은 저장소 내의 객체를 가리킨다.
- **저장소**Repository: 프로젝트의 모든 정보, 파일, 메타데이터, 변경 내역 등이 저장돼 있는 데이터베이스를 뜻한다. refs라는 이름으로 모든 종류의 객체가 저장소에 저장된다.
- **브랜치**Branch: 각 브랜치는 독자적인 개발 내역을 활성화한다. 브랜치의 가장 최근 커밋은 tip 또는 HEAD라는 이름으로 불린다. 저장소는 여러 개의 브랜치를 가질 수 있지만, 작업 중인 워킹 트리 브랜치(working tree/directory)는 한 번에 하나만 지정할 수 있다. 이것을 체크아웃 브랜치(checked out)라고 한다.
- **체크아웃**Checkout: 워킹 트리를 특정 시점으로 전부 또는 일부 업데이트하는 동작이다.
- **커밋**Commit: 깃의 각 변경 내역을 뜻하며 커밋을 수행하면 저장소는 현재 상태를 저장하는 새로운 스냅샷을 생성한다.
- **병합**Merge: 현재 브랜치에 다른 브랜치의 콘텐츠를 병합하는 동작이다.
- **가져오기**Fetch: 원격 저장소에서 콘텐츠를 가져오는 동작이다.
- **풀**Pull: 저장소의 콘텐츠를 가져오고 병합하는 동작을 동시에 수행한다.
- **태그**Tag: 저장소에서 중요한 시점을 표시하는 방법이다. 4장, '파이썬 자동화 프레임워크 – 앤서블 기초'에서 릴리스 포인트로 v2.5.0a1이라는 태그를 붙인 것을 확인할 수 있다.

소개한 용어가 전부는 아니므로 전체 목록을 확인하려면 https://git-scm.com/docs/gitglossary를 참고하라.

깃과 깃허브

버전 컨트롤 시스템에 익숙하지 않은 엔지니어들은 깃과 깃허브를 혼동하곤 한다. 깃은 소스 컨트롤 시스템인데 반해 깃허브(https://github.com/)는 깃 저장소를 호스팅하는 서비스를 일컫는다.

깃은 기본적으로 탈중앙화된 시스템이므로 깃허브도 다른 개발자들과 마찬가지로 단지 프로젝트의 저장소 사본을 저장한다. 그러나 많은 사람이 사실상 깃허브 저장소를 프로젝트의 중앙 저장소로 여겨서 저장소에 변경 내역을 푸시하거나 풀하거나 한다.

분산 시스템에서 중앙 저장소의 역할을 하기 위해 깃허브는 fork와 pull request 메커니즘을 활용한다. 깃허브를 사용하는 프로젝트는 중앙 저장소를 포크(fork)해 통째로 사본을 만들고 이 안에서 작업한다. 사본에서 변경된 내용은 풀 리퀘스트(pull request)를 통해 메인 프로젝트로 보내지고, 프로젝트 관리자는 변경 사항을 검토한 다음 적절할 경우 커밋(commit)을 통해 이를 반영한다. 아울러 깃허브는 웹 인터페이스를 통해 CLI를 사용하지 않고서도 깃을 더 쉽게 이용할 수 있도록 한다.

▌ 깃 설정

지금까지는 깃허브에서 소스 파일을 다운받는 식으로만 깃을 이용했다. 이 절에서는 깃 변수를 설정해 변경한 파일을 실제로 커밋할 수 있도록 설정한다. 예제는 우분투 16.04를 기준으로 쓰였지만, 다른 운영 체제에 설치하는 방법도 문서화가 잘 돼 있으므로 해당 문서를 검색해 따라 하면 쉽게 설치할 수 있을 것이다.

아직 깃을 설치하지 않았다면 apt 패키지 관리 도구를 사용해 깃부터 설치한다.

```
$ sudo apt-get update
$ sudo apt-get install -y git
$ git --version
git version 2.7.4
```

깃을 설치한 다음에는 몇 가지 정보를 입력해 커밋 메시지가 제대로 전달될 수 있도록 한다.

```
$ git config --global user.name "Gildong Hong"
$ git config --global user.email "admin@hwalbindang.com"
$ git config --list
user.name=Gildong Hong
user.email=admin@hwalbindang.com
```

혹은 ~/.gitconfig 파일을 수정해도 된다.

```
$ cat ~/.gitconfig
[user]
    name = Gildong Hong
    email = admin@hwalbindang.com
```

이름과 이메일은 올바르게 커밋하기 위해 필수적으로 입력해야 하는 값이지만 이 외에도 깃에서는 많은 옵션을 제공하고 있다. 예를 들어 깃에서 커밋 메시지를 입력하는 기본 에디터를 VIM 대신 Emacs로 바꾸고 싶다면 다음과 같이 설정하면 된다.

```
(optional)
$ git config --global core.editor "emacs"
$ git config --list
user.name=Gildong Hong
user.email=admin@hwalbindang.com
core.editor=emacs
```

본격적으로 깃을 이용하기 전에 gitignore 파일을 알아보자.

Gitignore

때때로 깃이 특정 파일을 깃허브나 다른 저장소로 보내지 않도록 하고 싶을 경우가 있다. 이때 가장 쉬운 방법은 저장소 폴더에 .gitignore 파일을 생성하는 것이다. 깃은 이 파일의 목록을 검사해 커밋 단계에서 무시해야 할 폴더나 파일을 정한다. gitignore 파일도 마찬가지로 저장소에 커밋해 다른 사용자와 이 규칙을 공유한다.

예를 들어서 특정 언어에만 쓰이는 파일을 제외하는 경우를 생각해보자. 파이썬 Byte-compiled 파일을 제외하려면 다음과 같이 작성하면 된다.

```
# Byte-compiled / optimized / DLL files
__pycache__/
*.py[cod]
*$py.class
```

특정 운영 체제에만 필요한 파일은 제외시킬 수도 있다.

```
# OSX
# =========================

.DS_Store
.AppleDouble
.LSOverride
```

깃허브 도움말 페이지(https://help.github.com/articles/ignoring-files/)에서 이에 관한 내용을 찾아볼 수 있다. 그 외에 다음 링크도 참고할 만하다.

- gitignore 매뉴얼: https://git-scm.com/docs/gitignore
- 깃허브의 .gitignore 템플릿 모음: https://github.com/github/gitignore
- 파이썬 언어로 쓰인 .gitignore 예제: https://github.com/github/gitignore/blob/master/Python.gitignore

- 이 책의 예제 파일 저장소에서도 .gitignore 파일을 확인할 수 있다. https://github.com/PacktPublishing/Mastering−Python−Networking−Second−Edition/blob/master/.gitignore

Gitignore 개념을 다른 것보다 먼저 소개하는 이유는, .gitignore 파일이 저장소를 새로 생성할 때 같이 생성되는 파일 중 하나이기 때문이다. 이제 다음 절에서는 실제로 깃을 사용하는 예제를 살펴보자.

▍깃 사용 예제

대부분의 경우 깃은 커맨드라인을 통해 사용하게 된다.

```
$ git --help
usage: git [--version] [--help] [-C <path>] [-c name=value]
           [--exec-path[=<path>]] [--html-path] [--man-path] [--info-path]
           [-p | --paginate | --no-pager] [--no-replace-objects] [--bare]
           [--git-dir=<path>] [--work-tree=<path>] [--namespace=<name>]
           <command> [<args>]
```

저장소를 만들고 그 안에 파일을 생성해보자.

```
$ mkdir TestRepo
$ cd TestRepo/
$ git init
Initialized empty Git repository in
/home/echou/Master_Python_Networking_second_edition/Chapter11/TestRepo/.git/
$ echo "this is my test file" > myFile.txt
```

깃으로 저장소를 생성하면 .git이란 이름으로 숨은 폴더가 생기는 것을 확인할 수 있다. 폴더 안에는 깃에 관한 모든 파일이 저장돼 있다.

```
$ ls -a
. .. .git myFile.txt

$ ls .git/
branches config description HEAD hooks info objects refs
```

깃은 여러 위치에서 설정을 계층 형식으로 받아들여 사용한다. git config -1 명령을 사용하면 설정을 모아서 확인할 수 있다.

```
$ ls .git/config
.git/config

$ ls ~/.gitconfig
/home/echou/.gitconfig

$ git config -1
user.name=Eric Chou
user.email=<email>
core.editor=vim
core.repositoryformatversion=0
core.filemode=true
core.bare=false
core.logallrefupdates=true
```

저장소에 파일을 새로 추가하면 처음에는 추적되지 않는다. git이 파일을 관리하게 하려면 목록에 이를 추가해야 한다.

```
$ git status
On branch master

Initial commit

Untracked files:
  (use "git add <file>..." to include in what will be committed)
```

```
    myFile.txt

nothing added to commit but untracked files present (use "git add" to track)

$ git add myFile.txt
$ git status
On branch master

Initial commit

Changes to be committed:
  (use "git rm --cached <file>..." to unstage)

  new file: myFile.txt
```

파일을 추가하면 스테이지 상태에 있게 된다. 파일에 커밋을 수행해야 변경 내역이 반영
된다.

```
$ git commit -m "adding myFile.txt"
[master (root-commit) 5f579ab] adding myFile.txt
 1 file changed, 1 insertion(+)
 create mode 100644 myFile.txt

$ git status
On branch master
nothing to commit, working directory clean
```

 마지막 예제에서는 -m 옵션을 주어 커밋 메시지를 작성했다. 이 옵션을 주지 않는다면, 새로
운 페이지로 넘어가 커밋 메시지를 작성하게 된다. 앞에서 텍스트 에디터로 Emacs를 설정
했으므로 이 경우에는 Emacs가 열려 메시지를 작성하도록 한다.

실제로 파일을 변경한 다음 커밋해보자.

```
$ emacs myFile.txt
$ cat myFile.txt
this is the second iteration of my test file
$ git status
On branch master
Changes not staged for commit:
  (use "git add <file>..." to update what will be committed)
  (use "git checkout -- <file>..." to discard changes in working directory)

  modified: myFile.txt
$ git add myFile.txt
$ git commit -m "made modificaitons to myFile.txt"
[master a3dd3ea] made modificaitons to myFile.txt
 1 file changed, 1 insertion(+), 1 deletion(-)
```

git commit을 수행할 때 붙는 숫자는 SHA1 해시 값이다. 이 값은 매우 중요한데, 다른 컴퓨터에서도 똑같은 변경을 수행한다면 이 해시 값도 동일하게 나타날 것이다. 깃은 이 값을 통해 여러 사람이 병렬로 작업을 할지라도 저장소의 내용이 일치하는지 여부를 확인할 수 있다.

git log 명령어를 사용하면 커밋 내역을 살펴볼 수 있다. 내역은 시간 역순으로 나열되며, 각 커밋은 저자의 이름과 이메일 주소, 커밋 시간, 로그 메시지, 각 커밋에 내부 식별 숫자를 표시한다.

```
$ git log
commit a3dd3ea8e6eb15b57d1f390ce0d2c3a03f07a038
Author: Eric Chou <echou@yahoo.com>
Date: Fri Jul 20 09:58:24 2018 -0700

    made modificaitons to myFile.txt

commit 5f579ab1e9a3fae13aa7f1b8092055213157524d
```

```
Author: Eric Chou <echou@yahoo.com>
Date: Fri Jul 20 08:05:09 2018 -0700

    adding myFile.txt
```

커밋 ID를 지정하면 구체적인 변경 사항을 확인할 수 있다.

```
$ git show a3dd3ea8e6eb15b57d1f390ce0d2c3a03f07a038
commit a3dd3ea8e6eb15b57d1f390ce0d2c3a03f07a038
Author: Eric Chou <echou@yahoo.com>
Date: Fri Jul 20 09:58:24 2018 -0700

    made modificaitons to myFile.txt

diff --git a/myFile.txt b/myFile.txt
index 6ccb42e..69e7d47 100644
--- a/myFile.txt
+++ b/myFile.txt
@@ -1 +1 @@
-this is my test file
+this is the second iteration of my test file
```

변경한 사항을 되돌리고 싶다면 revert나 reset 명령어를 사용하면 된다. revert는 현재 커밋된 상태에서 예전 커밋으로 모든 파일을 되돌린다.

```
$ git revert a3dd3ea8e6eb15b57d1f390ce0d2c3a03f07a038
[master 9818f29] Revert "made modificaitons to myFile.txt"
 1 file changed, 1 insertion(+), 1 deletion(-)

# Check to verified the file content was before the second change.
$ cat myFile.txt
this is my test file
```

revert 명령어는 기존 커밋된 내역은 건드리지 않고 되돌려진 상태로 새로운 커밋을 수행한다. 즉 되돌리려는 시점 이후의 커밋 또한 변경 내역으로서 확인할 수 있다.

```
$ git log
commit 9818f298f477fd880db6cb87112b50edc392f7fa
Author: Eric Chou <echou@yahoo.com>
Date: Fri Jul 20 13:11:30 2018 -0700

    Revert "made modificaitons to myFile.txt"

    This reverts commit a3dd3ea8e6eb15b57d1f390ce0d2c3a03f07a038.
        modified: reverted the change to myFile.txt

commit a3dd3ea8e6eb15b57d1f390ce0d2c3a03f07a038
Author: Eric Chou <echou@yahoo.com>
Date: Fri Jul 20 09:58:24 2018 -0700

    made modificaitons to myFile.txt

commit 5f579ab1e9a3fae13aa7f1b8092055213157524d
Author: Eric Chou <echou@yahoo.com>
Date: Fri Jul 20 08:05:09 2018 -0700

    adding myFile.txt
```

반면 reset 옵션은 지정한 상태로 저장소를 재설정하고, 해당 커밋과 현재 커밋 사이의 변경 내역은 지워버리는 식으로 동작한다.

```
$ git reset --hard a3dd3ea8e6eb15b57d1f390ce0d2c3a03f07a038
HEAD is now at a3dd3ea made modificaitons to myFile.txt

$ git log
commit a3dd3ea8e6eb15b57d1f390ce0d2c3a03f07a038
Author: Eric Chou <echou@yahoo.com>
Date: Fri Jul 20 09:58:24 2018 -0700
```

```
    made modificaitons to myFile.txt

commit 5f579ab1e9a3fae13aa7f1b8092055213157524d
Author: Eric Chou <echou@yahoo.com>
Date: Fri Jul 20 08:05:09 2018 -0700

    adding myFile.txt
```

내 경우 저장소를 롤백하더라도 그 동안의 변경 내역을 보존하는 쪽을 선호하므로 reset 보다는 revert를 사용한다.

브랜치(branch)는 개발 방향이 갈라지는 분기를 나타낸다. 깃은 많은 브랜치를 지원하므로, 저장소 내에서는 여러 방향으로 동시에 개발이 이뤄질 수 있다. 기본적으로 저장소에는 master 브랜치가 있다. 브랜치를 사용하는 이유는 여러 가지가 있지만, 많은 경우 개발 단계(dev 브랜치)와 정식 릴리스 버전을 구분하는 데 쓰인다. 이제 앞에서 만든 저장소 안에 dev 브랜치를 생성해보자.

```
$ git branch dev
$ git branch
  dev
* master
```

생성한 브랜치에서 작업하려면 checkout 명령어를 사용해야 한다.

```
$ git checkout dev
Switched to branch 'dev'
$ git branch
* dev
  master
```

브랜치에 또다른 파일을 추가해보자.

```
$ echo "my second file" > mySecondFile.txt
$ git add mySecondFile.txt
$ git commit -m "added mySecondFile.txt to dev branch"
[dev c983730] added mySecondFile.txt to dev branch
 1 file changed, 1 insertion(+)
 create mode 100644 mySecondFile.txt
```

다시 master 브랜치로 돌아가 두 브랜치의 개발이 독자적으로 이뤄지고 있음을 확인해
보자.

```
$ git branch
* dev
  master
$ git checkout master
Switched to branch 'master'
$ ls
myFile.txt
$ git checkout dev
Switched to branch 'dev'
$ ls
myFile.txt mySecondFile.txt
```

dev 브랜치의 콘텐츠를 master 브랜치에 반영하고 싶다면 merge 명령을 실행한다.

```
$ git branch
* dev
  master
$ git checkout master
$ git merge dev master
Updating a3dd3ea..c983730
Fast-forward
 mySecondFile.txt | 1 +
```

460

```
 1 file changed, 1 insertion(+)
 create mode 100644 mySecondFile.txt
$ git branch
   dev
* master
$ ls
myFile.txt mySecondFile.txt
```

git rm 명령을 사용하면 파일을 지울 수 있다. 세 번째 파일을 만든 다음 삭제해보자.

```
$ touch myThirdFile.txt
$ git add myThirdFile.txt
$ git commit -m "adding myThirdFile.txt"
[master 2ec5f7d] adding myThirdFile.txt
 1 file changed, 0 insertions(+), 0 deletions(-)
 create mode 100644 myThirdFile.txt
$ ls
myFile.txt mySecondFile.txt myThirdFile.txt
$ git rm myThirdFile.txt
rm 'myThirdFile.txt'
$ git status
On branch master
Changes to be committed:
  (use "git reset HEAD <file>..." to unstage)

  deleted: myThirdFile.txt
$ git commit -m "deleted myThirdFile.txt"
[master bc078a9] deleted myThirdFile.txt
 1 file changed, 0 insertions(+), 0 deletions(-)
 delete mode 100644 myThirdFile.txt
```

로그를 통해 두 변경 내역 사이의 차이를 확인해보라.

```
$ git log
commit bc078a97e41d1614c1ba1f81f72acbcd95c0728c
Author: Eric Chou <echou@yahoo.com>
Date: Fri Jul 20 14:02:02 2018 -0700

    deleted myThirdFile.txt

commit 2ec5f7d1a734b2cc74343ce45075917b79cc7293
Author: Eric Chou <echou@yahoo.com>
Date: Fri Jul 20 14:01:18 2018 -0700

    adding myThirdFile.txt
```

깃의 기본 동작을 대부분 살펴봤다. 다음에는 깃허브를 사용해 저장소를 공유하는 방법에 대해 알아보자.

깃허브 예제

예제에서는 깃허브를 통해 로컬 저장소를 동기화하고 다른 사용자와 공유할 것이다.

우선 깃허브에 저장소를 생성한다. 기본적으로 깃허브는 공개 저장소를 무료로 제공하며, 월간 구독료를 조금 내면˚ 비공개 저장소도 생성할 수 있다. 저장소를 생성할 때는 라이선스나 .gitignore 파일을 자동으로 생성할 지 옵션을 선택할 수 있다.

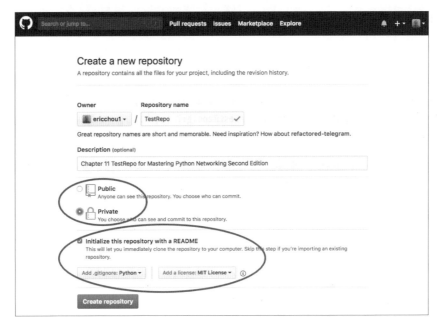

깃허브 비공개 저장소

저장소를 생성하면 해당 URL를 확인할 수 있다.

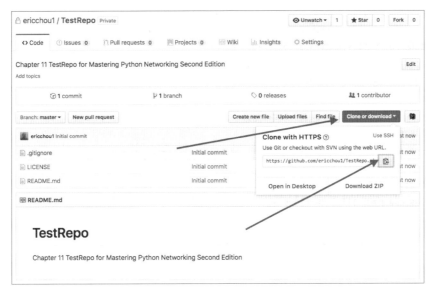

깃허브 저장소 URL

URL을 사용해 remote 타겟을 생성할 수 있다. 저장소를 gitHubRepo라고 부르자.

```
$ git remote add gitHubRepo https://github.com/ericchou1/TestRepo.git
$ git remote -v
gitHubRepo https://github.com/ericchou1/TestRepo.git (fetch)
gitHubRepo https://github.com/ericchou1/TestRepo.git (push)
```

앞에서 README.md와 LICENSE 파일을 생성했기 때문에 원격 저장소와 현재 로컬 저장소는
같은 상태가 아니다. 따라서 로컬에서 변경한 내역을 깃허브 저장소로 푸시하려고 하면
다음과 같은 에러를 나타날 것이다.

```
$ git push gitHubRepo master
Username for 'https://github.com': echou@yahoo.com
Password for 'https://echou@yahoo.com@github.com':
To https://github.com/ericchou1/TestRepo.git
 ! [rejected] master -> master (fetch first)
```

그러므로 이제 git pull을 통해 깃허브에서 새로운 파일을 다운받아보자.

```
$ git pull gitHubRepo master
Username for 'https://github.com': <username>
Password for 'https://<username>@github.com':
From https://github.com/ericchou1/TestRepo
 * branch master -> FETCH_HEAD
Merge made by the 'recursive' strategy.
 .gitignore | 104
+++++++++++++++++++++++++++++++++++++++++++++++++++++++++++++++++++
 LICENSE | 21 ++++++++++++
 README.md | 2 ++
 3 files changed, 127 insertions(+)
 create mode 100644 .gitignore
 create mode 100644 LICENSE
 create mode 100644 README.md
```

그다음에야 push를 통해 콘텐츠를 깃허브에 보낼 수 있다.

```
$ git push gitHubRepo master
Username for 'https://github.com': <username>
Password for 'https://<username>@github.com':
Counting objects: 15, done.
Compressing objects: 100% (9/9), done.
Writing objects: 100% (15/15), 1.51 KiB | 0 bytes/s, done.
Total 15 (delta 1), reused 0 (delta 0)
remote: Resolving deltas: 100% (1/1), done.
To https://github.com/ericchou1/TestRepo.git
   a001b81..0aa362a master -> master
```

이제 깃허브 저장소 웹 페이지에서 바뀐 콘텐츠를 검증해보자.

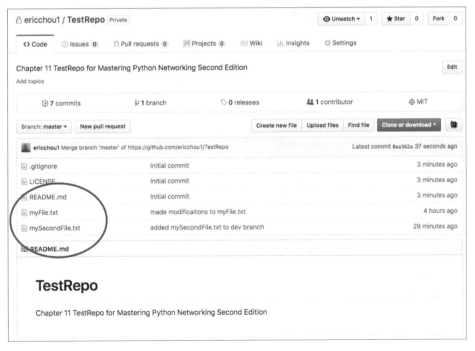

깃허브 저장소

다른 사용자도 변경된 저장소를 복제(clone)할 수 있다.

```
[This is operated from another host]
$ cd /tmp
$ git clone https://github.com/ericchou1/TestRepo.git
Cloning into 'TestRepo'...
remote: Counting objects: 20, done.
remote: Compressing objects: 100% (13/13), done.
remote: Total 20 (delta 2), reused 15 (delta 1), pack-reused 0
Unpacking objects: 100% (20/20), done.
$ cd TestRepo/
$ ls
LICENSE myFile.txt
README.md mySecondFile.txt
```

복제된 저장소는 원래 저장소와 완전히 동일하며 모든 커밋 내역도 들어 있다.

```
$ git log
commit 0aa362a47782e7714ca946ba852f395083116ce5 (HEAD -> master,
origin/master, origin/HEAD)
Merge: bc078a9 a001b81
Author: Eric Chou <echou@yahoo.com>
Date: Fri Jul 20 14:18:58 2018 -0700

    Merge branch 'master' of https://github.com/ericchou1/TestRepo

commit a001b816bb75c63237cbc93067dffcc573c05aa2
Author: Eric Chou <ericchou1@users.noreply.github.com>
Date: Fri Jul 20 14:16:30 2018 -0700

    Initial commit
...
```

저장소 설정 페이지에서, 프로젝트를 공동으로 관리할 사람을 초대할 수 있다.

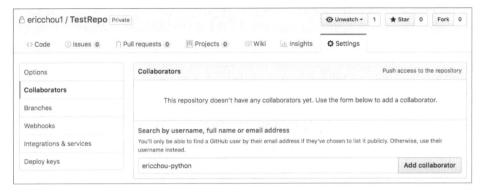

저장소 초대

다음 예제에서는 관리하고 있지 않는 저장소를 포크한 다음 풀 리퀘스트를 하는 방법에 대해 알아보자.

풀 리퀘스트를 통한 협업

앞에서 언급했듯 깃은 하나의 프로젝트에서 개발자들이 협업할 수 있게 기능을 제공한다. 이 절에서는 깃허브에 호스팅한 코드에서 이 기능이 어떻게 구현돼 있는지를 살펴본다.

우선 이 책의 소스 코드에 대한 깃허브 저장소로 이동해보자. 다음 그림에서는 다른 계정으로 로그인했으므로 사용자가 다른 것으로 보일 것이다. Fork 버튼을 클릭해 개인 저장소로 복사해보자.

Git Fork 버튼

몇 초 정도 지나면 포크가 완료될 것이다.

깃 포크 진행 중 화면

포크가 완료되면 개인 계정에 복사된 저장소가 나타난다.

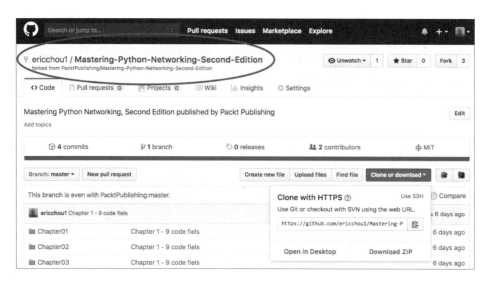

깃 포크

앞에서 살펴본 것과 같이 포크한 저장소의 파일을 수정하면 된다. 예제에서는 README.md 파일을 수정한 다음, New pull request 버튼을 클릭해 풀 리퀘스트를 생성한다.

풀 리퀘스트

풀 리퀘스트를 수행하려면 변경한 내용에 대해 다른 사람들이 판단할 수 있게 정보를 충분히 입력해야 한다.

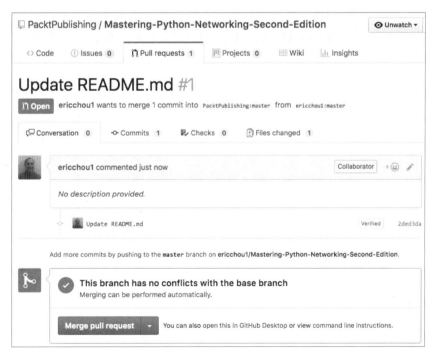

풀 리퀘스트 상세 정보

풀 리퀘스트를 수행하면 저장소 관리자에게 알림이 전송된다. 받아들여지면 원래 저장소는 풀 리퀘스트를 한 내용으로 바꾼다.

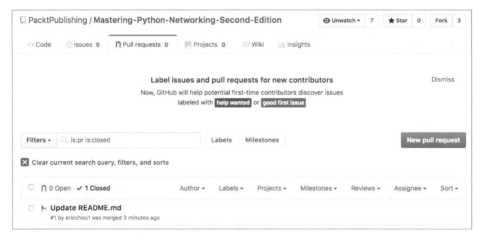

풀 리퀘스트 기록

깃허브는 여러 개발자와 협업할 수 있는 훌륭한 플랫폼을 제공한다. 현재 많은 대형 오픈 소스 프로젝트를 포함해 깃허브는 개발 과정에서 거의 표준화된 방식으로 사용되고 있다. 다음 절에서는 파이썬에서 깃을 이용하는 방법에 대해 알아본다.

▌ 깃과 파이썬

파이썬에서는 깃과 깃허브를 사용할 때 유용한 패키지를 제공한다. 이 절에서는 그 중 GitPython(깃파이썬)과 PyGitHub(파이깃허브) 라이브러리를 살펴보겠다.

GitPython

GitPython(https://gitpython.readthedocs.io/en/stable/index.html)은 일반적인 깃 저장소에서 파이썬을 작업할 때 사용할 수 있는 패키지다. 패키지를 설치한 다음 파이썬 셸에서 Repo 객체를 생성해보자. 객체를 통해 저장소의 커밋 내역을 확인할 수 있다.

```
$ sudo pip3 install gitpython
$ python3
>>> from git import Repo
>>> repo =
Repo('/home/echou/Master_Python_Networking_second_edition/Chapter11/TestRepo')
>>> for commits in list(repo.iter_commits('master')):
... print(commits)
...
0aa362a47782e7714ca946ba852f395083116ce5
a001b816bb75c63237cbc93067dffcc573c05aa2
bc078a97e41d1614c1ba1f81f72acbcd95c0728c
2ec5f7d1a734b2cc74343ce45075917b79cc7293
c98373069f27d8b98d1ddacffe51b8fa7a30cf28
a3dd3ea8e6eb15b57d1f390ce0d2c3a03f07a038
5f579ab1e9a3fae13aa7f1b8092055213157524d
```

또한 인덱스 엔트리를 확인할 수도 있다.

```
>>> for (path, stage), entry in index.entries.items():
... print(path, stage, entry)
...
mySecondFile.txt 0 100644 75d6370ae31008f683cf18ed086098d05bf0e4dc 0
mySecondFile.txt
LICENSE 0 100644 52feb16b34de141a7567e4d18164fe2400e9229a 0 LICENSE
myFile.txt 0 100644 69e7d4728965c885180315c0d4c206637b3f6bad 0 myFile.txt
.gitignore 0 100644 894a44cc066a027465cd26d634948d56d13af9af 0 .gitignore
README.md 0 100644 a29fe688a14d119c20790195a815d078976c3bc6 0 README.md
>>>
```

GitPython은 모든 깃 기능을 사용할 수 있도록 지원하지만 가장 쉽게 사용할 수 있는 방법은 아니다. GitPython을 제대로 사용하려면 깃의 용어와 구조를 미리 파악해 둬야 한다. 물론 다른 프로젝트를 진행할 경우를 생각해서라도 파악해 두는 것이 훨씬 좋다.

PyGitHub

다음으로 살펴볼 PyGitHub(http://pygithub.readthedocs.io/en/latest/) 패키지는 깃허브에 특화된 것이다. 다시 말해 깃허브 APIv3(https://developer.github.com/v3/)을 파이썬 환경에서 사용하기 위한 래퍼다.

```
$ sudo pip install pygithub
$ sudo pip3 install pygithub
```

아래 스크립트는 파이썬 셸을 사용해 사용자의 현재 저장소를 출력한다.

```
$ python3
>>> from github import Github
>>> g = Github("ericchou1", "<password>")
>>> for repo in g.get_user().get_repos():
...     print(repo.name)
...
ansible
...
-Hands-on-Network-Programming-with-Python
Mastering-Python-Networking
Mastering-Python-Networking-Second-Edition
>>>
```

작업을 좀 더 자동화하려면 액세스 토큰을 사용해 제어를 더 세분화해야 한다. 깃허브는 토큰을 통해 특정 접근 권한만을 부여할 수 있는 기능을 제공한다.

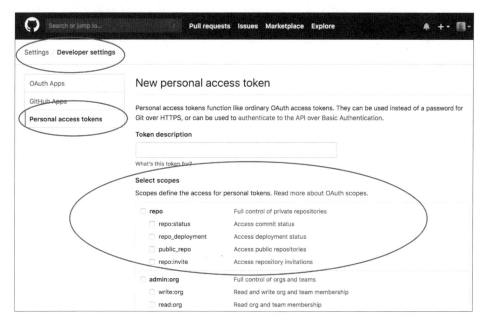

깃허브 토큰 생성

액세스 토큰으로 인증을 수행할 경우 출력되는 내용은 앞에서 봤던 것과 조금 다르게 나타난다.

```
>>> from github import Github
>>> g = Github("<token>")
>>> for repo in g.get_user().get_repos():
...     print(repo)
...
Repository(full_name="oreillymedia/distributed_denial_of_service_ddos")
Repository(full_name="PacktPublishing/-Hands-on-Network-Programming-with-
Python")
Repository(full_name="PacktPublishing/Mastering-Python-Networking")
Repository(full_name="PacktPublishing/Mastering-Python-Networking-Second-
Edition")
...
```

깃과 깃허브, 관련 파이썬 패키지에 대해 살펴봤다. 이제 이를 실제 개발에 사용해보자. 다음 절에서는 몇 가지 실용적인 예제를 소개하겠다.

▌ 설정 백업 자동화

예제에서는 PyGitHub를 사용해서 라우터 설정을 담은 디렉터리를 백업할 것이다. 10장에서 파이썬이나 앤서블을 사용해 기기의 정보를 획득하는 방법에 대해 알아봤다. 이제이를 깃허브로 옮겨보자.

다음과 같이 하위 디렉터리 config는 라우터 설정을 텍스트 형식으로 담고 있다.

```
$ ls configs/
iosv-1 iosv-2

$ cat configs/iosv-1
Building configuration...

Current configuration : 4573 bytes
!
! Last configuration change at 02:50:05 UTC Sat Jun 2 2018 by cisco
version 15.6
service timestamps debug datetime msec
...
```

다음 스크립트를 사용해 깃허브 저장소의 가장 최근 인덱스를 가져와 커밋할 내용을 지정하고, 설정을 자동으로 커밋해보자.

```
$ cat Chapter11_1.py
#!/usr/bin/env python3
# reference:
https://stackoverflow.com/questions/38594717/how-do-i-push-new-files-to-github
```

```python
from github import Github, InputGitTreeElement
import os

github_token = '<token>'
configs_dir = 'configs'
github_repo = 'TestRepo'

# config 디렉토리 파일 목록
file_list = []
for dirpath, dirname, filenames in os.walk(configs_dir):
    for f in filenames:
        file_list.append(configs_dir + "/" + f)

g = Github(github_token)
repo = g.get_user().get_repo(github_repo)

commit_message = 'add configs'
master_ref = repo.get_git_ref('heads/master')
master_sha = master_ref.object.sha
base_tree = repo.get_git_tree(master_sha)

element_list = list()

for entry in file_list:
    with open(entry, 'r') as input_file:
        data = input_file.read()
    element = InputGitTreeElement(entry, '100644', 'blob', data)
    element_list.append(element)

# 트리 생성 및 커밋
tree = repo.create_git_tree(element_list, base_tree)
parent = repo.get_git_commit(master_sha)
commit = repo.create_git_commit(commit_message, tree, [parent])
master_ref.edit(commit.sha)
```

깃허브 저장소에 들어가면 configs 디렉터리가 생성된 것을 확인할 수 있다.

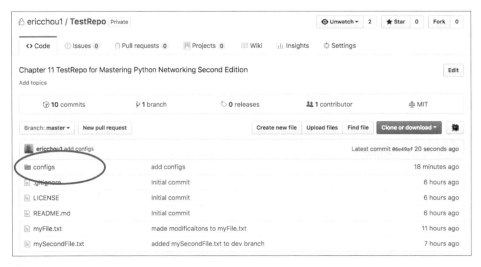

configs 디렉터리

커밋 히스토리에 스크립트에서 커밋한 내역이 나타나는 것을 확인해보라.

커밋 히스토리

'깃허브 예제' 절에서 다른 개발자들과 포크 및 풀 리퀘스트를 통해 협업하는 방법에 대해 살펴본 바 있다. 다음 절에서는 그 외에 깃으로 협업할 때 알아둬야 하는 내용을 알아보자.

▌ 깃으로 협업하기

깃은 훌륭한 협업 기술이며, 깃허브는 프로젝트를 함께 개발할 수 있는 매우 효율적인 방법이다. 깃허브는 인터넷 연결이 지원된다면 세계 어디에서든 생각과 코드를 무료로 공유할 수 있도록 해준다. 앞에서 깃과 깃허브의 사용 방법을 간단히 알아봤다. 그런데 실제로 프로젝트에 참여하고 기여하려면 어떻게 해야 할까? 사실 우리는 수많은 오픈 소스 프로젝트에 많은 도움을 받고 있기 때문에 기여하고 싶은 마음이 들 것이다.

이 절에서는 깃과 깃허브를 사용해 소프트웨어 개발을 협업할 때 알아둬야 할 내용을 몇 가지 소개한다.

- **소규모로 시작하라**: 무엇보다 중요한 것은 팀으로서 개발을 할 때의 역할을 이해하는 것이다. 우리는 네트워크 엔지니어링에 능하지만 파이썬 개발에는 형편없을 것이다. 혹은 굳이 전문가가 참여하지 않더라도 우리가 기여할 수 있는 내용은 많이 있다. 거창하게 시작하려고 생각하지 말고, 문서화와 테스트를 진행하며 다른 사람에게 무엇을 기여해야 할지 충실히 정리해놓는 것이 더 낫다.
- **생태계를 이해하라**: 크든 작든, 프로젝트를 진행하다 보면 프로젝트의 성격에 따른 규칙을 따라야 한다. 예를 들어 파이썬은 읽기 쉬운 문법과 초보자에게 친절한 분위기를 추구하고 있으며, 파이썬 개발 가이드도 이런 이념을 기반으로 해서 쓰여졌다(https://devguide.python.org/). 반면 앤서블 프로젝트의 경우 상세한 커뮤니티 가이드를 제공하고 있고, 코드를 생성하는 방법, 풀 리퀘스트 과정, 버그 리포트 방법, 릴리스 프로세스 등을 지나칠 정도로 자세히 설명한다. 이런 지침을 읽고 프로젝트가 어떤 생태계 안에서 진행되는지를 이해하는 것이 중요하다.

- **브랜치를 생성하라**: 앞의 예제에서는 프로젝트를 포크한 뒤에 메인 브랜치에 풀 리 퀘스트를 수행하는 실수를 범했다. 메인 브랜치는 핵심 기여자만이 그 변경 내역을 반영할 수 있도록 돼야 한다. 대신 독립적인 브랜치를 만들어 내용을 수정한 다음 나중에 이 브랜치를 병합하도록 하라.

- **포크한 저장소를 동기화하라**: 프로젝트를 포크한 다음에는 복제한 저장소와 메인 저장소를 반드시 동기화하지는 않아도 된다. 그러나 `git pull`(코드를 가져와 로컬에서 병합) 또는 `git fetch`(코드를 가져오지만 병합은 수행하지 않음)을 주기적으로 실행해 메인 저장소의 최신 버전을 유지하는 것이 더 낫다.

- **친절하라**: 현실과 마찬가지로, 가상 세계에서 친절함이란 중요한 미덕이다. 어떤 주제를 토론할 때는 자신과 생각이 다른 사람일지라도 상식적이고 친절하게 대하라.

깃과 깃허브는 개발자가 프로젝트에 쉽게 기여하고 코드를 수정할 수 있게 한다. 관심만 있다면 오픈 소스나 비공개 프로젝트에 상관없이 참여할 수 있는 것은 이 덕분이다.

▌요약

11장에서는 버전 컨트롤 시스템 깃과 그 유사한 서비스인 깃허브에 대해 알아봤다. 리누스 토발즈가 2005년에 개발한 깃은 리눅스 커널을 개발하는 데 활용됐지만 곧 나머지 오픈 소스 프로젝트의 소스 컨트롤 시스템으로 쓰였다. 깃은 빠르고, 분산돼 있고, 확장 가능한 시스템이다. 깃허브는 인터넷상에서 중앙화된 깃 저장소를 제공하며, 접속이 가능하다면 누구나 협업할 수 있도록 하는 서비스다.

아울러 깃을 명령줄에서 실행하는 다양한 방법과 이를 깃허브에 응용하는 방법에 대해 살펴봤다. 파이썬에서 깃을 사용하기 위해 많이 쓰이는 두 라이브러리인 GitPython과 PyGitHub를 소개하고, 마지막으로 프로젝트를 협업하기 위해 필요한 설정 예제와 참고할 만한 내용을 제시했다.

12장에서는 지속적인 통합과 배포를 구현하기 위해 많이 쓰이는 오픈 소스 도구인 젠킨스에 대해 알아본다.

12

젠킨스를 통한 지속적 통합

네트워크는 기술 스택의 모든 부분에 연관을 갖는다. 내가 몸담았던 모든 곳에서 네트워크는 티어 제로 서비스에 속한다. 즉 다른 서비스들이 원활하게 작동하려면 네트워크가 원활하게 작동해야 한다. 비지니스 매니저나 관리자, 서포트 직원들의 머릿속에서 네트워크는 그냥 원래 작동하는 것이다. 언제나 접근 가능해야 하고 고장이 나서는 안 된다. 다시 말해 좋은 네트워크는 아무도 그 존재를 인식하지 못하는 네트워크다.

물론 우리 같은 네트워크 엔지니어는 네트워크가 다른 기술 스택과 마찬가지로 복잡하다는 점을 알고 있다. 그런 복잡성 때문에 네트워크를 작동시키다 보면 점점 취약점에 노출되게 마련이다. 우리가 원하는 것은 네트워크가 별 이상 없이, 여러 달이나 수년 동안 사업적인 문제를 일으키지 않고 알아서 잘 굴러가는 것이다.

네트워크 자동화를 익혀야 하는 이유 중 하나는 네트워크를 꾸준히 변경해야 할 때 신뢰성과 지속성을 확보하기 위함이다. 파이썬 스크립트나 앤서블 프레임워크를 사용하면 이런 변경을 지속적이고 신뢰도 높게 수행할 수 있다. 11장에서 살펴봤듯이, 깃과 깃허브를 사용하면 템플릿, 스크립트, 패키지 목록, 파일 등 작업을 위한 구성 요소를 저장할 수 있다. 인프라스트럭처를 구축하는 코드는 버전 컨트롤로 관리되고, 협업을 통해 변경된다. 그런데 이런 요소를 한데 묶으려면 어떻게 해야 할까? 12장에서는 네트워크 관리 파이프라인을 최적화하는 데 널리 쓰이는 오픈 소스 도구인 젠킨스^{Jenkins}에 대해 알아보겠다.

▎전통적인 변화 관리 프로세스

규모가 큰 네트워크 환경에서 일해본 엔지니어라면, 네트워크를 변경했는데 잘못될 경우 어떤 파장이 있을지 잘 알 것이다. 수백 개의 변경이 문제 없었다 할지라도 하나의 잘못된 변경은 네트워크를 넘어서 사업 전반에 부정적인 영향을 끼치기 마련이다.

 네트워크가 먹통이 됨으로써 사업 전체에 영향이 갔던 사례는 매우 많다. 가장 유명하고 크기가 큰 사례는 2011년 AWS EC2가 있을 것인데, 이 사건은 AWS US-East 리전에서 일반적인 스케일 변경 작업을 수행하다가 발생한 것이다. PDT 00:47에 발생한 변경 작업은 순식간에 다양한 서비스를 12시간 동안 마비시켰으며, 아마존에 수백만 달러의 손해를 안겨주었다. 더군다나 런칭한 지 얼마 안 됐던 서비스들은 평판에 큰 타격을 입었다. IT 기업의 정책결정자는 이 사건을 들어 AWS 클라우드에 옮기면 안 된다는 근거로 삼을 것이다. 아마존이 신뢰를 회복하는 데에는 오랜 시간이 걸렸다. 이 사건에 대한 더 자세한 내용은 보고서를 참고하라(https://aws.amazon.com/message/65648/).

이렇듯 잠재된 효과와 복잡성 때문에 많은 곳에서는 **변경 자문 위원회**^{CAB, Change-Advisory Board}를 통해 네트워크를 변경하게 되어 있다. 일반적으로 CAB는 다음 절차를 수행한다.

- 네트워크 엔지니어는 변경할 내용을 구상하고 필요한 구체적인 절차를 기록한다. 이 기록에는 각 절차별로 변경 사유, 관련된 기기, 적용하거나 삭제할 명령, 출력

값을 검증할 방법, 기대하는 결과 등을 포함해야 한다.

- 네트워크 엔지니어는 우선적으로 동료들에게 기록한 내용에 대한 기술적 검토를 받아야 한다. 변경할 내용에 따라서 피어 리뷰에 대한 수준도 다르게 책정된다. 간단한 변경의 경우 한 명의 엔지니어를 통하기만 해도 되지만, 복잡한 변경 사항은 숙련되고 경험 많은 시니어 엔지니어에게 승인을 받아야 한다.
- CAB 회의는 다른 임시 회의와 함께 진행하도록 일정을 잡는 것이 일반적이다.
- 엔지니어는 위원회에 변경할 내용을 발표한다. 위원회는 필요한 내용을 질문하고, 변경함으로써 발생할 파장을 평가하고, 변경 요청을 승인할지 거절할지를 결정한다.
- 변경 요청이 승인되면 제안한 엔지니어 또는 다른 이에 의해 그 변경이 수행될 것임이 공고된다.

이 과정은 체계적이고 큰 문제가 없어 보이지만 실무에서는 몇 가지 문제를 해결해야 한다.

- **시간 잡아먹는 서류 작업**: 엔지니어가 구상한 내용을 문서로 작성하는 데에는 상당히 많은 시간이 소요되며, 어떨 때는 실무 작업보다 문서를 작성하는 시간이 더 오래 걸리는 경우도 있다. 이는 모든 네트워크 변경 작업이 어떤 식으로든 파장을 가져오며, 이런 내용을 설명해야 할 CAB에는 기술 관련 인물도 있지만 기술과 거리가 먼 사람도 있어서, 양쪽 모두를 위한 문서를 작성해야 하기 때문이다.
- **엔지니어의 전문성**: 엔지니어의 전문성은 제각기 다르다. 경험이 매우 풍부한 사람은 많은 곳에서 찾기 마련이다. 그런 사람을 단순한 변경 내역이나 살피게 하는 것은 비효율적인 처사다. 가장 복잡하고 심각한 네트워크 이슈를 검토하게 하는 게 맞다.
- **시간 잡아먹는 회의**: 여러 사람을 모아놓고 회의를 여는 것은 언제나 진을 빼는 일이다. 만약 꼭 들어와야 하는 사람이 아프거나 휴가를 가버렸다면? 만약 CAB 회의 일정보다 먼저 네트워크를 변경해야 하는 상황이 됐다면?

이 외에도 사람을 모아 CAB를 진행할 때는 자잘한 문제가 여러 개 발생한다. 나는 CAB 절차 자체를 그다지 좋아하지 않는다. 피어 리뷰를 거치고 문제의 우선순위를 회의로 정하는 과정이 필요한지를 논쟁할 생각은 없다. 그러나 가능한 짧은 시간 안에 문제를 해결하는 것이 좋음은 당연하다. 이제 소프트웨어 엔지니어링을 통해 이런 문제를 어떻게 해결할 수 있는지 살펴보자.

▌ 지속적 통합의 소개

지속적 통합CI, Continuous Integration은 소프트웨어 개발에서 코드 베이스에 대한 작은 변경 사항을, 테스트나 검증 과정을 통합해 빠르게 진행할 수 있는 방법을 말한다. 핵심은 변경 사항을 CI에 맞게, 즉 너무 복잡하지 않고 문제가 발생하면 되돌릴 수 있게 작은 규모로 유지하는 것이다. 테스트와 검증 과정은 자동화돼 있어, 이런 변경이 전체 시스템을 망가뜨리지 않고 신뢰를 유지하도록 해준다.

CI가 등장하기 전에, 소프트웨어는 많은 규모의 변경을 일괄로 처리했고 따라서 검증 기간도 길었다. 개발자들이 변경한 내용이 실제로 반영되려면 수 달 동안 피드백을 받고 버그를 고치는 등의 과정을 거쳐야 했다. 반면 CI 과정은 이런 절차를 줄여서 아이디어를 빠르게 반영할 수 있게 한다.

일반적인 CI 절차는 다음 과정을 거친다.

- 첫 번째 엔지니어가 현재 코드를 복제해 변경을 수행한다.
- 첫 번째 엔지니어가 저장소에 변경 사항을 보낸다.
- 저장소는 변경이 발생한 부분을 엔지니어 그룹에 보내 리뷰를 진행하도록 한다. 엔지니어 그룹은 변경 내역을 승인하거나 취소할 수 있다.
- 지속적 통합 시스템이 저장소에 지속적으로 변경 내역을 풀하거나, 반대로 저장소가 CI 시스템에 변경이 발생했을 때 알림을 보내는 식으로 위 과정이 진행된다. 두 방식 모두, CI 시스템이 코드의 최신 버전을 풀한다.

- CI 시스템은 자동으로 테스트를 수행해 코드 안에 잘못된 부분이 없는지 확인한다.
- 만일 어떠한 문제도 없다면, CI 시스템은 변경한 내용을 메인 코드에 병합하거나 업무에 사용할 수 있도록 배포한다.

이는 전형적인 절차를 나타낸 것이다. 즉 기업마다 주어진 환경 때문에 절차는 달라질 수 있다. 예를 들어 코드 리뷰 이후가 아니라 델타 코드를 체크한 직후 자동 테스트를 수행하게 할 수도 있다. 혹은 앞에서 소개한 절차 중간에 사람 엔지니어가 확인 작업을 거치게 할 수도 있다.

다음 절에서는 우분투 16.04 시스템에 젠킨스를 설치하는 방법을 살펴본다.

젠킨스 설치

12장에서 살펴볼 예제에서 젠킨스는 관리 호스트에 같이 설치하거나 독립적인 머신에 설치할 수 있다. 나는 후자를 더 선호한다. 이때 가상 머신은 관리 호스트와 비슷하게, 하나의 인터페이스를 인터넷 연결에, 다른 하나를 VIRL 관리 네트워크에 연결하기 위한 VMNet 2에 할당하는 식으로 설정된다.

각 운영 체제에 맞는 젠킨스의 이미지와 설치 방법은 https://jenkins.io/download/에서 찾을 수 있다. 다음 코드는 우분투 16.04에 젠킨스를 설치하는 방법이다.

```
$ wget -q -O - https://pkg.jenkins.io/debian-stable/jenkins.io.key | sudo
apt-key add -

# /etc/apt/sources.list에 젠킨스 추가
$ cat /etc/apt/sources.list | grep jenkins
deb https://pkg.jenkins.io/debian-stable binary/

# Java8 설치
$ sudo add-apt-repository ppa:webupd8team/java
```

```
$ sudo apt update; sudo apt install oracle-java8-installer

$ sudo apt-get update
$ sudo apt-get install jenkins

# 젠킨스 시작
$ /etc/init.d/jenkins start
```

 이 책을 쓰는 시점에서 젠킨스는 자바 9에서 동작하지 않으므로 다른 자바 버전을 따로 설치해야 한다(참고: https://issues.jenkins-ci.org/browse/JENKINS-40689). 이 문제가 독자가 책을 읽을 시점에서는 해결되기를 바란다.

젠킨스가 설치되면 브라우저로 해당 IP에 8080 포트로 접속해서 다음 단계로 넘어가자.

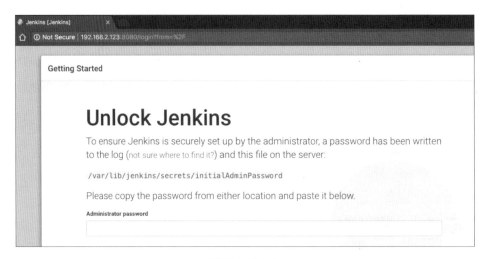

젠킨스 언락 화면

화면에 나와 있듯이, /var/lib/jenkins/secrets/initialAdminPassword로 가서 어드민 암호를 가져오고, 이를 복사에 화면에 붙여넣는다. 로그인을 잘 했다면, 다음과 같이 Install suggested plugin을 선택하는 페이지가 나타난다.

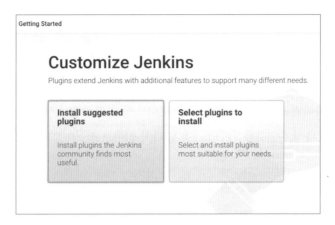

Getting Started

Customize Jenkins

Plugins extend Jenkins with additional features to support many different needs.

Install suggested plugins	Select plugins to install
Install plugins the Jenkins community finds most useful.	Select and install plugins most suitable for your needs.

추천 플러그인 설치

선택을 마치면 어드민 사용자를 생성하는 페이지로 리다이렉트될 것이다. 계정까지 생성했다면 이제 모든 준비는 끝난 것이다. 젠킨스 대시보드에 가서 설치가 끝났다는 환영 메시지를 확인해보라.

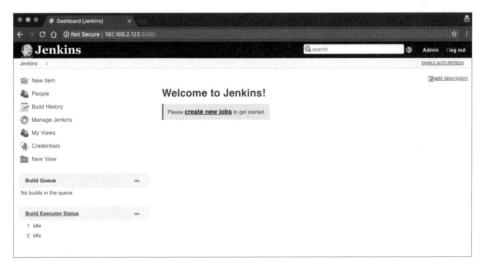

젠킨스 대시보드

이제 젠킨스를 사용해 첫 번째 작업 스케줄을 잡아보자.

젠킨스 예제

이 절에서는 몇 가지 젠킨스 예제를 통해 앞에서 살펴봤던 다른 기술들을 어떻게 결합시킬 지를 살펴볼 것이다. 젠킨스를 이 책의 마지막 부분에서 다루는 이유는 이처럼 다른 도구 들, 예를 들어 파이썬 스크립트, 앤서블, 깃, 깃허브 등을 포괄해서 사용할 수 있기 때문이 다. 필요하다면 11장, '깃 사용하기'의 내용을 다시 읽어보고 돌아오라.

 이 절의 예제에서는 젠킨스 마스터를 통해 작업을 실행할 것이다. 실무에서는 작업 실행을 관 장하기 위한 젠킨스 노드를 따로 추가하는 것이 더 낫다.

우선 다음과 같이 두 개의 IOSv 기기 노드를 갖는 토폴로지로 랩을 구성한다.

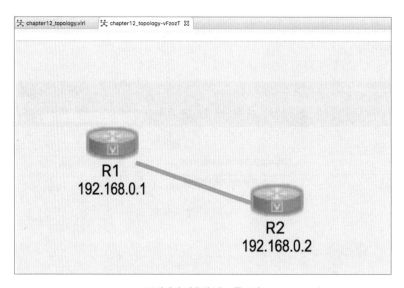

12장에서 사용할 랩 토폴로지

이제 첫 번째 작업을 수행해보자.

첫 번째 작업: 파이썬 스크립트

우선 2장, '저레벨 네트워크 기기 상호작용'에서 만든 Paramiko 스크립트 chapter2_3.py 를 다시 꺼내보자. 이 스크립트는 ssh에 Paramiko를 사용해 원격 기기에 접속해 show run 및 show version 명령을 실행하고 출력값을 가져온다.

```
$ ls
chapter12_1.py
$ python3 /home/echou/Chapter12/chapter12_1.py
...
$ ls
chapter12_1.py iosv-1_output.txt iosv-2_output.txt
```

젠킨스에서 create new job 링크로 들어가 Freestyle Project 옵션을 선택한다.

예제 1: 프리스타일 프로젝트

이때 모든 옵션을 건드리지 않고 기본값으로 두되, 빌드 옵션에서 Execute shell을 선택한다.

예제 1 빌드 옵션

명령창이 뜨면 다음과 같이 셸에서 실행할 명령어를 입력한다.

예제 1 셸 명령어

작업 설정이 끝나면 자동으로 프로젝트 대시보드로 이동한다. Build Now를 클릭하면 Build History 아래에 작업이 실행됐다는 표시가 나타난다.

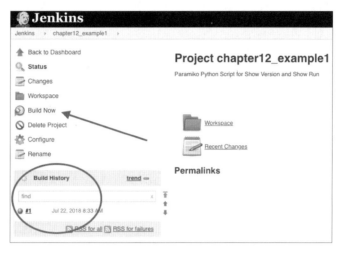

예제 1 빌드

왼쪽 패널에서 Console Output을 선택하면 빌드가 어떻게 진행되고 있는지 상태를 확인할 수 있다.

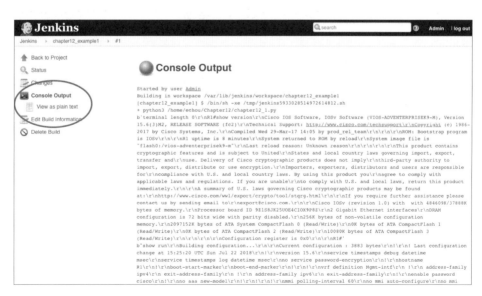

예제 1 콘솔 출력

추가로 필요하다면, 작업을 일정한 간격으로 반복 수행하도록 설정할 수 있다. 마치 cron 을 사용하는 것과 비슷한 방식이다. Build Triggers 메뉴에 들어가 Build Periodically를 선택 하고, cron과 비슷하게 스케줄을 입력하면 된다. 다음 그림은 오전 2시와 오후 10시에 매 일 실행하도록 설정한 것이다.

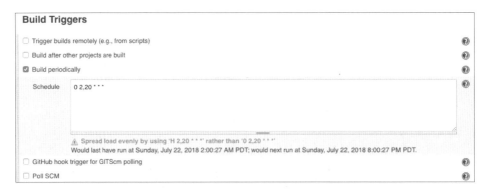

예제 1 빌드 트리거

SMTP 서버를 설정해 젠킨스가 빌드 결과를 알려주도록 할 수도 있다. 우선 메인 메뉴에서 Manage Jenkins > Confiture Systems로 들어가 SMTP 서버 설정을 변경한다.

예제 1 시스템 설정

페이지 아래로 내려가면 SMTP 서버 설정을 발견할 수 있을 것이다. Advanced settings를 클릭해 SMTP server 설정과 테스트 결과를 보낼 메일 주소를 입력한다.

Content Token Reference

E-mail Notification

| SMTP server | smtp.gmail.com |
| Default user e-mail suffix | @gmail.com |

☑ Use SMTP Authentication

User Name	████████████████████████
Password	··············
Use SSL	☑
SMTP Port	465
Reply-To Address	
Charset	UTF-8

☑ Test configuration by sending test e-mail

| Test e-mail recipient | ████████████████████████ |

Test configuration

예제 1 SMTP 설정

빌드 후반 동작으로서 이메일 알림을 보낼 수 있도록 설정할 수도 있다.

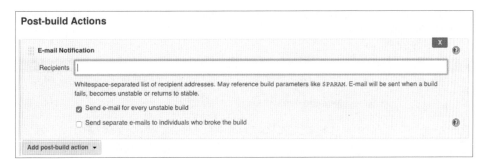

예제 1 이메일 알림

첫 번째 젠킨스 작업을 생성했다! 기능적으로 이 작업은 앞에서 우리가 관리 호스트로 수 행했던 내용에 비해 그다지 새로운 것이 없다. 그러나 젠킨스를 사용했을 때의 이점은 분명하다.

- 젠킨스는 LDAP 등 다양한 데이터베이스 인증을 통합적으로 제공해 다른 유저들이 스크립트를 실행할 수 있도록 한다.
- 젠킨스의 역할 기반 인증을 통해 사용자를 제한할 수 있다. 예를 들어 어떤 사용자는 단지 작업을 그대로 실행할 수만 있는 반면 어떤 사용자는 모든 관리 및 수정 권한을 갖고 접근하도록 할 수 있다.
- 젠킨스는 웹 기반 그래픽 인터페이스를 제공하므로, 사용자들이 스크립트에 쉽게 접속할 수 있다.
- 젠킨스 이메일 및 로깅 서비스를 사용하면 작업 내역 및 결과를 중앙화하고 그 결과를 사용자에게 알려줄 수 있다.

젠킨스는 그 자체로도 훌륭한 도구다. 게다가 파이썬과 마찬가지로 기능을 확장할 수 있는 서드파티 플러그인 생태계가 큰 규모로 구축돼 있다.

젠킨스 플러그인

예제에서는 간단한 스케줄 플러그인을 설치하면서 그 과정을 살펴보겠다. 먼저 Manage Jenkins > Manage Plugins 메뉴로 들어간다.

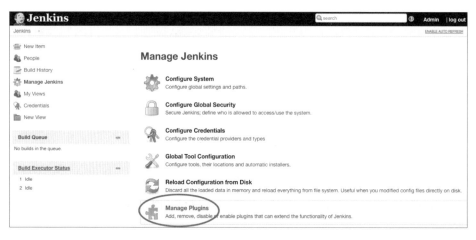

젠킨스 플러그인

검색 기능을 사용해서 Available 탭에 있는 Schedule Build 플러그인을 찾아 보라.

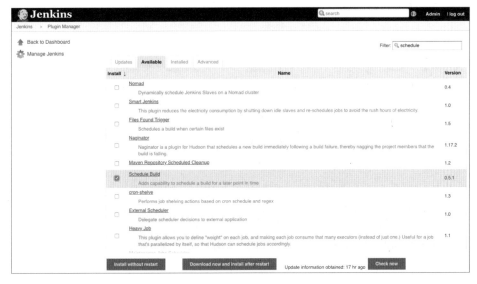

젠킨스 플러그인 검색

플러그인을 찾았으면 Install without restart를 클릭한다. 다음과 같이 설치 과정을 보여주는 페이지가 나타난다.

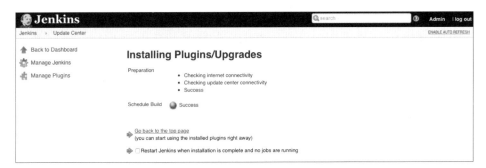

젠킨스 플러그인 설치

설치가 끝났으면 다음과 같이 작업 스케줄을 더 직관적으로 설정할 수 있는 아이콘이 나타나는 것을 확인할 수 있다.

젠킨스 플러그인 설치 결과

널리 쓰이는 오픈 소스 프로젝트는 이런 식으로 시간이 지날 수록 기능을 확장해나갈 수 있다는 장점이 있다. 젠킨스의 경우 플러그인을 사용하면 다양한 사람들에게 필요한 기능을 제공할 수 있다. 다음 절에서는 젠킨스에 버전 컨트롤 기능을 통합하고 어떻게 워크플로우에 변경 사항을 승인하는 절차를 추가할 수 있을 지 살펴볼 것이다.

지속적 네트워크 통합 예제

이 절에서는 젠킨스와 깃허브 저장소를 통합해볼 것이다. 이렇게 하면 깃허브를 사용한 코드 리뷰 및 협업 도구가 갖는 장점을 그대로 가져올 수 있다.

우선 chapter12_example2라는 이름으로 깃허브 저장소를 만든다. 그리고 이 저장소를 로컬에 클론하고, 필요한 파일을 추가한다. 이 예제에서는 show version 명령어 출력값을 파일로 복사하는 앤서블 플레이북을 추가한다.

```
$ cat chapter12_playbook.yml
---
- name: show version
  hosts: "ios-devices"
  gather_facts: false
  connection: local
```

```
vars:
  cli:
    host: "{{ ansible_host }}"
    username: "{{ ansible_user }}"
    password: "{{ ansible_password }}"
  tasks:
    - name: show version
      ios_command:
      commands: show version
      provider: "{{ cli }}"

      register: output

  - name: show output
    debug:
      var: output.stdout

  - name: copy output to file
    copy: content="{{ output }}" dest=./output/{{ inventory_hostname}}.txt
```

앞에서 이미 앤서블 플레이북에 대해 많이 살펴봤기 때문에 host_vars 출력값과 인벤토리 파일에 대한 내용은 생략할 것이다. 그러나 깃허브 저장소에 커밋하기 전에는 반드시 로컬 머신에서 제대로 동작하는지 검증한 다음 올려야 한다.

```
$ ansible-playbook -i hosts chapter12_playbook.yml

PLAY [show version]
**********************************************************

TASK [show version]
**********************************************************
ok: [iosv-1]
ok: [iosv-2]
...
TASK [copy output to file]
**********************************************************
```

```
changed: [iosv-1]
changed: [iosv-2]

PLAY RECAP
*************************************************************************
iosv-1 : ok=3 changed=1 unreachable=0 failed=0
iosv-2 : ok=3 changed=1 unreachable=0 failed=0
```

다음 그림은 플레이북과 관련된 파일을 깃허브 저장소에 푸시한 결과다.

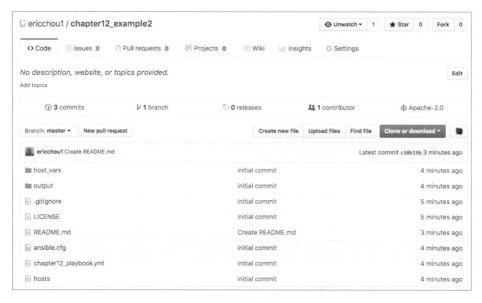

예제 2 깃허브 저장소

젠킨스로 돌아가 깃과 앤서블을 설치해보자.

```
$ sudo apt-get install git
$ sudo apt-get install software-properties-common
$ sudo apt-get update
$ sudo apt-get install ansible
```

깃을 포함한 몇몇 도구는 Global Tool Configuration 메뉴에 들어가 설치할 수 있다. 그러나
예제에서는 앤서블도 설치할 것이므로, 간단하게 명령줄에서 한 번에 설치했다.

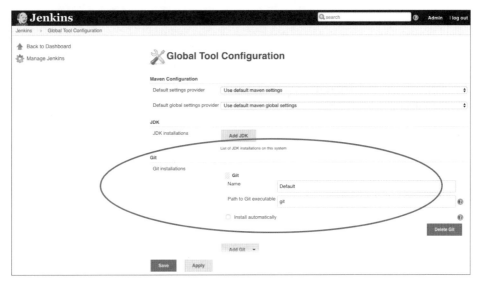

도구 전역 설정

chapter12_example2라는 이름으로 새로운 프리스타일 프로젝트를 생성한다. 이때 Source Code Management 옵션 아래에 깃허브 저장소를 소스로 설정한다.

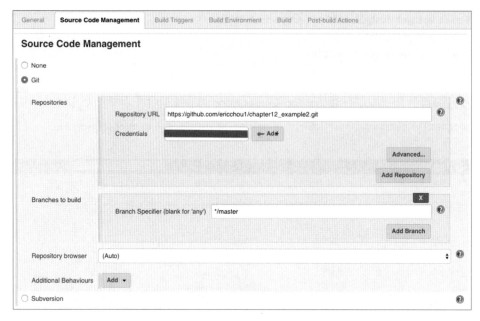

예제 2 소스 코드 관리

다음 단계로 넘어가기 전에 프로젝트를 저장하고 빌드를 실행해보라. 콘솔 출력에서 저장소가 클론되고 인덱스 값이 깃허브의 값과 일치해지는 것을 확인할 수 있다.

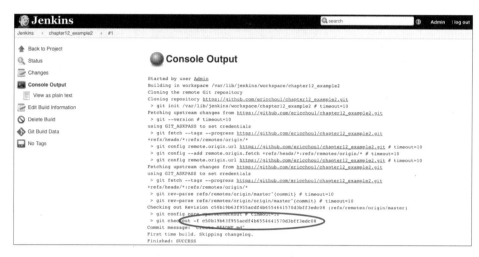

예제 2 빌드 콘솔 출력 1

그다음 앤서블 플레이북 명령문을 Build 섹션에 추가한다.

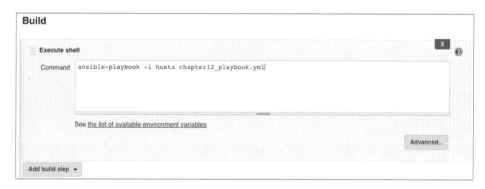

예제 2 빌드 셸

다시 빌드를 실행하면, 콘솔 출력값에서 젠킨스가 깃허브에서 코드를 받아온 다음 앤서블 플레이북을 실행하는 것을 확인할 수 있다.

예제 2 빌드 콘솔 출력 2

깃허브를 통합했을 때의 이점 중 하나는 모든 깃 정보를 하나의 화면에서 확인할 수 있다는 것이다.

예제 2 깃 빌드 데이터

프로젝트 실행 결과(예제에서는 앤서블 플레이북 출력값)는 workspace 폴더에서 확인할 수 있다.

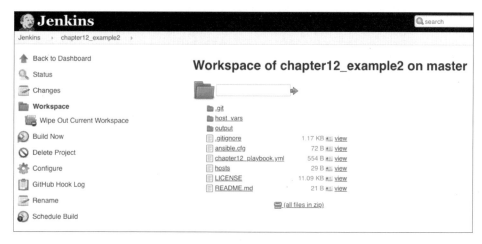

예제 2 워크스페이스

앞에서와 동일하게 주기적으로 작업을 실행하도록 빌드 트리거를 설정할 수 있다. 젠킨스 호스트가 공용으로 접근 가능하다면 깃허브 플러그인을 사용해서 젠킨스에 빌드 트리거를 전달하도록 할 수 있다. 이 과정은 두 단계로 진행되는데, 먼저 깃허브 저장소에서 플러그인을 활성화한다.

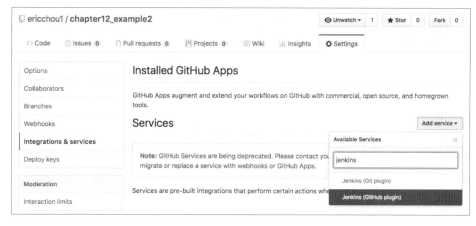

예제 2 깃허브 젠킨스 서비스

그런 다음 젠킨스 프로젝트의 Build Triggers에 GitHub hook trigger를 설정하면 된다.

예제 2 젠킨스 빌드 트리거

깃허브 저장소를 소스로서 사용하면 IaC^Infrastructure as Code에 대한 새로운 가능성을 확보할 수 있다. 예를 들어 포크, 풀 리퀘스트, 이슈 트래킹, 프로젝트 관리 등의 작업을 통해 더 효율적인 협업이 가능하다. 코드가 준비되면, 젠킨스는 자동으로 코드를 풀고 우리를 대신해 그 코드를 실행한다.

 지금까지 자동화된 테스트가 언급되지 않은 데에 의아한 독자들도 있을 것이다. 이에 대한 내용은 13장, '테스트 주도 네트워크 개발'에서 다룬다.

젠킨스는 여러 복잡한 기능을 갖춘 시스템이다. 앞의 두 예제는 그 중 맛보기 정도의 내용을 소개한 것이다. 이 외에도 젠킨스 파이프라인, 환경 설정, 멀티브랜치 파이프라인 등등 가장 복잡한 자동화 프로젝트에 적용할 수 있는 유용한 기능들이 많이 있다. 이 장의 내용이 이런 젠킨스 도구의 이점에 대한 흥미를 유발할 수 있었다면 하는 바람이다.

젠킨스와 파이썬

젠킨스는 REST API를 완벽하게 지원하고 있다(https://wiki.jenkins.io/display/JENKINS/Remote+access+API). 이런 상호작용을 더 쉽게 하기 위한 파이썬 래퍼도 여러 개 있다. 그 중에서 여기서는 Python-Jenkins 패키지를 살펴보겠다.

```
$ sudo pip3 install python-jenkins
$ python3
>>> import jenkins
>>> server = jenkins.Jenkins('http://192.168.2.123:8080',
username='<user>', password='<pass>')
>>> user = server.get_whoami()
>>> version = server.get_version()
>>> print('Hello %s from Jenkins %s' % (user['fullName'], version))
Hello Admin from Jenkins 2.121.2
```

이를 사용하면 plugins 등을 통해 서버의 관리를 수행할 수 있다.

```
>>> plugin = server.get_plugins_info()
>>> plugin
[{'supportsDynamicLoad': 'MAYBE', 'downgradable': False,
'requiredCoreVersion': '1.642.3', 'enabled': True, 'bundled': False,
'shortName': 'pipeline-stage-view', 'url':
'https://wiki.jenkins-ci.org/display/JENKINS/Pipeline+Stage+View+Plugin',
'pinned': False, 'version': 2.10, 'hasUpdate': False, 'deleted': False,
'longName': 'Pipeline: Stage View Plugin', 'active': True, 'backupVersion':
None, 'dependencies': [{'shortName': 'pipeline-rest-api', 'version':
'2.10', 'optional': False}, {'shortName': 'workflow-job', 'version': '2.0',
optional': False}, {'shortName': 'handlebars', 'version': '1.1',
'optional': False}...
```

혹은 젠킨스 작업을 관리할 수도 있다.

```
>>> job = server.get_job_config('chapter12_example1')
>>> import pprint
>>> pprint.pprint(job)
("<?xml version='1.1' encoding='UTF-8'?>\n"
 '<project>\n'
 ' <actions/>\n'
 ' <description>Paramiko Python Script for Show Version and Show '
 'Run</description>\n'
 ' <keepDependencies>false</keepDependencies>\n'
 ' <properties>\n'
 ' <jenkins.model.BuildDiscarderProperty>\n'
 ' <strategy class="hudson.tasks.LogRotator">\n'
 ' <daysToKeep>10</daysToKeep>\n'
 ' <numToKeep>5</numToKeep>\n'
 ' <artifactDaysToKeep>-1</artifactDaysToKeep>\n'
 ' <artifactNumToKeep>-1</artifactNumToKeep>\n'
 ' </strategy>\n'
 ' </jenkins.model.BuildDiscarderProperty>\n'
 ' </properties>\n'
 ' <scm class="hudson.scm.NullSCM"/>\n'
 ' <canRoam>true</canRoam>\n'
 ' <disabled>false</disabled>\n'
 ' '
'<blockBuildWhenDownstreamBuilding>false</blockBuildWhenDownstreamBuilding>'
'\n'
 '
'<blockBuildWhenUpstreamBuilding>false</blockBuildWhenUpstreamBuilding>\n'
 ' <triggers>\n'
 ' <hudson.triggers.TimerTrigger>\n'
 ' <spec>0 2,20 * * *</spec>\n'
 ' </hudson.triggers.TimerTrigger>\n'
 ' </triggers>\n'
 ' <concurrentBuild>false</concurrentBuild>\n'
 ' <builders>\n'
 ' <hudson.tasks.Shell>\n'
 ' <command>python3 /home/echou/Chapter12/chapter12_1.py</command>\n'
```

```
'    </hudson.tasks.Shell>\n'
'   </builders>\n'
'   <publishers/>\n'
'   <buildWrappers/>\n'
'</project>')
>>>
```

Python-Jenkins 패키지를 사용하면 젠킨스를 프로그래밍하듯이 다룰 수가 있다.

▌ 지속적 네트워크 통합

소프트웨어 개발 분야에서 지속적 통합은 오랫동안 접목돼 왔지만, 네트워크 엔지니어링
에는 비교적 새로운 개념이다. 네트워크 인프라스트럭처에 지속적 통합을 어떻게 사용할
것인가에 대해서는 아직 많은 이야기가 나오고 있다. 기기를 CLI로 다루지 않기 위해서는
네트워크를 코드의 관점으로 다뤄야 하지만, 아직 쉽지 않다.

젠킨스를 네트워크 자동화로 사용하려는 많은 좋은 예제가 있다. 예를 들어 팀 페어웨더[Tim
Fairweather]와 시어 스튜어트[Shea Stewart]가 AnsibleFest 2017 네트워크 분과에서 발표한 예제
라든가(https://www.ansible.com/ansible-for-networks-beyond-static-config-templates),
딘[Dyn]의 카를로스 빈센트[Carlos Vicente]가 NANOG 63에서 발표한 예제(https://www.nanog.
org/sites/default/files/monday_general_autobuild_vicente_63.28.pdf) 등이 있다.

지속적 통합이 코딩과 툴셋을 막 익히기 시작한 네트워크 엔지니어들에게 어려운 주제임
은 분명하지만, 실무에 적용하기 위해 지속적 통합을 배워놓을 만한 가치는 매우 충분하
다. 정말 기초적인 수준에서의 경험도 네트워크 자동화에 어떤 영감을 가져올 수 있으며,
결과적으로 업계 전체의 수준을 높여주는 역할을 할 수 있다.

▌ 요약

12장에서는 우선 전통적인 변경 관리 절차를 검토하고, 왜 최근 빠르게 변화하는 환경에 이것이 적합하지 않은지 살펴봤다. 네트워크는 사업에 대해 더 기민하게 개선되고, 더 빠르면서도 신뢰도 있게 변화해야 한다.

그다음 지속적 통합, 특히 오픈 소스 젠킨스 시스템의 개념에 대해 알아봤다. 젠킨스는 많은 기능을 갖고 있으며, 플러그인 등을 통해 확장시킬 수 있는 지속적 통합 시스템으로서, 소프트웨어 개발에 널리 쓰이고 있다. 이 장의 예제에서는 젠킨스를 설치하고 Paramiko를 사용해 파이썬 스크립트를 주기적으로 실행, 그 결과를 이메일로 받을 수 있도록 해봤다. 또한 기능을 확장하기 위해 플러그인을 설치하는 방법에 대해 알아봤다.

아울러 젠킨스와 깃허브 저장소를 통합해 코드 체킹에 기반해 빌드에 대한 트리거를 설정하는 방법을 알아봤다. 이런 통합은 젠킨스의 깃허브의 협업 절차를 추가하는 좋은 방법이다.

13장에서는 파이썬을 사용해 TDD를 수행하는 방법에 대해 살펴보겠다.

13

네트워크를 위한 TDD

테스트 주도 개발TDD, Test-Driven Development이란 개념은 꽤 오래 전부터 등장했다. 애자일 소프트웨어 개발과 마찬가지로, TDD 운동을 도입하고 주도했던 인물은 대개 미국 소프트웨어 엔지니어 켄트 벡Kent Beck으로 알려져 있다. 애자일 소프트웨어 개발은 매우 짧은 주기의 빌드–테스트–전개 사이클을 필요로 하며, 소프트웨어의 개발 과정에 필요한 요소는 테스트 케이스로 분류된다. 이런 케이스들은 코드를 작성하기 전에 정의되며, 테스트가 통과한 다음에야 해당하는 코드가 받아들여진다.

네트워크 엔지니어링에도 마찬가지 아이디어를 적용해볼 수 있다. 현대적인 네트워크를 디자인하려고 할 때는, 다음과 같은 과정을 거치게 된다.

- 새로운 네트워크에 대한 전체적 요구 사항을 정리한다. 왜 부분적으로 혹은 완전히 새로운 네트워크를 디자인해야 하는가? 새로운 서버 하드웨어가 들어왔기 때문일 수도 있고, 새로운 스토리지 네트워크가 필요할 수도 있고, 혹은 새로운 마이크로서비스 소프트웨어 아키텍처를 구축하기 위한 것일 수도 있다.

- 큰 요구 사항을 더 작고 구체적인 항목들로 쪼갠다. 예를 들어 새로운 스위치 플랫폼, 더 효율적인 라우팅 프로토콜, 혹은 새로운 네트워크 토폴로지(예를 들어 fat-tree)가 필요할 것이다. 각각의 작은 요구 사항들은 필수적인지 또는 부가적인지 분류될 수 있다.

- 요구 사항에 대한 테스트 계획을 세우고, 잠재적인 해결책 후보를 정한 다음 이를 테스트한다.

- 테스트 계획은 역순으로 진행된다. 즉 기능적인 부분부터 시작해 새로운 기능들을 통합한 더 상위의 토폴로지로 나아간다. 이렇게 하면 마지막에는 실제로 적용할 환경과 가장 흡사한 규모에 대한 테스트를 수행하게 된다.

이미 우리는 TDD 방법론을 네트워크 엔지니어링에 도입하고 있다. 나는 TDD를 공부하던 도중 이 사실을 깨달았다. 특별히 방법을 익히지 않아도 자연스럽게 가장 좋은 방식을 따르고 있었던 것이다.

코드로서의 네트워크network as code가 점점 주류로 되면서, TDD도 네트워크에 더 많이 적용되고 있다. 네트워크 토폴로지를 XML이나 JSON 등의 계층적 형식으로 정의할 수 있다면, 각 컴포넌트는 의도한 상태로 올바르게 매핑되고 표현될 수 있으며, 테스트 케이스는 이런 상태를 바탕으로 정의된다. 예를 들어 풀 메시 형태의 스위치를 호출하고자 한다면, 프로덕션 기기에 필요한 만큼의 BGP 이웃에 대해 테스트 케이스를 작성하면 된다.

TDD의 개요

TDD 개발 과정을 느슨하게 요약하면 다음 여섯 단계로 정리할 수 있다.

- 예상하는 결과에 따라 테스트 작성
- 모든 테스트를 실행하고 어떤 테스트가 통과하지 못하는지 확인
- 코드 작성
- 테스트 재실행
- 테스트를 통과하지 못할 경우 필요한 부분을 변경
- 반복

다시 말하지만 이런 과정은 느슨하게 따라도 된다. TDD 절차는 코드를 작성하기 전에 테스트부터 수행하게 한다. 네트워크에 대입하면 네트워크 컴포넌트들을 빌드하기 전에 테스트를 진행하는 것이다. 그러나 나는 항상 테스트 케이스를 작성하기 전에 작동하는 네트워크나 코드 버전을 먼저 구축한다. 이렇게 하는 게 더 안심할 수 있기 때문이다. 또한 테스트 규모도 임의로 건너뛴다. 네트워크의 작은 부분에 대한 테스트부터 진행할 수도 있고, 바로 핑이나 트레이스 테스트처럼 시스템 레벨의 엔드투엔드 테스트를 진행할 수도 있다.

요컨대, 테스팅을 수행할 때 모든 경우에 들어맞는 하나의 답이란 존재하지 않는다. 개인적인 선호나 프로젝트의 범위에 따라 얼마든지 달라질 수 있다. 대부분의 엔지니어들도 마찬가지 생각일 것이다. 큰 틀에서의 프레임워크를 기억하고 작업할 때 그 틀을 따라가는 것은 필요하지만, 동시에 본인이 가장 잘 할 수 있는 방법으로 세부적인 방법을 짜야 한다.

용어

TDD에서 자주 사용되는 용어를 정리해보자.

- **유닛 테스트**Unit test: 작은 부분의 코드를 확인한다. 주로 단일 함수나 클래스의 테스트를 일컫는다.

- **통합 테스트**Intergration test: 코드 베이스의 여러 컴포넌트를 확인한다. 이때 하나의 그룹으로 묶어서 한 번에 테스트한다. 예를 들어 파이썬 모듈이나 다른 여러 모듈들을 테스트하는 경우를 뜻한다.
- **시스템 테스트**System test: 전체 시스템을 테스트한다. 최종적으로 사용자가 접하게 될 환경과 가장 흡사한 조건에서 테스트를 수행한다.
- **기능 테스트**Functional test: 단일 함수를 확인한다.
- **테스트 커버리지**Test coverage: 테스트 케이스가 애플리케이션 코드의 범위 내에 있는지 결정하는 작업을 뜻한다. 보통은 테스트 케이스를 실행할 때 얼마나 많은 코드가 검토되는지를 확인한다.
- **테스트 픽스쳐**Test fixtures: 테스트를 실행하는 데 기준을 잡기 위해 필요한 고정된 상태를 말한다. 이런 상태가 필요한 이유는 잘 알려지고 일정한 환경을 설정해 여러 테스트에 반복적으로 적용할 수 있도록 하기 위함이다.
- **셋업과 티어다운**Setup and teardown: 셋업 단계에서 모든 선행 과정이 수행되고, 티어다운 과정에서 정리된다.

이런 용어는 대부분 소프트웨어 개발에서 사용되던 것이며, 네트워크 엔지니어링에는 익숙하지 않을 것이다. 혼동을 피하기 위해 13장에서는 앞의 용어를 사용할 것임을 기억하라. 의미를 명확하게 전달하기 위해 용어를 사용할 때는 네트워크 엔지니어링의 맥락에서 벗어나지 않도록 할 것이다. 이제 코드로서의 네트워크 토폴로지에 대해 찬찬히 살펴보자.

코드로서의 토폴로지

그 복잡한 네트워크를 어떻게 코드로 요약할 수 있단 말이지?라는 생각이 들 수도 있겠다. 그러나 불가능하다고 단정지을 필요는 없다. 앞에서 이미 토폴로지를 코드로 묘사했던 예제를 생각해보라.

혹은 앞장에서 살펴본 VIRL 토폴로지 그래프는 노드 간의 관계를 나타낸 XML 파일로 단순하게 표현할 수 있다.

13장에서는 아래와 같은 토폴로지로 이뤄진 랩을 가정한다.

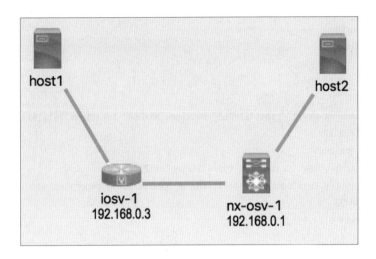

토폴로지 파일 chapter13_topology.virl을 텍스트 에디터로 열어보면, XML 형식으로 각 노드와 노드 간의 관계를 묘사하고 있음을 확인할 수 있다. 최상위 레벨은 <topology> 노드이며, 하위에 <node> 노드들을 두고 있다. 각 하위 노드에는 여러 종류의 extension 및 entry 항목이 들어 있다. 또한 파일에서 기기 설정도 정의할 수 있다.

```
<?xml version="1.0" encoding="UTF-8" standalone="yes"?>
<topology xmlns="http://www.cisco.com/VIRL"
xmlns:xsi="http://www.w3.org/2001/XMLSchema-instance" schemaVersion="0.95"
xsi:schemaLocation="http://www.cisco.com/VIRL
https://raw.github.com/CiscoVIRL/schema/v0.95/virl.xsd">
    <extensions>
        <entry key="management_network" type="String">flat</entry>
    </extensions>
    *<node name="iosv-1" type="SIMPLE" subtype="IOSv" location="182,162"
ipv4="192.168.0.3">*
        <extensions>
```

```
            <entry key="static_ip" type="String">172.16.1.20</entry>
            <entry key="config" type="string">! IOS Config generated on
2018-07-24 00:23
! by autonetkit_0.24.0
!
hostname iosv-1
boot-start-marker
boot-end-marker
!
...
    </node>
    <node name="nx-osv-1" type="SIMPLE" subtype="NX-OSv" location="281,161"
ipv4="192.168.0.1">
        <extensions>
            <entry key="static_ip" type="String">172.16.1.21</entry>
            <entry key="config" type="string">! NX-OSv Config generated on
2018-07-24 00:23
! by autonetkit_0.24.0
!
version 6.2(1)
license grace-period
!
hostname nx-osv-1
...
<node name="host2" type="SIMPLE" subtype="server" location="347,66">
        <extensions>
            <entry key="static_ip" type="String">172.16.1.23</entry>
            <entry key="config" type="string">#cloud-config
bootcmd:
- ln -s -t /etc/rc.d /etc/rc.local
hostname: host2
manage_etc_hosts: true
runcmd:
- start ttyS0
- systemctl start getty@ttyS0.service
- systemctl start rc-local
    <annotations/>
    <connection dst="/virl:topology/virl:node[1]/virl:interface[1]"
```

```
src="/virl:topology/virl:node[3]/virl:interface[1]"/>
    <connection dst="/virl:topology/virl:node[2]/virl:interface[1]"
src="/virl:topology/virl:node[1]/virl:interface[2]"/>
    <connection dst="/virl:topology/virl:node[4]/virl:interface[1]"
src="/virl:topology/virl:node[2]/virl:interface[2]"/>
</topology>
```

코드로서의 네트워크를 정의하면, 네트워크에 대한 '진실의 소스^{source of truth}'를 규정할 수 있다. 테스트 코드를 작성하면 실제로 얻어지는 값과 계획했던 값을 비교할 수 있다. 이 토폴로지 파일을 기본으로 하여, 실제 네트워크 값에 대입해보는 것이다. 그러나 그렇게 하기 위해서는 XML에서 원하는 값을 추출하는 방법에 대해 알아야 한다. chapter13_1_xml. py 파일에서 ElementTree를 사용해 virl 토폴로지 파일을 파싱해 기기 정보를 딕셔너리로 만들어보자.

```python
#!/usr/env/bin python3

import xml.etree.ElementTree as ET
import pprint

with open('chapter13_topology.virl', 'rt') as f:
    tree = ET.parse(f)

devices = {}

for node in tree.findall('./{http://www.cisco.com/VIRL}node'):
    name = node.attrib.get('name')
    devices[name] = {}
    for attr_name, attr_value in sorted(node.attrib.items()):
        devices[name][attr_name] = attr_value

# 사용자 속성
devices['iosv-1']['os'] = '15.6(3)M2'
devices['nx-osv-1']['os'] = '7.3(0)D1(1)'
devices['host1']['os'] = '16.04'
```

```
devices['host2']['os'] = '16.04'

pprint.pprint(devices)
```

이렇게 하면 토폴로지에 기록된 기기 정보에 대한 딕셔너리가 출력된다. 여기에 통상적인 항목을 추가해도 된다.

```
$ python3 chapter13_1_xml.py
{'host1': {'location': '117,58',
           'name': 'host1',
           'os': '16.04',
           'subtype': 'server',
           'type': 'SIMPLE'},
 'host2': {'location': '347,66',
           'name': 'host2',
           'os': '16.04',
           'subtype': 'server',
           'type': 'SIMPLE'},
 'iosv-1': {'ipv4': '192.168.0.3',
            'location': '182,162',
            'name': 'iosv-1',
            'os': '15.6(3)M2',
            'subtype': 'IOSv',
            'type': 'SIMPLE'},
 'nx-osv-1': {'ipv4': '192.168.0.1',
              'location': '281,161',
              'name': 'nx-osv-1',
              'os': '7.3(0)D1(1)',
              'subtype': 'NX-OSv',
              'type': 'SIMPLE'}}
```

NX-OSv 버전은 3장, 'API와 목적 중심 네트워킹'의 cisco_nxapi_2.py를 사용해 가져올 수 있다. 이 두 파일을 함께 사용하면 토폴로지 파일의 값을 실제 기기 정보와 비교해볼 수 있다. 테스트 케이스는 파이썬에 내장된 unittest 모듈을 사용하면 된다.

다음 코드는 chapter13_2_validation.py의 unittest 부분을 발췌한 것이다.

```
import unittest

# Unittest 테스트 케이스
class TestNXOSVersion(unittest.TestCase):
    def test_version(self):
        self.assertEqual(nxos_version, devices['nx-osv-1']['os'])
if __name__ == '__main__':
    unittest.main()
```

검증 테스트를 실행하면 소프트웨어 버전이 의도했던 것과 일치하므로 통과 메시지가 나타난다.

```
$ python3 chapter13_2_validation.py
.
----------------------------------------------------------------------
Ran 1 test in 0.000s

OK
```

NX-OSv 버전을 수동으로 다른 값으로 바꿔주면, 테스트를 실패했다는 출력값이 표시된다.

```
$ python3 chapter13_3_test_fail.py
F
======================================================================
FAIL: test_version (__main__.TestNXOSVersion)
```

```
----------------------------------------------------------------
Traceback (most recent call last):
  File "chapter13_3_test_fail.py", line 50, in test_version
    self.assertEqual(nxos_version, devices['nx-osv-1']['os'])
AssertionError: '7.3(0)D1(1)' != '7.4(0)D1(1)' - 7.3(0)D1(1)
? ^
+ 7.4(0)D1(1)
? ^


   ----------------------------------------------------------------
Ran 1 test in 0.004s

FAILED (failures=1)
```

메시지에는 두 버전 값이 일치하지 않아 통과하지 못했다는 내용이 담겨 있다.

파이썬 unittest 모듈

앞의 예제에서는 assertEqual() 모듈을 사용해서 두 값을 비교하고 True 또는 False 값을 반환하는 방법에 대해 알아봤다. 다음 코드는 내장된 unittest 모듈을 사용해 두 값을 비교하는 방법을 나타낸 예시다.

```
$ cat chapter13_4_unittest.py
#!/usr/bin/env python3

import unittest

class SimpleTest(unittest.TestCase):
    def test(self):
        one = 'a'
        two = 'a'
        self.assertEqual(one, two)
```

python3 명령줄 인터페이스를 사용하면 unittest 모듈이 자동으로 스크립트의 테스트를 수행한다.

```
$ python3 -m unittest chapter13_4_unittest.py
.
------------------------------------------------------------------------
Ran 1 test in 0.000s

OK
```

두 값을 비교하는 것 말고도, 다음 예제와 같이 예상한 값이 True 또는 False 인지 테스트할 수도 있으며, 테스트에 실패했을 때 표시할 메시지를 원하는 대로 설정할 수 있다.

```
$ cat chapter13_5_more_unittest.py
#!/usr/bin/env python3
# 출처: https://pymotw.com/3/unittest/index.html#module-unittest

import unittest

class Output(unittest.TestCase):
    def testPass(self):
        return

    def testFail(self):
        self.assertFalse(True, 'this is a failed message')

    def testError(self):
        raise RuntimeError('Test error!')

    def testAssesrtTrue(self):
        self.assertTrue(True)

    def testAssertFalse(self):
        self.assertFalse(False)
```

-v 옵션을 사용하면 더 상세한 출력값을 표시할 수 있다.

```
$ python3 -m unittest -v chapter13_5_more_unittest.py
testAssertFalse (chapter13_5_more_unittest.Output) ... ok
testAssesrtTrue (chapter13_5_more_unittest.Output) ... ok
testError (chapter13_5_more_unittest.Output) ... ERROR
testFail (chapter13_5_more_unittest.Output) ... FAIL
testPass (chapter13_5_more_unittest.Output) ... ok


======================================================================
ERROR: testError (chapter13_5_more_unittest.Output)
----------------------------------------------------------------------
Traceback (most recent call last):
  File
"/home/echou/Master_Python_Networking_second_edition/Chapter13/chapter13_5_
more_unittest.py", line 14, in testError
    raise RuntimeError('Test error!')
RuntimeError: Test error!


======================================================================
FAIL: testFail (chapter13_5_more_unittest.Output)
----------------------------------------------------------------------
Traceback (most recent call last):
  File
"/home/echou/Master_Python_Networking_second_edition/Chapter13/chapter13_5_
more_unittest.py", line 11, in testFail
    self.assertFalse(True, 'this is a failed message')
AssertionError: True is not false : this is a failed message


----------------------------------------------------------------------
Ran 5 tests in 0.001s

FAILED (failures=1, errors=1)
```

파이 3.3부터 unittest 모듈은 기본적으로 module 객체 라이브러리를 포함한다(https:// docs.python.org/3/library/unittest.mock.html). 이는 실제로 호출을 하지 않고서도 원격 리소스에 가짜 HTTP API 호출을 생성하려고 할 때 매우 유용하다. 예를 들어 NX-API를 사용해 NX-OS 버전 넘버를 얻으려 한다고 생각해보자. NX-OS 기기가 없는데 테스트를 수행해보고 싶다면 어떻게 해야 하는가? unittest 가짜 오브젝트를 사용하면 된다.

chapter13_5_more_unittest_mocks.py 파일은 간단한 클래스를 만들어 HTTP API 호출 생성 및 JSON 응답을 예측하는 메서드를 추가한다.

```python
# 요청을 통한 API 호출 구현 클래스
class MyClass:
    def fetch_json(self, url):
        response = requests.get(url)
        return response.json()
```

두 URL 호출을 흉내내는 함수도 생성한다.

```python
# requests.get을 흉내내어 대체하는 메서드
def mocked_requests_get(*args, **kwargs):
    class MockResponse:
        def __init__(self, json_data, status_code):
            self.json_data = json_data
            self.status_code = status_code

        def json(self):
            return self.json_data

    if args[0] == 'http://url-1.com/test.json':
        return MockResponse({"key1": "value1"}, 200)
    elif args[0] == 'http://url-2.com/test.json':
        return MockResponse({"key2": "value2"}, 200)

    return MockResponse(None, 404)
```

마지막으로 테스트 케이스에 사용할 두 URL에 대한 API 호출을 만든다. 이때 `mock.patch` 데코레이터를 사용해 API 호출을 가로챈다.

```python
# 테스트 케이스 클래스
class MyClassTestCase(unittest.TestCase):
    # 'requests.get'를 원하는 메서드로 대체, mock 객체를 테스트 케이스 매서드에 대입
    @mock.patch('requests.get', side_effect=mocked_requests_get)
    def test_fetch(self, mock_get):
        # Assert requests.get calls
        my_class = MyClass()
        # call to url-1
        json_data = my_class.fetch_json('http://url-1.com/test.json')
        self.assertEqual(json_data, {"key1": "value1"})
        # call to url-2
        json_data = my_class.fetch_json('http://url-2.com/test.json')
        self.assertEqual(json_data, {"key2": "value2"})
        # call to url-3 that we did not mock
        json_data = my_class.fetch_json('http://url-3.com/test.json')
        self.assertIsNone(json_data)


if __name__ == '__main__':
    unittest.main()
```

테스트를 실행하면 실제로 원격 엔드포인트에 API 호출을 하지 않아도 테스트가 통과됨을 확인할 수 있다.

```
$ python3 -m unittest -v chapter13_5_more_unittest_mocks.py
test_fetch (chapter13_5_more_unittest_mocks.MyClassTestCase) ... ok

----------------------------------------------------------------------
Ran 1 test in 0.001s

OK
```

unittest 모듈에 대해 더 깊게 알고 싶다면 짧지만 상세한 예제 Doug Hellmann(https://pymotw.com/3/unittest/index.html#module−unittest)을 참고하기를 강력하게 추천한다. 또한 파이썬 공식 문서를 참고하는 것도 잊으면 안 된다(https://docs.python.org/3/library/unittest.html).

▌ 파이썬 테스트: 심화

내장 unittest 라이브러리 외에도, 파이썬을 사용한 테스트 프레임워크가 많이 개발되어 있다. 그 중 Pytest는 안정적인 파이썬 테스트 프레임워크로서 검토해볼 가치가 충분하다. pytest는 모든 종류와 수준의 테스트에 적용할 수 있다. 혹은 개발자, QA 엔지니어, TDD을 공부해보려는 개인, 오픈 소스 프로젝트 모두 두루 사용할 수 있다. 모질라나 드랍박스 등 많은 대형 오픈 소스 프로젝트는 unittest나 nose에서 pytest로 전환한지 오래다. pytest의 매력은 서드파티 플러그인 모델, 단순한 픽스쳐 모델, 그리고 가정 설정문 변환assert rewriting이다.

 pytest 프레임워크에 대해 더 많이 알고 싶다면 브라이언 오켄(Brian Okken)이 쓴 『Python Testing with PyTest』(Pragmatic Bookshelf, 2017)를 참고하라. 또한 다음 사이트도 많은 도움이 될 것이다((https://docs.pytest.org/en/latest/).

pytest는 기본적으로 명령창 기반으로 작동하며, 작성된 테스트를 자동으로 찾아 실행한다.

```
$ sudo pip install pytest
$ sudo pip3 install pytest
$ python3
Python 3.5.2 (default, Nov 23 2017, 16:37:01)
[GCC 5.4.0 20160609] on linux
Type "help", "copyright", "credits" or "license" for more information.
```

```
>>> import pytest
>>> pytest.__version__
'3.6.3'
```

이제부터는 pytest 예제를 살펴보자.

pytest 예제

첫 번째 pytest 예제는 두 값에 대한 간단한 가정 설정문이다.

```
$ cat chapter13_6_pytest_1.py
#!/usr/bin/env python3

def test_passing():
    assert(1, 2, 3) == (1, 2, 3)

def test_failing():
    assert(1, 2, 3) == (3, 2, 1)
```

-v 옵션을 주고 실행하면 pytest는 왜 테스트를 통과하지 못했는지를 명확히 설명한다.

```
$ pytest -v chapter13_6_pytest_1.py
============================= test session starts
===============================
platform linux -- Python 3.5.2, pytest-3.6.3, py-1.5.4, pluggy-0.6.0 --
/usr/bin/python3
cachedir: .pytest_cache
rootdir: /home/echou/Master_Python_Networking_second_edition/Chapter13,
inifile:
collected 2 items

chapter13_6_pytest_1.py::test_passing PASSED [ 50%]
chapter13_6_pytest_1.py::test_failing FAILED [100%]
```

```
=================================== FAILURES
===================================
_____ test_failing
_____


    def test_failing():
>   assert(1, 2, 3) == (3, 2, 1)
E   assert (1, 2, 3) == (3, 2, 1)
E   At index 0 diff: 1 != 3
E   Full diff:
E   - (1, 2, 3)
E?^  ^
E   + (3, 2, 1)
E?^  ^

chapter13_6_pytest_1.py:7: AssertionError
======================= 1 failed, 1 passed in 0.03 seconds
=======================
```

두 번째 예제는 router 오브젝트를 생성한다. 이 오브젝트의 대부분의 값은 기본값 그대로이지만, 몇몇은 None으로 초기값을 갖는다. 다음 예제는 pytest를 사용해 한 인스턴스는 기본값으로, 다른 하나는 그렇지 않은 경우로 테스트한다.

```
$ cat chapter13_7_pytest_2.py
#!/usr/bin/env python3

class router(object):
    def __init__(self, hostname=None, os=None, device_type='cisco_ios'):
        self.hostname = hostname
        self.os = os
        self.device_type = device_type
        self.interfaces = 24

def test_defaults():
    r1 = router()
    assert r1.hostname == None
```

```
    assert r1.os == None
    assert r1.device_type == 'cisco_ios'
    assert r1.interfaces == 24

def test_non_defaults():
    r2 = router(hostname='lax-r2', os='nxos', device_type='cisco_nxos')
    assert r2.hostname == 'lax-r2'
    assert r2.os == 'nxos'
    assert r2.device_type == 'cisco_nxos'
    assert r2.interfaces == 24
```

테스트를 실행하면 인스턴스가 기본값으로 적용돼 있는지 명확하게 표시한다.

```
$ pytest chapter13_7_pytest_2.py
=============================== test session starts
===============================
platform linux -- Python 3.5.2, pytest-3.6.3, py-1.5.4, pluggy-0.6.0
rootdir: /home/echou/Master_Python_Networking_second_edition/Chapter13,
inifile:
collected 2 items

chapter13_7_pytest_2.py .. [100%]

============================ 2 passed in 0.04 seconds
===========================
```

chapter13_8_pytest.py는 앞의 unittest 예제를 pytest로 바꾼 간단한 테스트 케이스다.

```
# pytest 테스트 케이스
def test_version():
    assert devices['nx-osv-1']['os'] == nxos_version
```

이 파일을 명령줄에서 pytest 명령과 함께 실행하면 다음과 같은 결과가 나타난다.

```
$ pytest chapter13_8_pytest_3.py
=============================== test session starts
================================
platform linux -- Python 3.5.2, pytest-3.6.3, py-1.5.4, pluggy-0.6.0
rootdir: /home/echou/Master_Python_Networking_second_edition/Chapter13,
inifile:
collected 1 item

chapter13_8_pytest_3.py . [100%]
============================= 1 passed in 0.19 seconds
=============================
```

자체적으로 테스트를 수행하는 경우에는, 어떤 모듈을 선택해도 우리의 자유다. 나는 unittest와 pytest 중 후자가 더 직관적으로 사용하기에 편하다. 그러나 unittest가 표준 라이브러리에 포함돼 있기 때문에, 많은 팀들은 이 모듈을 사용해 테스트하는 것이 더 간편하다고 여길 것이다.

네트워크 테스트 작성하기

지금까지 파이썬 코드를 위한 테스트를 작성하는 방법에 대해 알아봤다. unittest 및 pytest 라이브러리를 사용해 True/False 및 equal/non-equal 값에 대한 가정 설정문을 검사했으며, 실제 API 대상 기기가 없을 때 테스트를 수행하기 위해 가상으로 API 호출을 만들어 봤다.

몇 년 전 맷 오스왈트(Matt Oswalt)는 네트워크 변경에 대한 Testing On Demand: Distributed(ToDD) 검증 도구를 발표했다. 이 도구는 오픈 소스 프레임워크이며, 네트워크의 연결성과 분산 여부를 테스트하는 데에 쓰인다. 해당 프로젝트에 대한 정보는 깃허브 페이지(https://github.com/toddproject/todd)를 참고하라. 또한 그가 프로젝트에 대해 설명한 팟캐스트(Packet Pushers Priority Queue 81, Network Testing with ToDD)를 들어보는 것도 좋을 것이다(https://packetpushers.net/podcast/pq-show-81-network-testing-todd/).

이 절에서는 네트워킹 세계에서 사용할 수 있는 테스트를 작성하는 방법에 대해 알아볼 것이다. 네트워크 모니터링과 테스트 영역에서는 간단하게 상용 소프트웨어를 사용한다던가 하는 해법이 존재하지 않는다. 수년동안 많은 제품을 사용해 왔지만, 이 절에서는 가능한 단순한 오픈 소스 도구를 사용해 테스트를 구현해볼 것이다.

접근성 테스트

대부분의 경우 가장 먼저 해야 하는 것은 접근성에 대한 간단한 테스트다. 네트워크 엔지니어들에게 가장 친숙한 테스트 도구는 아마도 ping일 것이다. 이 명령어는 작은 패키지를 목적지 네트워크에 보내 호스트의 IP 네트워크에 접근할 수 있는지 확인한다.

OS 모듈 또는 subprocess 모듈을 사용하면 ping 테스트를 자동화할 수 있다.

```
>>> import os
>>> host_list = ['www.cisco.com', 'www.google.com']
>>> for host in host_list:
...     os.system('ping -c 1 ' + host)
...
PING e2867.dsca.akamaiedge.net (69.192.206.157) 56(84) bytes of data.
64 bytes from a69-192-206-157.deploy.static.akamaitechnologies.com
(69.192.206.157): icmp_seq=1 ttl=54 time=14.7 ms

--- e2867.dsca.akamaiedge.net ping statistics ---
```

```
1 packets transmitted, 1 received, 0% packet loss, time 0ms
rtt min/avg/max/mdev = 14.781/14.781/14.781/0.000 ms
0
PING www.google.com (172.217.3.196) 56(84) bytes of data.
64 bytes from sea15s12-in-f196.1e100.net (172.217.3.196): icmp_seq=1 ttl=54
time=12.8 ms

--- www.google.com ping statistics ---
1 packets transmitted, 1 received, 0% packet loss, time 0ms
rtt min/avg/max/mdev = 12.809/12.809/12.809/0.000 ms
0
>>>
```

subprocess 모듈은 테스트 결과를 출력하는 부분에 추가 이점이 있다.

```
>>> import subprocess
>>> for host in host_list:
...     print('host: ' + host)
...     p = subprocess.Popen(['ping', '-c', '1', host],
stdout=subprocess.PIPE)
...     print(p.communicate())
...
host: www.cisco.com
(b'PING e2867.dsca.akamaiedge.net (69.192.206.157) 56(84) bytes of
data.\n64 bytes from a69-192-206-157.deploy.static.akamaitechnologies.com
(69.192.206.157): icmp_seq=1 ttl=54 time=14.3 ms\n\n---
e2867.dsca.akamaiedge.net ping statistics ---\n1 packets transmitted, 1
received, 0% packet loss, time 0ms\nrtt min/avg/max/mdev =
14.317/14.317/14.317/0.000 ms\n', None)
host: www.google.com
(b'PING www.google.com (216.58.193.68) 56(84) bytes of data.\n64 bytes from
sea15s07-in-f68.1e100.net (216.58.193.68): icmp_seq=1 ttl=54 time=15.6
ms\n\n--- www.google.com ping statistics ---\n1 packets transmitted, 1
received, 0% packet loss, time 0ms\nrtt min/avg/max/mdev =
15.695/15.695/15.695/0.000 ms\n', None)
>>>
```

이 두 모듈은 다양한 상황에서 유용하게 쓰일 수 있다. 리눅스 및 유닉스 환경에서 실행 가능한 모든 명령어는 OS 또는 subprocess 모듈을 통해서도 실행 가능하다.

네트워크 지연 테스트

네트워크 지연에 대한 문제는 다소 주관적이다. 네트워크 엔지니어로 일하다 보면 사용자들이 네트워크가 느리다고 자주 불평하는 것을 듣게 될 것이다. 그러나 '느리다'라는 말은 다소 주관적이다. 이런 주관적 느낌을 객관적 수치로 측정할 수 있다면 문제 해결에 많은 도움이 될 것이다. 또한 이 테스트를 꾸준히 진행하여 시간이 변화함에 따라 값이 어떻게 변하는지를 확인할 수도 있다.

물론 네트워크는 상태독립성임을 가정하고 설계됐기 때문에, 지속적인 테스트가 어려울 수도 있다. 예를 들어 하나의 패킷이 성공적으로 전달됐다고 해서 다음 패킷도 마찬가지라는 보장은 없다. 몇 년 동안의 경험으로 볼 때 가장 좋은 방식은 많은 호스트에 자주 핑을 보내고 데이터를 기록하여, 핑-메시 그래프를 그리는 것이다. 앞의 예제에서 썼던 도구를 계속 사용해, 결과가 반환되는 시간을 확인하고, 기록으로 남겨보자.

```
$ cat chapter13_10_ping.py
#!/usr/bin/env python3

import subprocess

host_list = ['www.cisco.com', 'www.google.com']

ping_time = []

for host in host_list:
    p = subprocess.Popen(['ping', '-c', '1', host], stdout=subprocess.PIPE)
    result = p.communicate()[0]
    host = result.split()[1]
    time = result.split()[14]
```

```
    ping_time.append((host, time))

print(ping_time)
```

예제에서 결괏값은 튜플 형태로 기록되며, 리스트 내에 저장된다.

```
$ python3 chapter13_10_ping.py
[(b'e2867.dsca.akamaiedge.net', b'time=13.8'), (b'www.google.com',
b'time=14.8')]
```

물론 이 방식은 결코 완벽하지 않으며, 단지 모니터링이나 문제 해결을 위한 시작점에 불과하다. 그러나 다른 도구가 없다면, 이 예제대로만 해도 객관적인 값을 분석할 기반을 마련해준다.

보안 검사

보안 검사를 위한 가장 훌륭한 도구 중 하나인 스카피는 이미 6장 '파이썬 네트워크 보안'에서 다룬 바 있다. 많은 오픈 소스 보안 도구가 있지만, 이것만큼 패킷을 유연하게 구성할 수 있게 해 주는 도구는 많지 않다.

또 하나 소개할 네트워크 보안 테스팅 도구는 hping3(http://www.hping.org/)이다. 이 도구는 많은 패킷을 한 번에 생성할 수 있도록 해주는 간단한 도구다. 예를 들어 다음과 같이 한 줄의 명령으로 TCP Syn flooding을 만들어낼 수 있다.

```
# 이 명령어를 정말로 실행하지 말것 #
echou@ubuntu:/var/log$ sudo hping3 -S -p 80 --flood 192.168.1.202
HPING 192.168.1.202 (eth0 192.168.1.202): S set, 40 headers + 0 data bytes
hping in flood mode, no replies will be shown
^C
--- 192.168.1.202 hping statistic ---
2281304 packets transmitted, 0 packets received, 100% packet loss
```

```
round-trip min/avg/max = 0.0/0.0/0.0 ms
echou@ubuntu:/var/log$
```

이 도구도 명령줄상에서 실행하므로, subprocess 모듈을 사용해 hping3 테스트를 원하는 대로 자동화할 수 있다.

트랜잭션 테스트

네트워크는 인프라스트럭처의 매우 중요한 부분이지만, 바꿔 말하면 단지 부분에 불과하다. 사용자가 신경쓰는 부분은 네트워크 위에서 작동하는 서비스이다. 예를 들어 유튜브 비디오를 보거나 팟캐스트를 듣고 싶은데 안될 경우 그들은 서비스가 망가졌다고 생각한다. 우리는 네트워크 전송 문제가 아님을 알고 있을 것이지만, 사용자들에게 설명한들 만족하지는 못할 것이다.

따라서 테스트를 수행할 때에도 사용자의 경험을 가능한 반영해야 한다. 유튜브 비디오의 예를 들면, 유튜브와 100% 똑같은 환경에서 테스트하는 것은 불가능하다(당신이 구글 직원이 아닌 이상). 그러나 레이어 7 서비스를 네트워크 엣지에 가능한 가까이 적용하는 것은 가능할 것이다. 이런 식으로 하면 클라이언트로부터 일정한 간격으로 트랜잭션이 발생하는 환경에 대한 테스트를 진행해볼 수 있다.

파이썬 HTTP 라이브러리 모듈은 레이어 7에 대한 웹 서비스 접근성을 빠르게 테스트할 때 많이 쓰는 모듈이다.

```
# 파이썬 2
$ python -m SimpleHTTPServer 8080
Serving HTTP on 0.0.0.0 port 8080 ...
127.0.0.1 - - [25/Jul/2018 10:14:39] "GET / HTTP/1.1" 200 -

# 파이썬 3
$ python3 -m http.server 8080
```

```
Serving HTTP on 0.0.0.0 port 8080 ...
127.0.0.1 - - [25/Jul/2018 10:15:23] "GET / HTTP/1.1" 200 -
```

예상한 서비스의 풀 트랜잭션을 시뮬레이션할 수 있다면 더 좋을 것이다. 그러나 파이썬 표준 라이브러리에서 제공하는 HTTP 서버는 간단한 애드 혹 웹 서비스 테스트를 진행할 때 매우 유용하다.

네트워크 설정 테스트

가장 좋은 네트워크 설정 테스트는 표준화된 템플릿을 통해 설정을 생성하고 실제 설정을 자주 백업하는 식으로 이뤄져야 한다. 앞에서 이미 진자2 템플릿을 사용해 기기 종류나 역할에 따른 설정을 표준화시키는 방법에 대해 알아본 바 있다. 이렇게 해야, 예를 들어 복사 붙여넣기 과정에서 실수를 저지르는 것을 막을 수 있다.

설정을 생성하면, 이 설정을 실제 기기에 적용하기 위해 의도했던 특성에 대해 잘 작동하는지 테스트해볼 수 있다. 예를 들어 모든 네트워크의 IP 주소는 루프백 IP의 경우에 중복되어서는 안된다. 따라서 새로운 설정이 다른 모든 기기에 중복되지 않는 루프백 IP를 포함하고 있는지 검사하는 테스트가 필요하다.

앤서블 테스트

앤서블을 사용하면서는 unittest 등의 도구를 사용해 플레이북을 테스트할 필요가 없다. 거의 대부분의 플레이북은 모듈 개발자가 테스트를 마친 모듈을 사용하기 때문이다.

앤서블은 모듈 라이브러리의 유닛 테스트 기능을 제공한다. 현재로서 유닛 테스트는 앤서블의 지속적 통합 과정에서 파이썬을 통해 테스트를 진행할 수 있는 유일한 방법이다. 사용할 수 있는 유닛 테스트는 test/units 아래에서 살펴볼 수 있다(https://github.com/ansible/ansible/tree/devel/test/units).

앤서블의 테스트 방식은 다음 문서를 참고하라.

- **테스팅 앤서블**: https://docs.ansible.com/ansible/2.5/dev_guide/testing.html
- **유닛 테스트**: https://docs.ansible.com/ansible/2.5/dev_guide/testing_units.html
- **유닛 테스팅 앤서블 모듈**: https://docs.ansible.com/ansible/2.5/dev_guide/testing_units_modules.html

앤서블 테스트 프레임워크 중 기억할 만한 것은 *molecule*(https://pypi.org/project/molecule/2.16.0/)로서, 앤서블 역할에 대해 개발 과정에서 테스트할 수 있도록 해준다. molecule은 여러 인스턴스, 운영 체제, 배포판에 대해 동시에 테스트할 수 있는 기능도 제공한다. 나는 이 도구를 사용해보지는 않았지만, 만일 앤서블 역할에 대해 진지한 테스트가 필요할 때는 우선적으로 사용을 고려해볼 것이다.

Pytest와 젠킨스

젠킨스 등의 CI 시스템은 코드를 커밋할 때마다 테스트를 실행할 수 있도록 해주며, CI 시스템의 주된 이점 또한 여기에 있다. 보이지 않는 엔지니어가 언제나 네트워크를 감시하며 하나라도 변하는 게 있는지 살펴본다고 상상해보라. 변화를 감지하면, 엔지니어는 다양한 함수에 대해 주의깊게 테스트하고 문제가 없음을 확인한다. 얼마나 고마운 엔지니어인가?

이 절에서는 젠킨스에 pytest를 통합하는 방법에 대한 예제를 살펴본다.

젠킨스 통합

지속적 통합에 대한 테스트 케이스를 살펴보기 전에, 우선 동작 과정을 시각적으로 보여줄 수 있는 플러그인을 설치해보자. 바로 **build-name-setter**와 **Test Result Analyzer**이다.

```
$ cat results.xml
<?xml version="1.0" encoding="utf-8"?><testsuite errors="0" failures="0"
name="pytest" skips="0" tests="1" time="0.134"><testcase
classname="chapter13_9_pytest_4" file="chapter13_9_pytest_4.py" line="25"
name="test_transaction"
time="0.0009090900421142578"></testcase></testsuite>
]]
```

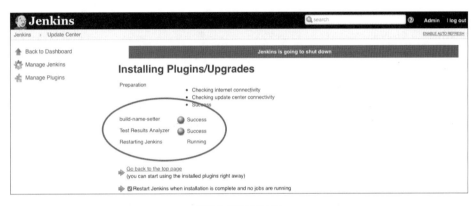

젠킨스 플러그인 설치

예제의 테스트는 NXOS 기기에 접근해 운영 체제 버전 넘버를 얻어낸다. 이를 통해 해당 넥서스 기기의 API 접근성을 확인할 수 있다. 다음 코드는 chapter13_9_pytest_4.py 스크립트 중 pytest 부분을 발췌한 것이며, 그 아래에 실행 결과를 나타냈다.

```
def test_transaction():
    assert nxos_version != False

## 테스트 출력
$ pytest chapter13_9_pytest_4.py
=============================== test session starts
===============================
platform linux -- Python 3.5.2, pytest-3.6.3, py-1.5.4, pluggy-0.6.0
rootdir: /home/echou/Chapter13, inifile:
collected 1 item
```

```
chapter13_9_pytest_4.py . [100%]

============================== 1 passed in 0.13 seconds
==============================
```

젠킨스가 필요로 하는 파일을 생성하기 위해, --junit-xml=results.xml 옵션을 사용할 것이다.

```
$ pytest --junit-xml=results.xml chapter13_9_pytest_4.py
$ cat results.xml
<?xml version="1.0" encoding="utf-8"?><testsuite errors="0" failures="0"
name="pytest" skips="0" tests="1" time="0.134"><testcase
classname="chapter13_9_pytest_4" file="chapter13_9_pytest_4.py" line="25"
name="test_transaction"
time="0.0009090900421142578"></testcase></testsuite>
```

다음으로 스크립트를 깃허브 저장소에 놓고 테스트해보자. 예제에서는 테스트 파일을 따로 디렉터리에 보관할 것이다. 이를 위해 /test 디렉터리를 만들고 그 안에 스크립트를 넣는다.

프로젝트 저장소

새로운 프로젝트를 만들고 chapter13_example1이라고 이름을 붙인다.

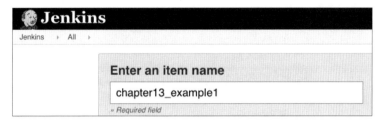

Chapter 13 example 1

12장에서 수행한 작업을 반복하지 말고, 다음과 같이 이전에 했던 결과물을 복제한다.

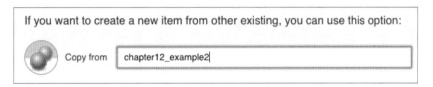

chapter 12 example 2에서 작업 복사하기

실행 셸 섹션에서 pytest 단계를 추가한다.

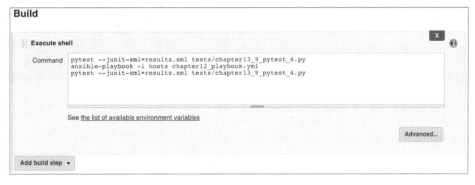

프로젝트 실행 셸

포스트 빌드 단계로서 Publish JUnit test result report를 추가한다.

포스트 빌드 단계

JUnit 결과를 저장할 파일로 `results.xml`을 지정한다.

테스트 보고서 XML 위치

빌드를 몇 번 수행하면, Test Result Analyzer 그래프가 나타나는 것을 확인할 수 있다.

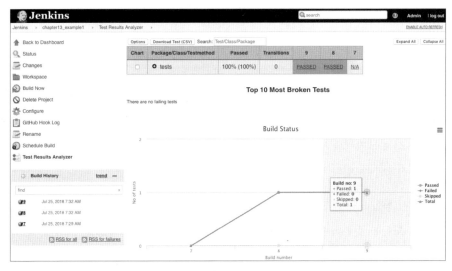

테스트 결과 분석

테스트 결과는 프로젝트 홈페이지에서도 확인할 수 있다. 이제 넥서스 기기의 관리 인터페이스를 꺼버림으로써 테스트 실패를 유도해보자. 테스트가 실패하면, 프로젝트 대시보드의 Test Result Trend 그래프에 곧바로 나타난다.

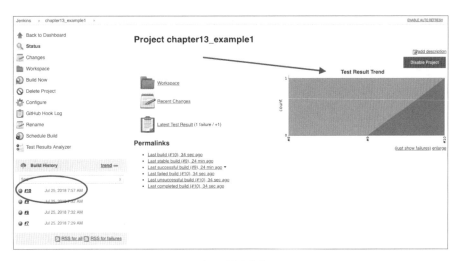

테스트 결과 추세

단순해 보이지만 이렇게 하면 된다. 물론 이 외에도 젠킨스에 통합하는 방법은 많이 있다.

▌ 요약

13장에서는 TDD가 무엇이며, 네트워크 엔지니어링에 어떻게 적용되는지 알아봤다. 우선 TDD를 간단히 살펴본 다음 unittest 및 pytest 파이썬 모듈 예제를 검토했다. 파이썬과 간단한 리눅스 명령줄 도구를 사용하면 네트워크 접근성, 설정, 보안 등에 대한 다양한 테스트를 진행할 수 있다.

또한 지속적 통합 도구인 젠킨스를 사용해 테스트를 자동화하는 방법에 대해 알아봤다. 테스트와 CI 도구를 결합하면 변경 내역을 더 신뢰도있게 확인하고 검토할 수 있다. 최소한 사람이 하는 것보다 더 빨리 에러를 발견할 수 있을 것이다.

간단히 말해, 테스트를 진행하지 않으면 신뢰할 수가 없다. 네트워크상의 모든 것은 가능한 꼼꼼하게 테스트해야 한다. 많은 소프트웨어 개념과 마찬가지로, TDD는 끊임없이 진행돼야 한다. 우리는 가능한 많은 부분을 테스트하도록 노력하지만, 설사 모든 영역을 커버한다 할지라도 새롭게 고려해야 할 테스트 방법과 케이스는 항상 남아 있다. 특히 많은 경우 인터넷에 노출되어 있는 네트워크의 경우에는 테스트 영역을 100% 커버한다는 것이 불가능하다.

찾아보기

파이썬 네트워킹 마스터 2/e

파이썬으로 하는 네트워크 자동화, 데브옵스, 테스트 주도 개발

발 행 | 2019년 10월 31일

지은이 | 에릭 추
옮긴이 | 전 성 빈

펴낸이 | 권 성 준
편집장 | 황 영 주
편 집 | 이 지 은
디자인 | 박 주 란

에이콘출판주식회사
서울특별시 양천구 국회대로 287 (목동)
전화 02-2653-7600, 팩스 02-2653-0433
www.acornpub.co.kr / editor@acornpub.co.kr

한국어판 © 에이콘출판주식회사, 2019, Printed in Korea.
ISBN 979-11-6175-363-8
http://www.acornpub.co.kr/book/mastering-python-networking-2e

이 도서의 국립중앙도서관 출판시도서목록(CIP)은 서지정보유통지원시스템 홈페이지(http://seoji.nl.go.kr)와
국가자료공동목록시스템(http://www.nl.go.kr/kolisnet)에서 이용하실 수 있습니다.(CIP제어번호: CIP2019041793)

책값은 뒤표지에 있습니다.